会计真账实操全图解

赵英东◎编著

THE ILLUSTRATION OF ACCOUNTING PRACTICAL OPERATION

中国铁道出版社
CHINA RAILWAY PUBLISHING HOUSE

图书在版编目(CIP)数据

会计真账实操全图解/赵英东编著．—北京：
中国铁道出版社，2017.7(2018.1重印)
ISBN 978-7-113-22995-5

Ⅰ.①会… Ⅱ.①赵… Ⅲ.①会计学—图解
Ⅳ.①F230-64

中国版本图书馆CIP数据核字(2017)第082218号

书　　名： 会计真账实操全图解
作　　者： 赵英东　编著

责任编辑： 王淑艳　**编辑部电话：** 010-51873457　**电子信箱：** wangsy20008@126.com
封面设计： 王　岩
责任校对： 王　杰
责任印制： 赵星辰

出版发行： 中国铁道出版社（100054，北京市西城区右安门西街8号）
网　　址： http://www.tdpress.com
印　　刷： 三河市兴达印务有限公司
版　　次： 2017年7月第1版　2018年1月第2次印刷
开　　本： 710 mm×1 000 mm　1/16　**印张：** 28.5　**字数：** 410千
书　　号： ISBN 978-7-113-22995-5
定　　价： 69.80元

前言

PREFACE

会计学是一门枯燥的学科，借贷关系、会计分录、会计科目、平衡等式等，往往令初学者畏惧。本套丛书分别介绍会计、出纳、财务报表、成本核算、税法理念及真账实操。突破目前市场上将会计基础知识与实训单独编写的办法，将实训分解到每章，根据每章内容编写案例配以实物单据、记账凭证等。

➔ 编写立意

◆所用票据或单证采用全仿真形式；

◆按照业务的内容填制记账凭证，录入数据；

◆会计基础知识与实际操作并行讲解，更利于读者操作技能的培养，达到实战演练的目的。

➔ 编写特色

◆流程清晰。详细讲解会计的日常工作内容，会计、出纳、财务报表、成本核算、税法、财务管理等，使读者对会计工作有明确的理解与把握。

◆实操性强。汇集资深会计的业务技巧，结合实例仿真操作，足能应付日常会计工作。

◆图文并茂。本书避免大量码字的弊端，采用图、表简化会计理念及业务流程，达到一目了然的目的。

◆简单实用。会计工作离不开记账、审核、结账，月底再编制若干张会计报表，月初申报纳税这些日常事务。读者只要搞定最基本的业务，懂得万变不离其中的道理，会计工作也就容易做了。

➔ 编写区别

◆与纯实训类图书的区别

目前，实训类图书的一般编写方法是提供一套全流程的业务单据，直接做账，缺少会计依据。读者买了这类书，还须再买会计基础知识的书，才能看懂操作流程。

◆与会计基础类图书的区别

以往的会计基础类图书以码字为主，缺少实务操作。本书既有基础知识的详解，又有实物列示。

总之，万变不离其宗，依据根本就是《企业会计准则》。本套图书的作者是工作在财务战线的业务骨干，具有雄厚的理论基础和丰富的实践经验。但由于时间有限，编书过程中难免存在着一些不足和遗憾，希望广大读者多提宝贵意见。

编者

目录

CONTENTS

第1章 会计基础

第2章 会计机构设置与会计工作

第3章 货币资金的核算

第4章 应收及预付款项

第5章 存货

第6章 投资业务

第7章 固定资产

第 11 章 非流动性负债的核算

第 12 章 应交税费的核算

第13章 期间费用的核算

第14章 收入的核算

第15章 一般纳税人产品成本核算

第16章 产品成本计算方法

第17章 所有者权益

第18章 财务报表的编制

CHAPTER

ONE

第1章 会计基础

会计是以货币为主要计量单位（而不是以实物、劳务计量），以会计凭证为依据，运用专门的方法，对特定会计主体的经济活动进行核算和监督的一种经济管理活动。本章主要介绍会计要素、会计科目、会计账户、会计凭证等内容。

1.1 会计要素

会计要素又称会计对象要素，是指按照交易或事项的经济特征所做的基本分类，也是指对会计对象按经济性质所做的基本分类，是会计核算和监督的具体对象和内容，是构成会计对象具体内容的主要因素，分为反映企业财务状况的会计要素和反映企业经营成果的会计要素。我国《企业会计准则》明确规定了企业会计要素为：资产、负债、所有者权益、收入、费用和利润六大基本会计要素。

1. 会计要素的特征与确认

资产、负债和所有者权益要素侧重于反映企业的财务状况（与资产负债表有关），收入、费用和利润要素侧重于反映企业的经营成果（与利润表有关）。见表 1-1。

表 1-1　　企业的会计要素

会计要素	特　征	确认条件
资产	（1）资产预期会给企业带来经济利益。 （2）资产应为企业拥有（有所有权）或者控制（没有所有权）的资源。 （3）资产是由企业过去的交易或事项形成的。企业预期在未来发生的交易或者事项不形成资产	（1）与该资源有关的经济利益很可能流入企业。 （2）该资源的成本或者价值能够可靠地计量
负债	（1）负债是企业承担的现时义务。 （2）负债预期会导致经济利益流出企业。 （3）负债是由企业过去的交易或者事项形成的	（1）与该义务有关的经济利益很可能流出企业。 （2）未来流出的经济利益的金额能够可靠地计量

续上表

会计要素	特　征	确认条件
所有者权益	所有者权益是企业资产扣除负债后，由所有者享有的剩余权益。公司的所有者权益又称为股东权益。所有者权益通常由股本（或实收资本）、资本公积（含股本溢价或资本溢价、其他资本公积）、盈余公积和未分配利润等构成	所有者权益体现的是所有者在企业中的剩余权益，其确认主要依赖于其他会计要素，尤其是资产和负债的确认；其金额的确定也主要取决于资产和负债的计量
收入	（1）收入是企业在日常活动中形成的。 （2）收入是与所有者投入资本有关的经济利益的总流入。 （3）收入（本身）会导致所有者权益的增加	（1）与收入相关的经济利益很可能流入企业。 （2）经济利益流入企业的结果会导致企业资产的增加或者负债的减少。 （3）经济利益的流入额能够可靠地计量
费用	（1）费用是企业在日常活动中形成的 （2）费用是与向所有者分配利润无关的经济利益的总流出。 （3）费用（本身）会导致所有者权益的减少	（1）与费用相关的经济利益应当很可能流出企业。 （2）经济利益流出企业的结果会导致资产的减少或者负债的增加。 （3）经济利益的流出额能够可靠计量
利润	利润包括收入减去费用后的净额、直接计入当期利润的利得和损失等。直接计入当期利润的利得和损失是应当计入当期损益	主要依赖于收入和费用以及利得和损失的确认，其金额的确定也主要取决于收入、费用、利得和损失金额的计量

2. 会计要素之间的关系

会计要素之间存在等式关系，即会计等式，也称会计平衡公式，或会计方程式，它是对各会计要素的内在经济关系利用数学公式所做的概括表达。即反映各会计要素数量关系的等式。它提示各会计要素之间的联系，是复式记账、试算平衡和编制会计报表的理论依据。

企业反映资产负债表要素之间的数量关系的等式是：

资产＝负债＋所有者权益

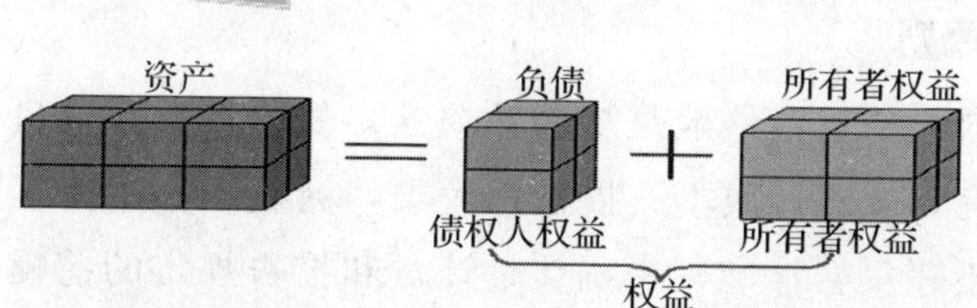

这是会计恒等式，也是静态等式。资产负债表就是根据这个基本会计等式编制的。

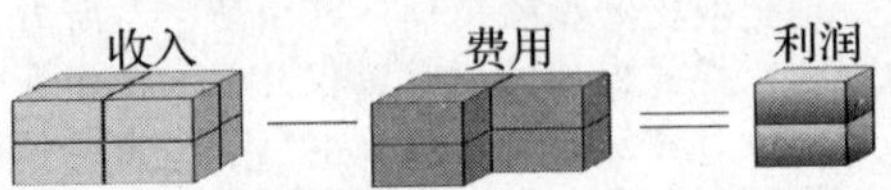

反映上面要素之间的数量关系的等式是：

收入－费用＝利润

这是动态等式，直观地反映企业当期发生的收入、费用。如果收入大于费用，即为盈利；反之则为亏损。利润表就是根据这个会计等式编制的。

1.2 会计科目与会计账户

1.2.1 会计科目

会计科目简称“科目”，是对会计要素的具体内容进行分类核算的项目。每一个会计科目都应当明确反映一定的经济内容，科目和科目之间在内容上不能相互交叉。

会计科目的设置应符合会计核算的一般原则及会计核算工作基本要求，以保证会计信息的质量。为此，企业对会计科目的设置应遵循以下原则。

1. 合法性原则

为了保证会计信息的可比性，所设置的会计科目应当符合国家统一的会计制度的规定。

2. 相关性原则

会计科目的设置，应为提供有关各方所需要的会计信息服务，满足对外报告与对内管理的要求。

3. 实用性原则

具体会计科目的设置一般是从会计要素出发，将会计科目分为资产、负债、共同、所有者权益、成本、损益六大类，涵盖了我国所有企业的交易或事项。企业在不违反会计准则中确认、计量和报告规定的前提下，可以根据本企业的实际情况自行增设、分拆、合并会计科目。见表1-2。

表1-2　企业会计科目表

序号	编号	会计科目名称	序号	编号	会计科目名称
		一、资产类	27	1521	投资性房地产
1	1001	库存现金	28	1531	长期应收款
2	1002	银行存款	29	1601	固定资产
3	1012	其他货币资金	30	1602	累计折旧
4	1101	交易性金融资产	31	1603	固定资产减值准备
5	1121	应收票据	32	1604	在建工程
6	1122	应收账款	33	1605	工程物资
7	1123	预付账款	34	1606	固定资产清理
8	1131	应收股利	35	1701	无形资产
9	1132	应收利息	36	1702	累计摊销
10	1221	其他应收款	37	1703	无形资产减值准备
11	1231	坏账准备	38	1711	商誉
12	1401	材料采购	39	1801	长期待摊费用
13	1402	在途物资	40	1811	递延所得税资产
14	1403	原材料	41	1901	待处理财产损溢
15	1404	材料成本差异			二、负债类
16	1405	库存商品	42	2001	短期借款
17	1406	发出商品	43	2101	交易性金融负债
18	1408	委托加工物资	44	2201	应付票据
19	1411	周转材料	45	2202	应付账款
20	1461	融资租赁资产	46	2203	预收账款
21	1471	存货跌价准备	47	2211	应付职工薪酬
22	1501	持有至到期投资	48	2221	应交税费
23	1502	持有至到期投资减值准备	49	2231	应付利息
24	1503	可供出售金融资产	50	2232	应付股利
25	1511	长期股权投资	51	2241	其他应付款
26	1512	长期股权投资减值准备	52	2401	递延收益

续上表

序号	编号	会计科目名称	序号	编号	会计科目名称
53	2501	长期借款	73	6011	利息收入
54	2502	应付债券	74	6021	手续费及佣金收入
55	2701	长期应付款	75	6031	保费收入
56	2702	未确认融资费用	76	6041	租赁收入
57	2801	预计负债	77	6051	其他业务收入
58	2901	递延所得税负债	78	6061	汇总损益
三、所有者权益类			79	6101	公允价值变动损益
59	4001	实收资本	80	6111	投资收益
60	4002	资本公积	81	6301	营业外收入
61	4101	盈余公积	82	6401	主营业务成本
62	4103	本年利润	83	6402	其他业务成本
63	4104	利润分配	84	6403	税金及附加
64	4201	库存股	85	6411	利息支出
四、成本类			86	6421	手续费及佣金支出
65	5001	生产成本	87	6511	赔付支出
66	5101	制造费用	88	6601	销售费用
67	5201	劳务成本	89	6602	管理费用
68	5301	研发支出	90	6603	财务费用
69	5401	工程施工	91	6701	资产减值损失
70	5402	工程结算	92	6711	营业外支出
71	5403	机械作业	93	6801	所得税费用
五、损益类			94	6901	以前年度损益调整
72	6001	主营业务收入			

1.2.2 会计账户

会计账户是根据会计科目设置的，具有一定格式和结构，用于分类反映会计要素增减变动情况及其结果的载体。

1. 会计账户的分类

（1）按照所提供信息的详细程度及统驭关系分为总分类账户和明细分类账户。

（2）账户按经济内容可分为资产类账户、负债类账户、所有者权益类账户、成本类账户和损益类账户等五类，见表 1-3。

表 1-3　账户按经济内容分类

账户总分类	明细分类	包含会计科目
资产类账户	流动资产类账户	库存现金、银行存款、交易性金融资产、应收账款、原材料、库存商品等
	非流动资产类账户	长期股权投资、固定资产、累计折旧、无形资产、长期待摊费用等
负债类账户	流动性负债类账户	短期借款、应付账款、应付职工薪酬、应交税费等
	长期负债类账户	长期借款、应付债券、长期应付款等
所有者权益类账户	投入资本类所有者权益账户	实收资本、资本公积等
	资本积累类所有者权益账户	盈余公积、本年利润、利润分配等
成本类账户	直接计入类成本账户	生产成本（包括：基本生产成本、辅助生产成本）等
	分配计入类成本账户	制造费用等
损益类账户	营业损益类账户	主营业务收入、主营业务成本、主营业务税金及附加、其他业务收入、投资收益等
	非营业损益类账户	营业外收入、营业外支出、销售费用、管理费用、财务费用、所得税等

（3）账户按用途和结构分类

账户按照用途和结构可以分为盘存类账户、结算类账户、跨期摊配类账户、资本类账户、调整类账户、集合分配类账户、成本计算类账户、集合配比类账户和财务成果类账户等九类。

2. 账户的结构

账户的内容具体包括账户名称，记录经济业务的日期，所依据记账凭证的编号，经济业务摘要，增减金额和余额等，见表 1-4。

表 1-4 库存现金

2017 年		凭证号	摘要	借方	贷方	借或贷	余额
月	日		期初余额			借	1 000
1	3	付款 001	提取现金	5 000		借	6 000
1	5	付款 002	支付差旅费		2 500	借	3 500
1	9	付款 002	购买办公用品		800	借	2 700
1	11	收款 009	销售收入	900		借	3 600
1							
1	31		本期发生额及期末余额	5 900	3 300	借	3 600

所有经济业务的发生所引起的企业资产、负债、所有者权益等的变动，从数量上看，不外乎“增加”和“减少”两种情况。因此，每个账户起码要划分出两个方位，左方（记账符号为“借”），右方（记账符号为“贷”）两个方向，一方登记增加，另一方登记减少。资产、成本、费用类账户借方登记增加额，贷方登记减少额；负债、所有者权益、收入类账户借方登记减少额，贷方登记增加额。为了便于说明问题，可简化为左右两方，即“丁字形”账户，如图 1-1 所示。

库存现金

借方		贷方
期初余额	1 000	
	5 000 900	2 500 800
本期发生额	5 900	3 300
期末余额	3 600	

图 1-1 库存现金丁字型账户

3. 账户中的关系

账户中登记本期增加的金额，称为本期增加发生额；登记本期减少的金额，称为本期减少发生额；增减相抵后的差额，称为余额，余额按照时间不同，分为期初余额和期末余额。其基本关系如下：

期末余额＝期初余额＋本期增加发生额－本期减少发生额

上式中的四个部分也称为账户的四个金额要素，对于不同经济内容账户反映也不同。

(1) 资产类账户结构，如图 1-2 所示。

期末余额＝期初余额＋借方本期发生额合计－贷方本期发生额合计

资产类账户

借方	贷方
期初余额	
本期资产增加额 ……	本期资产减少额 ……
本期借方发生额合计	本期贷方发生额合计
期末余额	

图 1-2 资产类账户结构

(2) 负债类账户结构，如图 1-3 所示。

期末余额＝期初余额－借方本期发生额合计＋贷方本期发生额合计

负债类账户

借方	贷方
	期初余额
本期负债减少额 ……	本期负债增加额 ……
本期借方发生额合计	本期贷方发生额合计
	期末余额

图 1-3 负债类账户结构

(3) 所有者权益类账户结构，如图 1-4 所示。

期末余额＝期初余额－借方本期发生额合计＋贷方本期发生额合计

所有者权益类账户

借方	贷方
	期初余额
本期所有者权益减少额： ……	本期所有者权益增加额： ……
本期借方发生额合计	本期贷方发生额合计
	期末余额

图 1-4 所有者权益类账户结构

（4）收入类账户结构，如图 1-5 所示。

期末余额＝期初余额＋本期贷方发生额合计－本期借方发生额合计

收入类账户

借方	贷方
	期初余额
本期利润减少额： ……	本期利润增加额： ……
本期借方发生额合计	本期贷方发生额合计
	期末余额

图 1-5　收入类账户结构

（5）费用类账户结构，如图 1-6 所示。

期末余额＝期初余额＋本期借方发生额合计－本期贷方发生额合计

费用类账户

借方	贷方
期初余额	
本期资产增加额 ……	本期资产减少额 ……
本期借方发生额合计	本期贷方发生额合计
期末余额	

图 1-6　费用类账户结构

（6）成本类账户结构，如图 1-7 所示。

期末余额＝期初余额＋本期借方发生额合计－本期贷方发生额合计

成本类账户

借方	贷方
期初余额	
本期资产增加额 ……	本期资产减少额 ……
本期借方发生额合计	本期贷方发生额合计
期末余额	

图 1-7　成本类账户结构

1.3　借贷记账法及会计分录

借贷记账法是编制会计分录的依据，有借必有贷，借贷必相等。

1.3.1 借贷记账法

借贷记账法是以“借”和“贷”为记账符号的一种复式记账法。我国规定所有企业、事业单位一律采用借贷记账法。

1. 借贷记账法的依据

借贷记账法的理论依据会计恒等式：

资产＝负债＋所有者权益

（1）以“借”和“贷”作为记账符号

“借”和“贷”已经失去了原来的字面含义，成为专门的记账符号，其含义因账户性质而异。在借贷记账法下，“借”和“贷”的具体含义取决于账户反映的经济内容，一般以“借”表示资产和成本、费用的增加，负债、所有者权益和收入、利润的减少；以“贷”表示负债、所有者权益和收入、利润的增加，资产和成本、费用的减少。

（2）以“有借必有贷，借贷必相等”作为记账规则

采用借贷记账法，对于每笔经济业务，都要在记入一个账户借方的同时，记入另一个或几个账户的贷方；或者在记入一个账户贷方的同时，记入另一个或者几个账户的借方。而且记入借方的金额必须等于记入贷方的金额。也就是说，任何一笔经济业务所引起的一个账户借方的变化应该等于另一个账户贷方的变化，任何情况都不例外。

账户中登记本期增加的金额，称为本期增加发生额；登记本期减少的金额，称为本期减少发生额；增减相抵后的差额，称为余额，余额按照时间不同，分为期初余额和期末余额。其基本关系如下：

期末余额＝期初余额＋本期增加发生额－本期减少发生额

本期借方发生额＝在本会计期间某会计账户借方发生额的合计数

本期贷方发生额＝在本会计期间某会计账户的贷方发生额的合计数

本期期初余额＝上期期末余额

2. 试算平衡法

试算平衡是指利用“资产＝负债＋所有者权益”的平衡原理，按照记账规则的要求，通过汇总、计算和比较，来检查会计账户处理和账簿记录的正确性、完整性的一种方法，或者说通过账户余额或发生额合计数之间的平衡

关系，检验记账工作正确与否的一种方法。

试算平衡有两种计算方法：一是账户发生额试算平衡法；二是账户余额试算平衡法。

（1）账户发生额试算平衡法。

在借贷记账法下，根据“有借必有贷，借贷必相等”的记账规则，所有账户的本期借方发生额合计与所有账户本期贷方发生额合计必然是相等的，可用公式表示如下：

全部账户本期借方发生额合计＝全部账户本期贷方发生额合计

【例 1-1】朝阳公司 2017 年 2 月 1 日，有关账户余额见表 1-5。

表 1-5　相关账户余额

资产账户	借方余额	负债和所有者权益	贷方金额
库存现金	880	短期借款	110 000
银行存款	970 000	应付账款	755 000
原材料	430 000	实收资本	485 880
		资本公积	50 000
合计	1 400 880	合计	1 400 880

本期发生额及余额，见表 1-6。

表 1-6　余额试算平衡表

会计科目	期初余额		本期发生额		期末余额	
	借方	贷方	借方	贷方	借方	贷方
库存现金	880		8 000		8 880	
银行存款	970 000		150 000	448 800	671 200	
原材料	430 000		40 000		470 000	
短期借款		110 000	250 000	35 000	105 000	
应付账款		755 000	299 000	106 800		562 800
实收资本		485 880		249 000		734 880
资本公积		50 000	20 000			30 000
管理费用			60 000		60 000	
其他应付款			5 800		5 800	
应交税费			6 800		6 800	
合计	1 400 880	1 400 880	839 600	839 600	1 327 680	1 327 680

(2) 账户余额试算平衡法。

账户余额试算平衡法是根据本期所有账户借方余额合计与贷方余额合计的恒等关系，检验本期账户记录是否正确的方法。根据余额时间不同，又分为期初余额平衡与期末余额平衡两类。期初余额平衡是期初所有账户借方余额合计与贷方余额合计相等，期末余额平衡是期末所有账户借方余额合计与贷方余额合计相等。公式为：

全部账户的借方期初余额合计＝全部账户的贷方期初余额合计

全部账户的借方期末余额合计＝全部账户的贷方期末余额合计

实际工作中，余额试算平衡通过编制试算平衡表方式进行。

如果试算平衡表借方余额合计数和贷方余额合计数不相等，说明肯定存在错误，应当予以查明纠正。

【例 1-2】朝阳公司 2017 年 1 月 31 日总账账户余额如图 1-8 所示。

资产

借	贷
库存现金	600
银行存款	30 000
应收账款	4 000
其他应收款	400
原材料	50 000
生产成本	5 000
库存商品	8 000
固定资产	1 500 000
合计	1 598 000

负债及所有者权益

借	贷
短期借款	35 000
应付账款	5 000
实收资本	1 558 000
合计	1 598 000

图 1-8　总账账户余额的计算

1.3.2　会计分录

会计分录简称分录，是依据借贷记账规则，对每一项经济业务列示出应借、应贷账户的名称及其金额的一种书面记录，即一笔会计分录主要包括三个要素：记账符号、会计科目、变动金额。

会计分录的种类包括简单分录和复合分录两种，其中简单分录即一借一贷的分录；复合分录则是一借多贷分录、多借一贷以及多借多贷分录。为了保持账户对应关系的清楚，一般不宜把不同经济业务合并在一起，编制多借多贷的会计分录。但在某些特殊情况下为了反映经济业务的全貌，也可以编制多借多贷的会计分录。例如：

借：销售费用——工资　　45 500

　　贷：应付职工薪酬——销售中心　　45 500

会计分录构成了记账凭证的基本内容，简单来说，会计分录的格式化就是记账凭证。在实际工作中，会计分录是通过填制记账凭证来完成的。见表1-7。

表1-7　　**记账凭证**

2017年1月31日　　记字第1号

摘　要	会计科目		借方金额	贷方金额
	一级科目	二级或明细科目		
计提销售人员工资	销售费用	工资	45 500	
	应付职工薪酬	工资		45 500
合计	45 500	45 500		

会计主管：　　记账：　　出纳：　　审核：　　制单：

1. 会计分录编制步骤

在分析经济业务的基础上，按照会计分录的格式书写出会计分录，要按如下五个步骤。

（1）分析经济业务涉及的会计科目。

（2）确定金额增减。

（3）确定借贷方。

（4）检查应借应贷科目是否正确、借贷方及金额是否相等。

（5）编制会计分录。

2. 会计分录的书写格式

（1）先借后贷：借和贷要分行写，并且文字和金额的数字都应错开；在一借多贷或一贷多借的情况下，要求借方或贷方的文字和金额数字必须对齐。

（2）贷方记账符号、账户、金额都要比借方退后一格，表明借方在左，贷方在右。

【例 1-3】 华文在线科技有限公司发生银行收款业务如下：从银行借入半年期限的借款 90 000 元；销售电子产品 20 000 元，销项增值税额 3 400 元，当即收到转账支票 23 400 元存入银行；收到银行存款利息 8 000 元。

借：银行存款　　　　　　　　　　　　　　　　90 000
　　贷：短期借款　　　　　　　　　　　　　　　　90 000
借：银行存款　　　　　　　　　　　　　　　　23 400
　　贷：主营业务收入　　　　　　　　　　　　　　20 000
　　　　应交税费——应交增值税（销项税额）　　　　3 400
借：银行存款　　　　　　　　　　　　　　　　8 000
　　贷：财务费用　　　　　　　　　　　　　　　　8 000

1.4 会计凭证

会计凭证，简称凭证，是记录经济活动、明确经济责任的书面证明。会计凭证多种多样，按其用途和填制程序，可以分为原始凭证和记账凭证两种。

1.4.1 原始凭证的填制与审核

原始凭证，又称单据，是在经济业务发生或完成时取得或填制的，用以记录或证明经济业务的发生或完成情况的文字凭据。它不仅能用来记录经济业务发生或完成情况，还可以明确经济责任，是进行会计核算工作的原始资料和重要依据，是会计资料中最具有法律效力的一种文件。

1. 原始凭证的分类

原始凭证是多种多样的，但可以按不同的标准将其加以分类，具体见图 1-9。

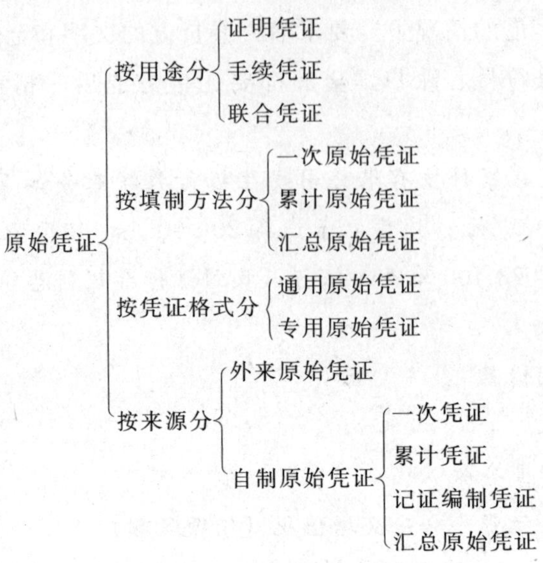

图 1-9 原始凭证分类详图

需要注意的是，原始凭证作废时不得撕毁，而应在凭证上加盖“作废”戳记，并连同存根一起保存；而且不得有涂改或挖补现象，如发现原始凭证有误，应当由开出单位重开或者更正，更正处应当加盖开出单位的公章。

原始凭证上的内容应书写完整、清楚

作为记录和证明经济业务的发生或完成情况、明确经办单位和人员的经济责任的原始证据。

2. 原始凭证的填制要求

（1）记录要真实。

原始凭证所填列的经济业务内容和数字，必须真实可靠，符合实际情况。

（2）内容要完整。

原始凭证所要求填列的项目必须逐项填列齐全，不得遗漏和省略。

（3）手续要完备。

单位自制的原始凭证必须有经办单位领导人或者其他指定的人员签名盖章；对外开出的原始凭证必须加盖本单位公章；从外部取得的原始凭证，必须盖有填制单位的公章；从个人取得的原始凭证，必须有填制人员的签名盖章。

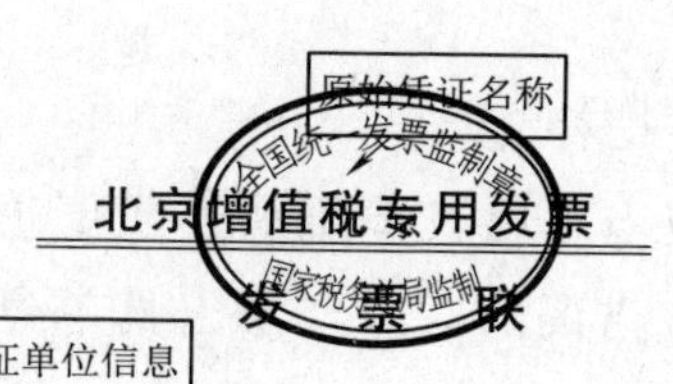

北京增值税专用发票

110018240　　　　发　票　联　　　　No：**01092783**

开票日期：2018 年 4 月 9 日

购货单位	名　　称：北京鑫盛有限公司 统一社会信用代码：110101400321230H 地址、电话：北京海淀区北京蜂窝路 14 号　68790001 开户行及账号：北京工商银行北蜂窝支行营业室 0200001909234216779						密码区	略
货物或应税劳务名称	规格型号	单位	数量	单价	金额	税率（%）	税额	
发动机		台	1		¥90 000	17%	¥15 300	
价税合计（大写）	壹拾万伍仟叁佰元整						（小写）¥105 300	
销货单位	名　　称：绿地制造厂 统一社会信用代码：112013413497156 地址、电话：北京中山北路 45 号 010-87651200 开户行及账号：中行中山北路分理处 066180360010776						备注	

收款人：××　　复核：××　　开票人：××　　销货单位：

图 1-10　原始凭证记载的基本内容

（4）书写要清楚、规范。

①原始凭证要按规定填写，文字要简要，字迹要清楚，易于辨认，不得使用未经国务院公布的简化汉字；

②大小写金额必须相符且填写规范，小写金额用阿拉伯数字逐个书写，不得写连笔字；

③在金额前要填写人民币符号“¥”。人民币符号“¥”与阿拉伯数字之间不得留有空白。金额数字一律填写到角、分，无角、分的，写“00”或符号“—”；有角无分的，分位写“0”，不得用符号“—”；

④大写金额用汉字壹、贰、叁、肆、伍、陆、柒、捌、玖、拾、佰、仟、万、亿、元、角、分、零、整等，一律用正楷或行书书写。大写金额前未印有“人民币”字样的，应加写“人民币”三个字，“人民币”字样和大写金额之间不得留有空白。

⑤大写金额到元或角为止的，后面要写“整”或“正”字；有分的，不写“整”或“正”字。如小写金额为¥1 008.00，大写金额应写成“壹仟零捌元整”。

（5）编号要连续。

如果原始凭证已预先印定编号，在写错作废时，应加盖“作废”戳记，妥善保管，不得撕毁。

（6）不得涂改、刮擦、挖补。

原始凭证有错误的，应当由出具单位重开或更正，更正处应当加盖出具单位印章。原始凭证金额有错误的，应当由出具单位重开，不得在原始凭证上更正。

（7）填制要及时。

各种原始凭证一定要及时填写，并按规定的程序及时送交会计机构、会计人员进行审核。原始凭证的审核人员应检查有关数量、单价、金额是否正确无误，是否与实际业务一致。会计原始凭证的基本内容包括：会计原始凭证名称、填制会计原始凭证的日期、接受会计原始凭证单位名称、经济业务内容（含数量、单价、金额等）、填制单位签章、有关人员签章、凭证附件。

3. 特殊的原始凭证

一张原始凭证所列的支出需要由两个以上单位共同负担时，应当由保存该原始凭证的单位开给其他应负担单位原始凭证分割单。收到原始凭证分割单的单位以分割单作为记账凭证的附件。原始凭证分割单必须具备原始凭证的基本内容：凭证名称、填制凭证日期、填制凭证单位名称或者填制人姓名、经办人的签名或者盖章、接受凭证单位名称、经济业务内容、数量、单价、金额和费用分摊情况等，见表1-8。

表1-8　　原始凭证分割单

年　　月　　日　　　　编号

<table>
<tr><td colspan="2">接受单位名称</td><td colspan="4"></td><td colspan="2">地址</td><td colspan="4"></td></tr>
<tr><td rowspan="2">原始凭证</td><td>单位名称</td><td colspan="4"></td><td colspan="2">地址</td><td colspan="4"></td></tr>
<tr><td>名称</td><td colspan="2"></td><td colspan="2">日期</td><td colspan="2"></td><td colspan="2">编号</td><td colspan="2"></td></tr>
<tr><td rowspan="2">总金额</td><td rowspan="2">人民币
（大写）</td><td>千</td><td>百</td><td>十</td><td>万</td><td>千</td><td>百</td><td>十</td><td>元</td><td>角</td><td>分</td></tr>
<tr><td></td><td></td><td></td><td></td><td></td><td></td><td></td><td></td><td></td><td></td></tr>
<tr><td rowspan="2">分割金额</td><td rowspan="2">人民币
（大写）</td><td>千</td><td>百</td><td>十</td><td>万</td><td>千</td><td>百</td><td>十</td><td>元</td><td>角</td><td>分</td></tr>
<tr><td></td><td></td><td></td><td></td><td></td><td></td><td></td><td></td><td></td><td></td></tr>
<tr><td colspan="2">原始凭证主要内容，分割原因</td><td colspan="10"></td></tr>
<tr><td colspan="2">备注</td><td colspan="10"></td></tr>
</table>

4. 原始凭证的审核

记账凭证应以审核后的原始凭证为依据，而原始凭证的审核质量取决于审核人的经验、素质、性格以及企业内控环境等的限制。

原始凭证的审核包括以下内容，见表 1-9。

表 1-9　　原始凭证的审核

审核内容	审核事项
审核发票的票面	仔细查看是否有涂改的痕迹，防止把无关的发票拿来报销，或者将小数改大数
审出具发票的单位名称	①与本单位有无经济业务关系； ②发票名称与经济内容是否相符； ③发票内容与售货单位的经营范围是否吻合
审核发票的抬头	查看所填单位名称是否为本单位，防止把私人或者其他单位的购货发票拿来报销
审核发票的数字	检查数量乘以单价是否等于总金额；大小写金额是否一致；小写金额前面是否有“¥”字样，大写金额前面是否顶格等
审核发票所开出物品的价格	检查与以往所购物品是否相同，如果相差过大，应查明原因
审核发票的编号	检查有无连号现象，防止把其他的发票拿来报销
审核发票的开出时间	①检查是否有同一经济内容、同一金额的发票在相近时间内出现，防止重复报账； ②检查发票之间在时间和内容上的内在联系，如购买大件商品与其运费发生的时间是否前后相距太远等
审核发票的印章	①检查有无税务部门的监制章； ②检查有无售货单位的财务专用章或发票专用章； ③检查有无经手人签章。只有印章齐全，才能报销
审核发票的备注	检查备注栏有何规定，如有无“违章罚款，不得报销”“滋补药品、费用自理”等字样
审核发票的背面	发票背面虽然没有内容，但由于发票基本上都是用复写纸写的，因而背面一般应有复写的痕迹，如果没有，应特别注意
审核发票的印制日期	按照规定，开具发票的单位每年度都应从税务部门领取本年度版本的发票，即便是可使用上一年度版本的发票，按规定也不宜时间跨度太长
审核发票的报销手续	检查有无经手人、验收人、批准人签字。如没有，应先补齐手续

此外，在审核发票时，还应注意分析一些不能通过票面而反映的问题。

例如，采购物资是否存在舍近求远、舍优求劣；购买的办公用品是否只写金额，没有具体内容。如有类似的问题必须问清缘由，防止被少数人钻了空子。

5. 原始单据遗失

从外单位取得的原始凭证如有遗失，应当取得原开出单位盖有公章的证明，并注明原来凭证的号码、金额和内容等，对方原始单据存根的复印件（加盖对方财务公章），由经办单位会计机构负责人、会计主管人员和单位领导人批准后，才能代作原始凭证。

如果确实无法取得证明的，如火车、轮船、飞机票等凭证，由当事人写出详细情况，由经办单位会计机构负责人、会计主管人员和单位领导人批准后，代作原始凭证。

1.4.2 记账凭证的填制与审核

1. 记账凭证的分类

记账凭证，是会计人员根据审核后的原始凭证进行归类、整理，并确定会计分录而编制的凭证，是直接据以登账的依据。记账凭证按照不同的分类标准又可以分为不同的种类（如图 1-11 所示）。

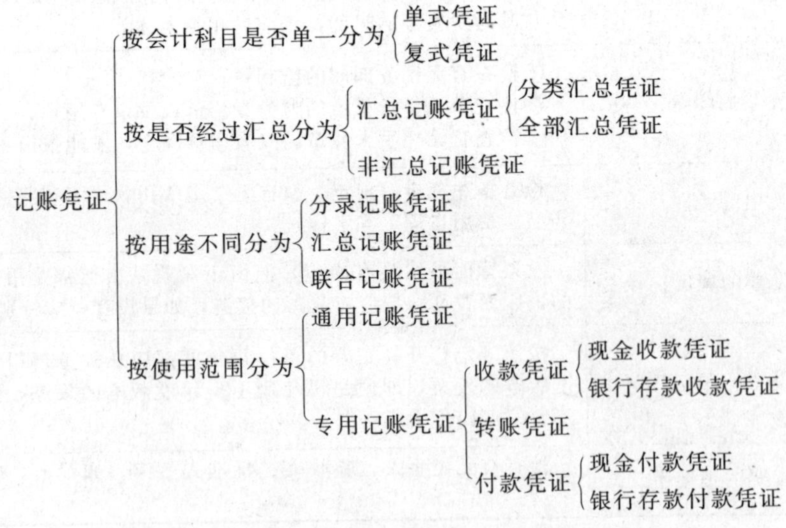

图 1-11　记账凭证分类详图

2. 记账凭证的编制

（1）记账凭证基本内容，见表1-10。

表1-10　记账凭证基本内容

记账凭证基本内容	记账凭证的名称
	填制记账凭证的日期
	记账凭证的编号
	经济业务事项的内容摘要
	经济业务事项所涉及的会计科目及其记账方向
	经济业务事项的金额
	记账标记
	所附原始凭证张数
	会计主管、记账、审核、出纳、制单等有关人员的签章

（2）记账凭证基本编制要求，见表1-11。

表1-11　记账凭证基本编制要求

记账凭证基本编制要求	记账凭证各项内容必须完整
	记账凭证应连续编号。一笔经济业务需要填制两张以上记账凭证的，可以采用分数编号法编号
	记账凭证的书写应清楚、规范。相关要求同原始凭证
	记账凭证可以根据每一张原始凭证填制，或根据若干张同类原始凭证汇总编制，也可以根据原始凭证汇总表填制。但不得将不同内容和类别的原始凭证汇总填制在一张记账凭证上
	除结账和更正错误的记账凭证可以不附原始凭证外，其他记账凭证必须附有原始凭证
	填制记账凭证时如果发生错误应当重新填制
	记账凭证填制完成经济业务事项后，如有空行，应当自金额栏最后一笔金额数字下的空行处至合计数上的空行处划线注销

需要注意的是，已登记入账的记账凭证在当年内发现填写错误时，可以用红字填写一张与原内容相同的记账凭证，在摘要栏注明“注销某月某日某号凭证”字样，同时再用蓝字重新填制一张正确的记账凭证，注明“订正某月某日某号凭证”字样。如果会计科目没有错误，只是金额错误，也可将正

确数字与错误数字之间的差额，另编一张调整的记账凭证，调增金额用蓝字、调减金额用红字。发现以前年度记账凭证有错误的，应当用蓝字填制一张更正的记账凭证。

3. 记账凭证的填制

记账凭证是一项重要的会计工作，如果填制时出现差错，不仅要影响到账簿登记，而且要影响到经费收支、费用归集与分配、成本计算和编制会计报表。查找与更正也要花费大量的时间和精力。

（1）收款凭证的填制。

收款凭证根据现金和银行存款收款业务的原始凭证填制。凡是涉及增加现金或者银行存款账户的金额的，都必须填制收款凭证。收款凭证左上方的“借方科目（或账户）”，应填写“库存现金”或“银行存款”；右上方应填写凭证编号。收款凭证的编号一般按“现收×号”和“银收×号”分类，业务量少的单位也可不分“现收”与“银收”，而按收款业务发生的先后顺序统一编号，如“收字×号”。“摘要”栏内填写经济业务的内容梗概；“贷方科目（或账户）”栏内填写与“库存现金”或“银行存款”科目相对应的总账（一级）科目及其所属明细（二级）科目；“金额”栏内填写实际收到的现金或银行存款数额；“记账符号”栏供记账员在根据收款凭证登记有关账簿以后做记号用，表示该项金额已经记入有关账户，避免重记或漏记。

收款凭证样式，见表1-12。

表1-12 收款凭证

总号______

借方科目： 年 月 日 收字第____号

摘要	贷方科目		账页	金额								
	一级科目	二级或明细科目		百	十	万	千	百	十	元	角	分
合计												

会计主管： 记账： 出纳： 审核： 填制：

（2）付款凭证的填制。

付款凭证是由出纳人员根据审核无误的原始凭证付款后填制的。在借贷记账法下，付款凭证左上方是贷方科目，应是“库存现金”或“银行存款”科目。在凭证内所反映的借方科目，应填列与“库存现金”或“银行存款”相对应的科目。金额栏填列经济业务实际发生的数额，在凭证的右侧填写所附原始凭证的张数，并在出纳及制单处签名或盖章。

付款凭证样式，见表1-13。

表1-13

付款凭证

总号______

贷方科目：　　　　　　　　年　　月　　日　　　　　　　　收字第____号

摘要	借方科目		账页	金额								
	一级科目	二级或明细科目		百	十	万	千	百	十	元	角	分
合计												

会计主管：　　　记账：　　　出纳：　　　审核：　　　填制：

（3）转账凭证的填制。

转账凭证根据不涉及现金和银行存款收付的转账业务的原始凭证填制。凡是不涉及现金和银行存款增加或减少的业务，都必须填制转账凭证。

转账凭证样式，见表1-14。

表1-14

转账凭证

总号______

年　　月　　日　　　　　　　　转字第____号

摘要	一级科目	二级或明细科目	账页	借方金额									贷方金额								
				百	十	万	千	百	十	元	角	分	百	十	万	千	百	十	元	角	分
合计																					

会计主管：　　　记账：　　　出纳：　　　审核：　　　填制：

转账凭证的填制要求如图 1-12 所示。

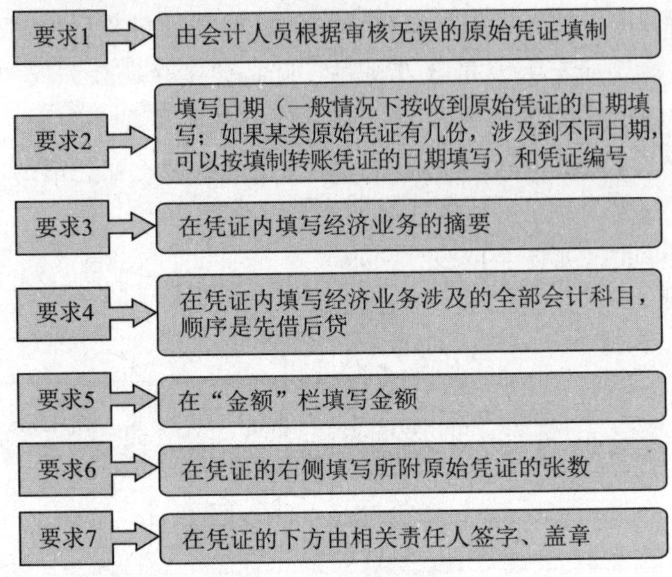

图 1-12　转账凭证的填制要求

4. 记账凭证的审核

为了保证账簿记录的正确性，会计人员除了应当正确填制记账凭证外，在记账前必须对已编制的记账凭证由专人认真、严格地审核。审核的主要内容包括以下三项，如图 1-13 所示。

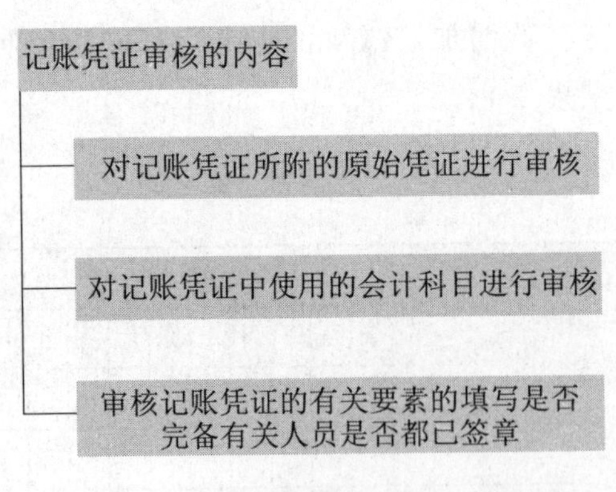

图 1-13　记账凭证审核的三项内容

5. 记账凭证的附件

记账凭证的附件就是所附的原始凭证，填制记账凭证所依据的原始凭证必须附在相应的记账凭证后面，并在记账凭证上标明所附原始凭证的张数。

（1）附件为原始凭证的处理方法。

根据《会计基础工作规范》第五十一条规定，对附件应当区别不同情况进行处理。

①一张原始凭证只对应一张记账凭证的，将原始凭证直接附在记账凭证后面。

②结账的记账凭证、更正错误的记账凭证可以不附原始凭证。

③一张原始凭证涉及几张记账凭证的，有两种方法可以使用。

a. 将原始凭证附在一张主要的记账凭证后面，然后在其他记账凭证上注明附有该原始凭证的记账凭证的编号，便于查找。

b. 将原始凭证附在一张主要的记账凭证后面，然后在其他记账凭证后面附该原始凭证的复印件。

④一张原始凭证所列支的费用需要几个单位共同负担的，该原始凭证由本单位保留，附在本单位的有关记账凭证后面，给共同负担费用的其他单位开出原始凭证分割单，供其结算使用。

（2）附件张数的计算。

原始凭证附件张数应区分以下几种情况，分别计算原始凭证的张数。

①对能全面反映每笔经济业务活动情况的原始凭证，应按自然张数计算。

②对不能全面反映每笔经济业务活动情况，需要附件进行补充和说明的，应在原始凭证备注说明附件张数，并将其粘贴在一起，附件不计入原始凭证张数。

③对某类或某些原始凭证利用自制封面已进行汇总的，如差旅费报销单、支出汇总审批单等，其封面已对所反映的经济业务活动综合说明，对所附凭证张数也已注明，所以，它们应作为一张原始凭证计算。

1.5 会计摘要的书写

在记账凭证、账簿和有关表式中，除了填明会计科目及其所属的明细科目（二级科目和明细科目），写上金额等内容以外，还必须用文字在“摘要”栏内以简明扼要的文字，概括地写清楚经济业务的内容。

为了使摘要写得简明扼要，应尽可能使用一般会计通用的代用符号。尽可能用会计通用术语，如结转、冲转、转存、冲销、核销等。

【例 1-4】汇通天下科技有限公司的一张银行存款付出凭证上的会计分录如下。

借：管理费用　　5 600

　　贷：银行存款　　5 600

由于没有在该凭证上填写摘要，因此，该凭证所反映的经济业务内容就很不明确了。若想分清是哪笔业务，只能去阅读所附的原始凭证。

【例 1-5】下面是汇通天下科技有限公司的一笔现金收入的会计分录。

借：库存现金　　600

　　贷：其他应收款　　600

这张凭证没有写明是哪笔业务，所以不能明确现金的来源，因此，为了说明的现金来源，就必须补上摘要。

【例 1-6】下面是某一笔转账凭证上的复合会计分录（一借多贷）。

借：利润分配　　70 000

　　贷：盈余公积——一般盈余公积　　20 000

　　　　盈余公积——公益金　　10 000

　　　　应付股利　　40 000

这一转账凭证反映了该企业对净利润的分配状况。会计分录上虽然能够指明其借贷对应科目和经济业务的内容及其金额，但是却没有指明是如何计算出来的。

应在摘要处注明：某月利润分配摘要：一般盈余公积＝200 000×10％，公益金＝200 000×5％，应付股利＝200 000×20％。

对于复合经济业务的摘要文字比较长的问题，会计人员还可以分别采用以下办法进行处理：

一方面在摘要栏里写上“结转×月利润分配”，另一方面将计算过程（算式）编制一张转账工作底稿作为附件，附在该张记账凭证之后作为摘要内容的补充。

CHAPTER

TWO

第2章

会计机构设置与会计工作

本章介绍企业会计机构设置的基本要求。企业可根据自身规模设置会计岗位，会计人员可根据本行业特点建账，选择合适的会计账簿。

2.1 会计机构及会计岗位

2.1.1 会计机构

会计机构是指企业应当根据会计业务的需要设置会计机构，配备会计机构负责人；或者在有关机构中配备专职会计人员，指定会计主管人员。

（1）一般而言，大、中型企业和具有一定规模的行政、事业单位，以及财务收支数额较大、业务较多的社会团体和其他经济组织，应当单独设置会计机构。设置会计机构有利于本单位的会计核算，实施有效的会计监督。

（2）不具备单独设置会计机构条件的单位，应当委托经批准设立的会计师事务所或者持有代理记账许可证书的中介机构代理记账。单位（委托人）应当与代理记账机构（受托人）签订书面委托合同。代理记账机构根据合同约定，定期派人到委托人所在地办理会计核算业务；或者由委托人送交原始凭证，在代理记账机构所在地办理会计核算业务。

2.1.2 会计岗位

会计岗位是指从事会计工作、办理会计事项的具体职位。各单位应当根据会计业务需要设置会计工作岗位。会计工作一般包括以下岗位：总会计师（或行使总会计师职权）岗位；会计机构负责人（会计主管人员）岗位；出纳岗位；稽核岗位；资本、基金核算岗位；收入、支出、债权债务核算岗位；工资核算、成本费用核算、财务成果核算岗位；财产物资的收发、增减核算岗位；总账岗位；对外财务会计报告编制岗位；会计电算化岗位；会计档案管理岗位。

1. 基本会计岗位

基本会计岗位：会计主管、出纳、会计核算各岗、稽核、会计档案管理。小企业通常设出纳、会计、会计主管等会计岗位。

（1）出纳的基本职责，见表 2-1。

表 2-1　　出纳的基本职责

出纳的基本职责	负责货币资金的核算
	填写和办理各种收、付款的票据和结算凭证
	编制收款、付款记账凭证
	登记现金日记账、银行存款日记账
	月末进行银行存款的核对，编制银行存款余额调节表
	工资的发放

（2）会计的基本职责，见表 2-2。

表 2-2　　会计的基本职责

会计的基本职责	编制转账凭证和有关的原始凭证
	会计凭证的审核
	登记明细分类账
	成本的核算
	财产清查

（3）会计主管的基本职责，见表 2-3。

表 2-3　　会计主管的基本职责

会计主管的基本职责	初始建账时会计科目的设置
	审核各类账证
	编制科目汇总表，登记总账
	编制财务报表，纳税申报表
	进行财务分析

在实际工作中，出纳人员不得监管稽核、会计档案保管和收入费用、债

权债务的登记工作。

2. 电算化会计岗位的要求

电算化会计岗位包括电算主管、软件操作、审核记账、电算维护、电算审查、数据分析、会计档案资料保管员。

（1）电算主管的基本职责，见表2-4。

表2-4　　电算主管的基本职责

电算主管的基本职责	负责电算化系统的日常管理工作
	协调电算化系统各类人员之间的工作关系
	负责数据输出账表、凭证的数据正确性
	建立电算化系统各种资源的审批制度，完善企业现有管理制度

（2）软件操作员的基本职责。负责所分管业务的数据输入、数据处理、数据备份和输出会计数据的工作及安全保密工作。

（3）审核记账员的基本职责，见表2-5。

表2-5　　审核记账员的基本职责

审核记账员的基本职责	将不真实、不合法、不完整、不规范的凭证退还给各有关人员更正修改后，再进行审核
	负责凭证的审核工作并及时记账，打印出有关的账表
	审核记账人员不得兼任出纳工作

（4）电算维护员的基本职责。

①定期检查电算化系统的软件、硬件运行情况。

②应及时排除电算化系统运行中出现的软件或硬件故障。

（5）会计档案资料保管员的基本职责，见表2-6。

表2-6　　会计档案资料保管员的基本职责

会计档案资料保管员的基本职责	负责本系统各类数据软盘、系统软盘及各类账表、凭证、资料的存档工作
	做好各类数据、资料、凭证的安全保密工作
	按规定期限，向各类电算化岗位人员催交各种会计资料

注意：软件操作岗位与审核记账、电算维护、电算审查岗位为不相容岗位。

3. 中小企业实行会计电算化后的岗位设置

中小企业应根据实际需要对电算化岗位进行适当合并，设置岗位，一人可以兼任多个工作岗位。

（1）会计主管兼任电算主管、审核记账和电算维护岗位。

（2）会计人员担任操作和会计档案资料保管岗位。

（3）应单独设立出纳员岗位。

2.2 会计工作流程

会计工作的基本流程是指在会计期间内，会计人员按照国家规定的会计制度，运用一定的会计方法，遵循一定的会计步骤对经济数据进行记录、计算、汇总、报告，从编制会计凭证、登记会计账簿到形成会计报表的过程。

2.2.1 手工记账下的会计工作流程

（1）建账。根据企业具体行业要求和将来可能发生的会计业务情况，购置所需要的账簿，然后根据企业日常发生的业务情况和会计处理程序登记账簿。建账环节一般在年初或企业开办时进行，日常一般不再进行。

（2）会计事项分析。包括经济业务分析、原始凭证审核等工作。

（3）编制记账凭证。对企业发生的经济业务进行确认和计量，并根据其结果，运用复式记账法编制会计分录，填写记账凭证。

（4）登记有关账簿。根据会计凭证分别登记有关的日记账、总分类账和明细分类账，并结出发生额和余额。如果企业的规模小，业务量不多，可以不设置明细分类账，直接将逐笔业务登记总账。

（5）编制试算平衡表。根据总分类账试算平衡表和明细分类试算平衡表，检查记账有无错误。

（6）期末调账和编制工作底稿。期末结账前，按照权责发生制原则，确定本期的应得收入和应负担的费用，并据以对账簿记录的有关账项做出必要调整，编制调账分录和试算平衡表，并结合分类账和日记账的会计数据，据以编制工作底稿，以方便下一步对账和结账工作，并为最后编制报表提供便利。

(7) 对账和结账。对账是为确保账簿记录的正确、完整和真实，在有关经济业务入账以后，进行的对账工作，主要有账账核对、账证核对和账实核对。

(8) 编制和报送财务报告。根据账簿记录编制资产负债表、利润表、现金流量表等，报告企业财务状况和经营成果。

2.2.2 电算化记账下的会计工作流程

(1) 初始化。包括设置会计科目、设置凭证类别、设置结算方式及期初数据的录入。

(2) 录入记账凭证。制单员可以直接根据原始凭证作为依据输入凭证，也可以先编制手工记账凭证作为依据输入凭证。

(3) 审核会计凭证。为保证登记到账簿的每一笔经济业务的准确性和可靠性，制单员填制的每一笔凭证都必须经过审核员的审核。

(4) 登记会计账簿。由计算机按照预先设定的记账程序自动进行合法性检验、科目汇总、登记账簿的操作。

(5) 对账与结账。期末通过核对总账与明细账、总账与辅助账之间的账账核对后，将科目余额结转到下期，并进行结账处理。

(6) 打印会计凭证及会计账簿。记账凭证可在录入的同时打印出来，也可在记账后一起打印；账簿一般在结账后打印。

(7) 编制会计报表。可以根据设定直接生成会计报表。

2.3 建账

新建单位和原有单位在年度开始时，会计人员均应根据核算工作的需要设置账簿，即平常所说的“建账”。设置的账簿要符合企业生产经营规模和经济业务的特点。

2.3.1 手工建账

1. 选择账簿

不同企业单位所需用的账簿是不尽相同的。但不管账簿的格式如何，从其所起的作用看，大致可分为序时账簿、分类账簿与备查账簿。

（1）序时账簿。

序时账簿亦称日记账，是按经济业务发生时间的先后顺序，逐日逐笔登记的账簿。一般用于库存现金和银行存款账户，如图 2-1 所示。

现金日记账

年		凭证编号	摘要	对应科目	借方									√	贷方									√	余额								
月	日				百	十	万	千	百	十	元	角	分		百	十	万	千	百	十	元	角	分		百	十	万	千	百	十	元	角	分

图 2-1　现金日记账

（2）分类账簿。

分类账簿包括总分类账簿和明细分类账簿。

①总分类账簿。总分类账簿是根据总分类科目开设账户，用来登记全部经济业务，进行总分类核算，提供总括核算资料的分类账簿，又称“总分类账”，简称“总账”。总分类账的账页格式，一般采用“借方”“贷方”“余额”三栏式。如图 2-2所示。

总分类账

科目＿＿＿＿＿　编码＿＿＿＿＿　＿＿＿＿＿年度

年		记账凭证号数	摘要	对方科目	借方										贷方										借或贷	余额									
月	日				千	百	十	万	千	百	十	元	角	分	千	百	十	万	千	百	十	元	角	分		千	百	十	万	千	百	十	元	角	分

图 2-2　总分类账

②明细分类账。明细分类账簿也称明细分类账，简称明细账。根据二级会计科目或明细子目开设账页、明细登记某一类经济业务的账簿，明细分类账簿是根据企业单位经营管理的需要由企业单位自主设置。一般说来，企业对各种财产物资、费用成本和收入成果、债权债务等往来款项，都应在有关总账科目下设置明细分类账，进行明细分类核算。按其账页格式，明细账一般分为三栏式明细分类账簿、数量金额式明细分类账簿和多栏式明细分类账簿三种。

a. 三栏式明细账。三栏式明细分类账簿的格式与三栏式总分类账簿的格式基本相同，设有“借、贷、余”三个基本栏次，适用于只需要进行金额核算，不需要进行数量核算的结算类科目的明细分类核算。例如，对“应收账款”“应收票据”“预收账款”“应付账款”“预付账款”等总账科目的明细分类核算，就可采用三栏式明细账进行。如图 2-3 所示。

应付账款明细分类账

______科目______

年		记账凭证号数	摘要	对方科目	借方										贷方										借或贷	余额									
月	日				千	百	十	万	千	百	十	元	角	分	千	百	十	万	千	百	十	元	角	分		千	百	十	万	千	百	十	元	角	分

图 2-3　三栏式分类明细账

b. 数量金额式明细账。数量金额式明细分类账，一般在“收入、发出、结存”栏目下还分别设有“数量、单价、金额”等专栏，用来登记财产物资的收入、发出和结存的数量和金额。例如，对“原材料”“产成品”“固定资产”等总账科目的明细分类核算，可采用数量金额式明细账。如图 2-4 所示。

最高储存量______

最低储存量______

产成品明细分类账

本账页数	
本户页数	

编号______规格______　　单位______名称______

年		凭证		摘要	借方											贷方											借或贷	结存										
月	日	种类	号数		数量	单价	百	十	万	千	百	十	元	角	分	数量	单价	百	十	万	千	百	十	元	角	分		数量	单价	百	十	万	千	百	十	元	角	分

图 2-4　数量金额式明细账

c. 多栏式明细账。多栏式明细账适用于那些要求对金额进行分析的有关费用成本、收入成果类科目的明细分类核算，例如，对“主营业务收入”“管理费用”“销售费用”“生产成本”等总账科目的明细核算，可采用多栏式。

总分类账簿和明细分类账簿虽然各有其登记的特点，但就其在核算上的作用来说，它们是相互补充的。

（3）备查账簿。

备查账簿亦称备查簿、备查登记簿或辅助账簿。备查账簿属于辅助性账簿，它可以为经营管理提供参考资料，如委托加工材料登记簿、租入固定资产登记簿等。

2. 启用账簿

在账簿的“账簿启用登记表”上，写明单位名称、账簿名称、册数、起止页数、启用日期以及记账人员和会计主管人员姓名，并加盖名章和单位公章。记账人员或会计主管人员在本年度调动工作时，应注明交接日期、接办人员和监交人员姓名，并由交接双方签名或盖章，以明确经济责任。见表 2-7 所示。

表 2-7　　账簿启用登记表

<table>
<tr><td colspan="2">单位名称</td><td colspan="7"></td><td colspan="2">印　鉴</td></tr>
<tr><td colspan="2">账簿名称</td><td colspan="7"></td><td colspan="2" rowspan="3"></td></tr>
<tr><td colspan="2">册次及起讫页数</td><td colspan="7">第　册自　页至　页</td></tr>
<tr><td colspan="2">启用起讫日期</td><td colspan="7">自　年　月　日起至　年　月　日止</td></tr>
<tr><td colspan="2">会计机构负责人</td><td colspan="3">记账人员</td><td colspan="3">接收日期</td><td colspan="3">交出日期</td></tr>
<tr><td>姓名</td><td>盖章</td><td>职名</td><td>姓名</td><td>盖章</td><td>年</td><td>月</td><td>日</td><td>年</td><td>月</td><td>日</td></tr>
<tr><td></td><td></td><td></td><td></td><td></td><td></td><td></td><td></td><td></td><td></td><td></td></tr>
<tr><td></td><td></td><td></td><td></td><td></td><td></td><td></td><td></td><td></td><td></td><td></td></tr>
</table>

3. 可跨年使用的账簿

（1）卡片式账簿。如固定资产卡片等。

（2）数量金额式明细账。如仓库保管员登记的数量金额式材料明细账、库存商品明细账等。

（3）备查账。如租入固定资产备查账，受托加工材料物资备查账等。这些账簿主要记录跨年租赁业务或受托加工业务的会计信息，为便于管理，该类账簿可以连续使用；

（4）债权债务明细账（也称为往来明细账）。一些单位债权债务较多，如果更换一次新账，抄写一遍的工作量较大，可以跨年使用，不必每年更换。

但是，如果债权债务尚未结算的部分较少，单位应及时将未结算的债权债务转入下年新设“债权债务明细账”中。

2.3.2 电算化建账

电算化下的建账工作，主要就是进行会计科目设置，就是将企业会计核算中所使用的会计科目逐一按系统要求描述给系统。

1. 预设会计科目

会计科目的设置必须满足会计报表编制的要求，大部分通用财务软件中已预设了一级会计科目，有的甚至还根据《企业会计制度》的规定，预设了少量二级科目，用户一般只需要结合本单位实际进一步设定其他低级科目。

以用友 EPR-U8 为例（下同），在创建账套时，在核算类型设置中，通过选择行业性质，可以对会计科目进行预设。选择行业类型如图 2-5 所示。

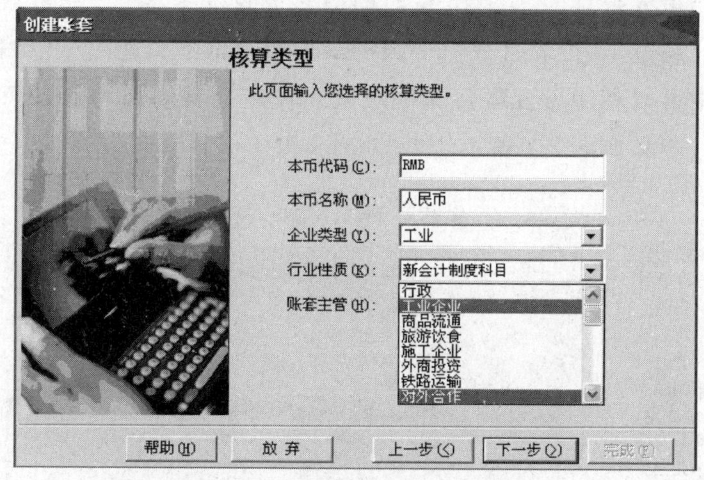

图 2-5 创建账套中选择行业类型

在行业性质中如果选择新会计制度科目，选择后生成科目编码为 4 位、科目名称为新会计制度下的预设会计科目，如图 2-6 所示。如果选择房地产企业、工业企业、商品流通、旅游饮食、施工企业、行政等行业类型，则按分行业会计制度生成科目编码为 3 位、科目名称为非新会计制度下的预设会计科目。

级次	科目编码	科目名称	外币币种	辅助核算
1	1001	库存现金		
1	1002	银行存款		
1	1009	其他货币资金		
2	100901	外埠存款		
2	100902	银行本票		
2	100903	银行汇票		
2	100904	信用卡		
2	100905	信用证保证金		
2	100906	存出投资款		
1	1503	可供出售金融资产		
2	150301	股票		
2	150302	债券		
2	150303	基金		

图 2-6 新会计制度下的会计科目

2. 科目编码级次维护

科目编码是在软件系统中为会计科目确定的统一并唯一的编码。系统设定了科目编码最大限制为 9 级 15 位，即最多设置 9 级科目，9 级科目的编码长度之和不能超过 15 位，且任何一级的最大长度都不得超过 9 位编码。

在系统中可以利用设置科目编码级次，设定会计科目分级，每级的科目编码有位数，步骤如图 2-7 所示。

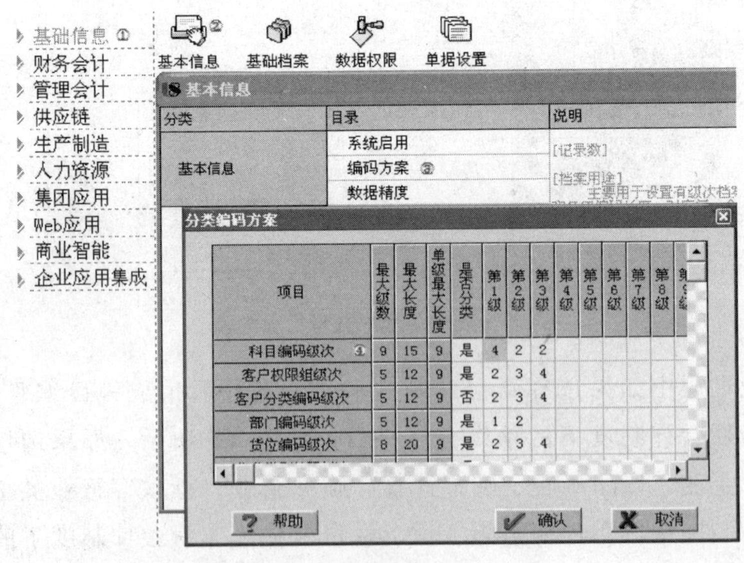

图 2-7 科目编码级次维护

(1) 利用账套管理员身份登录企业门户后，打开【基础信息】菜单。

(2) 双击【基本信息】，打开基本信息窗口。

(3) 双击【编码方案】打开分类编码方案窗口。

(4) 按照要求修改科目编码级次。

(5) 单击【确认】按钮，保存退出。

3. 会计科目的维护

在我国境内，各企业间为了保证会计核算指标口径一致，便于按部门、行业、地区乃至全国范围内进行汇总，所以对于总分类科目财政部都做了统一规定，规定了统一的科目代号、名称和核算内容。任何企业都要根据本企业的特点选择使用统一的会计科目。

(1) 启动会计科目维护。

打开【设置】→【会计科目】菜单，进入“会计科目”窗口，如图 2-8 所示。

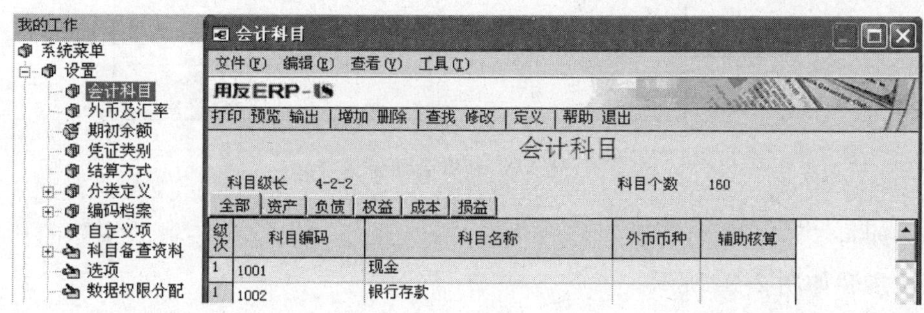

图 2-8 会计科目设置

(2) 新增会计科目。

新增会计科目的步骤，如图 2-9 所示。

①在会计科目设置界面中，单击【增加】按钮，打开“会计科目_新增”对话窗口。

②在对应内容中输入科目编码、科目名称等内容。

③击【确定】按钮保存。

(3) 修改会计科目。

当科目属性有错误时，可以对错误属性进行修改。但是如果某科目已被制过单或已录入期初余额，则不能修改该科目。如要修改该科目必须先删除涉及该科目的凭证，并将该科目及其下级科目余额清零，再修改，修改完毕后要将余额及凭证补上。已使用的科目不能增加下级。

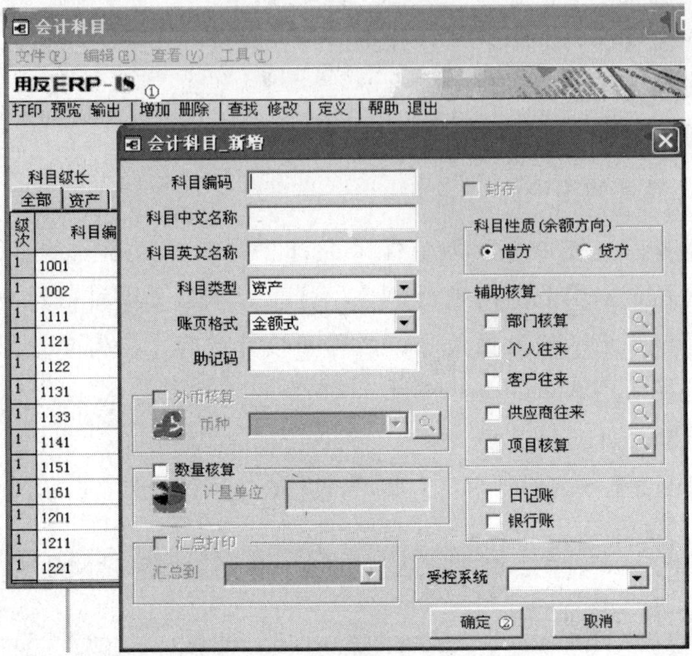

图 2-9　新增会计科目

如将“1002 银行存款”修改为有“日记账”“银行账”辅助核算的科目，操作步骤如图 2-10 所示。

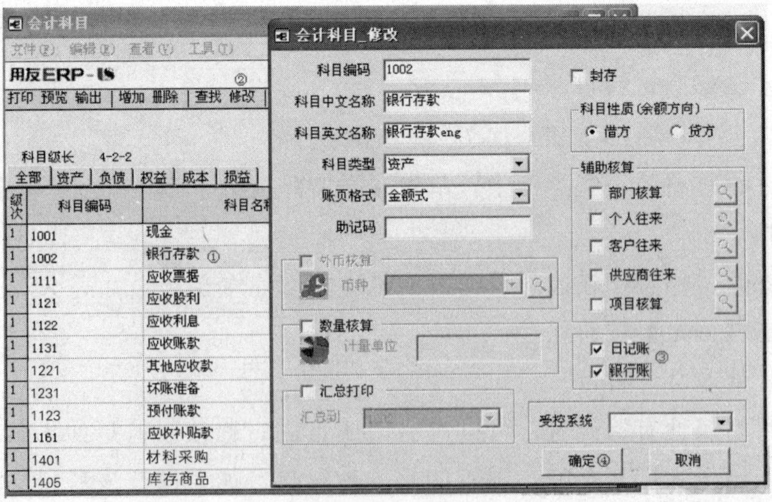

图 2-10　修改会计科目

①在会计科目设置界面中，单击选中“1002 银行存款”科目；

②单击【修改】按钮（或双击该会计科目），进入“会计科目_修改”对话窗口。

③单击【修改】按钮后，单击【日记账】、【银行账】选择框。

④单击【确定】按钮。

在修改后，如果要继续修改，可以单击【第一页】、【前页】、【后页】、【最后页】按钮，找到下一个需要修改的会计科目，单击【修改】按钮继续修改。否则单击【返回】按钮，退出修改对话窗口。

（4）删除会计科目。

如果某些会计科目目前暂时不需用或者不适合本企业科目体系的特点，可以在未使用之前将其删除。

4. 录入期初余额

（1）总账科目期初余额的录入。

在初次使用账务处理系统时，应将经过整理的手工账目的期初余额录入系统，如果是年中启用账务处理系统，应先将各账户此时的余额和年初时的借贷方累计发生额计算清楚，作为启用系统的期初数据录入账务处理系统中，系统将自动计算年初余额；如果企业时在年初建账，或不反映启用日期以前的发生额，则期初余额就是年初数。

【例 2-1】 录入“银行存款”科目期初借方 3 600 000 元，操作步骤如图 2-11所示。

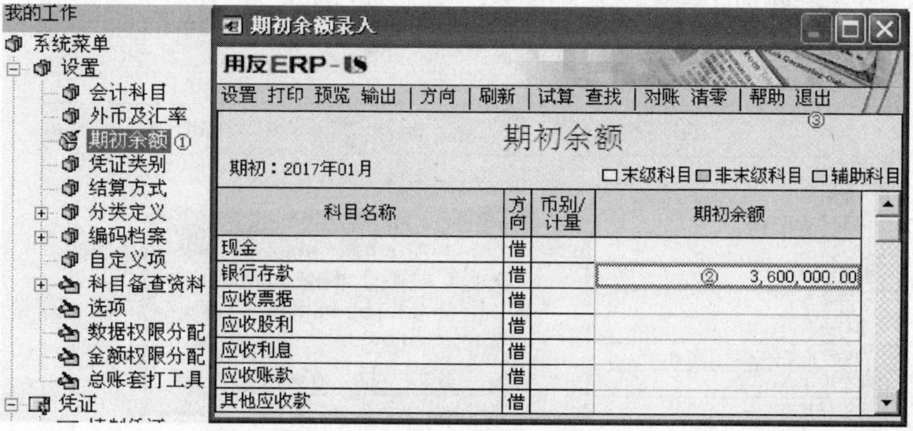

图 2-11　录入总账科目期初余额

①在“系统菜单”中，单击【设置】下的【期初余额】菜单。

②在“银行存款”科目所在行期初余额中输入“3 600 000”。

③录入后单击【退出】按钮。

在录入期初余额过程中，如果发现某个会计科目有错误，应在未录入余额的情况下，回到会计科目的功能中去修改；如果期初余额录入错误，可以在记账前直接修改。

（2）辅助账期初余额的录入。

在录入期初数据时，如果某一科目设置了辅助核算类别，系统会自动为该科目开设辅助账页，其余额不能直接输入。

5. 调整余额方向

一般情况下，系统默认资产类科目余额方向为借方，负债及所有者权益类科目余额方向为贷方，但是实际工作中也有一部分会计科目与原有的系统设置的余额方向不一致，并且没有在建立会计科目时对其进行相应的调整。在录入会计科目余额时，系统提供了调整余额方向的功能，即在还未录入会计科目余额时，如果发现会计科目的余额方向与系统设置的方向不一致时，可以利用余额方向调整功能将其余额方向调整为正确方向。

【例 2-2】将“累计折旧”的科目余额的方向由“借”调整为“贷”，操作步骤如图 2-12 所示。

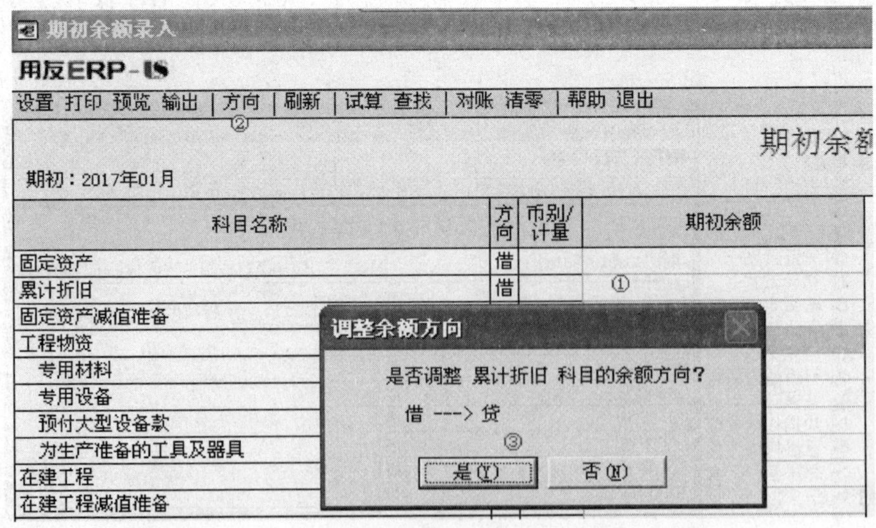

图 2-12　调整余额方向

（1）在“期初余额录入”界面下，“累计折旧”还未输入余额时，单击“累计折旧”所在行。

（2）单击【方向】按钮；

（3）“调整余额方向”提示对话框中，单击“是”。

6. 试算平衡

期初余额及累计发生额输入完成后，为了保证初始数据的正确性，必须依据“资产＝负债＋所有者权益”的静态平衡公式进行试算平衡，即进行期初余额平衡校验。

校验工作有计算机自动完成，校验完成后系统会自动生成一个校验结果报告，如果试算结果不平衡，则应依次逐项进行检查、更正后，再次进行试算平衡，直至平衡为止。系统约定，期初余额不平衡可以进行日常业务处理中填制凭证的操作，但是不能记账。

【例 2-3】 对录入的期初余额进行试算平衡，操作步骤如图 2-13 所示。

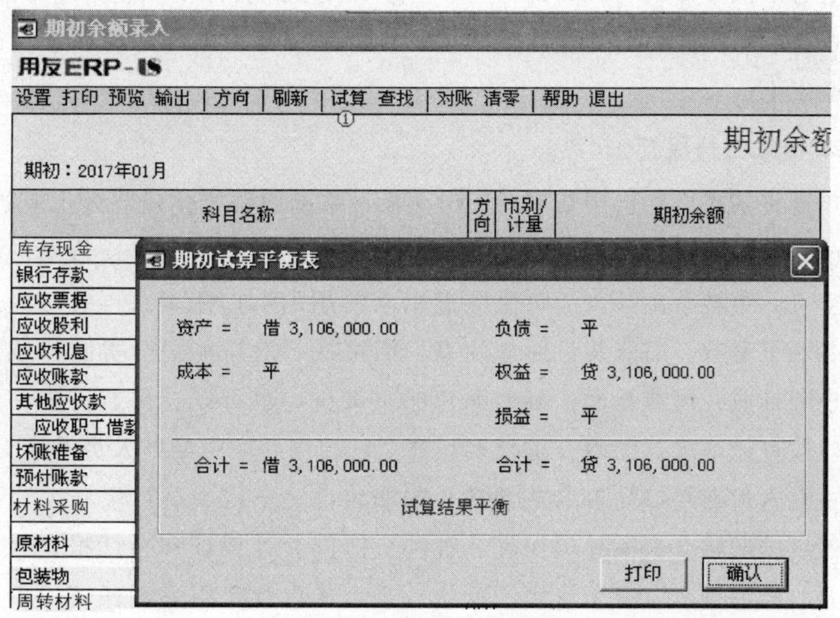

图 2-13　期初余额试算平衡

（1）在“期初余额录入”界面下，单击【试算】按钮。

（2）系统显示“期初试算平衡表”，选择【打印】或【确定】。

2.4 会计账簿的保管与更换

会计账簿是各单位重要的经济资料，必须建立管理制度，妥善保管。账簿管理分为平时管理和归档保管两部分。

2.4.1 会计账簿的保管

1. 账簿平时管理的具体要求

账簿的保管，既要安全、完善、机密，又要保证使用时能及时、迅速地查到。会计账簿未经领导和会计负责人或者有关人员批准，非经管人员不能随意翻阅查看会计账簿。会计账簿除需要与外单位核对外，一般不能携带外出，对必须携带外出的账簿，一般应由经管人员或会计主管人指定专人负责。会计账簿不能随意交与其他人员管理，以保证账簿安全和防止任意涂改账簿等问题发生。

2. 旧账归档保管

年度终了更换并启用新账后，对更换下来的旧账要整理装订，造册归档。归档前旧账的整理工作，包括检查和补齐应办的手续，如改错盖章、注销空行及空页、结转余额等。活页账应撤出未使用的空白账页，再装订成册，并注明各账页号数。旧账装订时应注意：活页账一般按账户分类装订成册，一个账户装订成一册或数册；某些账户账页较少，也可以合并装订成一册。装订时应检查账簿扉页的内容是否填写齐全。装订后应由经办人员及装订人员、会计主管人员在封口处签名或盖章。旧账装订完毕应编制目录和编写移交清单，然后按期移交档案部门保管。各种账簿同会计凭证和会计报表一样，都是重要的经济档案，必须按照制度统一规定的保存年限妥善保管，不得丢失和任意销毁。根据《会计档案管理办法》的规定，总分类账、明细分类账、辅助账、日记账均应保存 30 年。涉外和对私改造账簿应永久保存。保管期满后，应按照规定的审批程序报经批准后才能销毁。

2.4.2 会计账簿的更换

会计账簿的更换是指在会计年度终了，将上年旧账更换为次年新账。

1. 更换新账的程序

更换新账的程序是：年度终了，在本年有余额的账户“摘要”栏内注明“结转下年”字样。在更换新账时，注明各账户的年份，在第一行“日期”栏内写明1月1日；“记账凭证”栏空置不填；将各账户的年末余额直接抄入新账余额栏内，并注明余额的借贷方向。过入新账的有关账簿余额的转让事项，不需要编制记账凭证。在新的会计年度建账并不是所有的账簿都更换为新的。一般来说，现金日记账、银行存款日记账、总分类账、大多数明细分类账应每年更换一次。但是有些财产物资明细账和债权债务明细账，由于材料品种、规格和往来单位较多，更换新账的工作量较大，因此，可以跨年度使用，不需要每年更换一次。第二年使用时，可直接在上年终了的双线下面记账。另外各种备查簿也可以连续使用。

2. 会计凭证的管理

会计凭证的管理包括会计凭证的整理和保管两个方面的工作。

（1）会计凭证的整理工作。

会计凭证的整理是指财会部门根据会计凭证记账以后，应将各种记账凭证连同所附原始凭证，对各种会计凭证要分门别类、按照编号顺序整理，装订成册。封面上要注明会计凭证的名称、起讫号、时间以及有关人员的签章，妥善保管。在年度结束后，应归入档案。

常见的会计凭证进行装订的格式，见表2-8、表2-9。

表2-8 会计凭证装订封皮

年　　月　　第　　册

记账凭证汇总表自	号至	号共	张
记账凭证自	号至	号共	张
附件自	号至	号共	张
单位名称	装订　　年　　月　　日 会计主管		装订人

表 2-9　　　　抽出、补附凭证登记表

年	月	日	所在传票号	张数	抽出或补附理由	会计主管签章	经办人签章

（2）会计凭证的保管工作。

会计凭证是会计档案的重要组成部分，是记录和反映经济业务的重要史料和证据。企业应该加强会计档案管理工作的领导，建立和健全会计档案的立卷、归档、保管、借阅和销毁制度，切实把会计档案管好。

要妥善保管好会计凭证，在保管期间会计凭证不得外借，对超过所规定期限（一般是 30 年）的会计凭证，要严格依照程序销毁。需要永久保留的有关会计凭证，不能销毁。

CHAPTER THREE

第3章 货币资金的核算

货币资金是指企业生产经营过程中处于货币形态的流动资产。它可以充当价值尺度、交换媒介和支付手段，用于购买物资、支付各项费用和清偿债务。

货币资金按其分布与管理方式，主要包括库存现金、银行存款和其他货币资金等。本章介绍库存现金、银行存款及其他货币资金科目设置及具体的账务处理。

3.1 库存现金

3.1.1 企业现金管理制度

1. 现金使用范围

（1）职工工资、津贴。

（2）个人劳务报酬：根据国家规定颁发给个人的科学技术、文化艺术、体育等各种奖金。

（3）各种劳保、福利费用以及国家规定的对个人的其他支出。

（4）向个人收购农副产品和其他物资的价款。

（5）出差人员必须随身携带的差旅费。

（6）结算起点以下的零星支出。

（7）中国人民银行确定需要支付现金的其他支出（如抢险救灾）。

前款结算起点定为 1 000 元。结算起点的调整，由中国人民银行确定，报国务院备案。

2. 现金的限额

一般按照单位 3～5 天日常零星开支所需确定。

3. 现金收支

（1）现金收入应于当日送存银行，如当日送存银行确有困难，由银行确定送存时间。

（2）企业可以在现金使用范围内支付现金或从银行提取现金。

（3）企业从银行提取现金时，应当注明具体用途，并由财会部门负责签字盖章后，交开户银行审核后方可支取。

（4）企业不得坐支现金。

3.1.2 库存现金的账务处理

库存现金的科目编码为1001，如果企业有外币业务，可设置二级科目或明细科目，二级科目代码长度一般分两级、三级、四级直到十级，每一级都增设两位数字即可。企业可根据实际需要，设计级数。见表3-1。

表3-1　　库存现金会计科目编码的设置

科目代码	总分类科目（一级科目）	明细分类科目	
		二级明细科目	三级明细科目
1001	库存现金		
100101	库存现金	人民币	
100102	库存现金	外币	
10010201	库存现金	外币	美元
10010201	库存现金	外币	日元

库存现金的账务处理，如图3-1所示。

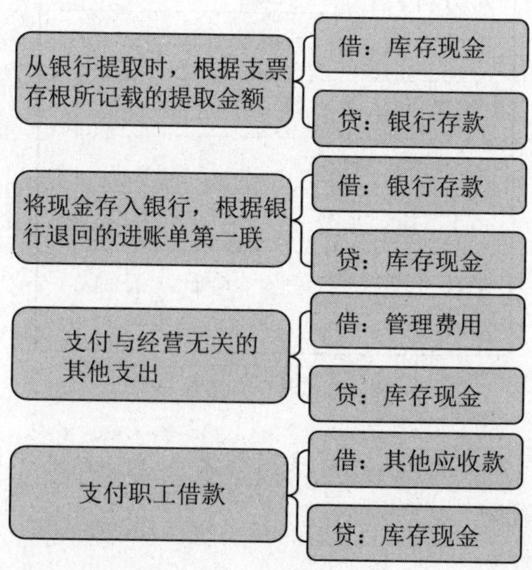

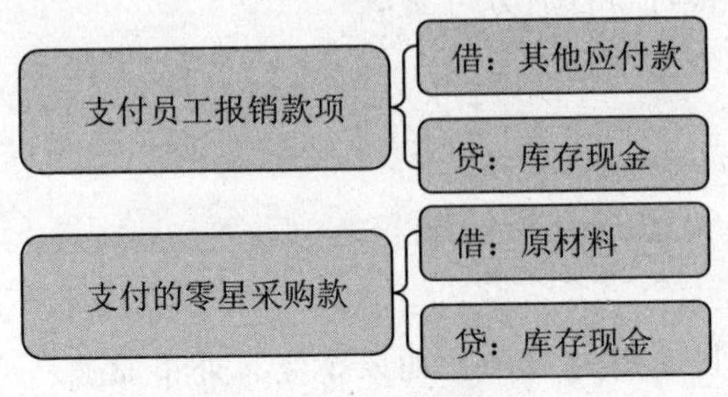

图 3-1　库存现金的账务处理

1. 企业日常提取现金账务处理实例

【例 3-1】2017 年 1 月 5 日，汇通天下制造有限公司签发支票从银行提取现金 120 000 元。如图 3-2 所示，账务处理如下。

借：库存现金　　120 000

　　贷：银行存款　　120 000

中国工商银行
现金支票存根（深）
IV V000891

科　　目：______
对方科目：______
出票日期：2017 年 1 月 5 日

收款人：本公司
金　额：120 000
用　途：工资

单位主管　兰洁　　会计　孙非

图 3-2　现金支票存根

1 月 7 日，用现金 108 000 元，支付工资。登记会计凭证，见表 3-2。

借：应付职工薪酬　　108 000

　　贷：库存现金　　108 000

表 3-2

记账凭证

2017 年 1 月 7 日　　　　字第××号

摘要	会计科目	借方金额										贷方金额										记账
		千	百	十	万	千	百	十	元	角	分	千	百	十	万	千	百	十	元	角	分	
签发现金支票，票号0891，从银行提取现金	库存现金			1	0	8	0	0	0	0	0											
	银行存款													1	0	8	0	0	0	0	0	
合计			¥	1	0	8	0	0	0	0	0		¥	1	0	8	0	0	0	0	0	

会计主管：单春明　　记账：陈熠　　审核：张燕　　制单：王晓

2. 库存现金收入的账务处理

【例 3-2】2017 年 1 月 10 日，汇通天下制造有限公司收到乙公司零售货款 2 250 元，送存银行，企业应作如下账务处理。

借：库存现金　　2 250

　　贷：应收账款——乙公司　　2 250

借：银行存款　　2 250

　　贷：库存现金　　2 250

3. 库存现金支出账务处理实例

库存现金支出是指企业在其生产经营和非生产经营业务中向外支付的库存现金。库存现金支出的核算以库存现金支出原始凭证为依据，分为外来原始凭证和自制原始凭证两部分。常见的库存现金支出原始凭证包括借据、工资结算单、报销单、差旅费报销单、领款收据等。

【例 3-3】汇通天下制造有限公司 1 月现金支出情况如下。

(1) 职工沈灏出差预借差旅费 3 000 元，以库存现金支付。见表 3-3。

借：其他应收款——沈灏　　3 000

　　贷：库存现金　　3 000

表 3-3　　　　　　　　　　　　　　　　**借款单**

资金性质：现金

借款单位（人）：沈灏		
借款理由：出差		
借款数额：人民币（大写）叁仟元整　　　　　　　　　　￥3 000.00		
本单位领导人意见：蒋欣		
主管领导意见：陈宇	会计主管人员核批：曲漫	付款记录：孙非

（2）以现金支付职工培训费 1 300 元。根据上述经济业务，企业应做如下账务处理。

借：管理费用　　　　　　　　　　　　1 300

　　贷：库存现金　　　　　　　　　　　　　1 300

（3）用库存现金 1 000 元购买办公用品。

借：管理费用　　　　　　　　　　　　1 000

　　贷：库存现金　　　　　　　　　　　　　1 000

（4）收取职工张子楠因过失造成的损失赔偿金 980 元。根据上述经济业务做如下账务处理。

借：库存现金　　　　　　　　　　　　980

　　贷：其他应收款——张子楠　　　　　　　980

4. 期末，登记现金日记账

期末，登记现金日记账，见表 3-4。

表 3-4　　　　　　　　　　　　　　　　**现　金　日　记　账**

2017年		凭证科目代码	摘　　要	对方科目	借　　方										贷　方										余　额									
月	日				千	百	十	万	千	百	十	元	角	分	千	百	十	万	千	百	十	元	角	分	千	百	十	万	千	百	十	元	角	分
1	1		期初余额																										3	2	0	0	0	0
	5	略	提现支＃0348	银行存款			1	2	0	0	0	0	0	0													1	2	3	2	0	0	0	0
	5	略	支付职工工资	应付职工薪酬													1	0	8	0	0	0	0	0				1	5	2	0	0	0	0

续上表

2017年		凭证科目代码	摘要	对方科目	借方										贷方										余额									
月	日				千	百	十	万	千	百	十	元	角	分	千	百	十	万	千	百	十	元	角	分	千	百	十	万	千	百	十	元	角	分
	10	略	收到销售货款	应收账款					2	2	5	0	0	0														1	7	4	5	0	0	0
	10	略	沈灏预借差旅费	其他应收款															3	0	0	0	0	0				1	4	4	5	0	0	0
	15	略	销售款存入银行	银行存款															2	2	5	0	0	0				1	2	2	0	0	0	0
	20	略	以现金支付职工培训费	管理费用															1	3	0	0	0	0				1	0	9	0	0	0	0
	25	略	购买办公用品	管理费用															1	0	0	0	0	0					9	9	0	0	0	0
	31	略	收取张子楠的赔偿款	其他应收款						9	8	0	0	0														1	0	8	8	0	0	0
			本月合计				1	2	3	2	3	0	0	0			1	1	5	5	5	0	0	0				1	0	8	8	0	0	0

5. 库存现金清理的账务处理实例

企业在对库存现金进行盘点时，如发现账实不符，应及时进行账务处理。库存现金盘点短缺的账务处理，如图 3-3 所示。

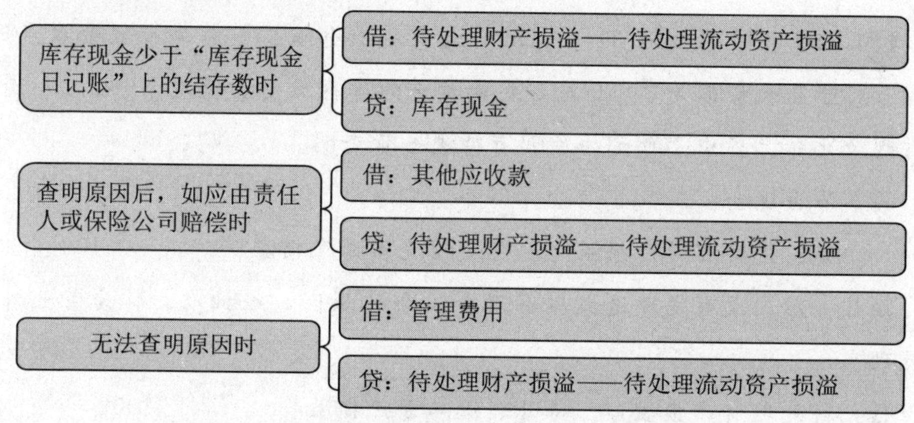

图 3-3　库存现金盘点短缺的账务处理

【例 3-4】汇通天下制造有限公司 2017 年 1 月 31 日对库存现金盘点时，现金日记账账面余额为 2 700 元，实地盘点的库存现金金额为 2 500 元，造成库存现金短缺的原因有待进一步查明。

借：待处理财产损溢——待处理流动资产损溢　　200

　　贷：库存现金　　200

如经查明，库存现金短缺的原因是由于出纳员的工作不认真造成的，出纳员江英当即赔偿了短缺款。

借：库存现金　　200

　　贷：待处理财产损溢——待处理流动资产损溢　　200

库存现金盘点溢余的账务处理，如图 3-4 所示。

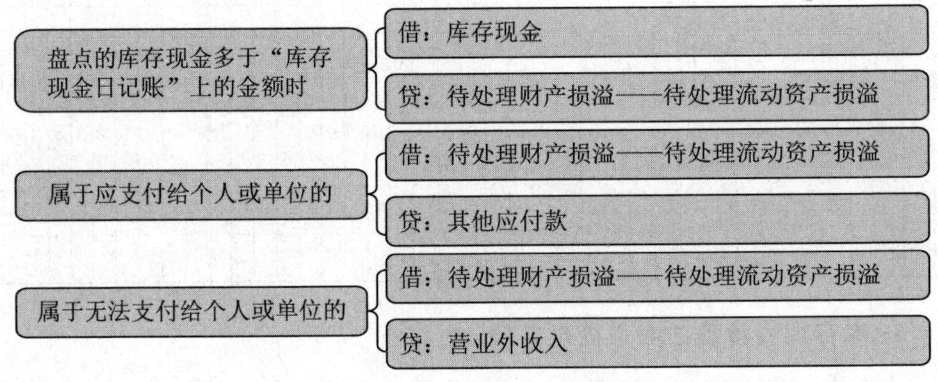

图 3-4　库存现金盘点溢余的账务处理

【例 3-5】2017 年 1 月 31 日，汇通天下制造有限公司对库存现金盘点时，现金日记账账面余额为 3 800 元，实地盘点的库存现金金额为 3 900 元，造成库存现金比账上多出 100 元的原因有待进一步查明。

借：库存现金　　100

　　贷：待处理财产损溢——待处理流动资产损溢　　100

经核查后，没有发现造成库存现金溢余的原因，经批准，作为营业外收入处理。

借：待处理财产损溢——待处理流动资产损溢　　100

　　贷：营业外收入　　100

3.2 银行存款

银行存款是指企业存放在银行和其他金融机构的货币资金。按照国家现金管理和结算制度的规定，每个企业都要在银行开立账户，称为结算户存款，用来办理存款、取款和转账结算。

3.2.1 银行存款账户

银行存款账户分为基本存款账户、一般存款账户、临时存款账户和专用存款账户。见表 3-5。

表 3-5 银行存款账户分类

基本存款账户	一个企业只能开立一个基本存款账户，是存款人办理日常转账结算和现金收付的账户。另外，企业的工资、奖金等现金的支取，只能通过基本存款账户办理
一般存款账户	是存款人因借款或其他结算需要，在基本存款账户开户银行以外的银行营业机构开立的银行结算账户。一般存款账户不得办理现金支取
临时存款账户	是企业因临时经营活动需要开立的账户，该账户按规定可以支取现金，最长不得超过两年
专用存款账户	是企业对特定用途的资金开设的账户，如基本建设基金、企业的社保基金账户、住房公积金账户都属于该类账户

3.2.2 银行存款账户的具体运用

1. 银行存款账户的设置

企业可根据实际业务的需要，设置明细科目。见表 3-6。

企业应当设置银行存款总账和银行存款日记账，分别进行银行存款的总分类核算和明细分类核算。企业可按开户银行和其他金融机构存款种类等设置“银行存款日记账”，根据收付款凭证，按照业务的发生顺序逐笔登记。每日终了，应结出余额，并对银行存款收支业务及时进行账务处理。为了反映和监督企业银行存款的收入、支出和结存情况，企业应当设置“银行存款”

科目，借方登记企业银行存款的增加，贷方登记企业银行存款的减少，期末借方余额反映企业实际持有的银行存款的金额。

表 3-6　　　　　　　　银行存款会计科目编码的设置

科目代码	总分类科目（一级科目）	明细分类科目	
		二级明细科目	三级明细科目
1002	银行存款		
100201	银行存款	人民币	
10020101	银行存款	人民币	××银行
10020102	银行存款	人民币	××银行
10020103	银行存款	人民币	××银行
100202	银行存款	外币	××银行

2. 支付的原则与要求

（1）主要支付工具。

我国目前使用的人民币非现金支付工具主要包括“三票一卡”结算方式。三票是指：汇票、本票和支票，一卡是指银行卡。

（2）办理支付结算的原则。办理支付结算的原则如下：

①恪守信用，履约付款原则。

②谁的钱进谁的账、由谁支配原则。银行在办理结算时，必须按照存款人的委托，将款项支付给其指定的收款人；对存款人的资金，除国家法律另有规定外，必须由其自由支配。

③银行不垫款原则。即银行在办理结算过程中，只负责办理结算当事人之间的款项划拨，不承担垫付任何款项的责任。

3. 银行存款的序时核算

企业应当设置“银行存款日记账”，根据收款凭证、付款凭证，按照业务发生顺序逐笔登记。每日终了，应当计算当日的银行存款收入合计额、支出合计额和结余额。月份终了，“银行存款日记账”的余额必须与“银行存款”总账的余额核对相符。

4. 银行存款的清查

月份终了，除了“银行存款日记账”的余额必须与“银行存款”总账的余额核对相符外，还必须将单位银行存款日记账与银行对账单核对，确定账实是否相符。

5. 银行存款的核对

“银行存款日记账”应与开户行的“银行对账单”进行逐笔明细核对和余额核对，每月至少核对一次。企业银行存款账面余额与银行对账单余额之间如有差异，企业应通过编制“银行存款余额调节表”调节相符。如没有记账错误，调节后的双方余额应相等。

银行存款余额调节表只是为了核对账目，不能作为调整银行存款账面余额的记账依据。

企业银行存款账面余额与银行对账单余额之间如果有差异，企业会计人员应当核对产生差异的具体原因，双方余额调平后方可结账。双方余额之间不一致的原因，是因为存在未达账项造成的。

发生未达事项的原因有以下四种。

（1）企业已收款入账，银行尚未收款入账；即企业已收，银行未收。（企业银行存款日记账大于银行对账单余额）

（2）企业已付款入账，银行尚未付款入账；即企业已付，银行未付。（企业银行存款日记账小于银行对账单余额）

（3）银行已收款入账，企业尚未收款入账；即银行已收，企业未收。（企业银行存款日记账小于银行对账单余额）

（4）银行已付款入账，企业尚未付款入账；即银行已付，企业未付。（企业银行存款日记账大于银行对账单余额）

【例 3-6】1 月 31 日，汇通天下制造有限公司银行存款日记账余额 1 840 000元，银行对账单余额 1 827 900 元，经核对，发现以下未达账项：

（1）银行代企业支付本月电费 7 500 元，银行已记账，但企业因未收到银行付款通知而未记账。

（2）企业委托银行代收货款 35 000 元，银行已收到并登记入账，但企业因未收到银行收款通知而未记账。

（3）企业开出转账支票支付修理费 5 400 元，并已记账，但持票人尚未到银行办理转账手续，银行未记账。

（4）企业收到转账支票一张，货款 45 000 元，并已记账，但银行尚未入账。

计算结果见表 3-7。

表 3-7　　银行存款余额调节表　　单位：元

企业银行存款日记账	金额（元）	银行对账单	金额（元）
银行存款日记账余额	1 840 000	银行对账单余额	1 827 900
加：银行已收，企业未收	35 000	加：企业已收，银行未收	45 000
减：银行已付，企业未付	7 500	减：企业已付，银行未付	5 400
调节后的存款余额	1 867 500	调节后的存款余额	1 867 500

3.3 银行结算方式

3.3.1 汇兑

汇兑是汇款人委托银行将其款项支付给收款人的结算方式，包括信汇、电汇。

（1）单位和个人各种款项的结算，均可使用汇兑结算方式。

（2）汇款回单只能作为汇出银行受理汇款的依据，不能作为该笔汇款已转入收款人账户的证明。收账通知是银行将款项确已收入收款人账户的凭据。

（3）汇兑的撤销和退汇。

①汇款人对汇出银行尚未汇出的款项可以申请撤销。

②汇入银行对于收款人拒绝接受的汇款，应即办理退汇。汇入银行对于向收款人发出取款通知，经过 2 个月无法交付的汇款，应主动办理退汇。见表 3-8。

表 3-8　　中国工商银行电汇凭证

委托日期：　　年　　月　　日

<table>
<tr><td rowspan="3">汇款人</td><td>全　称</td><td colspan="4"></td><td rowspan="3">收款人</td><td>全　称</td><td colspan="13"></td><td rowspan="6">第二联给付款人</td></tr>
<tr><td>账号或住址</td><td colspan="4"></td><td>账号或住址</td><td colspan="13"></td></tr>
<tr><td>汇出地点</td><td></td><td>市
县</td><td>汇出行
名称</td><td></td><td>汇入地点</td><td></td><td>市
县</td><td>汇入行
名称</td><td colspan="10"></td></tr>
<tr><td colspan="2" rowspan="2">金额</td><td rowspan="2">人民币
（大写）</td><td colspan="7" rowspan="2"></td><td>千</td><td>百</td><td>十</td><td>万</td><td>千</td><td>百</td><td>十</td><td>元</td><td>角</td><td>分</td></tr>
<tr><td></td><td></td><td></td><td></td><td></td><td></td><td></td><td></td><td></td><td></td></tr>
<tr><td colspan="6">支付密码</td><td colspan="14">客户签章</td></tr>
<tr><td colspan="6">附加信息及用途：</td><td colspan="14">录入　　复核</td><td></td></tr>
</table>

3.3.2 托收承付

1. 结算起点

托收承付结算款项的每笔金额起点为10 000元，新华书店系统每笔的金额起点为1 000元。

2. 适用范围

（1）办理托收承付结算的款项必须是商品交易以及因商品交易而产生的劳务供应的款项；代销、寄销、赊销商品的款项不得办理托收承付结算。

（2）收付双方使用托收承付结算必须签有符合《合同法》规定的购销合同，并在合同上订明使用托收承付结算方式。

托收承付业务的基本流程，如图3-5所示。

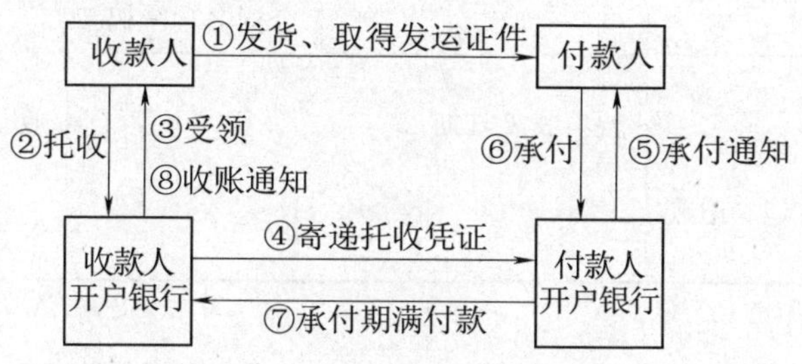

图3-5 托收承付业务的基本流程

3. 承付期

（1）验单付款的承付期为3天，自付款人开户银行发出承付通知的次日起计算。

（2）验货付款的承付期为10天，自运输部门向付款人发出提货通知的次日起计算。

【例3-7】2017年3月6日，甲公司销售给乙公司一批化肥，双方协商采取托收承付验货付款方式办理货款结算。3月8日，运输公司向乙公司发出提货单。乙公司在承付期内未向其开户银行表示拒绝付款．已知3月7日、8

日、14 日和 15 日为法定休假日。

3 月 8 日发出提货通知，从 3 月 9 日开始计算，10 天后是 3 月 18 日，因为 3 月 18 日和 19 日为法定休假日，所以乙公司开户银行向甲公司划转货款的日期为 3 月 20 日。见表 3-9。

表 3-9　　　　**托收凭证**（汇款依据或收账通知）4

委托日期：2017 年 3 月 9 日

<table>
<tr><td colspan="2">业务类型</td><td colspan="4">委托收款（□邮划、□电划）</td><td colspan="6">托收承付（□邮划、□电划）</td></tr>
<tr><td rowspan="3">付款人</td><td>全　称</td><td colspan="4"></td><td rowspan="3">收款人</td><td>全　称</td><td colspan="4"></td></tr>
<tr><td>账　号</td><td colspan="4"></td><td>账　号</td><td colspan="4"></td></tr>
<tr><td>地　址</td><td></td><td>市
县</td><td>开户行</td><td></td><td>地　址</td><td></td><td>市
县</td><td>开户行</td><td></td></tr>
<tr><td colspan="2">金额</td><td colspan="2">人民币
（大写）</td><td colspan="8">千 百 十 万 千 百 十 元 角 分</td></tr>
<tr><td colspan="2">款项内容</td><td></td><td>托收凭
据名称</td><td></td><td colspan="3">附寄单证张数</td><td colspan="4"></td></tr>
<tr><td colspan="3">商品发运情况</td><td colspan="2"></td><td colspan="3">合同名称号码</td><td colspan="4"></td></tr>
<tr><td colspan="3">备注：

复核　　记账</td><td colspan="5">款项收妥日期

年　月　日</td><td colspan="4">收款人开户银行签章

年　月　日</td></tr>
</table>

3.3.3　委托收款

1. 委托收款的概念

委托收款是收款人委托银行向付款人收取款项的结算方式。

2. 适用范围

单位和个人凭已承兑商业汇票、债券、存单等付款人债务证明办理款项的结算，均可以使用委托收款结算方式。委托收款在同城、异地均可以使用。

委托收款业务的基本流程，如图 3-6 所示。

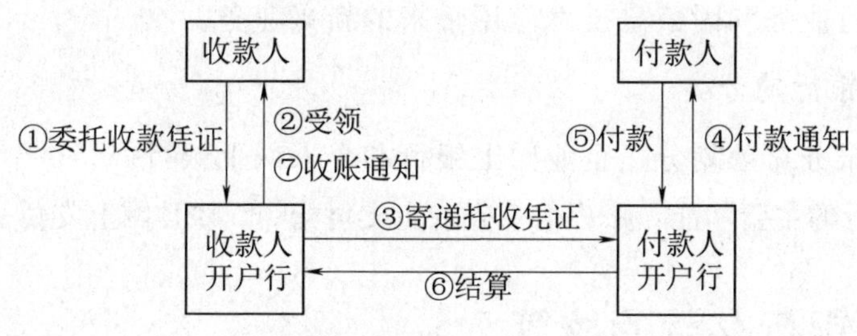

图 3-6　委托收款业务流程

3.3.4　国内信用证

1. 信用证的概念

国内信用证，是指开证银行依照申请人（购货方）的申请向受益人（销货方）开出一定金额、并在一定期限内凭信用证规定的单据支付款项的书面承诺。

2. 我国信用证为不可撤销、不可转让的跟单信用证

（1）不可撤销信用证，是指信用证开具后在有效期内，非经信用证各有关当事人（即开证银行、开证申请人和受益人）的同意，开证银行不得修改或者撤销的信用证。

（2）不可转让信用证是指受益人不能将信用证的权利转让给他人的信用证。

3. 信用证的限制

信用证结算方式只适用于国内企业之间商品交易产生的货款结算，并且只能用于转账结算，不得支取现金。

3.3.5　网上支付

1. 网上银行的概念

网上银行，包含两个层次的含义：一个是机构概念，指通过信息网络开办业务的银行；另一个是业务概念，指银行通过信息网络提供的金融服务，包括传统银行业务和因信息技术应用带来的新兴业务。

2. 网上银行的分类

按主要服务对象划分，企业网上银行和个人网上银行。

网上银行的主要功能：账户信息查询、支付指令、B2B 网上支付、批量支付。

3.4 银行存款的核算

1. 银行存款收入的账务处理

收款企业收到支票时，应填制进账单，连同收到的支票到银行办理收款手续后，以银行签章退回的进账单回单联及其他相关凭证，编制收款凭证，借记“银行存款”账户，贷记有关账户。

【例 3-8】 汇通天下制造有限公司为增值税一般纳税人，销售一批产品给蓝宇公司，收到转账支票。增值税专用发票上注明的售价为 50 000 元，增值税额为 8 500 元。已填制进账单，办妥有关收款手续，见表 3-10。

表 3-10

深圳增值税专用发票

442016240 　　　**记 账 联** 　　　**No：01092712**

开票日期：2017 年 1 月 9 日

购货单位	名称：蓝宇公司 统一社会信用代码：114234134977865 地址、电话：复兴北路 12 号 025-87651200 开户行及账号：中行复兴北路分理处 234180360019801					密码区	略
货物或应税劳务名称	规格型号	单位	数量	单价	金额	税率（%）	税额
生产设备		台	1	58 500	¥50 000	17%	¥8 500
价税合计（大写）	⊗伍万捌仟伍佰元整						（小写）¥58 500
销货单位	名称：汇通天下制造有限公司 统一社会信用代码：340101400354321 地址、电话：深圳市宝安区龙华人民路 4086 号 68796547 开户行及账号：工商银行深圳北安支行 3427001909234216590					备注	汇通天下制造有限公司 340101400354321 发票专用章

收款人：张抒珍　　　复核：陈莲　　　开票人：乔木　　　销货单位：

借：银行存款　　　　　　　　　　　　　　　　　58 500

　　贷：主营业务收入　　　　　　　　　　　　　　　　50 000

　　　　应交税费——应交增值税（销项税额）　　　　　　8 500

登记会计凭证，见表3-11。

表 3-11

记账凭证

2017 年 1 月 10 日　　　　　　　　　　　　字第　　号

摘要	会计科目	借方金额										贷方金额										记账
		千	百	十	万	千	百	十	元	角	分	千	百	十	万	千	百	十	元	角	分	
向蓝宇公司销售一批产品，价款为58 500元	银行存款				5	8	5	0	0	0	0											
	主营业务收入														5	0	0	0	0	0	0	
	应交税费——应交增值税（销项税额）															8	5	0	0	0	0	
合计				¥	5	8	5	0	0	0	0			¥	5	8	5	0	0	0	0	

会计主管：单春明　　　　记账：陈熠　　　　审核：张燕　　　　制单：王晓

2. 银行存款付出的账务处理

付款企业开出支票时，根据支票存根和有关原始凭证（如收款人开出的收据或发票等），及时编制付款凭证，应借记有关账户，贷记“银行存款”账户。

【例 3-9】汇通天下制造有限公司为增值税一般纳税人，存货采用实际成本计价。该公司从易方达公司购入原材料一批，增值税专用发票上注明的售价为 70 000 元，增值税额为 11 900 元，款项已用转账支票付讫，材料已验收入库。付款凭证，如图 3-7 所示。

借：原材料　　　　　　　　　　　　　　　　　　70 000

　　应交税费——应交增值税（进项税额）　　　　11 900

　　贷：银行存款　　　　　　　　　　　　　　　　　81 900

中国工商银行
现金支票存根
IV V000046

科　　目：＿＿＿＿＿＿＿＿

对方科目：＿＿＿＿＿＿＿＿

出票日期：2017 年 1 月 12 日

收款人：易方达公司
金　额：81 900
用　途：购货款

单位主管　曲漫　　会计　沙方

图 3-7　现金支票存根

期末，登记银行存款日记账实例，见表 3-12。

表 3-12

银行存款日记账

2017年		凭证科目代码	摘要	对方科目	借方										√	贷方										√	余额									
月	日				千	百	十	万	千	百	十	元	角	分		千	百	十	万	千	百	十	元	角	分		千	百	十	万	千	百	十	元	角	分
1	1		期初余额																										2	2	0	0	0	0	0	0
	5	银收011	向蓝宇公司销售一批产品					5	8	5	0	0	0	0															2	7	8	5	0	0	0	0
	30	银付204	从易方达公司购入原材料																8	1	9	0	0	0	0				1	9	6	6	0	0	0	0
	30		本月合计					5	8	5	0	0	0	0					8	1	9	0	0	0	0				1	9	6	6	0	0	0	0

3.5　其他货币资金

其他货币资金是指企业除库存现金、银行存款以外的各种货币资金，主要包括银行汇票存款、银行本票存款、信用卡存款、信用证保证金存款、存出投资款和外埠存款等。

1. 其他货币资金科目设置

企业应按其他货币资金和种类设置明细账户，并按照外埠存款的开户银行，银行汇票或本票的收款单位等设置明细账，进行明细分类核算。见表 3-13。

表 3-13　　其他货币资金会计科目编码的设置

科目代码	总分类科目（一级科目）	明细分类科目	
		二级明细科目	三级明细科目
1012	其他货币资金		
101201	其他货币资金	外埠存款	××银行
101202	其他货币资金	银行本票	××银行
101203	其他货币资金	银行汇票	××银行
101204	其他货币资金	信用卡存款	××银行
101205	其他货币资金	信用证	××银行
101206	其他货币资金	存出投资款	××银行

2. 其他货币资金的账务处理

为了反映和监督其他货币资金的收支和结存情况，企业应当设置“其他货币资金”科目，借方登记其他货币资金的增加数，贷方登记其他货币资金的减少数，期末余额在借方，反映企业实际持有的其他货币资金。本科目应按其他货币资金的种类设置明细科目进行核算。

（1）银行汇票存款账务处理，如图 3-8 所示。

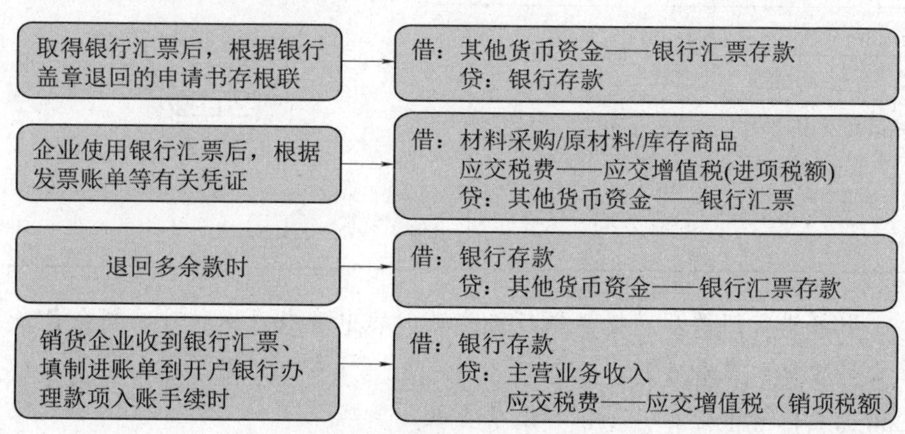

图 3-8　银行汇票的账务处理

【例 3-10】汇通天下制造有限公司为取得向乙工厂购货的银行汇票，将款项 26 000 元从银行账户转作银行汇票存款。购入材料已经验收入库，价款 20 000元、增值税额 3 400 元用银行汇票办理结算。银行汇票多余款 2 600 元由签发银行退交企业。银行汇票申请书见表 3-14。

表 3-14 中国工商银行

银行汇票申请书（存根） 1

申请日期： 2017 年 1 月 9 日 NO. 00000021

<table>
<tr><td>银行打印</td><td colspan="5"></td></tr>
<tr><td></td><td>业务类型</td><td colspan="2">□电汇□信汇□汇票申请书□本票申请书
□其他</td><td>汇款方式</td><td>□普通 □加急</td></tr>
<tr><td rowspan="4">申请人</td><td>全　　称</td><td>汇通天下制造有限公司</td><td rowspan="4">收款人</td><td>全　　称</td><td>乙工厂</td></tr>
<tr><td>账号或地址</td><td>342700190923421659 0</td><td>账号或地址</td><td>020000190923546789 0</td></tr>
<tr><td>开户行名称</td><td>工商银行深圳北安支行</td><td>开户行名称</td><td>上海汇丰银行南京路支行</td></tr>
<tr><td>开户银行</td><td>工商银行</td><td>开户银行</td><td>汇丰银行</td></tr>
<tr><td colspan="2">金额（大写）人民币</td><td colspan="3">⊗贰万陆仟元整</td><td>千 百 十 万 千 百 十 元 角 分
¥ 2 6 0 0 0 0 0</td></tr>
<tr><td>支付密码</td><td colspan="2">××××</td><td colspan="3" rowspan="4">上列款项及相关费用请从我账户内支付

工商银行深圳北安支行 2017.1.9 付讫

申请人签章 沙方</td></tr>
<tr><td colspan="3">加急汇款签字</td></tr>
<tr><td>用途</td><td colspan="2">购货款</td></tr>
<tr><td colspan="3">附加信息及用途</td></tr>
</table>

①取得银行汇票后，根据银行盖章退回的申请书存根联时编制会计分录，登记会计凭证，见表 3-15。

借：其他货币资金——银行汇票存款　　26 000

　　贷：银行存款　　26 000

表 3-15

记账凭证

2017 年 1 月 9 日　　　　字第××号

摘要	会计科目	借方金额										贷方金额										记账
		千	百	十	万	千	百	十	元	角	分	千	百	十	万	千	百	十	元	角	分	
签发银行汇票 26 000 元备用	其他货币资金——银行汇票				2	6	0	0	0	0	0											
	银行存款														2	6	0	0	0	0	0	
合计				￥	2	6	0	0	0	0	0			￥	2	6	0	0	0	0	0	

会计主管：单春明　　记账：陈熠　　审核：张燕　　制单：王晓

②企业使用银行汇票后，根据发票账单等有关凭证编制会计分录，登记会计凭证，见表 3-16。

借：原材料　　20 000

应交税费——应交增值税（进项税额）　　3 400

贷：其他货币资金——银行汇票　　23 400

表 3-16

记账凭证

2017 年 1 月 11 日　　　　字第××号

摘要	会计科目	借方金额										贷方金额										记账
		千	百	十	万	千	百	十	元	角	分	千	百	十	万	千	百	十	元	角	分	
从乙工厂购入原材料，价款 23 400 元，以银行汇票结算	原材料				2	0	0	0	0	0	0											
	应交税费——应交增值税（进项税额）					3	4	0	0	0	0											
	其他货币资金——银行汇票														2	3	4	0	0	0	0	
合计				￥	2	3	4	0	0	0	0			￥	2	3	4	0	0	0	0	

会计主管：单春明　　记账：陈熠　　审核：张燕　　制单：王晓

③收回多余款时，编制会计分录。登记会计凭证，见表 3-17。

借：银行存款　　2 600

贷：其他货币资金——银行汇票　　2 600

表 3-17

记账凭证

2017 年 1 月 14 日　　字第××号

摘要	会计科目	借方金额										贷方金额										记账
		千	百	十	万	千	百	十	元	角	分	千	百	十	万	千	百	十	元	角	分	
收回多余 2 600 元	银行存款					2	6	0	0	0	0											
	其他货币资金——银行汇票															2	6	0	0	0	0	
合计					¥	2	6	0	0	0	0				¥	2	6	0	0	0	0	

会计主管：单春明　　记账：陈熠　　审核：张燕　　制单：王晓

（2）银行本票存款。银行本票分为不定额本票和定额本票两种。定额本票面额为 1 000 元、5 000元、10 000 元和 50 000 元。

申请人使用银行本票，应向银行填写“银行本票申请书”。申请人或收款人为单位的，不得申请签发现金银行本票。出票银行受理银行本票申请书，收妥款项后签发银行本票，在本票上签章后交给申请人。应根据银行签章退回的“银行本票申请书”存根联编制付款凭证。申请人应将银行本票交付给本票上记明的收款人。

收款人可以将银行本票背书转让给被背书人。银行本票的提示付款期限自出票日起最长不得超过两个月。在有效付款期内，银行见票付款。持票人超过付款期限提示付款的，银行不予受理。账务处理如图 3-9 所示。

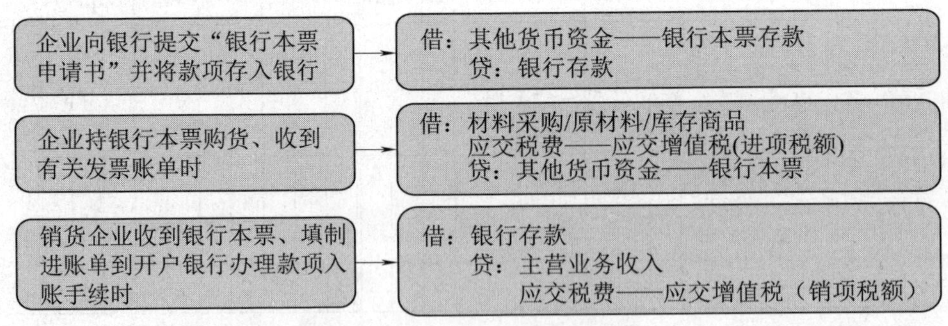

图 3-9　银行本票存款账务处理

（3）信用卡存款账务处理，如图 3-10 所示。

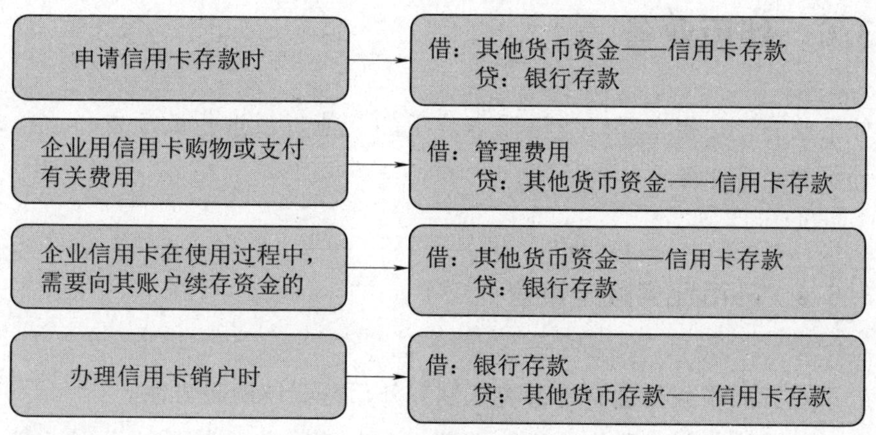

图 3-10　信用卡账务处理

【例 3-11】 汇通天下制造有限公司向浦发银行申请领用信用卡，按要求于3月5日向银行交存备用金42 000元。3月10日使用信用卡支付2月份水电费9 000元。编制会计分录为：

借：其他货币资金——信用卡存款　　42 000
　　贷：银行存款　　42 000
借：管理费用　　9 000
　　贷：其他货币资金——信用卡存款　　9 000

（4）存出投资款账务处理，如图 3-11 所示。

证券公司划出资金时，应按实际划出的金额 → 借：其他货币资金——存出投资款
　　贷：银行存款
企业进行投资时 → 借：交易性金融资产
　　贷：其他货币资金——存出投资款

图 3-11　存出投资款账务处理

【例 3-12】 汇通天下制造有限公司委托某证券公司从上海证券交易所购入深发展的股票，开立证券资金账户并存入资金560 000元。

借：其他货币资金——存出投资款　　560 000
　　贷：银行存款　　560 000

该证券公司从深圳证券交易所购入深发展股票80 000股（假设价值为400 000元），并将其划分为交易性金融资产。

借：交易性金融资产　　400 000
　　贷：其他货币资金——存出投资款　　400 000

3.6 外币业务

外币业务，是指企业以非记账本位币的其他货币进行款项支付、往来结算和计价的经济业务。

3.6.1 外币业务账户设置

外币业务的账务处理有外币统账制和外币分账制两种方法。

（1）外币统账制又称为本币记账法，是指企业发生外币业务时，必须及时折算为记账本位币记账，并以此编制会计报表的制度。一般企业发生外币业务笔数不多时，可以采用外汇统账制。

（2）外币分账制又称原币记账法，是指企业对外币业务在日常核算时按照外币原币进行记账，分别不同的外币币种核算其所实现的损益，编制各种货币币种的会计报表，在资产负债表日一次性地将外币会计报表折算为记账本位币表示的会计报表，并与记账本位币业务编制的会计报表汇总编制整个企业一定会计期间的会计报表的制度。

为了进行外币核算，应设置外汇货币性项目的核算账户，见表3-18。

表3-18　外币账户的设置

账户种类	具体设置
外汇货币资金账户	库存现金——外币现金、银行存款——外汇存款
外汇结算的债权账户	应收账款——应收外汇账款、应收票据——应收外汇票据、预付账款——预付外汇账款
外汇结算的债务账户	长（短）期借款——长（短）期外汇借款、应付账款——应付外汇账款、应付票据——应付外汇票据、预收账款——预收外汇账款

3.6.2 外币业务核算

外币兑换业务英文名为Foreign Currency Exchange。外币通常是指本货币体系之外的流通货币。外币兑换是对个人客户提供的一项柜台服务，包括买入外币、卖出外币和一种外币兑换成另一种外币。目前银行可兑换的币种有：英镑、港币、美元、瑞士法郎、新加坡元、瑞典克朗、挪威克朗、日元、丹麦克朗、加拿大元、澳大利亚元、欧元、菲律宾比索、泰国铢、韩国元、澳门元、新台币等。

1. 外币兑换交易

【例 3-13】汇通天下制造有限公司从银行购入 24 万美元，当日银行卖出价为 1 美元＝6.95 元人民币，账务处理如下。见表 3-19、表 3-20。

表 3-19　　　　　　　　　　　　　购买外汇申请书

工商银行深圳北安支行银行分/支行：

我司现按国家外汇管理局有关规定向贵行提出购汇申请，并随附有关凭证，请审核并按当日牌价办理售汇。

<table>
<tr><td rowspan="2">单位姓名</td><td rowspan="2">汇通天下制造有限公司</td><td colspan="2">人民币账户</td><td colspan="2">3427001909234216590</td></tr>
<tr><td colspan="2">外汇账户</td><td colspan="2">08622568430</td></tr>
<tr><td>购汇金额
（大小写）</td><td>美元贰拾万元整
240 000</td><td>当日汇率</td><td>1∶6.95</td><td>折合人民币
（大小写）</td><td>壹佰陆拾陆万捌仟元整
1 668 000</td></tr>
<tr><td>购汇支付
方式</td><td colspan="5">☑ 支票　□ 银行汇票　□ 银行本票
□ 扣账　□ 其他</td></tr>
<tr><td>购汇用途</td><td colspan="5">☑ 进口商品　□ 从属费用　□ 索赔退款　□ 还贷　□其他</td></tr>
<tr><td>对外结算方式</td><td colspan="5">☑信用证　□ 代收　□ 汇款　（□ 货到付款　□ 预付货款）</td></tr>
<tr><td rowspan="4">业务参考</td><td>商品名称</td><td colspan="2">略</td><td>数量</td><td>略</td></tr>
<tr><td>合同号</td><td colspan="2">略</td><td>发票号</td><td>略</td></tr>
<tr><td>合同金额</td><td colspan="2">略</td><td>发票金额</td><td>略</td></tr>
<tr><td>核销单号</td><td colspan="2">略</td><td>信用证号</td><td>略</td></tr>
<tr><td>进口商品
类型</td><td colspan="5">☑一般进口商品
□ 控制，批文随附如下：
□ 进口证明　□ 许可证　□ 登记证明　□ 其他批文
批文号码：　　　　　　批文有效期：</td></tr>
<tr><td colspan="3">申请人栏</td><td colspan="3">银行专用栏</td></tr>
<tr><td colspan="3">申请单位：汇通天下制造有限公司
（盖章）　汇通天下制造有限公司 ★ 财务专用章
联系人：沙方
电话：83410001
2017 年 1 月 25 日</td><td colspan="3">银行审批意见：同意
经办：张平
复核：王烈
审批：孟阡
2017 年 1 月 25 日</td></tr>
</table>

表 3-20　　外汇会计账簿（结售汇、套汇）

机构号码：091076535　　日期：2017 年 1 月 27 日

<table>
<tr><td colspan="2">业务编号</td><td colspan="2"></td><td>业务类型</td><td colspan="2">售汇</td><td>起息日</td></tr>
<tr><td rowspan="4">借方或付款单位</td><td>名称</td><td colspan="2">汇通天下制造有限公司</td><td></td><td rowspan="4">贷方或收款单位</td><td>名称</td><td>汇出汇款</td></tr>
<tr><td>账号</td><td colspan="3">08622568430</td><td>账号</td><td></td></tr>
<tr><td>币种与金额</td><td colspan="3">CNY：1668000</td><td>币种与金额</td><td>USD240 000</td></tr>
<tr><td>汇率/利率</td><td>6.95</td><td>开户行</td><td></td><td>汇率/利率</td><td>6.95</td></tr>
<tr><td colspan="2">收汇金额</td><td></td><td>发票号</td><td></td><td>挂销单号</td><td colspan="2"></td></tr>
<tr><td>交易摘要</td><td colspan="7">购汇 USD240000</td></tr>
</table>

工商银行深圳北安支行
2017. 1. 27
业务清讫

交易代码　　授权　　复核　夏睿　　经办　郭桐旭

借：银行存款——美元（240 000×6.95）　　1 668 000

　　贷：银行存款——人民币（实际支付金额）　　1 668 000

2. 外币购销交易

企业从国外或境外购进存货、引进设备或者以外币结算购货款，应按照交易日的即期汇率或即期汇率近似的汇率将外币折算为人民币金额，以确定购进物资的入账价值，同时还应按照外币折算为人民币金额登记支付的款项形成的债务等有关外币账户。

企业承包国外或境外建安工程项目或者以外币结算合同价款，则应按照交易日的即期汇率或即期汇率近似的汇率，将外币合同收入折算为人民币金额登记取得的款项或发生的债权等有关外币账户。

【例 3-14】汇通天下制造有限公司从境外购入一台施工设备，设备价款和境外运费共 1 100 000 美元，贷款未付；关税及境内运费共计 42 000 元人民币，已用银行存款支付。当日市场汇率为 1 美元＝6.95 元人民币。账务处理如下：

借：固定资产　　7 687 000

　　贷：应付账款——美元（原币×当日市场汇率）（1 100 000×6.95）

　　　　7 645 000

　　　　银行存款——人民币　　42 000

3. 外币借款交易

外币借款交易，即企业从银行或其他金融机构取得外币借款以及归还借款的业务。企业借入外币资金时，按照借入外币时的即期汇率折算为记账本位币入账，同时按照借入外币的金额登记相关的外币账户。

【例 3-15】汇通天下制造有限公司以业务发生日为即期汇率作为记账汇率。从银行借入 340 000 美元，当日即期汇率为 1 美元＝6.96 元人民币。见表 3-19，账务处理如下。见表 3-21、表 3-22。

借：银行存款——美元（340 000×6.96）　　　　2 366 400

　　贷：短期借款——美元　　　　　　　　　　　2 366 400

表 3-21　　　　**中国工商银行外币借款凭证（借据）1**

总字第（　）号
字第　号

信银贷字第　号　　　　2017 年 1 月 15 日

借款人全称	汇通天下制造有限公司			贷款户账号	3210001909234213213									
贷款种类	短期借款	利率	年 6%	存款户账号	08622568430									
贷款金额	美元（大写）叁拾肆万元整				千	百	十	万	千	百	十	元	角	分
						$	3	4	0	0	0	0	0	0
借款原因或用途	设备款	约定还款期	2017 年 4 月 14 日											
根据你的贷款方法，借到上列贷款，特立借据存查。 借款人盖章 （预留银行印鉴）钟铎轩印				信贷部门审批意见： 会计分录： （借）＿＿＿＿ （贷）＿＿＿＿ 会计：　记账：										

表 3-22

中国工商银行进账单（回单或收账通知）

进账日期：2017 年 1 月 17 日　　　　第　号

收款人	全称	汇通天下制造有限公司	付款人	全称	工商银行深圳北安支行									
	账号	08622568430		账号										
	开户银行	工商银行深圳北安支行		开户银行										
美元（大写）：$叁拾肆万元整					千	百	十	万	千	百	十	元	角	分
						¥	3	4	0	0	0	0	0	0
票据种类	转账支票		收款人开户银行盖章 工商银行深圳北安支行 2017.1.27 业务清讫 汇通天下制造有限公司 ★ 财务专用章											
票据张数	1													
主管　会计　复核　记账														

此联给收款人的收账通知

4. 接受外币资本投资

接受外币资本投资，即所有者以外币作为资本投入企业的业务。企业收到所有者以外币投入的资本，无论是否有合同约定汇率，均不得采用合同约定汇率和即期汇率的近似汇率折算，而是采用交易日即期汇率折算，外币投入资本不会产生汇兑差额。

【例 3-16】某中外合资经营企业采用人民币作为记账本位币，外币业务采用交易发生日的即期汇率折算。该企业注册资本为 400 万美元，合同约定分两次投入，约定折算汇率为 1∶6.3。中、外投资者分别于 2017 年 1 月 1 日和 3 月 1 日投入 300 万美元和 100 万美元。2017 年 1 月 1 日、3 月 1 日、3 月 31 日和 12 月 31 日美元对人民币的汇率分别为 1∶6.93、1∶6.95、1∶6.99 和 1∶6.97。账务处理如下：

借：银行存款——美元（3 000 000×6.93＋1 000 000×6.95）

27 740 000

贷：短期借款——美元　　27 740 000

5. 期末外币项目余额的会计处理

(1) 对于外币货币性项目，应当采用资产负债表日的即期汇率折算，因汇率波动而产生的汇兑差额作为财务费用，计入当期损益，同时调增或调减外币货币性项目的记账本位币金额。

【例 3-17】汇通天下制造有限公司外币业务采用业务发生时的即期汇率进行折算，按月计算汇兑损益。5 月 20 日，对外销售产品发生应收账款 5 000 000欧元，当日的市场汇率为 1 欧元＝7.30 元人民币。5 月 31 日的市场汇率为 1 欧元＝7.28 元人民币；6 月 1 日的市场汇率为 1 欧元＝7.32 元人民币；6 月 30 日的市场汇率为 1 欧元＝7.35 元人民币。7 月 10 日收到该应收账款，当日市场汇率为 1 欧元＝7.34 元人民币。

①销售时

借：应收账款（5 000 000×7.30）　　36 500 000

贷：主营业务收入　　36 500 000

②收到货款时

借：银行存款（5 000 000×7.34）　　36 700 000

贷：应收账款　　36 500 000

财务费用　　200 000

③月末结汇时

借：银行存款［（7.34－7.35）×5 000 000］　　　　50 000

　　贷：财务费用——汇兑差额　　　　　　　　　　50 000

（2）非货币性项目，是指包括存货、长期股权投资、固定资产、无形资产、实收资本、资本公积等。

对于以历史成本计量的外币非货币性项目，除其外币币值发生变动外，已在交易发生日采用即期汇率折算，资产负债表日不应改变其原记账本位币金额，不产生汇总差额。例如，实收资本。

由于存货在资产负债表日采用成本与可变现净值孰低计量，因此在以外币购入存货并且该存货在资产负债表日的可变现净值以外币反映的情况下，在计提存货跌价准备时应当考虑汇率变动的影响。

【例 3-18】汇通天下制造有限公司以人民币为记账本位币，外币业务采用交易发生时的即期汇率结算。2016 年 11 月 20 日，以每台 1 000 美元的价格从美国某供货商手中购入 10 台国际最新型号 H 商品，并于当日以美元支付了相应货款。2016 年 12 月 31 日，已售出 2 台 H 商品，国内市场仍无 H 商品供应，但 H 商品在国际市场价格已降至每台 950 美元。11 月 20 日的即期汇率为 1 美元＝6.82 元人民币，12 月 31 日的即期汇率为 1 美元＝6.96 元人民币。假定不考虑增值税等相关税费。

2016 年 12 月 31 日，汇通天下制造有限公司应计提的存货跌价准备＝1 000×8×6.96－950×8×6.82＝3 848（元）

借：资产减值损失　　　　　　　　　　　　3 848

　　贷：存货跌价准备　　　　　　　　　　　　3 848

CHAPTER FOUR

第4章 应收及预付款项

应收及预付账款，是指因对外销售产品、材料、供应劳务及其他原因，应向购货单位或接受劳务的单位及其他单位收取的款项，包括应收销售款、其他应收款、应收票据等，是企业因销售商品、产品或提供劳务而形成的债权。本章介绍应收及预付账款科目设置及账务处理。

4.1 应收账款

应收账款是企业由于销售商品或提供劳务而享有的向顾客收取款项的权利。主要包括应向购货单位收取的购买商品、材料等账款；代垫的包装物、运杂费；已冲减坏账准备而又收回的坏账损失；已贴现的承兑汇票，因承兑企业无力支付的票款；已转销而又收回的坏账损失等。但不包括应收职工欠款、应收债务人利息等的其他应收款；购买长期债券等的长期债权；投标保证金和租入包装物等各类存出保证金。

4.1.1 应收账款科目的具体运用

应收账款科目的具体运用，见表 4-1。

表 4-1　应收账款会计科目编码的设置

科目代码	总分类科目（一级科目）	明细分类科目		是否辅助核算	辅助核算类别
		二级明细科目	三级明细科目		
1122	应收账款				
112201	应收账款	××公司			
11220101	应收账款	××公司	应收商品款	是	客户/债务人
11220102	应收账款	××公司	应收工程款	是	客户/债务人
11220103	应收账款	××公司	应收质保金	是	客户/债务人
112202	应收账款	××公司	应收保费	是	客户/债务人
112203	应收账款	××公司	应收利息	是	客户/债务人
112204	应收账款	××公司或个人	手续费及佣金	是	客户/债务人
112205	应收账款	××公司	租赁费	是	客户/债务人

应收账款通常按实际发生额计价入账。计价时还要考虑商业折扣、现金折扣及债务重组等因素。

商业折扣 ·应当按照扣除商业折扣后的金额确定销售商品收入额

现金折扣 ·按照不扣除现金折扣的金额计量收入。现金折扣在实际发生时计入当期财务费用

销售折让 ·应当在发生时冲减当期销售商品收入

4.1.2 应收账款的账务处理

工商企业发生应收账款，按应收金额，借记本科目，按确认的营业收入，贷记“主营业务收入”；保险公司贷记“手续费及佣金收入”“保费收入”等科目。收回应收账款时，借记“银行存款”等科目，贷记本科目。涉及增值税销项税额的，还应进行相应的处理。代购货单位垫付的包装费、运杂费，借记本科目，贷记“银行存款”等科目。收回代垫费用时，借记“银行存款”科目，贷记本科目。本科目可按债务人进行明细核算。

1. 一般应收账款的会计核算

一般应收账款的账务处理，如图 4-1 所示。

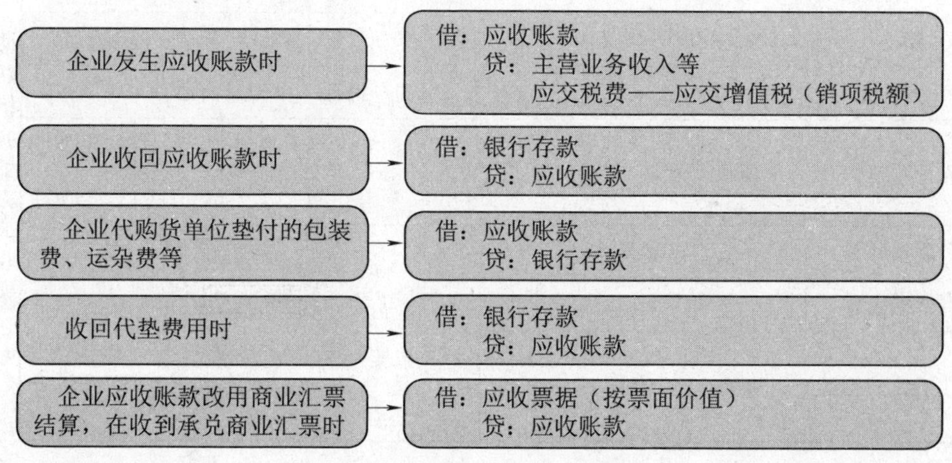

图 4-1 应收账款的账务处理

【例 4-1】月终，绿地建筑施工公司向发包单位城建工程公司开出“工程价款结算账单”，结算工程价款 700 000 元，按合同规定，应扣还预支工程款 350 000 元、预收备料款 150 000 元，余款发包单位通过银行已用转账支票支付，见表 4-2，会计分录如下。

（1）向发包单位办理工程价款结算时。

借：应收账款——应收工程款（发包单位）　　700 000

　　贷：工程结算　　700 000

（2）按合同规定从结算工程价款中扣还预支工程款、备料款时。

借：预收账款——预收工程款　　350 000

　　　　　　——预收备料款　　150 000

　　贷：应收账款——应收工程款（发包单位）　　500 000

（3）收到款时。

借：银行存款　　200 000

　　贷：应收账款——应收工程款（发包单位）　　200 000

表 4-2　　中国银行进账单（回单或收账通知）

进账日期：2017 年 1 月 13 日

第 009 号

<table>
<tr><td rowspan="3">收款人</td><td>全　称</td><td colspan="4">北京工商银行万柳桥路支行</td><td rowspan="3">付款人</td><td>全　称</td><td colspan="10">绿地建筑施工公司</td><td rowspan="8">此联给收款人的收账通知</td></tr>
<tr><td>账　号</td><td colspan="4">32576785897697732</td><td>账　号</td><td colspan="10">43576785897697543</td></tr>
<tr><td>开户银行</td><td colspan="4">中国工商银行</td><td>开户银行</td><td colspan="10">中国工商银行</td></tr>
<tr><td colspan="8" rowspan="2">人民币（大写）：¥伍拾万元整</td><td>千</td><td>百</td><td>十</td><td>万</td><td>千</td><td>百</td><td>十</td><td>元</td><td>角</td><td>分</td></tr>
<tr><td></td><td>¥</td><td>5</td><td>0</td><td>0</td><td>0</td><td>0</td><td>0</td><td>0</td><td>0</td></tr>
<tr><td colspan="2">票据种类</td><td colspan="3">转账支票</td><td colspan="13" rowspan="3">中国工商银行
2017.1.13
收款人开户银行盖章</td></tr>
<tr><td colspan="2">票据张数</td><td colspan="3">1</td></tr>
<tr><td colspan="5">主管　会计　复核　记账</td></tr>
</table>

登记会计凭证，见表 4-3。

表 4-3

记账凭证

2017 年 1 月 31 日　　　　字第××号

摘要	会计科目	借方金额										贷方金额										记账
		千	百	十	万	千	百	十	元	角	分	千	百	十	万	千	百	十	元	角	分	
向城建工程公司办理工程款 700 000 元	应收账款——应收工程款			7	0	0	0	0	0	0	0											
	工程结算													7	0	0	0	0	0	0	0	
按合同规定，扣还预支工程款、备料款时 500 000 元	预收账款——预收工程款			3	5	0	0	0	0	0	0											
	预收备料款			1	5	0	0	0	0	0	0											
	应收账款——应收工程款（城建工程公司）													5	0	0	0	0	0	0	0	
收到余款时 200 000 元	银行存款			2	0	0	0	0	0	0	0											
	应收账款——应收工程款（城建工程公司）													2	0	0	0	0	0	0	0	
合　计		¥	1	2	0	0	0	0	0	0	0	¥	1	2	0	0	0	0	0	0	0	

会计主管：单春明　　记账：陈熠　　审核：张燕　　制单：王晓

2. 有商业折扣的应收账款的会计处理

商业折扣，是指企业根据市场供需情况，或针对不同的客户，在商品标价上给予的扣除。商业折扣是企业最常用的促销手段。企业为了扩大销售、占领市场，对于批发商往往给予商业折扣，采用销量越多、价格越低的促销策略，即通常所说的“薄利多销”。

商业折扣一般在交易发生时即已确定，它仅仅是确定实际销售价格的一种手段，不需在买卖双方任何一方的账上反映，所以商业折扣对应收账款的入账价值没有什么实质性的影响。因此，在存在商业折扣的情况下，企业应收账款入账金额应按扣除商业折扣以后的实际售价确认。

【例 4-2】波光公司于 2017 年 3 月 1 日销售一批商品，该批商品的价格为 50 000元，由于是成批销售，销货方给购货方 5%的商业折扣，金额为 2 000 元，适用的增值税税率为 17%。编制会计分录如下：

①销售方应当确认的收入金额为50 000×（1－5%）＝47 500（元）。

借：应收账款　　55 575

　　贷：主营业务收入　　47 500

　　　　应交税费——应交增值税（销项税额）　　8 075

②实际收到货款时。

借：银行存款　　55 575

　　贷：应收账款　　55 575

3. 有现金折扣的应收账款的会计处理

现金折扣，是指债权人为鼓励债务人在规定的期限内付款，而向债务人提供的债务扣除。现金折扣通常发生在以赊销方式销售商品及提供劳务的交易中。

企业为了鼓励客户提前偿付货款，通常与债务人达成协议，债务人在不同期限内付款可享受不同比例的折扣。现金折扣一般用符号“折扣/付款期限”表示。例如，买方在10天内付款可按售价给予2%的折扣，用符号“2/10”表示；在20天内付款按售价给予1%的折扣，用符号“1/20”表示；在30天内付款，则不给折扣优惠，用符号“n/30”表示。

存在现金折扣的情况下，我国的会计实务中通常采用总价法确认应收账款入账金额，即将未减去现金折扣前的金额作为实际售价，记作应收账款的入账价值。现金折扣只有客户在折扣期内支付货款时，才予以确认。在这种方法下，企业把给予客户的现金折扣视为融资的理财费用，会计上作为财务费用处理。

【例4-3】2017年1月，丽水公司销售一批原材料，价格为20 000元，规定的现金折扣条件为2/10，n/30，适用的增值税税率为17%，产品交付并办妥托收手续。编制会计分录如下：

借：应收账款　　23 400

　　贷：主营业务收入　　20 000

　　　　应交税费——应交增值税（销项税额）　　3 400

收到货款时，根据购货企业是否得到现金折扣的情况入账。如果上述货款在10天内收到，丽水公司采用总价法入账，编制会计分录如下：

借：银行存款　　22 932

　　财务费用（23 400×2%）　　468

　　贷：应收账款　　23 400

如果超过了现金折扣的最后期限，则编制会计分录如下：

借：银行存款　　23 400

　　贷：应收账款　　23 400

4.2 应收票据

应收票据是企业因销售商品、提供劳务等而收到的商业汇票。商业汇票是一种由出票人签发的，委托付款人在指定日期无条件支付确定金额给收款人或者持票人的票据。商业汇票的付款期限，最长不得超过6个月。根据承兑人不同，商业汇票分为商业承兑汇票和银行承兑汇票两种。

4.2.1 应收票据的具体运用

企业应当按照开出、承兑商业汇票的单位进行明细核算。见表4-4。

表4-4　应收票据会计科目编码的设置

科目代码	总分类科目（一级科目）	明细分类科目	
		二级明细科目	三级明细科目
1121	应收票据		
112101	应收票据	银行承兑汇票	××公司
112102	应收票据	商业承兑汇票	××公司

4.2.2 应收票据取得的会计处理

为了反映和监督应收票据的取得、票款收回等经济业务，企业应当设置“应收票据”科目。该账户借方登记应收票据收到时的面值；贷方登记到期应收票据的收回金额，或承兑人到期无力支付而被退回的商业承兑汇票金额，或未到期票据的贴现或转让情况；余额在借方，表示已收尚未到期或未贴现的应收票据的面额总数。

应收票据取得的原因不同，其会计处理亦有所区别。其具体处理如图 4-2 所示。

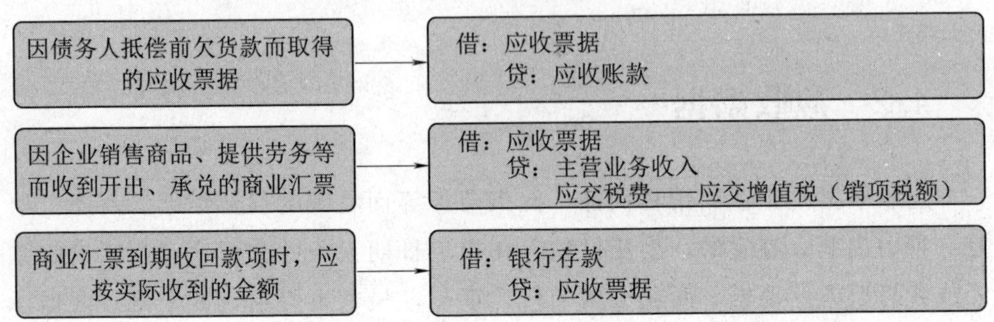

图 4-2　应收票据的账务处理

【例 4-4】 2016 年 5 月 10 日，汇通天下制造有限公司销售商品一批，开具的增值税专用发票注明价款为 9 800 元，税款为 1 666 元。亚逊公司开出为期 3 个月的商业汇票抵付货款。

（1）汇通天下制造有限公司收到票据时，见表 4-5。

借：应收票据　　11 466

　　贷：主营业务收入　　9 800

　　　　应交税费——应交增值税（销项税额）　　1 666

表 4-5

商业承兑汇票（存根）

签发日期：2017 年 5 月 10 日　　第 0065 号

付款人	全称	亚逊公司			收款人	全称	汇通天下制造有限公司										
	账号	0200001909234289765				账号	3427001909234216590										
	开户银行	工行	行号	12		开户银行	工行丽水路支行	行号	32								
汇票金额	人民币（大写）	⊗壹万壹仟肆佰陆拾陆元整						千	百	十	万	千	百	十	元	角	分
										¥	1	1	4	6	6	0	0
汇票到期日	2017 年 8 月 9 日																
本汇票已经承兑，到期无条件支付票款 承兑人签章 承兑日期　年　月　日 徐丰					承兑协议科目代码		交易合同号码										
					负责人：陈静（亚逊公司 财务专用章）		经办人：罗燕（汇通天下制造有限公司 财务专用章）										

（2）票据到期，对方付款时。

借：银行存款　　　　11 466

　贷：应收票据　　　　11 466

【例 4-5】 汇通天下制造有限公司将一张带息的银行承兑汇票于到期日到银行办理收款，票面金额为 90 000 元，年利率为 10%，期限为 90 天。

到期值为：90 000×（1+10%×90/360）=92 250（元）

借：银行存款　　　　92 250

　贷：应收票据　　　　90 000

　　财务费用　　　　2 250

4.2.3 应收票据贴现的会计处理

“贴现”，就是指票据持有人将未到期的票据在背书后送交银行，银行受理后从票据到期值中扣除按银行贴现率计算确定的贴现息，然后将余额付给持票人，作为银行对企业的短期贷款。

对于应收票据贴现的核算，首先要计算贴现息和贴现净额（或称贴现所得额），其计算公式如下：

贴现息=票据到期价值×贴现率×贴现期

贴现净额=票据到期价值-贴现息

贴现期是指从票据贴现日到票据到期前一日的时间间隔。应收票据的银行贴现率由银行统一规定，一般用年利率来表示。如图 4-3 所示。

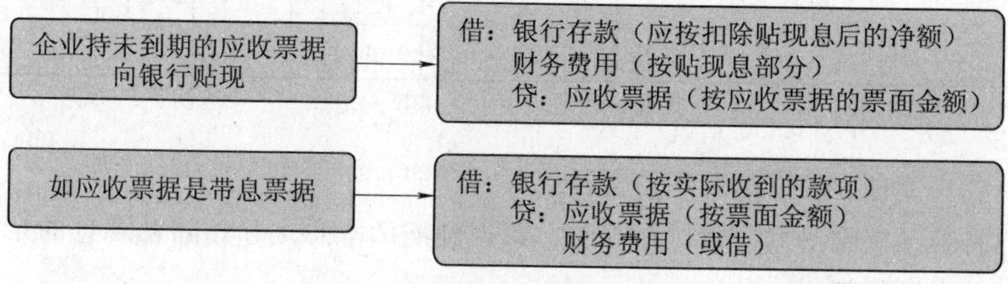

图 4-3　应收票据的账务处理

（1）不带息应收票据贴现的会计处理。

将不带息应收票据向银行贴现时，票据到期值扣除贴现息的余额，就是贴现所得额。

【例 4-6】汇通天下制造有限公司因急需资金，将一张面值为 120 000 元，3 个月期的无息票据提前两个月向银行办理贴现，出票日为 8 月 1 日，到期日为 11 月 1 日，假设银行贴现利率为 8%。

该票据的到期值、贴现息和贴现净额计算为：

票据到期价值＝票据面值＝120 000（元）

贴现息＝120 000×8%×2/12＝1 600（元）

贴现净额＝120 000－1 600＝118 400（元）

借：银行存款　　118 400

　　财务费用——票据贴现　　1 600

　　贷：应收票据　　120 000

登记会计凭证，见表 4-6。

表 4-6

记 账 凭 证

2017 年 9 月 5 日　　字第××号

摘要	会计科目	借方金额										贷方金额										记账
		千	百	十	万	千	百	十	元	角	分	千	百	十	万	千	百	十	元	角	分	
无息票据 120 000 元 向银行申请承兑	银行存款			1	1	8	4	0	0	0	0											
	财务费用——票据贴现					1	6	0	0	0	0											
	应收票据													1	2	0	0	0	0	0	0	
合　计			¥	1	2	0	0	0	0	0	0		¥	1	2	0	0	0	0	0	0	

会计主管：单春明　　记账：陈熠　　审核：张燕　　制单：王晓

（2）带息应收票据贴现的会计处理。

将带息应收票据向银行贴现时，票据到期的本息之和扣除贴现息的余额，就是贴现所得额。

【例 4-7】汇通天下制造有限公司持一张 6 个月期限，面值为 95 000 元的带息银行承兑汇票向银行贴现，该汇票年息为 5%，出票日为 6 月 1 日，到期日为 11 月 30 日，公司于 8 月 1 日向银行贴现，贴现率为 8%。见表 4-7。

应收票据到期利息＝95 000×5%×6/12＝2 375（元）

应收票据到期本息＝95 000＋2 375＝97 375（元）

贴现息＝97 375×8%×4/12＝2 596.67（元）

贴现净额＝97 375－2 596.67＝94 778.33（元）

借：银行存款　　94 778.33

　　财务费用　　2 596.67

　　贷：应收票据　　97 375

表 4-7

贴现凭证（收账通知）　4

填写日期：2017 年 8 月 1 日　　第　　号

<table>
<tr><td rowspan="3">贴现汇票</td><td>种　类</td><td colspan="3">商业承兑汇票</td><td colspan="3">号码</td><td colspan="3">324</td><td rowspan="3">申请人</td><td colspan="2">全　　称</td><td colspan="10">迪亚耐火材料厂</td></tr>
<tr><td>发票日</td><td colspan="9">2017 年 6 月 1 日</td><td colspan="2">账　　号</td><td colspan="10">6224001909234218563</td></tr>
<tr><td>到期日</td><td colspan="9">2017 年 11 月 30 日</td><td colspan="2">开户银行</td><td colspan="10">工商银行深圳福田支行</td></tr>
<tr><td colspan="3">汇票承兑人（或银行）</td><td>名称</td><td colspan="5">汇通天下制造有限公司</td><td colspan="2">账号</td><td>3427001909234216590</td><td colspan="3">开户银行</td><td colspan="10">工商银行深圳北安支行</td></tr>
<tr><td colspan="3" rowspan="2">汇票金额（即贴现金额）</td><td colspan="12" rowspan="2">人民币（大写）玖万柒仟叁佰柒拾伍元整</td><td>千</td><td>百</td><td>十</td><td>万</td><td>千</td><td>百</td><td>十</td><td>元</td><td>角</td><td>分</td></tr>
<tr><td></td><td></td><td>¥</td><td>9</td><td>7</td><td>3</td><td>7</td><td>5</td><td>0</td><td>0</td></tr>
<tr><td rowspan="2">贴现率</td><td rowspan="2">5%</td><td rowspan="2">贴现利息</td><td>千</td><td>百</td><td>十</td><td>万</td><td>千</td><td>百</td><td>十</td><td>元</td><td>角</td><td>分</td><td colspan="2" rowspan="2">实付贴现金额</td><td>千</td><td>百</td><td>十</td><td>万</td><td>千</td><td>百</td><td>十</td><td>元</td><td>角</td><td>分</td></tr>
<tr><td></td><td></td><td></td><td>¥</td><td>2</td><td>5</td><td>9</td><td>6</td><td>6</td><td>7</td><td></td><td></td><td>¥</td><td>9</td><td>4</td><td>7</td><td>7</td><td>8</td><td>3</td><td>3</td></tr>
<tr><td colspan="9">上述款项已入你单位账户。此致
银行盖章（略）
2017 年 8 月 1 日</td><td colspan="16">备注</td></tr>
</table>

登记会计凭证，见表 4-8。

表 4-8

记 账 凭 证

2017 年 8 月 1 日　　字第　　号

<table>
<tr><td rowspan="2">摘要</td><td rowspan="2">会计科目</td><td colspan="10">借方金额</td><td colspan="10">贷方金额</td><td rowspan="2">记账</td></tr>
<tr><td>千</td><td>百</td><td>十</td><td>万</td><td>千</td><td>百</td><td>十</td><td>元</td><td>角</td><td>分</td><td>千</td><td>百</td><td>十</td><td>万</td><td>千</td><td>百</td><td>十</td><td>元</td><td>角</td><td>分</td></tr>
<tr><td>有息票据 95 000 元向银行申请承兑</td><td>银行存款</td><td></td><td></td><td></td><td>9</td><td>4</td><td>7</td><td>7</td><td>8</td><td>3</td><td>3</td><td></td><td></td><td></td><td></td><td></td><td></td><td></td><td></td><td></td><td></td><td></td></tr>
</table>

续上表

摘要	会计科目	借方金额										贷方金额										记账
		千	百	十	万	千	百	十	元	角	分	千	百	十	万	千	百	十	元	角	分	
	财务费用——票据贴现					2	5	9	6	6	7											
	应收票据														9	7	3	7	5	0	0	
合　计				￥	9	7	3	7	5	0	0			￥	9	7	3	7	5	0	0	

会计主管：单春明　　记账：陈熠　　审核：张燕　　制单：王晓

4.3 预付账款

预付账款是指企业按照合同规定预付的款项。企业应当设置“预付账款”科目。预付款项情况不多的企业，可以不设置“预付账款”科目，而直接通过“应付账款”科目核算。

为了核算企业的预付款项，应设置“预付账款”科目。本科目的借方登记预付的款项，贷方反映收到所购物资的金额或应支付的款项。期末借方余额表示预付款项的余额。本科目应按供应单位设置明细账户。预付款项不多的企业，可将发生的预付账款直接记入“应付账款”科目的借方，不设本科目。

4.3.1 预付账款科目的具体运用

预付账款科目核算企业按照合同规定预付的款项。企业预付款项不多的，也可以不设置此科目，将预付的款项直接记入“应付账款”科目。企业进行在建工程预付的工程价款，也在本科目核算。企业（保险）从事保险业务预先支付的赔付款，可将本科目改为“1123 预付赔付款”科目，并按照保险人或受益人进行明细核算。本科目可按供货单位进行明细核算。预付账款科目设置，见表 4-9。

表 4-9　　　　预付账款会计科目编码的设置

科目代码	总分类科目（一级科目）	明细分类科目	
		二级明细科目	三级明细科目
1123	预付账款		
112301	预付账款	××公司	××项目
112302	预付账款	××公司	××项目
112303	预付账款	××公司	××项目
112304	预付账款	××公司	××项目

4.3.2　预付账款的账务处理

预付账款的主要账务处理，如图 4-4 所示。

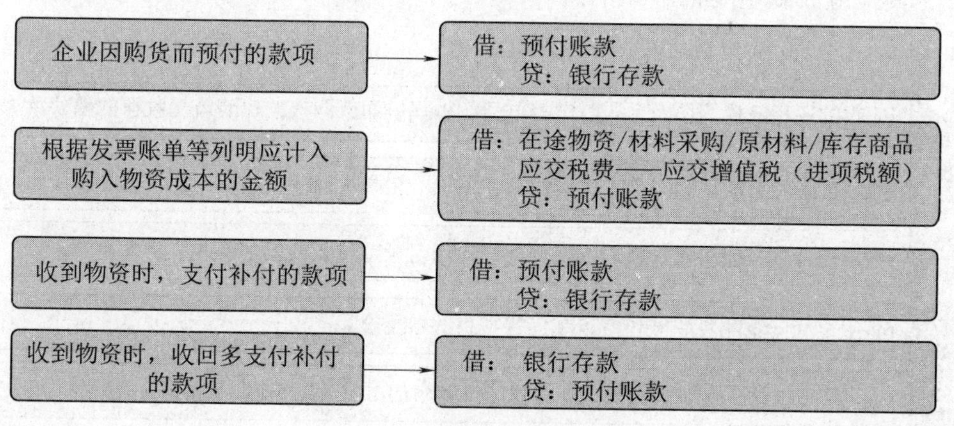

图 4-4　预付账款的账务处理

【例 4-8】2017 年 1 月 10 日，汇通天下制造有限公司预付给甲供货方的材料款共计 25 000 元。

借：预付账款——甲供货方　　　　25 000

　　贷：银行存款　　　　25 000

1 月 20 日，收到材料和专用发票时，全部货款为 35 000 元，税金为 5 950元，应补付 15 950 元。

借：材料采购——甲供货方 35 000

  应交税费——应交增值税（进项税额） 5 950

 贷：预付账款——甲供货方 25 000

   银行存款 15 950

4.4 其他应收款

其他应收款是指除应收票据、应收账款和预付账款以外的其他各种应收、暂付款项。主要包括应收的各种赔款、罚款；经营租赁的各种租金；存出的保证金；备用金预付账款转入；其他各种应收、暂付款项。

4.4.1 其他应收款的核算范围

其他应收款主要内容如下。

1 •应收的各种赔款。如因企业财产等遭受意外损失而应向有关保险公司收取的赔偿款等

2 •应收的各种罚款。如因员工失职给企业造成一定损失而应向该员工收取的罚款

3 •存出保证金，如租入包装物支付的押金，预付账款转入及其他应收、暂付款项

4 •备用金（向企业各职能科室、车间等拨付的备用金）

5 •应向职工收取的各种垫付的款项，如为职工垫付的水电费，应由职工负担的医药费、房租等

4.4.2 其他应收款科目的具体运用

其他应收款科目用于核算企业除应收票据、应收账款、预付账款等以外的其他各种应收、暂付款项。在“其他应收款”账户下，应按其他应收款的项目分类，并按不同的债务人设置明细账。具体设置见表 4-10。

表 4-10　　　　其他应收款科目的设置

科目代码	总分类科目（一级科目）	明细分类科目	
		二级明细科目	三级明细科目
1221	其他应收款		
122101	其他应收款	备用金	按借款人设置
122102	其他应收款	应收人个款项	按借款人设置
122103	其他应收款	应收单位款项	按单位名称设置
122104	其他应收款	内部往来款项	按单位名称设置
122105	其他应收款	其他款项	按业务内容设置

企业发生其他各种应收、暂付款项时，账务处理如图 4-5 所示。

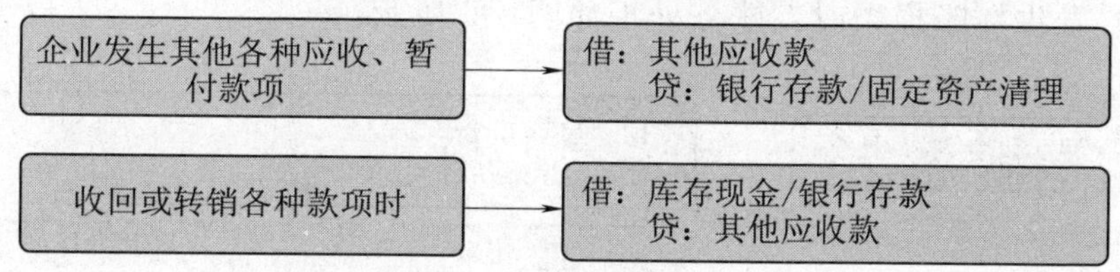

图 4-5　其他应收款账务处理

【例 4-9】2017 年 1 月，甲公司租入包装物一批，以银行存款向出租方支付押金 35 000 元。2017 年 2 月租入包装物如数退回，甲公司收到出租方退还的押金 35 000 元，已存入银行。

①2017 年 1 月，支付押金时。

借：其他应收款——存出保证金　　35 000

　　贷：银行存款　　35 000

②2017 年 2 月，收回押金时。

借：银行存款　　35 000

　　贷：其他应收款——存出保证金　　35 000

4.5　应收款项减值

企业的各种应收款项，可能会因购货人拒付、破产、死亡等原因而无法收回。这类无法收回的应收款项就是坏账。因坏账而遭受的损失为坏账损失。

企业应当在资产负债表日对应收款项的账面价值进行检查，有客观证据表明应收款项发生减值的，应当将该应收款项的账面价值减记至预计未来现金流量现值，减记的金额确认减值损失，计提坏账准备。确定应收款项减值有两种方法，即直接转销法和备抵法。

4.5.1 坏账准备的账务处理

坏账准备可按以下公式计算：

当期应计提的坏账准备＝当期按应收款项计算应提坏账准备金额－（或＋）“坏账准备”科目的贷方（或借方）余额。

（1）发生坏账损失时，账务处理如图 4-6 所示。

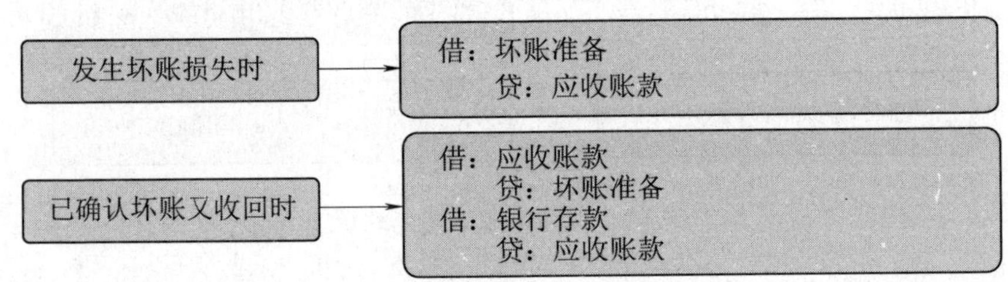

图 4-6 发生坏账损失时账务处理

（2）补提与冲销坏账时，账务处理如图 4-7 所示。

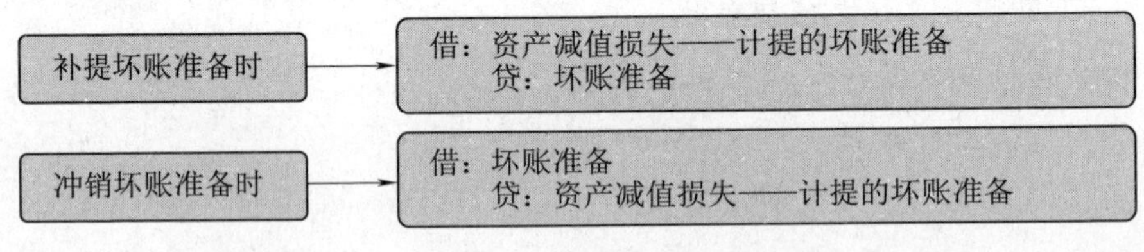

图 4-7 计提与冲销坏账准备账务处理

4.5.2 坏账准备科目的具体运用

坏账准备科目是资产类科目中的备抵科目，核算企业应收款项的坏账准备。坏账准备科目可按应收款项的类别进行明细核算。本科目期末贷方余额，反映企业已计提但尚未转销的坏账准备。科目代码是1231。见表4-11。

表4-11　　坏账准备会计科目编码的设置

科目代码	总分类科目（一级科目）	明细分类科目		是否辅助核算	辅助核算类型
		二级明细科目	三级明细科目		
1231	坏账准备				
123101	坏账准备	应收账款坏账准备	××公司	是	单位名称
123102	坏账准备	其他应收款坏账准备	××公司	是	单位名称
123103	坏账准备	应收票据坏账准备	××公司	是	单位名称
123104	坏账准备	预付账款坏账准备	××公司	是	单位名称
123105	坏账准备	长期应收款坏账准备	××公司	是	单位名称
123106	坏账准备	其他坏账准备	××公司	是	单位名称

估计坏账损失有四种方法，即余额百分比法、账龄分析法、销货百分比法和个别认定法。

1. 余额百分比法

余额百分比法是根据会计期末应收账款的余额乘以估计的坏账准备率，即为当期应估计的坏账损失，据此提取坏账准备。估计坏账率可以按照以往的数据资料加以确定，也可以根据规定的百分比确定。在会计期末，企业应计提的坏账准备大于其账面余额的，按其差额冲回坏账准备。

余额百分比法计算公式

当期应提取的坏账准备数额＝当期期末应收款项余额×估计坏账率

以后各期提取坏账准备时，可按下列公式计算：

当期应提取的坏账准备数额＝当期期末应收款项余额×估计坏账率－“坏账准备”账户贷方余额（或＋“坏账准备”账户借方余额）

【例4-10】汇通天下制造有限公司2015年年末应收账款的余额为1 500 000元，提取坏账准备的比率为5‰；2016年发生坏账损失7 000元，其中A单位2 000元，B单位5 000元，期末应收账款余额为1 800 000元；2017年，已冲销的上年B单位应收账款又收回，期末应收账款余额为2 000 000元。

（1）2015 年提取坏账准备，登记会计凭证，见表 4-12。

借：资产减值损失——计提的坏账准备（1 500 000×5‰）

7 500

贷：坏账准备　　7 500

表 4-12

<u>记账凭证</u>

2015 年 12 月 31 日　　字第××号

摘要	会计科目	借方金额										贷方金额										记账
		千	百	十	万	千	百	十	元	角	分	千	百	十	万	千	百	十	元	角	分	
2015 年 12 月 31 日，提取坏账准备	资产减值损失——计提的坏账准备					7	5	0	0	0	0											
	坏账准备															7	5	0	0	0	0	
合　计					¥	7	5	0	0	0	0				¥	7	5	0	0	0	0	

会计主管：单春明　　记账：陈熠　　审核：张燕　　制单：王晓

（2）2016 年发生坏账时。

借：坏账准备　　7 000

贷：应收账款——A 单位　　2 000

——B 单位　　5 000

2016 年年末按应收账款的余额计算提取坏账准备，登记会计凭证，见表 4-13。

“坏账准备”科目余额＝7 500－7 000＝500（元）

当年应提的坏账准备＝1 800 000×5‰－500＝8 500（元）

借：资产减值损失——计提的坏账准备　　8 500

贷：坏账准备　　8 500

（3）2017 年收回上年已冲销的 B 单位账款 5 000 元。

借：应收账款——B 单位　　5 000

贷：坏账准备　　5 000

借：银行存款　　5 000

贷：应收账款——B 单位　　5 000

表 4-13

记账凭证

2016 年 12 月 31 日　　　　字第××号

摘要	会计科目	借方金额										贷方金额										记账
		千	百	十	万	千	百	十	元	角	分	千	百	十	万	千	百	十	元	角	分	
2016 年 12 月 31 日，提取坏账准备	资产减值损失——计提的坏账准备					8	5	0	0	0	0											
	坏账准备															8	5	0	0	0	0	
合　计					¥	8	5	0	0	0	0				¥	8	5	0	0	0	0	

会计主管：单春明　　记账：陈熠　　审核：张燕　　制单：王晓

2017 年年末计算提取坏账准备，登记会计凭证，见表 4-14。

“坏账准备”科目余额＝500＋8 500＋5 000＝14 000（元）

当年应提的坏账准备＝2 000 000×5‰－14 000＝－4 000（元）

借：坏账准备　　4 000

　贷：资产减值损失——计提的坏账准备　　4 000

表 4-14

记账凭证

2017 年 12 月 31 日　　　　字第××号

摘要	会计科目	借方金额										贷方金额										记账
		千	百	十	万	千	百	十	元	角	分	千	百	十	万	千	百	十	元	角	分	
2017 年 12 月 31 日，冲回多提的坏账准备	坏账准备					4	0	0	0	0	0											
	资产减值损失——计提的坏账准备															4	0	0	0	0	0	
合　计					¥	4	0	0	0	0	0				¥	4	0	0	0	0	0	

会计主管：单春明　　记账：陈熠　　审核：张燕　　制单：王晓

注意：一般情况下，坏账准备的提取比例为 3‰～5‰。

2. 账龄分析法

账龄分析法是根据应收账款入账时间的长短来估计坏账损失的方法。虽然应收账款能否收回不一定完全取决于时间的长短，但一般来说，账款拖欠时间越长，发生坏账的可能就越大。

【例 4-11】2016 年 12 月 31 日，汇通天下制造有限公司应收账款账龄及估计坏账损失，见表 4-15。

表 4-15　　应收账款账龄及估计坏账损失表

应收账款账龄	应收账款金额（元）	估计损失（%）	估计损失金额（元）
未到期	40 000	0.5	200
过期 3 个月以下	20 000	1	200
过期 3～6 个月	35 000	2	700
过期 6～12 个月	45 000	3	1 350
过期 1 年以上	10 000	5	500
合计	150 000		2 950

假设调整前“坏账准备”的账面余额为贷方 600 元，则调整金额为 2 950－600＝2 350（元）。

借：资产减值损失——计提的坏账准备　　　　2 350

　　贷：坏账准备　　　　　　　　　　　　　　2 350

假设调整前“坏账准备”的账面余额为借方 600 元，则调整金额为 2 950＋600＝3 550（元）。

借：资产减值损失——计提的坏账准备　　　　3 550

　　贷：坏账准备　　　　　　　　　　　　　　3 550

3. 销货百分比法

销货百分比法是根据赊销金额的一定比例估计坏账损失的方法。采用销货百分比法时，可能由于企业的经营状况不断地变化而不相适应，因此应当按照企业的实际情况及时地调节百分比。

【例 4-12】假设汇通天下制造有限公司 2016 年全年赊销金额为 4 000 000 元，根据以往资料和经验，估计坏账准备损失率为 2%，假设本年末提取坏账准备余额为 0 元。

年末估计坏账损失为：4 000 000×2%＝80 000（元）

借：资产减值损失——计提的坏账准备　　80 000

　　贷：坏账准备　　80 000

4. 个别认定法

个别认定法是指根据单笔应收款项的可回收性估计坏账准备的方法，如果某项应收款项的可回收性和其他各项应收款项有明显差别（如债务单位所处的特定地区等），导致该项应收账款如果按照其他各项应收账款同样的方法计提坏账准备，将无法准确反映其可回收金额，则可对该项应收款项采用个别认定法计提坏账准备。

CHAPTER FIVE

第5章 存货

存货涉及具体的会计科目一般包括：原材料、物资采购、在途物资、周转材料、材料成本差异、库存商品、存货跌价准备等。本章主要介绍存货的计量与减值准备，原材料科目设置及按计划成本与实际成本的核算，工业、商业、房地产、建筑施工企业库存商品的设置与核算，委托加工物资、周转材料科目设置及核算。

5.1 存货概述

存货是指企业在日常活动中持有以备出售的产成品或商品、处在生产过程中的在产品、在生产过程或提供劳务过程中耗用的材料、物料等。

存货区别于固定资产等非流动资产的最基本特征是，企业持有存货的最终目的是为了出售，包括可供直接出售的产成品、商品以及需进一步加工后出售的原材料等。

5.1.1 存货的确认和计量

存货包括各类原材料、在产品、半成品、商品以及包装物、低值易耗品、委托代销商品等。

存货的账面余额＝账户余额

存货的账面价值＝账户余额－存货跌价准备余额

1. 存货的确认条件

存货同时满足下列条件的，才能予以确认。

(1) 与该存货有关的经济利益很可能流入企业。

①企业在确认存货时，需要判断与该项存货相关的经济利益是否很可能流入企业。在实务中，主要通过判断与该项存货所有权相关的风险和报酬是否转移到了企业来确定。其中，与存货所有权相关的风险，是指由于经营情况发生变化造成的相关收益的变动，以及由于存货滞销、毁损等原因造成的损失；与存货所有权相关的报酬，是指在初步取得该项存货或其经过进一步

加工取得的其他存货时获得的收入，以及处置该项存货实现的利润等。

②通常情况下，是否取得存货的所有权是存货相关的经济利益很可能流入本企业的一个重要标志。

（2）该存货的成本能可靠地计量。

作为企业资产的组成部分，要确认存货，企业必须能够对其成本进行可靠地计量。存货的成本能够可靠地计量必须以取得确凿、可靠的证据为依据，并且具有可验证性。如果存货成本不能可靠地计量，则不能确认为一项存货。例如，企业承诺的订货合同，由于并未实际发生，不能可靠确定其成本，因此就不能确认为购买企业的存货。又如，企业预计发生的制造费用，由于并未实际发生，不能可靠地确定其成本，因此不能计入产品成本。

2. 存货的初始计量

存货应当按照成本进行初始计量。存货成本包括采购成本、加工成本和其他成本。

不同存货的成本构成内容不同。原材料、商品、低值易耗品等通过购买而取得的存货的初始成本由采购成本构成；产成品、在产品、半成品、委托加工物资等通过进一步加工而取得的存货的初始成本由采购成本、加工成本以及使存货达到目前场所和状态所发生的其他成本构成。

存货成本的构成，见表5-1。

表5-1　　　　存货成本的构成

采购成本	购买价款、进口关税及相关税费、运输费、装卸费、保险费以及其他可归属于存货采购成本的费用
加工成本	直接人工以及按照一定方法分配的制造费用
其他成本	指除采购成本、加工成本以外的，使存货达到目前场所和状态所发生的其他支出

5.1.2 存货计价方法

企业在确定发出存货的成本时，可以采用先进先出法、移动加权平均法、月末一次加权平均法和个别计价法等方法。企业不得采用后进先出法确定发出存货的成本。

1. 先进先出法

先进先出法是以先购入的存货应先发出（销售或耗用）这样一种存货实物流转假设为前提，对发出存货进行计价。采用这种方法，先购入的存货成本在后购入存货成本之前转出，据此确定发出存货和期末存货的成本。

【例 5-1】汇通天下制造有限公司 2017 年 6 月 1 日购入 A 型钢窗 50 件，单价为 70 元；6 月 4 日购入 A 型钢窗 60 件，单价 65 元；6 月 6 日领用 A 型钢窗 80 件；6 月 15 日购入 A 型钢窗 40 件，单价 68 元；6 月 28 日领用 A 型钢窗 60 件。假设领用 A 产品全部为生产成本，按先进先出法核算，填制存货明细账见表 5-2。

表 5-2　　　　存货明细账

存货名称：A 型钢窗　　　　计量单位：件

日期		摘　要	收入			支出			结存		
月	日		数量	单价	金额	数量	单价	金额	数量	单价	金额
6	1	购入	50	70	3 500				50	70	3 500
6	4	购入							50	70	3 500
			60	65	3 900				60	65	3 900
6	6	领用				50	70	3 500			
						30	65	1 950	30	65	1 950
6	15	购入							30	65	1 950
			40	68	2 720				40	68	2 720
6	28	领用				30	65	1 950			
						30	68	2 040	10	68	680

6 月 6 日领用时，编制会计分录。

借：生产成本　　　　5 450

　　贷：原材料——A 型钢窗　　　　5 450

6 月 28 日领用时，编制会计分录。

借：生产成本　　　　3 990

　　贷：原材料——A 型钢窗　　　　3 990

2. 月末一次加权平均法

月末一次加权平均法，是指以当月全部进货数量加上月初存货数量作为权数，去除当月全部进货成本加上月初存货成本，计算出存货的加权平均单位成本，以此为基础计算当月发出存货的成本和期末存货成本的一种方法。

$$存货加权平均单价=\frac{期初库存存货的实际成本+本期进货的实际成本}{期初库存存货数量+本期进货数量}$$

本月发出存货成本＝本月发货数量×存货加权平均单价

期末结存存货成本＝期末结存存货数量×加权平均单价

本期发出存货成本＝期初结存存货成本＋本期收入存货成本－期末结存存货成本

【例 5-2】汇通天下制造有限公司 2016 年 6 月初库存 A 型钢窗 10 件，单价 68 元；6 月 1 日购入 A 型钢窗 50 件，单价为 70 元；6 月 4 日购入 A 型钢窗 60 件，单价 65 元；6 月 6 日领用 A 型钢窗 80 件；6 月 15 日购入 A 型钢窗 40 件，单价 68 元；6 月 28 日领用 A 型钢窗 60 件。假设领用 A 产品全部为生产成本，按月末一次加权平均法核算，填制存货明细账见表 5-3。

表 5-3　　存货明细账

存货名称：A 型钢窗　　　　计量单位：件

日期		摘　要	收入			支出			结存		
月	日		数量	单价	金额	数量	单价	金额	数量	单价	金额
本月月初									10	68	680
6	1	购入	50	70	3 500						
6	4	购入	60	65	3 900						
6	6	领用				80					
6	15	购入	40	68	2 720						
6	28	领用				60					
本月月末						140	67.5	9 450	20	67.5	1 350

月末编制发出存货会计分录。

借：生产成本　　　　9 450

　　贷：原材料——A 型钢窗　　　　9 450

3. 移动加权平均法

移动加权平均法，是指以每次进货的成本加上原有库存存货的成本，除以每次进货数量与原有库存存货的数量之和，据以计算加权平均单位成本，作为在下次进货前计算各次发出存货成本的依据。计算公式如下：

$$存货移动平均单价=\frac{原有库存存货的实际成本+本次进货的实际成本}{原有库存存货数量+本次进货数量}$$

本次发出存货成本=本次发货数量×存货移动平均单价

【例 5-3】汇通天下制造有限公司 2017 年 6 月初库存 A 型钢窗 10 件，单价 68 元；6 月 1 日购入 A 型钢窗 50 件，单价为 70 元；6 月 4 日购入 A 型钢窗 60 件，单价 65 元；6 月 6 日领用 A 型钢窗 80 件；6 月 15 日购入 A 型钢窗 40 件，单价 68 元；6 月 28 日领用 A 型钢窗 60 件。假设领用 A 产品全部为生产成本，按移动加权平均法核算，填制存货明细账见表 5-4。

表 5-4 **存货明细账**

存货名称：A 型钢窗 计量单位：件

日期		摘　要	收入			支出			结存		
月	日		数量	单价	金额	数量	单价	金额	数量	单价	金额
本月月初									10	68	680
6	1	购入	50	70	3 500				60	69.67	4 180.20
6	4	购入	60	65	3 900				120	67.33	8 079.60
6	6	领用				80	67.33	5 386.40	40	67.33	2 693.20
6	15	购入	40	68	2 720				80	67.68	5 414.40
6	28	领用				60	67.68	4 060.8	20	67.68	1 353.60

6 月 6 日领用时，编制会计分录。

借：生产成本　　5 386.40

　　贷：原材料——A 型钢窗　　5 386.40

6 月 28 日领用时，编制会计分录。

借：生产成本　　4 060.8

　　贷：原材料——A 型钢窗　　4 060.8

4. 个别计价法

个别计价法，亦称个别认定法、具体辨认法、分批实际法，即逐一辨认各批发出存货和期末存货所属的购进批别或生产批别，分别按其购入或生产时所确定的单位成本计算各批发出存货和期末存货的成本。对于不能替代使用的存货、为特定项目专门购入或制造的存货以及提供的劳务，通常采用个别计价法确定发出存货的成本。在实际工作中，越来越多的企业采用计算机信息系统进行会计处理，个别计价法可以广泛应用于发出存货的计价，并且该方法确定的存货成本最为准确。

【例 5-4】汇通天下制造有限公司在 9 月 1 日购入钢材 10 吨，其中有 40 吨单价为 2 200 元，有 60 吨单价为 2 250 元。9 月 9 日领用钢材 83 吨，其中单价为 2 200 元的 30 吨，单价为 2 250 元的 53 吨。假设汇通天下制造有限公司使用个别计价法核算，存货明细账见表 5-5。

表 5-5　　存货明细账

存货名称：钢材　　　　计量单位：吨

日期		收入			支出			结存		
月	日	数量	单价	金额	数量	单价	金额	数量	单价	金额
9	1	40	2 200	88 000				40	2 200	88 000
		60	2 250	135 000				60	2 250	135 000
9	9				30	2 200	66 000	10	2 200	22 000
					53	2 250	119 250	7	2 250	15 750

9 月 9 日，编制会计分录。

借：生产成本（66 000＋119 250）　　185 250

　　贷：原材料——A 型钢窗　　185 250

5.2　原材料

原材料是指企业在生产过程中经加工改变其形态或性质并构成主要实体的各类原料及主要材料、辅助材料、外购半成品（外购件）、修理用备件（备品备件），包装材料、燃料等。

为建造固定资产等各项工程而储备的各种材料，虽然同属于材料，但是由于用于建造固定资产各项工程，不符合存货的定义，因此不能作为企业存货核算。

5.2.1 原材料的分类与核算

1. 原材料的分类与科目设置

原材料按其在特定企业的主要用途可分为：原材料及主要材料、辅助材料、外购半成品、修理用备件、包装材料、燃料。

原材料按其存放地点可分三类：在途物资、库存材料、委托加工物资。

原材料科目核算企业库存的各种材料，包括原料及主要材料、辅助材料、外购半成品（外购件）、修理用备件（备品备件）、包装材料、燃料等的计划成本或实际成本。收到来料加工装配业务的原料、零件等，应当设置备查簿进行登记。本科目可按材料的保管地点（仓库）、材料的类别、品种和规格等进行明细核算。见表 5-6。

表 5-6　　原材料会计科目编码的设置

科目代码	总分类科目（一级科目）	明细分类科目		是否辅助核算	辅助核算类别
		二级明细科目	三级明细科目		
1403	原材料				
140301	原材料	原料及主要材料	品种和规格	是	按存放地点
140302	原材料	辅助材料	品种和规格	是	按存放地点
140303	原材料	外购半成品	品种和规格	是	按存放地点
140304	原材料	包装材料	品种和规格	是	按存放地点
140305	原材料	备件	品种和规格	是	按存放地点
140306	原材料	燃料	品种和规格	是	按存放地点

2. 原材料的核算方法

原材料在日常收发与结存过程中，其核算方法可以选择下列两者之一：实际成本法核算与计划成本法核算。而对于材料收发业务较多且计划成本资料较为健全、准确的企业，一般都采用计划成本进行材料收发核算。

原材料按实际成本计价的核算是指每种材料的日常收、发、存核算都采用实际成本计价。核算时，重点要掌握支出材料的成本计价。该方法一般只适用于材料收发业务比较小的中小型企业。发出材料和出售时，如图 5-1 所示。

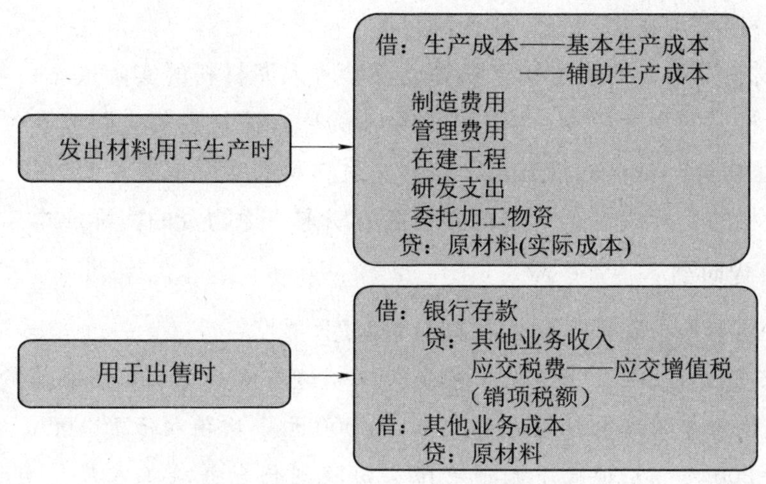

图 5-1　发出材料和出售时的账务处理

企业购入原材料时，由于采购地点和采用的结算方式等因素的影响，经常会出现原材料入库付款时间不一致的情况，其账务处理方法也不一致。如图 5-2 所示。

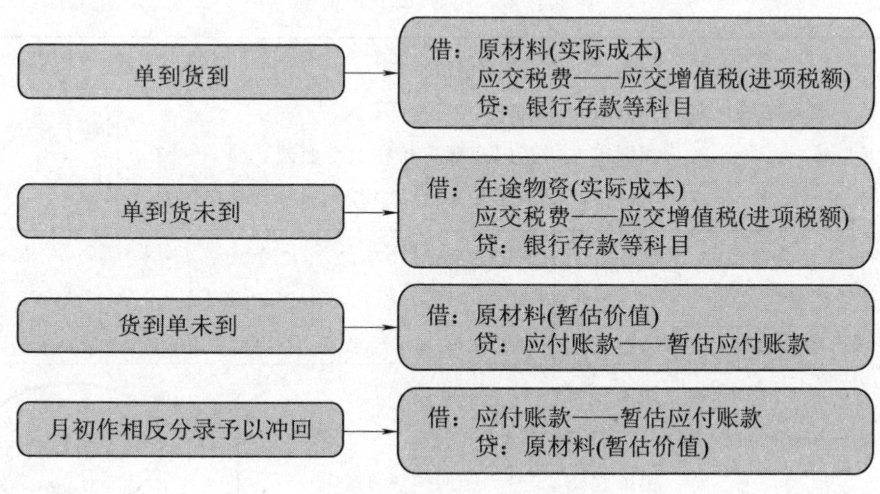

图 5-2　一般销售方式的账务处理

5.2.2　采用实际成本法核算的账务处理

材料按实际成本法核算时，材料的收发与结存，均按实际成本计价。应设置“原材料”“在途物资”会计科目。

“原材料”科目的借方用于核算已办验收入库材料的实际成本；贷方用于核算发出材料的实际成本；期末借方余额为库存原材料的实际成本。

“在途物资”科目的借方用于核算在途物料的实际成本；贷方用于核算验收入库材料的实际成本；期末借方余额为期末在途物资的实际成本。

1. 单货同到

单货同到是指发票已到，材料验收入库。

【例 5-5】2017 年 1 月 9 日，汇通天下制造有限公司从川美公司购入 40 吨材料，增值税专用发票注明原料价款 30 000 元，增值税 5 100 元，川美公司代垫运费 200 元。汇通天下制造有限公司收到物资并验收入库，由于银行存款不足而暂未支付货款（假设不考虑运费的税费）。增值税专用发票见表 5-7。

表 5-7

442017240　　**深圳增值税专用发票**　　N o：**01092781**

发　票　联

开票日期：2017 年 1 月 9 日

<table>
<tr><td rowspan="4">购货单位</td><td colspan="7">名　　称：汇通天下制造有限公司</td><td rowspan="4">密码区</td><td rowspan="4">略</td></tr>
<tr><td colspan="7">统一社会信用代码：340101400354321</td></tr>
<tr><td colspan="7">地 址 、电 话：深圳市龙华新区观澜高新技术企业园　64329087</td></tr>
<tr><td colspan="7">开户行及账号：工商银行深圳北安支行　3427001909234216590</td></tr>
<tr><td colspan="2">货物或应税劳务名称</td><td>规格型号</td><td>单位</td><td>数量</td><td>单价</td><td>金额</td><td colspan="2">税率（%）</td><td>税额</td></tr>
<tr><td colspan="2">钢材</td><td></td><td>吨</td><td>40</td><td>877．5</td><td>￥30 000</td><td colspan="2">17%</td><td>￥5 100</td></tr>
<tr><td colspan="2">价税合计（大写）</td><td colspan="8">⊗叁万伍仟壹佰元整　　（小写）￥35 100</td></tr>
<tr><td rowspan="4">销货单位</td><td colspan="6">名　　称：川美公司</td><td rowspan="4">备注</td><td colspan="2" rowspan="4">川美公司
432134134971532
发票专用章</td></tr>
<tr><td colspan="6">统一社会信用代码：432134134971532</td></tr>
<tr><td colspan="6">地 址 、电 话：佛山北路 45 号　0757-87651200</td></tr>
<tr><td colspan="6">开户行及账号：中行佛山北路分理处　066180360010776</td></tr>
</table>

收款人：周飞　　复核：何枫　　开票人：罗玉　　销货单位：

借：原材料　　30 200

　　应交税费——应交增值税（进项税额）　　5 100

　　贷：应付账款　　35 300

登记会计凭证，见表 5-8。

表 5-8

记账凭证

2017 年 1 月 11 日　　　　字第××号

摘要	会计科目	借方金额										贷方金额										记账
		千	百	十	万	千	百	十	元	角	分	千	百	十	万	千	百	十	元	角	分	
从川美公司购入材料 40 吨，价款 35 300 元	原材料				3	0	2	0	0	0	0											
	应交税费——应交增值税（销项税额）					5	1	0	0	0	0											
	应付账款——川美公司														3	5	3	0	0	0	0	
合　计				¥	3	5	3	0	0	0	0			¥	3	5	3	0	0	0	0	

会计主管：单春明　　　记账：陈熠　　　审核：张燕　　　制单：王晓

2. 单到货未到

单到货未到指发票已到，材料未验收入库。如货款已经支付，借方记入“在途物资”“应交税费”等账户，贷方记入“银行存款”账户；如货款尚未支付，则暂不需处理，待支付货款或收到材料时进行处理。

【例 5-6】承上例，企业通过银行进行结算，但到月末尚未收到材料。转账支票存根如图 5-3 所示。

借：在途物资　　　　　　　　　　　　　30 200

　　应交税费——应交增值税（进项税额）　　5 100

　　贷：银行存款　　　　　　　　　　　　　　35 300

若 2017 年 1 月 16 日，上述材料到达验收入库，见表 5-9，编制会计分录。

借：原材料　　　　　　　　　　　　　　30 200

　　贷：在途物资　　　　　　　　　　　　　　30 200

中国工商银行

转账支票存根（深）

IV V000001

科　　目：＿＿＿＿＿＿

对方科目：＿＿＿＿＿＿

出票日期：2017 年 1 月 9 日

收款人：川美公司
金　额：￥35 300
用　途：购买原材料

单位主管　周明　　会计　张洁

图 5-3　转账支票存根

表 5-9　　材料入库单

供应单位：川美公司

发票号码：01092781　　2017 年 1 月 16 日　　第 001 号

月	日	材料名称	规格型号	数　量		单　位	单　价	金　额（元）	备注
				交库	实收				
1	16	A 材料		40	40	吨	755	30 200	
合　计				40	40		755	30 200	

3. 货到单未到

货到单未到是指发票未到，材料已验收入库。在月份内，一般暂不进行处理，待有关发票到达、支付货款时，再按正常程序进行处理。如果到月末发票还未到达，为了使账实相符，应按材料的暂估价款入账，下月初用红字冲回，以便下个月收到发票时按正常处理。

【例 5-7】 2017 年 1 月 26 日，北京大地进出口公司收到从乙公司购入材料一批，但因发票未到没有支付货款。月末，暂估该批物资价值 12 000 元。

2017 年 1 月末，材料暂估入账时编制会计分录：

借：原材料　　12 000

　　贷：应付账款——暂估应付账款　　12 000

2017 年 2 月初，编制红字冲回分录：

借：原材料 (12 000)

贷：应付账款——暂估应付账款 (12 000)

假设 2017 年 2 月 13 日收到发票，增值税专用发票注明原料价款 10 000 元，增值税 1 700 元，丙公司代垫运费 100 元。

借：原材料 10 100

应交税费——应交增值税（进项税额） 1 700

贷：银行存款 11 800

5.2.3 采用计划成本法核算的账务处理

材料按计划成本法核算时，材料的收发与结存，均按计划成本计价。应设置“材料采购”“材料成本差异”会计科目。

1. “材料采购”科目的设置

“材料采购”科目，属资产类科目，核算企业采用计划成本进行材料日常核算而购入材料的采购成本。企业从国内采购或国外进口的各种商品，不论是否进入本企业仓库，凡是通过本企业结算货款的，都在本科目进行核算。

材料采购科目应当按照供应单位和物资品种进行明细核算。按照供货单位、商品类别等设置明细账，企业经营进、出口商品的，可根据需要分别按进口材料采购和出口材料采购进行明细核算。见表 5-10。

表 5-10 材料采购会计科目编码的设置

科目代码	总分类科目（一级科目）	明细分类科目		是否辅助核算	辅助核算类别
		二级明细科目	三级明细科目		
1401	材料采购				
140101	材料采购	材料品种	材料名称	是	供应单位
140102	材料采购	材料品种	材料名称	是	供应单位
140103	材料采购	材料品种	材料名称	是	供应单位
140104	材料采购	材料品种	材料名称	是	供应单位

2. “材料成本差异”科目的设置

“材料成本差异”科目的明细分类核算，可按材料类别进行，也可按全部材料合并进行。按材料类别进行明细分类核算，可使成本中材料费的计算比较精确，但要相应多设材料成本差异明细分类账，增加核算工作量。如果将全部材料合并一起核算，虽可简化核算工作，但会影响成本计算的正确性。因此在决定材料成本差异的明细分类核算时，既要考虑到成本计算的正确性，又要考虑核算时人力上的可能性。材料成本差异的分配，根据发出耗用材料的计划价格成本和材料成本差异分配率进行计算。企业也可以在“原材料”“周转材料”等科目设置“材料成本差异”明细科目。按照类别或品种进行明细核算。材料成本差异科目设置，见表 5-11。

表 5-11　　材料成本差异会计科目编码的设置

科目代码	总分类科目（一级科目）	明细分类科目		是否辅助核算	辅助核算类别
		二级明细科目	三级明细科目		
1404	材料成本差异				
140401	材料成本差异	原材料	材料类别	是	部门
140402	材料成本差异	周转材料	材料类别	是	部门
140403	材料成本差异	其他	材料类别	是	部门

3. 采用计划成本法核算的账务处理

购入材料时，按实际成本通过“材料采购”科目核算，材料的实际成本与计划成本的差异，通过“材料成本差异”科目核算。月末，计算本月发出材料应负担的成本差异并进行分摊。根据领用材料的用途计入相关资产的成本或当期损益，从而将发出材料的计划成本调整为实际成本。如图 5-4 所示。

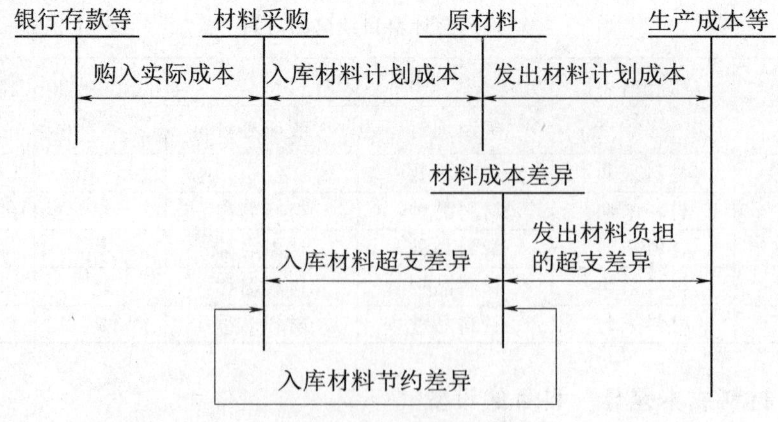

图 5-4　计划成本示意图

采用计划成本核算时的账务处理，如图5-5所示。

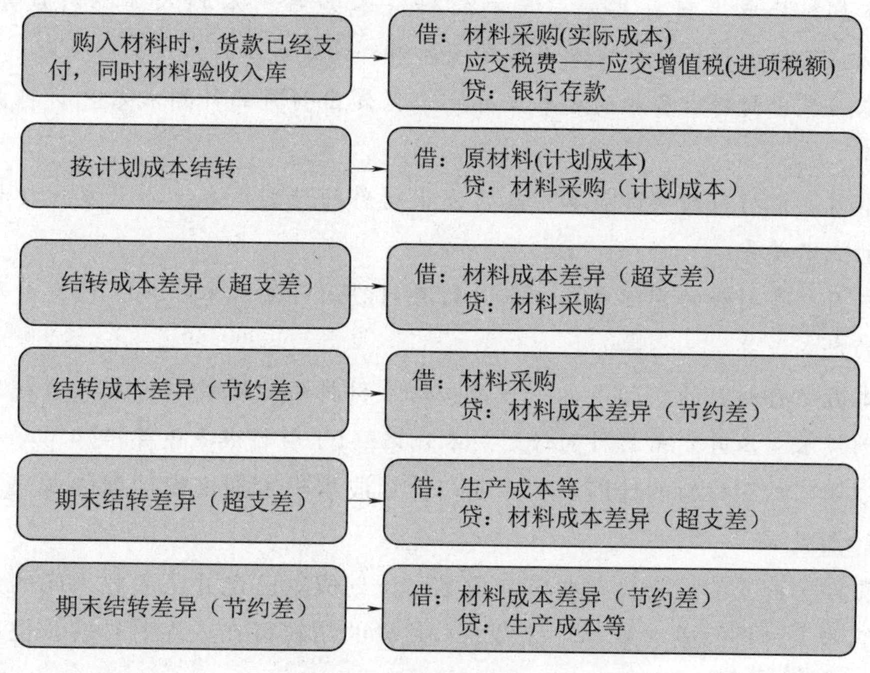

图5-5 采用计划成本核算时的账务处理

计划成本法下的购入核算，主要包括三个方面：一是反映物资采购成本的发生；二是按计划成本反映材料验收入库；三是接转入库材料成本差异。

【例5-8】汇通制造有限公司从乙公司购入一批材料，增值税专用发票注明价款40 000元，增值税6 800元，丙公司代垫运费200元。企业收到物资并验收入库。计划成本38 000元，货款通过银行进行结算。

(1) 支付货款时，根据发票、银行结算单据编制分录。

借：材料采购　　40 200

　　应交税费——应交增值税（进项税额）　　6 800

　　贷：银行存款　　47 000

(2) 材料入库时，根据收料单编制分录。

借：原材料　　38 000

　　材料成本差异　　2 200

　　贷：材料采购　　40 200

计划成本法下，相关的计算公式如下：

本期材料成本差异率＝（期初材料成本差异＋本期入库材料成本差异）÷（期初原材料计划成本＋本期入库材料计划成本）×100％

本月发出材料应负担的成本差异＝本月发出材料的计划成本×材料成本差异率

本月发出材料的实际成本＝本月发出材料的计划成本＋本月发出材料应负担的成本差异

本月结存材料的实际成本＝本月结存材料的计划成本＋本月结存材料应负担的成本差异

本月结存材料的实际成本＝（月初结存材料的计划成本＋本月增加材料的计划成本－本月发出材料的计划成本）×（1＋材料成本差异率）

说明：结存材料的计划成本＝期初计划成本＋本期入库计划成本－发出材料计划成本

①对于购入的材料只有在实际成本、计划成本已定并已验收入库的条件下计算购入材料的成本差异，材料成本差异的结转可在入库时结转，也可以在月末汇总时结转。

②材料成本差异率的计算中超支或借方余额用“正号”表示，节约或贷方余额用“负号”表示；发出材料承担的成本差异，始终计入材料成本差异的贷方，只不过超支差异用蓝字表示，节约用红字表示，最终计入成本费用的材料还是实际成本。

【例 5-9】月末，亚逊建筑公司财务部门根据领用材料的计划成本和应分摊的材料成本差异，合并编制“发料凭证汇总表”进行账务处理。见表 5-12。

表 5-12　　发料凭证汇总表

材料类别 受益对象	主要材料		结构件		机械配件		其他材料		合计	
	计划成本	差异率 1％	计划成本	差异率 2％	计划成本	差异率 1.2％	计划成本	差异率 1.5％	计划成本	差异额
工程施工	540 000	5 400	19 000	380					559 000	5 780
A 工程	500 000	5 000	12 000	240					512 000	5 240
B 工程	40 000	400	7 000	140					47 000	540
机械作业					8 000	96	4 000	60	12 000	156
辅助生产	15 000	150							15 000	150

续上表

受益对象 \ 材料类别	主要材料		结构件		机械配件		其他材料		合计	
	计划成本	差异率1%	计划成本	差异率2%	计划成本	差异率1.2%	计划成本	差异率1.5%	计划成本	差异额
管理费用							9 000	135	9 000	135
合　计	555 000	5 550	19 000	380	8 000	96	13 000	195	595 000	6 221

根据表中的计划成本，编制会计分录。

借：工程施工——合同成本（A工程）　512 000
　　　　　　——合同成本（B工程）　47 000
　　机械作业　12 000
　　生产成本——辅助生产成本　15 000
　　管理费用　9 000
　　贷：原材料——主要材料　555 000
　　　　　　　——结构件　19 000
　　　　　　　——机械配件　8 000
　　　　　　　——其他材料　13 000

结转发出材料应负担的材料成本差异，编制会计分录如下：

借：工程施工——合同成本（A工程）　5 240
　　　　　　——合同成本（B工程）　540
　　机械作业　156
　　生产成本——辅助生产成本　150
　　管理费用　135
　　贷：材料成本差异——主要材料　5 550
　　　　　　　　　　——结构件　380
　　　　　　　　　　——机械配件　96
　　　　　　　　　　——其他材料　195

5.2.4 原材料支出的汇总核算

企业由于材料的日常领发业务频繁，一般只登记材料明细分类账，反映各种材料的收发和结存金额，月末根据实际发料记录等，依照材料和受益对象，并按实际成本计价，汇总编制“发料凭证汇总表”，填制记账凭证。

根据不同用途，对发出的原材料借记不同的账户，贷记“原材料”账户。

【例 5-10】汇通天下制造有限公司 2016 年 10 月末根据领发料凭证，汇总编制“领发料单汇总表”，见表 5-13。

表 5-13　　领发料单汇总表

2016 年 10 月

用途＼材料类别	钢材	轮胎	电动机	轴承	合计
生产成本——装载机	100 000	2 000	5 300	4 300	111 600
生产成本——铲车	60 000	5 000	1 700		66 700
管理部门				2 800	2 800
合　计	160 000	7 000	7 000	7 100	181 100

借：生产成本——装载机　　111 600
　　　　　　——铲车　　66 700
　　管理费用　　2 800
　　贷：原材料——钢材　　160 000
　　　　　　——轮胎　　7 000
　　　　　　——电动机　　7 000
　　　　　　——轴承　　7 100

5.3　库存商品的核算

库存商品是指企业已完成全部生产过程并已验收入库，合乎标准规格和技术条件，可以按照合同规定的条件送交订货单位，或可以作为商品对外销售的产品以及外购或委托加工完成验收入库用于销售的各种商品。

5.3.1 工业企业一般纳税人库存商品核算

从事工业生产的一般纳税人企业，其库存商品主要指产成品。产成品是指已经完成全部生产过程并已验收入库达到质量标准，可以作为商品对外销售的产品。

为了反映和监督库存商品的收发和结存情况，企业应设置“库存商品”账户，并按库存商品的种类、品种和规格设置明细账户进行明细核算。具体账户结构如图 5-6 所示。

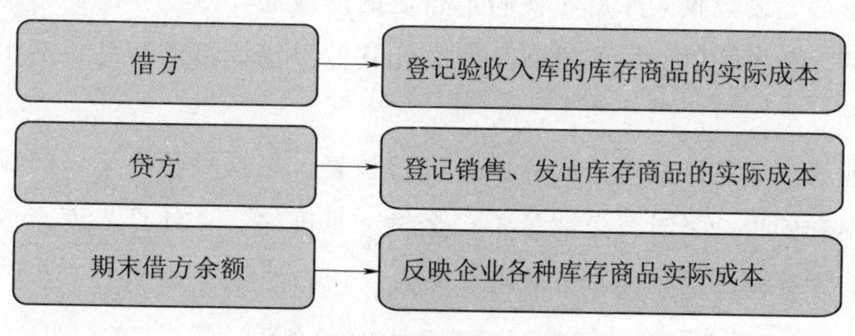

图 5-6 “库存商品”账户结构

库存商品科目可按库存商品的种类、品种和规格等进行明细核算。见表 5-14。

表 5-14 库存商品会计科目编码的设置

科目代码	总分类科目（一级科目）	明细分类科目		是否辅助核算	辅助核算类别
		二级明细科目	三级明细科目		
1405	库存商品				
140501	库存商品	产成品	按库存商品的种类、品种和规格	是	按存放地点
140502	库存商品	外购商品	按库存商品的种类、品种和规格	是	按存放地点
140503	库存商品	接受来料加工的代制品和为外单位加工修理的代修品	按库存商品的种类、品种和规格	是	按存放地点
140504	库存商品	发出展览的商品以及寄存在外的商品	按库存商品的种类、品种和规格	是	按存放地点

续上表

科目代码	总分类科目（一级科目）	明细分类科目		是否辅助核算	辅助核算类别
		二级明细科目	三级明细科目		
140505	库存商品	备件	按库存商品的种类、品种和规格	是	按存放地点
140506	库存商品	燃料	按库存商品的种类、品种和规格	是	按存放地点

企业接受外来原材料加工制造的代制品和为外单位加工修理的代修品，制造和修理完成验收入库后，视同本企业的产成品，所发生的支出，也在本科目核算。委托外单位加工的商品及委托其他单位代销的商品，不作为库存商品核算。

企业的产成品一般应按实际成本进行核算。在这种情况下，产成品的收入、发出和销售，平时只记数量不记金额。月度终了，计算入库产成品的实际成本。库存商品的具体账务处理，见表 5-15。

表 5-15　　工业企业库存商品的账务处理

财务情景	账务处理
生产完成验收入库的产成品	借：库存商品（按实际成本） 　贷：生产成本
对外销售产成品	借：主营业务成本 　贷：库存商品

【例 5-11】 2017 年 1 月，某工业企业发生的库存商品经济业务及所做的相应的会计处理如下。

(1) 验收入库甲产品 900 件，实际单位成本 400 元，计 360 000 元；乙产品 800 件，实际单位成本 200 元，共计 160 000 元。

借：库存商品——甲产品　　360 000
　　　　　　——乙产品　　160 000
　贷：生产成本——甲产品　　360 000
　　　　　　　——乙产品　　160 000

登记会计凭证，见表 5-16。

表 5-16

记账凭证

2017 年 1 月 11 日　　　　字第××号

摘要	会计科目	借方金额										贷方金额										记账
		千	百	十	万	千	百	十	元	角	分	千	百	十	万	千	百	十	元	角	分	
验收入库甲产品 900 件，计 360 000 元；乙产品 800 件，160 000 元	库存商品——甲产品			3	6	0	0	0	0	0	0											
	——乙产品			1	6	0	0	0	0	0	0											
	生产成本——甲产品													3	6	0	0	0	0	0	0	
	——乙产品													1	6	0	0	0	0	0	0	
合　计			¥	5	2	0	0	0	0	0	0		¥	5	2	0	0	0	0	0	0	

会计主管：单春明　　记账：陈熠　　审核：张燕　　制单：王晓

（2）销售甲产品 700 件，销售乙产品 600 件。

借：主营业务成本　　400 000

　　贷：库存商品——甲产品　　280 000

　　　　　　　　——乙产品　　120 000

登记会计凭证，见表 5-17。

表 5-17

记账凭证

2017 年 1 月 11 日　　　　字第××号

摘要	会计科目	借方金额										贷方金额										记账
		千	百	十	万	千	百	十	元	角	分	千	百	十	万	千	百	十	元	角	分	
结转甲产品成本 280 000 元，乙产品成本 120 000 元	生产成本			4	0	0	0	0	0	0	0											
	库存商品——甲产品													2	8	0	0	0	0	0	0	
	——乙产品													1	2	0	0	0	0	0	0	
合　计			¥	4	0	0	0	0	0	0	0		¥	4	0	0	0	0	0	0	0	

会计主管：单春明　　记账：陈熠　　审核：张燕　　制单：王晓

对发出和销售的产成品，可以采用先进先出法、加权平均法、移动平均法或者个别计价法等方法确定其实际成本。核算方法一经确定，不得随意变更。如需变更，应在会计报表附注中予以说明。

5.3.2 商业企业一般纳税人库存商品核算

从事商品流通的一般纳税人企业，其库存商品主要指外购或委托加工完成验收入库用于销售的各种商品。

需要注意的是，从事商品流通的一般纳税企业购入商品抵达仓库前发生的包装费、运杂费、运输存储过程中的保险费、装卸费、运输途中的合理损耗和入库前的挑选整理费用等采购费用，不计入购入商品的实际成本，应于发生时确认为当期销售费用。

商业企业结转发出商品的销售成本时，可按进价法、售价法、个别计价法、毛利率法等方法计算已销商品的销售成本，核算方法一经确定，不得随意变更；如需变更，应在会计报表附注中予以说明。

1. 库存商品采用进价核算，见表5-18

表5-18 商业企业库存商品的账务处理（进价核算）

财务情景	账务处理
购入的商品在验收入库后	借：库存商品（按商品进价） 应交税费——应交增值税（进项税额） 销售费用 贷：应付账款（按实际应付的款项） 银行存款（按实际支付的款项）
委托外单位加工收回的商品	借：库存商品（按委托加工商品的实际成本） 贷：委托加工物资
销售发出商品的结转销售成本时	借：主营业务成本 贷：库存商品

【例5-12】幸福超市对库存商品采用进价法核算。当期，该企业购入

一批甲商品，收到的增值税专用发票上注明货款200 000元，增值税进项税额34 000元，包装费、运杂费2 000元，款项已经支付；委托外单位加工一批乙商品，实际成本120 000元，商品已经加工完成并收回入库。当期销售一批甲产品，成本210 000元；销售乙商品一批，成本120 000元。税率17%。根据上述经济业务，编制会计分录如下（商品销售收入的账务处理略）。

（1）购入商品时。

借：库存商品——甲商品　　202 000

　　应交税费——应交增值税（进项税额）　　34 000

　　贷：银行存款　　236 000

登记会计凭证，见表5-19。

表5-19

记账凭证

2017年2月11日　　字第××号

摘要	会计科目	借方金额										贷方金额										记账
		千	百	十	万	千	百	十	元	角	分	千	百	十	万	千	百	十	元	角	分	
购入甲产品，价款236 000元	库存商品——甲产品			2	0	2	0	0	0	0	0											
	应交税费——应交增值税（销项税额）				3	4	0	0	0	0	0											
	银行存款													2	3	6	0	0	0	0	0	
合　计			¥	2	3	6	0	0	0	0	0		¥	2	3	6	0	0	0	0	0	

会计主管：单春明　　记账：陈熠　　审核：张燕　　制单：王晓

（2）委托加工商品验收入库。

借：库存商品——乙商品　　120 000

　　贷：委托加工物资　　120 000

登记会计凭证，见表5-20。

表 5-20

记账凭证

2017 年 2 月 15 日　　字第××号

摘要	会计科目	借方金额										贷方金额										记账
		千	百	十	万	千	百	十	元	角	分	千	百	十	万	千	百	十	元	角	分	
委托加工乙商品验收入库，价款为 120 000 元	库存商品——甲产品			1	2	0	0	0	0	0	0											
	委托加工物资													1	2	0	0	0	0	0	0	
合　计			¥	1	2	0	0	0	0	0	0		¥	1	2	0	0	0	0	0	0	

会计主管：单春明　　记账：陈熠　　审核：张燕　　制单：王晓

（3）结转销售成本时。

借：主营业务成本　　330 000

　　贷：库存商品——甲商品　　210 000

　　　　　　　　——乙商品　　120 000

登记会计凭证，见表 5-21。

表 5-21

记账凭证

2017 年 2 月 11 日　　字第××号

摘要	会计科目	借方金额										贷方金额										记账
		千	百	十	万	千	百	十	元	角	分	千	百	十	万	千	百	十	元	角	分	
结转甲商品成本 210 000 元，乙商品成本 120 000 元	主营业务成本			3	3	0	0	0	0	0	0											
	库存商品——甲商品													2	1	0	0	0	0	0	0	
	——乙商品													1	2	0	0	0	0	0	0	
合　计			¥	3	3	0	0	0	0	0	0		¥	3	3	0	0	0	0	0	0	

会计主管：单春明　　记账：陈熠　　审核：张燕　　制单：王晓

2. 库存商品采用售价法核算，见表 5-22

表 5-22　　商业企业库存商品的账务处理（售价核算）

财务情景	账务处理
购入的商品到达并验收入库后	借：库存商品（按商品售价） 应交税费——应交增值税（进项税额） 贷：应付账款等（按商品进价与增值税进项税额的合计） 商品进销差价（按商品售价与进价的差额）
委托外单位加工收回的商品	借：库存商品（按商品售价） 贷：委托加工物资（按委托加工商品的实际成本） 商品进销差价（按商品售价与进价的差额）
销售发出商品，平时可按商品售价结转销售成本	借：主营业务成本 贷：库存商品
月度终了，应按商品进销差价率计算分摊本月已销商品应分摊的进销差价	借：商品进销差价 贷：主营业务成本

【例 5-13】某零售企业为增值税一般纳税人，税率 17%。采用“售价法”核算商品进销差价。其期初存货成本 150 000 元，售价总额为 200 000 元（不含税）；本期购入商品成本350 000元，售价总额 420 000 元（不含税），款项尚未支付；本期销售收入为 340 000 元（不含税）。根据上述经济业务做如下账务处理。

（1）购入商品时：

借：库存商品　　420 000

　　应交税费——应交增值税（进项税额）　　71 400

　　贷：应付账款［350 000×（1+17%）］　　409 500

　　　　商品进销差价　　81 900

（2）销售商品时：

借：银行存款　　397 800

　　贷：主营业务收入　　340 000

　　　　应交税费——应交增值税（销项税额）　　57 800

(3) 结转销售成本：

借：主营业务成本　　　　　　　　　　　　　　　340 000

　　贷：库存商品　　　　　　　　　　　　　　　　340 000

(4) 分摊进销差价：

进销差价率=[(200 000−150 000)+(420 000−350 000)]÷(200 000+420 000)=19.35%

已销商品应分摊的进销差价=340 000×19.35%=65 790（元）

借：商品进销差价　　　　　　　　　　　　　　　65 790

　　贷：主营业务成本　　　　　　　　　　　　　　65 790

本期实际销售成本=340 000−65 790=274 210（元）

期末库存商品进销差价=（200 000+420 000−340 000）×19.35%=54 180（元）

期末库存商品实际成本=150 000+200 000−274 210=75 790（元）

5.3.3 房地产企业库存商品的核算

房地产企业库存商品即开发产品，是指企业已经完成全部开发建设过程，并已验收合格，符合国家建设标准和设计要求，可以按照合同规定的条件移交订购单位，或者作为对外销售、出租的产品，包括土地（建设场地）、房屋、配套设施和代建工程。已完工开发产品实际上是开发建设过程的结束和销售过程的开始。

对于已完工开发产品，应设置“开发产品”“周转房”账户进行会计核算。

【例 5-14】房天下地产有限公司已开发完工的新华联小区 11 号楼采用分期收款方式出售给星辰制药厂，总售价 7 894 万元，实际总成本 4 875 万元。合同规定，全部价款分两次付清，房屋移交时支付 60%，余款于第二年底付清。请做会计分录。税率 11%。

①办妥分期收款销售合同时。

借：发出开发产品——新华联小区 11 号楼　　　　48 750 000

　　贷：开发产品——房屋（新华联小区 11 号楼）　48 750 000

②首次收款时。

借：银行存款（78 940 000×60％） 47 364 000

　　贷：主营业务收入——商品房销售收入 4 267 027.03

　　　　应交税费——应交增值税（销项税额） 469 372.97

同时按收款比例结转销售成本：

借：主营业务成本——商品房销售成本 29 250 000

　　贷：发出开发产品——B小区11号楼 29 250 000

5.4 周转材料

周转材料主要包括企业能够多次使用，逐渐转移其价值但仍保持原有形态不确认为固定资产的包装物和低值易耗品等，以及建筑承包企业的钢模板、木模板、脚手架和其他周转使用的材料等。

5.4.1 周转材料科目的具体运用

企业周转材料采用计划成本或实际成本核算的，包括包装物、低值易耗品等，可按照周转材料的种类，分别以“在库”“在用”和“摊销”进行明细核算。企业的包装物、低值易耗品，也可以单独设置“包装物”“低值易耗品”科目。具体设置，见表5-23。

表5-23 周转材料会计科目编码的设置

科目代码	总分类科目（一级科目）	明细分类科目		是否辅助核算	辅助核算类别
		二级明细科目	三级明细科目		
1411	周转材料				
141101	周转材料	包装物		是	部门
14110101	周转材料	包装物	在库	是	部门
14110102	周转材料	包装物	在用	是	部门
14110103	周转材料	包装物	摊销	是	部门
141102	周转材料	低值易耗品		是	部门
14110201	周转材料	低值易耗品	在库	是	部门

续上表

科目代码	总分类科目（一级科目）	明细分类科目		是否辅助核算	辅助核算类别
		二级明细科目	三级明细科目		
14110202	周转材料	低值易耗品	在用	是	部门
14110203	周转材料	低值易耗品	摊销	是	部门
141103	周转材料	钢模板、木模板、脚手架等		是	部门
14110301	周转材料	钢模板、木模板、脚手架等	在库	是	部门
14110302	周转材料	钢模板、木模板、脚手架等	在用	是	部门
14110303	周转材料	钢模板、木模板、脚手架等	摊销	是	部门

5.4.2 周转材料的账务处理

周转材料可以采用一次转销法、五五摊销法、分次摊销法进行摊销，计入相关资产的成本或当期损益。但在实际操作中，由于周转材料价值较小，一般企业均采用一次转销法进行摊销。账务处理如图 5-7 所示。

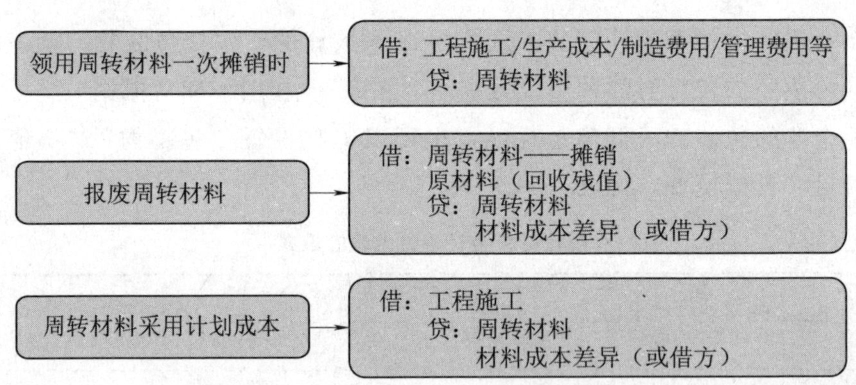

图 5-7　周转材料的账务处理

（1）购入低值易耗品时，借记“周转材料——低值易耗品”账户，贷记“银行存款”“应付账款”等账户。

【例 5-15】汇通天下制造有限公司本月购进工具一批，增值税发票注明价款 3 400 元，增值税 578 元，开出转账支票支付。转账支票存根如图 5-8所示。

中国工商银行

转账支票存根（深）

IV V000003

科　　目：________________

对方科目：________________

出票日期：2017 年 1 月 9 日

收款人：立帆设备有限公司

金　额：￥3 978

用　途：购买工具

单位主管　曲漫　　会计　沙芳

图 5-8　转账支票存根

借：周转材料——低值易耗品　　3 400

　　应交税费——应交增值税（进项税额）　　578

　　贷：银行存款　　3 978

登记会计凭证，见表 5-24。

表 5-24

记账凭证

2017 年 1 月 11 日　　字第××号

摘要	会计科目	借方金额										贷方金额										记账
		千	百	十	万	千	百	十	元	角	分	千	百	十	万	千	百	十	元	角	分	
购入工具，价款 3 978 元。	周转材料——低值易耗品					3	4	0	0	0	0											
	应交税费——应交增值税（销项税额）						5	7	8	0	0											
	银行存款															3	9	7	8	0	0	
合　计					¥	3	9	7	8	0	0				¥	3	9	7	8	0	0	

会计主管：单春明　　记账：陈熠　　审核：张燕　　制单：王晓

（2）领用低值易耗品时。借记“工程施工”“管理费用”等账户，贷记“周转材料——低值易耗品”。

【例 5-16】2017 年 1 月 4 日，汇通天下制造有限公司生产车间领用工具一套，实际成本2 400元，管理部门领用办公用具 560 元。采用一次摊销法，见表 5-25。

表 5-25 材料出库单

2017 年 1 月 4 日

类别 / 用途	材料		
	生产工具（元）	办公用具（元）	合计
工程施工	2 400		2 400
管理费用		560	560
合计			2 960

借：工程施工——合同成本　　2 400

　　管理费用　　560

　　贷：周转材料——低值易耗品　　2 960

5.5 委托加工物资

委托加工物资是指企业委托外单位加工成新的材料或包装物、低值易耗品、商品等物资。

5.5.1 委托加工物资的成本与税务处理

对于发生委托加工物资的一方为委托方，收到委托加工物资并按委托方的要求进一步加工的一方为受托方。

1. 委托加工物资的成本确定

委托加工物资的成本应当包括：①加工中实际耗用物资的成本；②支付的加工费用；③支付的税金（根据委托加工物资的具体情况，可能涉及增值税和消费税）；④委托加工物资的往返运杂费、保险费等。

2. 委托加工物资的税务处理

（1）增值税的处理。

①对于一般纳税人收回委托加工物资时，对于支付的受托方的增值税，如果取得了增值税专用发票，应计入“应交税费——应交增值税（进项税额）”科目，不计入委托加工物资的成本。如果未取得增值税专用发票，如取得增值税普通发票，则将支付增值税的部分，同样计入委托加工物资的成本。

②对于小规模纳税人，即使取得增值税专用发票，也不得抵扣增值税进项税额，对于支付增值税的部分，计入委托加工物资的成本。

③关于凡属于加工物资用于非纳增值税项目、免征增值税项目、未取得增值税专用发票的一般及小规模纳税企业的加工物资，应将这部分增值税计入加工物资成本。

（2）消费税的处理。

①对于委托方收回委托加工物资，如果委托加工物资收回后直接销售的，关于支付给受托方的消费税部分，直接计入委托加工物资的成本。

②对于委托方收回委托加工物资，如果委托加工物资收回后连续加工成应税消费品再出售的，关于支付给受托方的消费税部分，直接计入“应交税费——应交消费税”科目的借方，不计入委托加工物资的成本。

如果采用计划成本法核算，在发出委托加工物资时，应同时结转发出材料应负担的材料成本差异。收回委托加工物资时，应视同材料购入应结转采购形成的材料成本差异。

5.5.2 委托加工物资科目的具体运用

1. 委托加工物资科目的设置

委托加工物资科目核算企业委托外单位加工的各种物资的实际成本。该科目应按加工合同和委托加工单位设置明细科目，反映加工单位名称、加工合同号数、发出加工物资的名称、数量、发生的加工费用和运杂费，退回剩余物资的数量、实际成本，以及加工完成物资的实际成本等资料。

“委托加工物资”借方登记的是：领用加工物资的实际成本；支付的加工费用应负担的运杂费、保险费以及支付的税金（包括应负担的增值税）。

"委托加工物资"贷方登记的是：加工完成验收入库的物资的实际成本。

"委托加工物资"科目的期末借方余额，反映企业尚未完成委托加工物资的实际成本。见表 5-26。

表 5-26　　委托加工物资会计科目编码的设置

科目代码	总分类科目（一级科目）	明细分类科目		是否辅助核算	辅助核算类别
		二级明细科目	三级明细科目		
1408	委托加工物资	加工物资的品种	物资明细	是	按加工合同、受托加工单位设置

2. 委托加工物资的账务处理

为了反映和监督委托加工物资的增减变动及其结存情况，企业应设置"委托加工物资"科目。委托加工物资可以采用计划成本或售价进行核算。账务处理如图 5-9 所示。

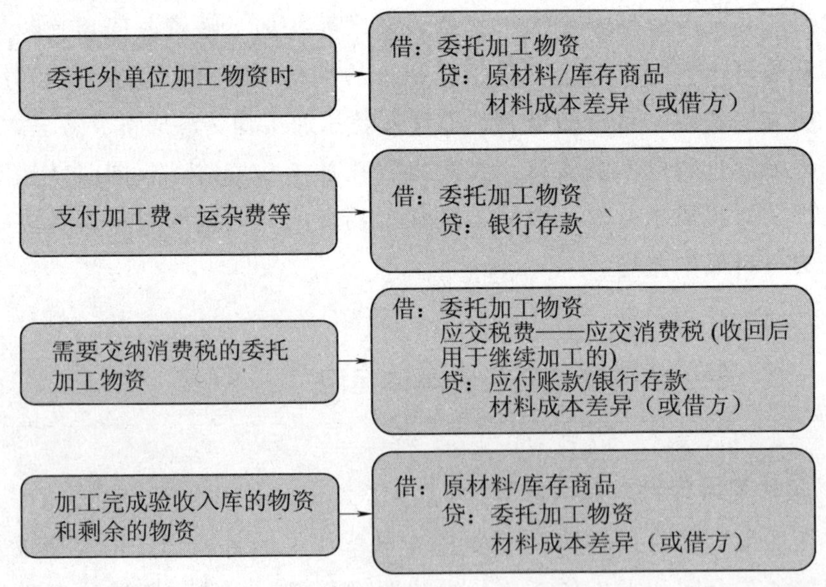

图 5-9　委托加工物资的账务处理

【例 5-17】 甲企业委托乙企业加工一批 A 材料（属于应税消费品），成本为 200 000 元，支付加工费为 52 000 元（不含增值税），消费税税率为 10%。加工完毕验收入库，加工费用等尚未支付。双方适用的增值税税率均为

17％。甲企业的有关会计处理如下：

（1）发出委托加工材料：

借：委托加工物资　　200 000

　　贷：原材料——甲材料　　200 000

（2）支付加工费用：

消费税的组成计税价格＝（200 000＋52 000）÷（1－10％）＝280 000（元）

（受托方）代收代缴的消费税：280 000×10％＝28 000（元）

应纳增值税＝52 000×17％＝8 840（元）

根据计算结果，甲企业编制会计分录如下。

①若甲企业收回加工后的材料用于继续生产应税消费品。

借：委托加工物资　　52 000

　　应交税费——应交增值税（进项税额）　　8 840

　　　　　　——应交消费税　　28 000

　　贷：应付账款——乙企业　　88 840

②若甲企业收回加工后的材料直接用于销售：

借：委托加工物资（52 000＋28 000）　　8 0 000

　　应交税费——应交增值税（进项税额）　　8 840

　　贷：应付账款——乙企业　　88 840

（3）加工完成收回委托加工原材料A。

①若甲企业收回加工的材料后用于继续生产应税消费品：

借：原材料——甲材料　　252 000

　　贷：委托加工物资　　252 000

②若甲企业收回加工后的材料直接用于销售：

借：原材料——甲材料（200 000＋52 000＋28 000）　　280 000

　　贷：委托加工物资　　280 000

CHAPTER

SIX

第 6 章 投资业务

本章主要介绍企业投资业务的核算：长期股权投资的初始计量、持有期间按成本法或权益法核算的账务处理、减值及处置的会计处理等；交易性金融资产科目的设置及账务处理；持有至到期投资科目的设置及账务处理；可供出售金融资产科目的设置及账务处理。

6.1 长期股权投资

长期股权投资是指企业持有的对其子公司、合营企业及联营企业的权益性投资以及企业持有的对被投资单位不具有控制、共同控制或重大影响，并且在活跃市场中没有报价、公允价值不能可靠计量的权益性投资。

为了反映和监督企业长期股权投资的取得、持有和处置等情况，企业应当设置“长期股权投资”“投资收益”“其他综合收益”等科目。

6.1.1 长期股权投资的初始计量

企业合并形成的长期股权投资，应分别同一控制下控股合并与非同一控制下控股合并确定其初始成本。

1. 同一控制下企业合并形成的长期股权投资

合并方以支付现金、转让非现金资产或承担债务方式作为合并对价的，应当在合并日按照所取得的被合并方在最终控制方合并财务报表中的净资产的账面价值的份额作为长期股权投资的初始投资成本。

长期股权投资的初始投资成本与支付的现金、转让的非现金资产及所承担债务账面价值之间的差额，应当调整资本公积（资本溢价或股本溢价）；资本公积（资本溢价或股本溢价）的余额不足冲减的，依次冲减盈余公积和未分配利润。合并方以发行权益性工具作为合并对价的，应按发行股份的面值总额作为股本，长期股权投资的初始投资成本与所发行股份面值总额之间的差额，应当调整资本公积（股本溢价）；资本公积（股本溢价）不足冲减的，依次冲减盈余公积和未分配利润。

账务处理如图 6-1 所示。

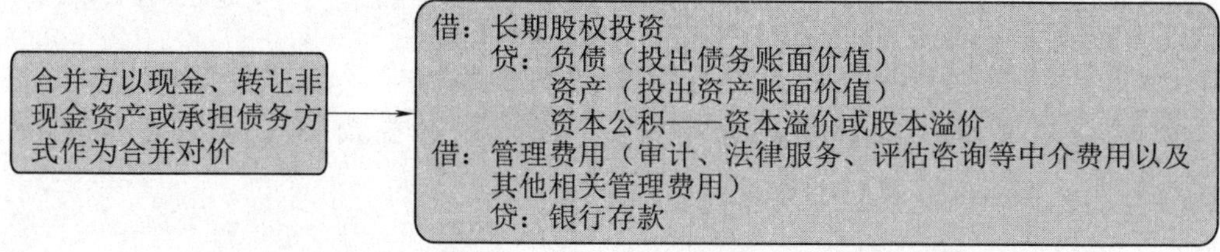

图 6-1　同一控制下企业合并形成的长期股权投资

【例 6-1】2017 年 1 月 30 日，A 公司向同一集团内 S 公司的原股东定向增发 10 000 000 股普通股（每股面值为 1 元，市价为 8 元），取得 S 公司 100% 的股权，并于当日起能够对 S 公司实施控制，合并后 S 公司仍维持其独立法人资格继续经营。两公司在企业合并前采用的会计政策相同。合并日，S 公司所有者权益的总额为 36 000 000 元。S 公司在合并后维持其法人资格继续经营，合并日 A 公司应确认对 S 公司的长期股权投资，其成本为合并日享有 S 公司账面所有者权益的份额，账务处理为：

借：长期股权投资——S 公司　　　　36 000 000

　贷：股本　　　　10 000 000

　　　资本公积——股本溢价　　　　26 000 000

2. 非同一控制下企业合并形成的长期股权投资

非同一控制下的控股合并中，购买方应当按照确定的企业合并成本作为长期股权投资的初始投资成本。购买方为企业合并发生的审计、法律服务、评估咨询等中介费用以及其他相关管理费用，应于发生时计入当期损益；购买方作为合并对价发行的权益性工具或债务性工具的交易费用，应当计入权益性工具或债务性工具的初始确认金额。账务处理如图 6-2所示。

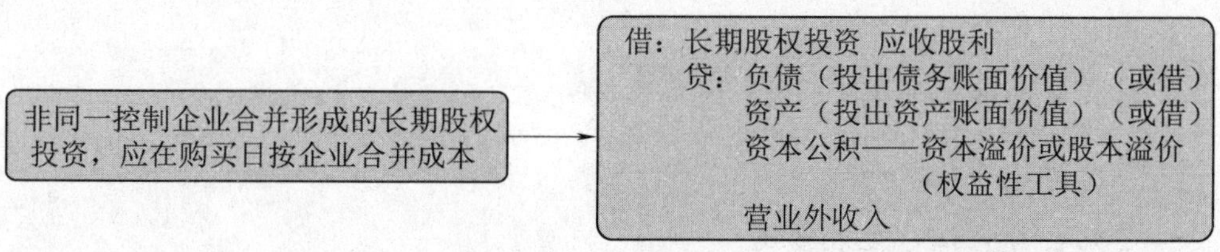

图 6-2　非同一控制企业合并形成的长期股权投资账务处理

【例 6-2】蓝翔、立健建筑公司不具关联方关系，2017 年 2 月 1 日，两家公司达成协议，蓝翔公司以一批钢材作为对价投资于立健公司，取得立健公司 60%的股权。该批钢材成本为 400 万元，公允价值为 550 万元，该批钢材应交增值税销项税额为 93.5 万元。则蓝翔公司编制会计分录如下：

借：长期股权投资——立健公司　　5 500 000

　贷：主营业务收入　　4 000 000

　　应交税费——应交增值税（销项税额）　　935 000

　　营业外收入　　565 000

登记会计凭证，见表 6-1。

表 6-1

记账凭证

2017 年 2 月 11 日　　字第××号

摘　要	会计科目	借方金额										贷方金额										记账
		千	百	十	万	千	百	十	元	角	分	千	百	十	万	千	百	十	元	角	分	
投资立健公司，钢材价款总计 5 500 000元	长期股权投资——立健公司		5	5	0	0	0	0	0	0	0											
	主营业务收入												4	0	0	0	0	0	0	0	0	
	应交税费——应交增值税（销项税额）													9	3	5	0	0	0	0	0	
	营业外收入													5	6	5	0	0	0	0	0	
合计		¥	5	5	0	0	0	0	0	0	0	¥	5	5	0	0	0	0	0	0	0	

会计主管：单春明　　记账：陈熠　　审核：张燕　　制单：王晓

同时，结转该批钢材成本。

借：主营业务成本　　4 000 000

　贷：库存商品　　4 000 000

登记会计凭证，见表 6-2。

表 6-2

<u>记账凭证</u>

2017 年 2 月 11 日　　　　　　　　字第××号

摘　　要	会计科目	借方金额										贷方金额										记账
		千	百	十	万	千	百	十	元	角	分	千	百	十	万	千	百	十	元	角	分	
结转该批钢材成本 4 000 000 元	主营业务成本		4	0	0	0	0	0	0	0	0											
	库存商品——钢材												4	0	0	0	0	0	0	0	0	
	合计	¥	4	0	0	0	0	0	0	0	0	¥	4	0	0	0	0	0	0	0	0	

会计主管：单春明　　　记账：陈熠　　　审核：张燕　　　制单：王晓

3. 非企业合并形成的长期股权投资

（1）以支付现金取得的长期股权投资，应当按照实际支付的购买价款作为长期股权投资的初始投资成本，包括购买过程中支付的手续费等必要支出，但不包括被投资单位已宣告发放的现金股利或利润。

（2）以发行权益性证券方式取得的长期股权投资，其成本为所发行权益性证券的公允价值。为发行权益性证券支付的手续费、佣金等应自权益性证券的溢价发行收入中扣除，溢价收入不足的，应冲减盈余公积和未分配利润。

【例 6-3】蓝翔建筑公司以增发普通股股票 200 万股的方式，作为对价投资于立帆公司，该股票每股面值 2 元，实际发行价为每股 5 元，支付手续费 30 000 元。

借：长期股权投资——立帆公司　　　10 000 000
　　贷：股本　　　　　　　　　　　　　4 000 000
　　　　资本公积——股本溢价　　　　　6 000 000
借：资本公积——股本溢价　　　　　　30 000
　　贷：银行存款　　　　　　　　　　　30 000

6.1.2 长期股权投资持有期间的核算

长期股权投资的会计核算方法有两种：一是成本法；二是权益法。具体要求见表 6-3。

表 6-3　　长期股权投资

类型		持股比例	核算方法	初始计量	后续计量
控制（对子公司投资，属于企业合并方式取得）	同一控制	50%以上	成本法	按享有被合并方所有者权益账面价值份额进行初始计量	采用成本法
	非同一控制	50%以上	成本法	按合并成本（付出对价的公允价值）进行初始计量	采用成本法
共同控制（对合营企业投资）		等于 50%	权益法	按付出对价的公允价值进行初始计量	采用权益法
重大影响（对联营企业投资）		20%～50%	权益法	按付出对价的公允价值进行初始计量	采用权益法
企业对被投资单位不具有控制、共同控制或重大影响，在活跃市场上没有报价且公允价值不能可靠计量的权益性投资		20%以下	成本法	按付出对价的公允价值进行初始计量	采用成本法

1. 成本法核算的科目设置

对长期股权投资采用成本法核算时，应设置“长期股权投资”“应收股利”“投资收益”等科目。企业采用成本法对长期股权投资进行核算的，可按被投资单位进行明细核算。

长期股权投资科目具体设置，见表 6-4。

表 6-4　　长期股权投资会计科目编码的设置

科目代码	总分类科目（一级科目）	明细分类科目		明细分类科目	辅助核算类别
		二级明细科目	三级明细科目		
1511	长期股权投资				
151101	长期股权投资	股票投资		是	按投资单位
15110101	长期股权投资	股票投资	成本	是	按投资单位
15110102	长期股权投资	股票投资	损益调整	是	按投资单位
15110103	长期股权投资	股票投资	其他权益变动	是	按投资单位

续上表

科目代码	总分类科目（一级科目）	明细分类科目		明细分类科目	辅助核算类别
		二级明细科目	三级明细科目		
151102	长期股权投资	其他股权投资		是	按投资单位
15110201	长期股权投资	其他股权投资	成本	是	按投资单位
15110202	长期股权投资	其他股权投资	损益调整	是	按投资单位
15110203	长期股权投资	其他股权投资	其他权益变动	是	按投资单位

采用成本法核算的账务处理，如图 6-3 所示。

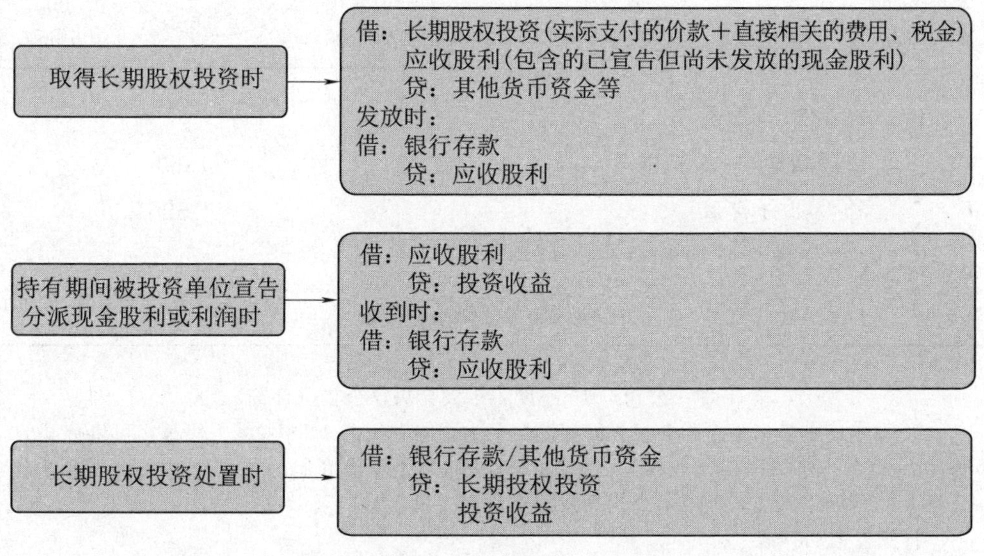

图 6-3　采用成本法核算的账务处理

【例 6-4】2016 年 1 月 1 日，汇通天下制造有限公司以每股 5 元购入 ST 坤花公司面值 1 元的普通股 30 万股作为长期股权投资，取得 A 公司 5%具有表决权的股份，支付的价款包括 A 公司已宣告但尚未分派的现金股利 60 000 元。并支付相关税费 6 800 元。2016 年 12 月 31 日，A 公司实现净利润 500 万元，2017 年 1 月 5 日，A 公司宣告分派每股 0.1 元的现金股利。成交过户交割单见表 6-5。

2016 年 1 月 1 日，购入时初始投资成本＝300 000×5－60 000＋6 800＝1 446 800（元）

表 6-5

1/1/2016	成交过户交割单		买
股东编号： 电脑编号： 公司代号：	A32125346590 47 832 4 368	成交证券： 成交数量： 成交价格：	ST 坤花 300 000 1
申请编号： 申报时间： 成交时间：	2 341 11：11：11 11：15：31	成交金额： 标准佣金： 过户费用：	300 000 6 800 0. 00
上次余额： 本次成交： 本次余额： 本次库存：	 300 000（股） 300 000（股） 300 000（股）	印花税： 应付金额： 附加费用： 实付金额：	0. 00 306 800 0. 00 306 800

深圳证卷交易所 ★ 财务专用章

借：长期股权投资　　1 446 800

　　应收股利——A 公司　　60 000

　　贷：银行存款　　1 506 800

ST 坤花公司分配股利公告，见表 6-6。

表 6-6　**ST 坤花公司分配股利公告**

ST 坤花公司 2016 年度股东大会决议公告（部分）

2016 年度本公司法定财务报告的利润情况为：净利润为 9 800 000 人民币，可供分配的利润为 6 700 000 人民币元。本公司在 2016 年应按照全年净利润的 10%计算提取法定盈余公积人民币980 000元，同时本公司派发现金股利 1 200 000 元。

特此公告。

ST 坤花公司董事会
2017 年 1 月 5 日

2017 年 1 月 5 日，宣告发放股利时

借：应收股利　　30 000

　　贷：投资收益　　30 000

收到时：

借：银行存款　　30 000

　　贷：应收股利　　30 000

收到 ST 坤花公司派发的股利，见表 6-7。

表 6-7

<u>中国银行进账单（回单或收账通知）</u>

进账日期：2017 年 1 月 5 日

第　　号

收款人	全　　称	ST 坤花公司	付款人	全　　称	汇通天下制造有限公司
	账　　号	4356001909234212256		账　　号	1121001909234213541
	开户银行	工商银行深圳北安支行		开户银行	工商银行深圳北安支行

人民币（大写）：⊗叁万元整	千	百	拾	万	千	百	十	元	角	分
			¥	3	0	0	0	0	0	0

票据种类		中国工商深圳龙华支行 2017.1.5 收款人开户银行盖章
票据张数		
主管　　会计　　复核　　记账		

此联给收款人的收账通知

2. 长期股权投资采用权益法的账务处理

权益法是指投资以初始投资成本计量后，在投资持有期间根据投资企业享有被投资单位所有者权益份额的变动对投资的账面价值进行调整的方法。

（1）权益法核算的科目设置。

对长期股权投资采用权益法核算时，应设置“长期股权投资”“长期股权投资减值准备”“其他综合收益”“投资收益”“营业外收入”等科目。其中“长期股权投资”科目还应设置“投资成本”“损益调整”“其他权益变动”等二级明细科目。

（2）权益法核算的账务处理，如图 6-4 所示。

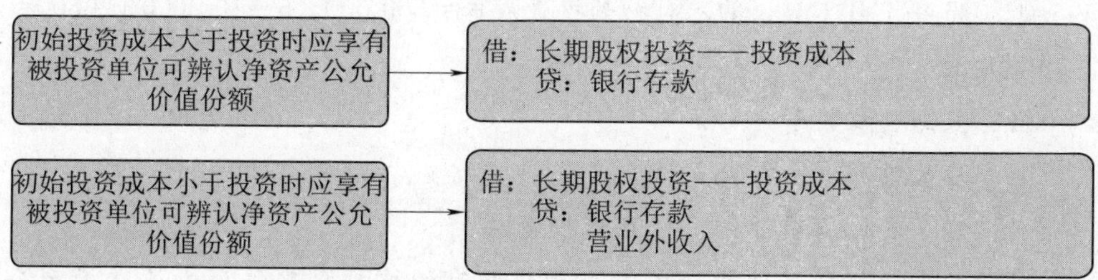

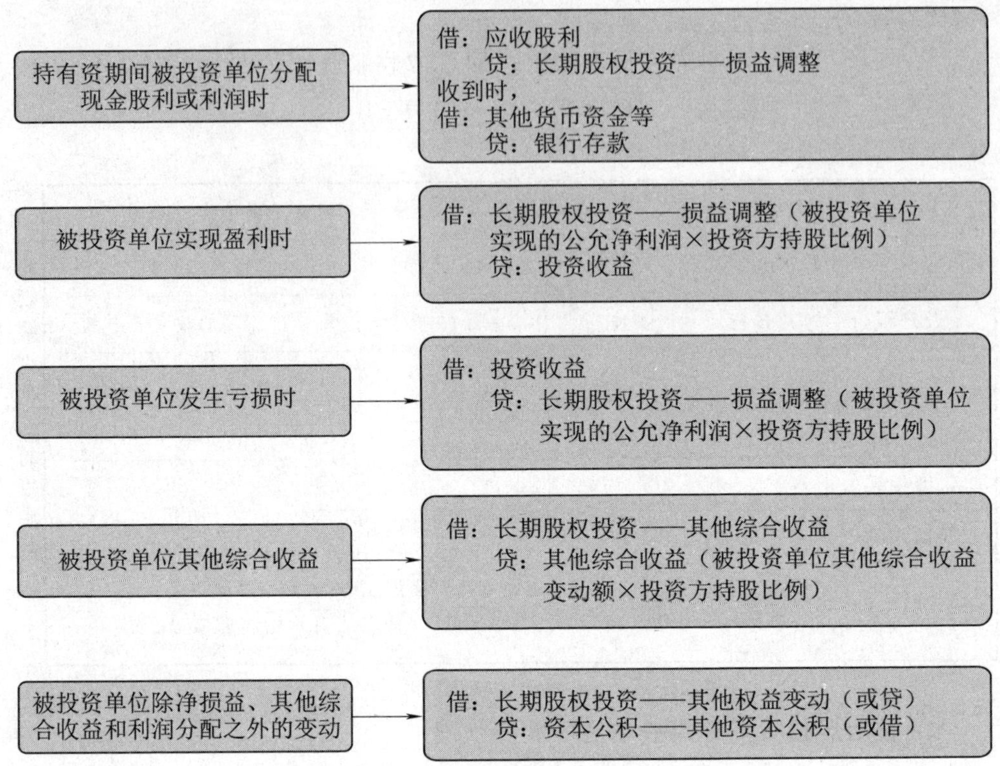

图 6-4　权益法核算的账务处理

【例 6-5】2016 年 1 月 1 日，上地建筑公司以每股 5 元购入 A 公司面值 1 元的普通股 50 万股作为长期股权投资，取得 A 公司 40%股份，能够对 A 公司实施重大影响，支付的价款包括 A 公司已宣告但尚未分派的现金股利 10 万元。并支付相关税费 9 800 元。取得时 A 公司可辨认净资产的公允价值为 1 000万元。假定 A 公司可辨认净资产的公允价值与账面价值相等。2016 年 12 月 31 日，A 公司实现净利润 500 万元，2017 年 1 月 5 日，A 公司宣告分派每股 0.1 元的现金股利。

①2016 年 1 月 1 日，购入时初始投资成本＝500 000×5－100 000＋9 800＝2 409 800 元。

借：长期股权投资——成本　　　　2 409 800

　　应收股利——A 公司　　　　100 000

　　贷：其他货币资金——存出投资款　　　　2 509 800

对于长期股权投资的初始成本小于应享有的被投资单位可辨认净资产公

允价值差额，则上地建筑公司应确认 10 000 000×40%－2 409 800＝1 590 200（元）。

借：长期股权投资——成本　　1 590 200

　　贷：营业外收入　　1 590 200

②2016 年 12 月 31 日，A 公司实现净利润时：

借：长期股权投资——损益调整　　2 000 000

　　贷：投资收益　　2 000 000

③2017 年 1 月 5 日，宣告发放股利时：

借：应收股利　　50 000

　　贷：长期股权投资——损益调整　　50 000

收到时：

借：其他货币资金——存出投资款（500 000×0.1）　　50 000

　　贷：应收股利　　50 000

6.1.3　长期股权投资的处置

处置时，按实际取得的价款和长期股权投资账面价值的差额确认为投资损益，同时结转已计提的长期股权投资减值准备。如图 6-5 所示。

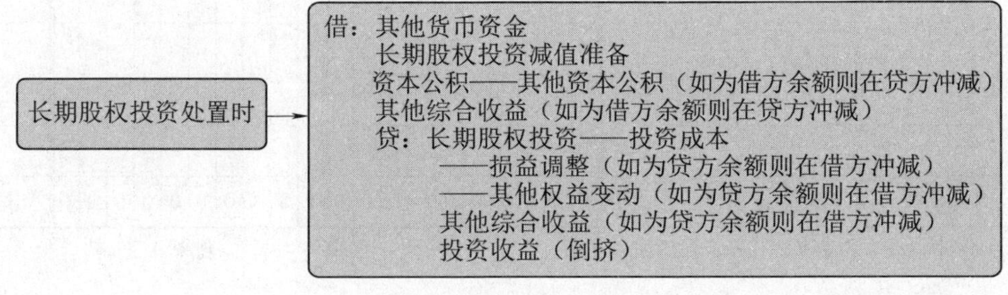

图 6-5　长期股权投资的处置的账务处理

【例 6-6】中原地产公司原持有湘江公司 40%的股权，2017 年 3 月 15 日，中原地产公司出售所持有的湘江公司股权中的 25%，出售时中原地产公司账面上对湘江公司长期股权投资的构成为：投资成本 14 000 000 元，损益调整为3 200 000元，其他权益变动 2 000 000 元，出售取得的价款为 5 400 000 元。

(1) 确认处置损益的账务处理

借：银行存款　　　　　　　　　　　　　　　5 400 000

　　贷：长期股权投资——湘江公司——成本　　　　3 500 000

　　　　　　　　　　　　　——损益调整　　　　800 000

　　　　　　　　　　　　　——其他权益变动　　500 000

　　　　　　　　　　　　　投资收益　　　　　600 000

登记会计凭证，见表 6-8。

表 6-8

记账凭证

2017 年 3 月 15 日　　　　字第××号

摘　　要	会计科目	借方金额										贷方金额										记账
		千	百	十	万	千	百	十	元	角	分	千	百	十	万	千	百	十	元	角	分	
出售所持有的湘江公司股权中的 25%，取得价款 5 400 000 元。	银行存款		5	4	0	0	0	0	0	0	0											
	长期股权投资——湘江公司——成本												3	5	0	0	0	0	0	0	0	
	损益调整													8	0	0	0	0	0	0	0	
	其他权益变动													5	0	0	0	0	0	0	0	
	投资收益													6	0	0	0	0	0	0	0	
	合计	¥	5	4	0	0	0	0	0	0	0	¥	5	4	0	0	0	0	0	0	0	

会计主管：单春明　　记账：陈熠　　审核：张燕　　制单：王晓

(2) 除了应将实际取得的价款与出售长期股权投资的账面价值进行结转，确认为处置当期损益外，还应将原计入资本公积的部分按比例转入当期损益。

借：资本公积——其他资本公积——湘江公司　　　500 000

　　贷：投资收益　　　　　　　　　　　　　　　500 000

登记会计凭证，见表 6-9。

表 6-9

记账凭证

2017 年 3 月 15 日　　　　字第××号

摘　要	会计科目	借方金额										贷方金额										记账
		千	百	十	万	千	百	十	元	角	分	千	百	十	万	千	百	十	元	角	分	
将对湘江公司的长期股权投资原计入资本公积的部分按比例转入当期损益	资本公积——其他资本公积——湘江公司			5	0	0	0	0	0	0	0											
	投资收益																					
														5	0	0	0	0	0	0	0	
合计			¥	5	0	0	0	0	0	0	0		¥	5	0	0	0	0	0	0	0	

会计主管：单春明　　记账：陈熠　　审核：张燕　　制单：王晓

6.1.4 长期股权投资减值

1. 长期股权投资减值核算的科目设置

企业计提长期股权投资减值准备，应当设置“长期股权投资减值准备”核算，企业按应减记的金额，借记“资产减值损失——计提的长期股权投资减值准备”，贷记“长期股权投资减值准备”科目。长期股权投资减值准备一经确认，在以后会计期间不得转回。

2. 长期股权投资减值的会计处理

发生长期股权投资减值时，会计处理为：借记“资产减值损失”，贷记“长期股权投资减值准备”。处置长期股权投资时，应同时结转已计提的长期股权投资减值准备。

长期股权投资减值准备科目核算企业长期股权投资的减值准备。可按被投资单位进行明细核算。期末贷方余额，反映企业已计提但尚未转销的长期股权投资减值准备。长期股权投资减值准备一经计提减值准备在以后期间不得转回。长期股权投资减值准备科目的具体设置，见表 6-10。

表 6-10　　长期股权投资减值准备会计科目编码的设置

编号	总分类科目（一级科目）	明细分类科目		是否辅助核算	辅助核算类别
		二级明细科目	三级明细科目		
1512	长期股权投资减值准备				
151201	长期股权投资减值准备	股票投资	投资单位名称	是	按存放地点
151202	长期股权投资减值准备	其他投资	投资单位名称	是	按存放地点

长期股权投资减值准备的主要账务处理。见表 6-11。

表 6-11　　长期股权投资减值准备账务处理

业务情景	账务处理
资产负债表日	借：资产减值损失 　贷：长期股权投资减值准备

【例 6-7】2016 年年底，万原地产公司确认的长期股权投资减值准备金额为 40 000 元。

借：资产减值损失　　40 000

　贷：长期股权投资减值准备　　40 000

6.2　交易性金融资产

6.2.1　交易性金融资产的定义及科目设置

交易性金融资产，指的是企业为了近期内出售而持有的金融资产。交易性金融资产是 2007 年新增加的科目，主要是为了适应现在的股票、债券、基金等出现的市场交易。交易性金融资产的特点包括以下两点。

1 •企业持有交易性金融资产的目的是短期性的，即确定其持有目的的是为了短期获利。一般此处的短期刀应该是不超过1年（包括1年）

2 •该资产具有活跃市场，公允价值能够通过活跃市场获取

1. 交易性金融资产适用范围

交易性金融资产适用范围包括：

（1）取得金融资产的目的是为了近期内出售或回购。

（2）属于进行集中管理的可辨认金融工具组合的一部分，具有客观证据表明企业近期采用短期获利方式对该组合进行管理。

（3）属于金融衍生工具，但是，如果衍生工具被企业指定为有效套期工具，则不应确认为交易性金融资产。

2. 交易性金融资产的具体运用

企业应设置“交易性金融资产”科目，本科目核算企业持有的以公允价值计量且其变动计入当期损益的金融资产，包括为交易目的所持有的债券投资、股票投资、基金投资、权证投资和直接指定为以公允价值计量且其变动直接计入当期损益的金融资产。

本科目应当按照交易性金融资产的类别和品种，分别以“成本”“公允价值变动”进行明细核算，“公允价值变动损益”科目核算企业交易性金融资产等公允价值变动而形成的应计入当期损益的利得或损失。

交易性金融资产科目编码设置，见表6-12。

表6-12　　交易性金融资产会计科目编码的设置

科目代码	总分类科目（一级科目）	明细分类科目		是否辅助核算	辅助核算类别
		二级明细科目	三级明细科目		
1101	交易性金融资产				
11010101	交易性金融资产	债券投资	成本	是	投资单位
11010102	交易性金融资产	债券投资	公允价值变动	是	投资单位
11010201	交易性金融资产	股票投资	成本	是	投资单位
11010202	交易性金融资产	股票投资	公允价值变动	是	投资单位
11010301	交易性金融资产	基金投资	成本	是	投资单位
11010302	交易性金融资产	基金投资	公允价值变动	是	投资单位
11010401	交易性金融资产	国债投资	成本	是	投资单位
11010402	交易性金融资产	国债投资	公允价值变动	是	投资单位

6.2.2 交易性金融资产的账务处理

交易性金融资产的账务处理，见表 6-13。

表 6-13 交易性金融资产的账务处理

<table>
<tr><th colspan="2">财务情况</th><th>账务处理</th></tr>
<tr><td colspan="2">取得时</td><td>借：交易性金融资产——成本（公允价值）
应收股利或应收利息（已宣告未发放的股利利息）
投资收益（交易费用）
贷：银行存款</td></tr>
<tr><td rowspan="3">持有时</td><td>收到股利利息时</td><td>借：应收股利/应收利息
贷：投资收益</td></tr>
<tr><td>期末计价公允价值＞账面价值时</td><td>借：交易性金融资产——公允价值变动
贷：公允价值变动损益</td></tr>
<tr><td>期末计价公允价值＜账面价值时</td><td>借：公允价值变动损益
贷：交易性金融资产——公允价值变动</td></tr>
<tr><td rowspan="2">处置时</td><td>盈利</td><td>借：银行存款
交易性金融资产——公允价值变动
贷：交易性金融资产——成本
投资收益</td></tr>
<tr><td>亏损</td><td>借：银行存款
投资收益
贷：交易性金融资产——成本
交易性金融资产——公允价值变动</td></tr>
<tr><td rowspan="2">同时结转公允价值变动损益到投资收益</td><td>盈利</td><td>借：公允价值变动损益
贷：投资收益</td></tr>
<tr><td>亏损</td><td>借：投资收益
贷：公允价值变动损益</td></tr>
</table>

【例 6-8】2017 年 5 月 20 日，汇通天下制造有限公司从深圳证券交易所购入广发银行股票 1 000 000 股，占乙公司有表决权股份的 5%，支付价款合计 5 080 000 元，其中，证券交易税等交易费用 8 000 元，已宣告发放现金股利 72 000 元。汇通天下制造有限公司没在科达公司董事会中派出代表，汇通天

下制造有限公司将其划分为交易性金融资产。

（1）2017 年 5 月 20 日，购入广发银行公司股票 1 000 000 股。见表 6-14、表 6-15、图 6-6。

表 6-14

中国银行进账单（回单或收账通知）

进账日期：2017 年 5 月 20 日

第××号

<table>
<tr><td rowspan="3">收款人</td><td>全称</td><td>ST 坤花公司</td><td rowspan="3">付款人</td><td>全称</td><td colspan="10">汇通天下制造有限公司</td><td rowspan="9">此联给收款人的收账通知</td></tr>
<tr><td>账号</td><td>3427001909234216590</td><td>账号</td><td colspan="10">1121001909234213541</td></tr>
<tr><td>开户银行</td><td>工商银行深圳北安支行</td><td>开户银行</td><td colspan="10">工行证券部</td></tr>
<tr><td colspan="5" rowspan="2">人民币（大写）：⊗伍佰零捌万捌仟元整</td><td>千</td><td>百</td><td>拾</td><td>万</td><td>千</td><td>百</td><td>十</td><td>元</td><td>角</td><td>分</td></tr>
<tr><td></td><td>5</td><td>0</td><td>8</td><td>8</td><td>0</td><td>0</td><td>0</td><td>0</td><td>0</td></tr>
<tr><td colspan="2">票据种类</td><td>转账支票</td><td colspan="12" rowspan="4">中国工商深圳
龙华支行
2017.5.20

收款人开户银行盖章</td></tr>
<tr><td colspan="2">票据张数</td><td>1</td></tr>
<tr><td colspan="3">主管　会计　复核　记账</td></tr>
</table>

中国工商银行
转账支票存根
IV V000067

科　　目：______________

对方科目：______________

出票日期：2017 年 5 月 20 日

收款人：广发银行
金　额：5 088 000.00
用　途：投资

单位主管　曲漫　　会计　沙芳

图 6-6　转账支票存根

表 6-15　　成交过户交割单

5/20/2017	成交过户交割单		
股东编号： 电脑编号： 公司代号：	A23325346546 67 890 9 868	成交证券： 成交数量： 成交价格：	广发银行 1 000 000 5.08
申请编号： 申报时间： 成交时间：	8 978 11：11：11 11：15：31	成交金额： 标准佣金： 过户费用：	5 080 000 8 000 0.00
上次余额： 本次成交： 本次余额： 本次库存：	5 000（股） 1 000 000（股） 1 000 000（股） 1 000 000（股）	印花税： 应付金额： 附加费用： 实付金额：	0.00 5 088 000 0.00 5 088 000

深圳证卷交易所 ★ 财务专用章

借：交易性金融资产——广发银行——成本　　5 000 000

　应收股利——广发银行　　72 000

　投资收益　　8 000

　贷：银行存款　　5 080 000

广发银行股票的单位成本＝（5 080 000－72 000－8 000）÷1 000 000＝5.00（元/股）

(2) 2 017 年 6 月 20 日，汇通天下制造有限公司收到广发银行发放的 2017 年现金股利 72 000 元。

借：银行存款　　72 000

　贷：应收股利——广发银行　　72 000

(3) 2017 年 6 月 30 日，广发银行公司股票收盘价为每股 5.20 元。

广发银行公司股票公允价值变动＝（5.2－5.00）×1 000 000＝200 000（元）

借：交易性金融资产——广发银行股票——公允价值变动

　　200 000

　贷：公允价值变动损益——广发银行　　200 000

(4) 2017 年 12 月 31 日，汇通天下制造有限公司仍持有广发银行公司股票；当日，广发银行公司股票收盘价为每股 4.9 元。

广发银行公司股票公允价值变动＝（4.9－5.20）×1 000 000＝－300 000（元）

借：公允价值变动损益——广发银行　　300 000

　贷：交易性金融资产——广发银行股票——公允价值变动

　　300 000

(5) 2018 年 4 月 20 日，广发银行公司宣告发放 2017 年现金股利 2 000 000元。

应收到的现金股利＝2 000 000×5％＝100 000（元）

借：应收股利——广发银行　　100 000

　　贷：投资收益　　100 000

(6) 2018 年 5 月 10 日，汇通天下制造有限公司收到广发银行公司发放的 2017 年现金股利。

借：银行存款　　100 000

　　贷：应收股利——广发银行　　100 000

(7) 2018 年 5 月 17 日，汇通天下制造有限公司以每股 4.50 元的价格将股票全部转让，同时支付证券交易税等 7 200 元。

广发银行公司股票出售价格＝4.50×1 000 000＝4 500 000（元）

出售广发银行公司股票取得的价款＝4 500 000－7 200＝4 492 800（元）

广发银行公司股票持有期间公允价值变动计入当期损益的金额＝200 000－300 000＝－100 000（元）

出售广发银行公司股票时的账面余额＝5 000 000＋（－100 000）＝4 900 000（元）

出售广发银行公司股票的损益＝4 492 800－4 900 000＝－407 200（元）

借：银行存款　　4 492 800

　　投资收益　　407 200

　　交易性金融资产——广发银行——公允价值变动　　100 000

　　贷：交易性金融资产——广发银行——成本　　5 000 000

同时：

借：投资收益——广发银行公司　　100 000

　　贷：公允价值变动损益——广发银行公司　　100 000

6.3 持有至到期投资

6.3.1 持有至到期投资的定义及科目设置

1. 持有至到期投资的定义

持有至到期投资，是指到期日固定、回收金额固定或可确定，且企业有明确意图和能力持有至到期的非衍生金融资产。企业从二级市场上购入的固定利率国债、浮动利率公司债券等，都属于持有至到期投资。持有至到期投资通常具有长期性质，但期限较短（一年以内）的债券投资，符合持有至到期投资条件的，也可以划分为持有至到期投资。

企业不能将下列非衍生金融资产划分为持有至到期投资。

(1) 初始确认时即被指定为以公允价值计量且其变动计入当期损益的非衍生金融资产。

(2) 初始确认时被指定为可供出售的非衍生金融资产。

(3) 符合贷款和应收款项定义的非衍生金融资产。

如果企业管理层决定将某项金融资产持有至到期，则在该金融资产未到期前，不能随意改变其“最初意图”。也就是说，投资者在取得投资时意图就应当是明确的，除非遇到一些企业所不能控制、预期不会重复发生且难以合理预计的独立事件，否则将持有至到期。

2. 持有至到期投资科目的设置

持有至到期投资应当按照投资的类别和品种，分别设置“成本”“利息调整”“应计利息”“应收利息”等明细科目核算。本科目期末借方余额，反映企业持有至到期投资的摊余成本。见表 6-16。

表 6-16　　持有至到期投资会计科目编码的设置

科目代码	总分类科目（一级科目）	明细分类科目		是否辅助核算	辅助核算类别
		二级明细科目	三级明细科目		
1501	持有至到期投资				
150101	持有至到期投资	公司债券			
15010101	持有至到期投资	公司债券	成本	是	投资单位
15010102	持有至到期投资	公司债券	利息调整	是	投资单位
15010103	持有至到期投资	公司债券	应计利息	是	投资单位

6.3.2 持有至到期投资的具体运用

1. 持有至到期投资初始确认

持有至到期投资初始确认时，应当按照公允价值计量和相关交易费用之和作为初始入账金额。

2. 持有至到期投资的后续计量

持有至到期投资应采用实际利率法，按摊余成本计量。实际利率法指按实际利率计算摊余成本及各期利息费用的方法，摊余成本为持有至到期投资初始金额扣除已偿还的本金和加上或减去累计摊销额以及扣除减值损失后的金额。

金融资产的摊余成本，是指该金融资产初始确认金额经下列调整后的结果。

（1）扣除已偿还的本金。

（2）加上或减去采用实际利率法将该初始确认金额与到期日金额之间的差额进行摊销形成的累计摊销额。

（3）扣除已发生的减值损失。

如何理解“加上或减去采用实际利率法将该初始确认金额与到期日金额之间的差额进行摊销形成的累计摊销额”，如图 6-7 所示。

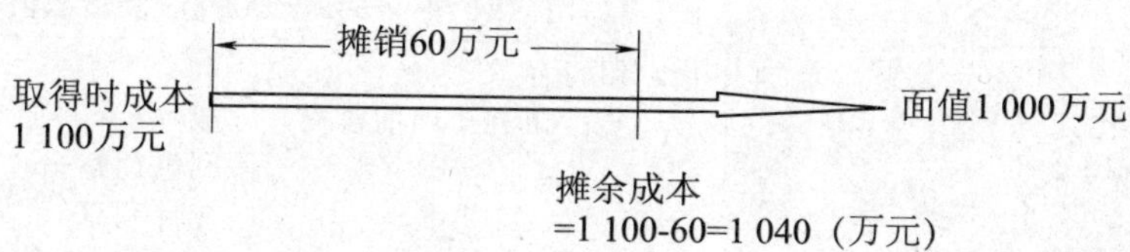

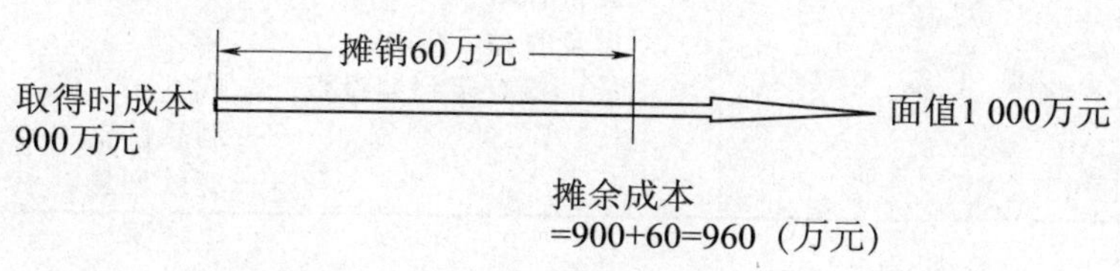

图 6-7　摊余成本图释

3. 持有至到期投资计算

本期计提的利息＝期初摊余成本×实际利率

期末摊余成本＝期初摊余成本＋本期计提的利息－本期收回的利息和本金－本期计提的减值准备

【提示】就持有至到期投资来说，摊余成本即为其账面价值。

4. 持有至到期投资的会计处理

持有至到期投资的主要账务处理，见表 6-17。

表 6-17　　　　持有至到期投资的主要账务处理

<table>
<tr><th colspan="2">财务情形</th><th>账务处理</th></tr>
<tr><td colspan="2">取得时</td><td>借：持有至到期投资——成本
　　应收利息
　　持有至到期投资——利息调整（或贷）
　　贷：银行存款</td></tr>
<tr><td>持有时</td><td>资产负债表日的处理</td><td>借：应收利息
　　持有至到期投资——利息调整（或贷）
　　贷：投资收益
借：银行存款
　　贷：应收利息</td></tr>
<tr><td>重分类</td><td>持有至到期投资重分类为可供出售金融资产</td><td>借：可供出售金融资产
　　贷：持有至到期投资——成本
　　　　　　　　　　　——利息调整
　　　　　　　　　　　——应计利息
　　其他综合收益（或借）
注：已计提减值准备的，还应同时结转减值准备</td></tr>
<tr><td rowspan="2">处置时</td><td>盈利</td><td>借：银行存款
　　贷：持有至到期投资——成本
　　　　　　　　　　　——利息调整
　　　　　　　　　　　——应计利息
　　　　投资收益</td></tr>
<tr><td>亏损</td><td>借：银行存款
　　投资收益
　　贷：持有至到期投资——成本
　　　　　　　　　　　——利息调整
　　　　　　　　　　　——应计利息</td></tr>
</table>

【例 6-9】2013 年 1 月 1 日，汇通天下制造有限公司支付价款 1 000 000 元（含交易费用）从深圳证券交易所购入上海电力股份公司同日发行的 5 年期公司债券 12 500 份，债券票面价值总额为 1 250 000 元，票面年利率为 4.72%，于年末支付本年度债券利息，本金在债券到期一次性偿还。汇通天下制造有限公司有意图也有能力将该债券持有至到期，划分为到期投资。

假设不考虑其他因素，计算该债券的实际利率 r。

$59\,000\times(1+r)^{-1}+59\,000\times(1+r)^{-2}+59\,000\times(1+r)^{-3}+59\,000\times$

$(1+r)^{-4}+(59\ 000+125\ 000)\times(1+r)^{-5}=1\ 000\ 000$（元）

采用插值法，计算得出 r=10%。计算过程见表 6-18。

表 6-18

日期	现金流入 (a)	实际利息收入 (b) = 期初 (d) ×10%	已收回本金 (c) = (a) − (b)	摊余成本余额 (d) =期初 (d) − (c)
2013 年 1 月 1 日				1 000 000
2013 年 12 月 31 日	59 000	100 000	−41 000	1 041 000
2014 年 12 月 31 日	59 000	104 100	−45 100	1 086 100
2015 年 12 月 31 日	59 000	108 610	−49 610	1 135 710
2016 年 12 月 31 日	59 000	113 571	−54 571	1 190 281
2017 年 12 月 31 日	59 000	118 719	−59 719	1 250 000
小计	295000	545 000	−250 000	1 250 000
2017 年 12 月 31 日	1 250 000	—	1 250 000	0
合计	1 545 000	545 000	1 000 000	—

根据表 6-18，账务处理如下。

(1) 2013 年 1 月 1 日，购入上海电力股份公司债券。

借：持有至到期投资——上海电力股份公司——成本

1 250 000

贷：银行存款　1 000 000

持有至到期投资——上海电力股份公司——利息调整

250 000

(2) 2013 年 12 月 31 日，确认上海电力股份公司债券实际利息收入、收到债券利息。

借：应收利息——上海电力股份公司　59 000

持有至到期投资——上海电力股份公司——利息调整

41 000

贷：投资收益——上海电力股份公司　100 000

借：银行存款　59 000

贷：应收利息——上海电力股份公司　59 000

(3) 2014 年 12 月 31 日，确认上海电力股份公司债券实际利息收入、收到债券利息。

借：应收利息——上海电力股份公司　　59 000

　　持有至到期投资——上海电力股份公司——利息调整　　45 100

　　贷：投资收益——上海电力股份公司　　104 100

借：银行存款　　59 000

　　贷：应收利息——上海电力股份公司　　59 000

(4) 2015 年 12 月 31 日，确认上海电力股份公司债券实际利息收入、收到债券利息。

借：应收利息——上海电力股份公司　　59 000

　　持有至到期投资——上海电力股份公司——利息调整　　49 610

　　贷：投资收益——上海电力股份公司　　108 610

借：银行存款　　59 000

　　贷：应收利息——上海电力股份公司　　59 000

(5) 2016 年 12 月 31 日，确认上海电力股份公司债券实际利息收入、收到债券利息。

借：应收利息——上海电力股份公司　　59 000

　　持有至到期投资——上海电力股份公司——利息调整　　54 571

　　贷：投资收益——上海电力股份公司　　113 571

借：银行存款　　59 000

　　贷：应收利息——上海电力股份公司　　59 000

(6) 2017 年 12 月 31 日，确认上海电力股份公司债券实际利息收入、收到债券利息。

借：应收利息——上海电力股份公司　　59 000

　　持有至到期投资——上海电力股份公司——利息调整　　59 719

　　贷：投资收益——上海电力股份公司　　118 719

借：银行存款　　59 000

　　贷：应收利息——上海电力股份公司　　59 000

借：银行存款　　1 250 000

　　贷：持有至到期投资——上海电力股份公司——成本　　1 250 000

6.3.3 持有至到期投资减值准备

1. 持有至到期投资减值准备的具体运用

持有至到期投资以摊余成本进行后续计量，其发生减值时，应当将该金融资产的账面价值与预计未来现金流量现值之间的差额，确认为减值损失，计入当期损益。

持有至到期投资减值准备核算企业持有至到期投资的减值准备。本科目可按持有至到期投资类别和品种进行明细核算。本科目期末贷方余额，反映企业已计提但尚未转销的持有至到期投资减值准备。具体科目设置，见表6-19。

表6-19　　持有至到期投资减值准备会计科目编码的设置

科目代码	总分类科目（一级科目）	明细分类科目		是否辅助核算	辅助核算类型
		二级明细科目	三级明细科目		
1502	持有至到期投资减值准备				
150201	持有至到期投资减值准备	公司债券	按类别和品种	是	投资单位
150202	持有至到期投资减值准备	委托银行或金融机构向其他单位贷出的款项	按类别和品种	是	投资单位
101203	持有至到期投资减值准备	其他	按类别和品种	是	投资单位

2. 持有至到期投资减值的账务处理

持有至到期投资减值的账务处理，见表6-20。

表 6-20　　　　　　　　持有至到期投资减值的主要账务处理

财务情形	账务处理
资产负债表日，计提减值准备（持有至到期投资）	借：资产减值损失 　贷：持有至到期投资减值准备
对持有至到期投资确认减值损失后，如有客观证据表明该金融资产价值已恢复，应在原确认的减值损失范围内按已恢复的金额予以转回	借：持有至到期投资减值准备 　贷：资产减值损失

【例 6-10】2012 年 1 月 1 日，汇通天下制造有限公司购入春兰企业债券，5 年期，面值 2 000 000 元，实际支付价款为 1 850 000 元（含交易费用 2 000 元），年利率为 10%。汇通天下制造有限公司将其划分为持有至到期投资，初始确认时确定的实际利率为 12%。

2014 年 12 月 31 日，有客观证据表明春兰企业发生严重财务困难，汇通天下制造有限公司据此认定春兰企业的债券发生了减值，并预期 2015 年 12 月 31 日将收到利息 200 000 元，但 2016 年 12 月 31 日将仅收到本金 1 800 000元。

(1) 2012 年 1 月 1 日购入债券时，登记会计凭证，见表 6-21。

借：持有至到期投资——春兰企业债券——成本　　2 000 000

　　贷：持有至到期投资——利息调整　　　　　　　　150 000

　　　　银行存款　　　　　　　　　　　　　　　　1 850 000

表 6-21

记账凭证

2012 年 1 月 1 日　　　　　　　　字第××号

摘　要	会计科目	借方金额										贷方金额										记账
		千	百	十	万	千	百	十	元	角	分	千	百	十	万	千	百	十	元	角	分	
2012 年 1 月 1 日，购入春兰企业债券	持有至到期投资/春兰企业债券/成本		2	0	0	0	0	0	0	0	0											
	持有至到期投资/利息调整													1	5	0	0	0	0	0	0	
	银行存款												1	8	5	0	0	0	0	0	0	
合计		¥	2	0	0	0	0	0	0	0	0	¥	2	0	0	0	0	0	0	0	0	

会计主管：××　　记账：××　　审核：××　　制单：××

（2）2012 年 12 月 31 日，确认债券实际利息收入、收到债券利息。登记会计凭证，见表 6-22。

应收利息＝2 000 000×10％＝200 000（元）

实际利息＝1 850 000×12％＝222 000（元）

利息调整＝222 000－200 000＝22 000（元）

摊余成本＝1 850 000＋22 000＝1 872 000（元）

借：应收利息——春兰企业　　　　200 000

　　持有至到期投资——利息调整　　　　22 000

　　贷：投资收益——春兰企业　　　　222 000

表 6-22

记账凭证

2012 年 12 月 31 日　　　　字第××号

摘　　要	会计科目	借方金额										贷方金额										记账
		千	百	十	万	千	百	十	元	角	分	千	百	十	万	千	百	十	元	角	分	
2012 年 12 月 31 日，确认实际利息收入	应收利息/春兰企业债券/成本			2	0	0	0	0	0	0	0											
	持有至到期投资/利息调整				2	2	0	0	0	0	0											
	投资收益/春兰企业													2	2	2	0	0	0	0	0	
	合计		¥	2	2	2	0	0	0	0	0		¥	2	2	2	0	0	0	0	0	

会计主管：××　　　记账：××　　　审核：××　　　制单：××

（3）2013 年 12 月 31 日，确认债券实际利息收入、收到债券利息。登记会计凭证，见表 6-23。

应收利息＝200 000×10％＝200 000（元）

实际利息＝1 872 000×12％＝224 640（元）

利息调整＝224 640－200 000＝24 640（元）

摊余成本＝1 872 000＋24 640＝1 896 640（元）

借：应收利息——春兰企业　　　　200 000

　　持有至到期投资——春兰企业债券——利息调整　24 640

　　贷：投资收益——春兰企业　　　　224 640

表 6-23

记账凭证

2013 年 12 月 31 日　　字第××号

摘　　要	会计科目	借方金额										贷方金额										记账
		千	百	十	万	千	百	十	元	角	分	千	百	十	万	千	百	十	元	角	分	
2013 年 12 月 31 日，确认实际利息收入	应收利息/春兰企业债券/成本			2	0	0	0	0	0	0	0											
	持有至到期投资/利息调整				2	4	6	4	0	0	0											
	投资收益/春兰企业													2	2	4	6	4	0	0	0	
合计			¥	2	2	4	6	4	0	0	0		¥	2	2	4	6	4	0	0	0	

会计主管：××　　记账：××　　审核：××　　制单：××

(4) 2014 年 12 月 31 日，确认债券实际利息收入、收到债券利息。登记会计凭证，见表 6-24。

应收利息＝2 000 000×10％＝200 000（元）

实际利息＝1 896 640×12％＝227 596.8（元）

利息调整＝227 596.80－200 000＝27 596.8（元）

摊余成本＝1 896 640＋27 596.8＝1 924 236.8（元）

借：应收利息——春兰企业债券　　200 000

　　持有至到期投资——春兰企业债券——利息调整

　　　　27 596.8

　　贷：投资收益　　227 596.8

表 6-24

记账凭证

2014 年 12 月 31 日　　字第××号

摘　　要	会计科目	借方金额										贷方金额										记账
		千	百	十	万	千	百	十	元	角	分	千	百	十	万	千	百	十	元	角	分	
2014 年 12 月 31 日，确认实际利息收入	应收利息/春兰企业债券/成本			2	0	0	0	0	0	0	0											

续上表

摘　　要	会计科目	借方金额										贷方金额										记账
		千	百	十	万	千	百	十	元	角	分	千	百	十	万	千	百	十	元	角	分	
	持有至到期投资/利息调整				2	7	5	9	6	8	0											
	投资收益/春兰企业													2	2	7	5	9	6	8	0	
合计			￥	2	2	7	5	9	6	8	0		￥	2	2	7	5	9	6	8	0	

会计主管：××　　　　记账：××　　　　审核：××　　　　制单：××

(5) 2014 年 12 月 31 日，确认减值损失前的摊余成本＝1 924 236.8（元）

预计从对春兰企业债券将收到现金流量的现值

$=200\ 000\times(1+12\%)^{-1}+1\ 800\ 000\times(1+12\%)^{-2}$

$=200\ 000\times0.8929+1\ 800\ 000\times0.7972$（元）

$=178\ 580+1\ 434\ 960$

$=1\ 613\ 540$（元）

应确认的减值损失＝1 924 236.8－1 613 540＝310 696.8（元）

登记会计凭证，见表 6-25。

借：资产减值损失　　　　　　　　　　　　310 696.8

　　贷：持有至到期投资减值准备　　　　　　　　310 696.8

表 6-25

记账凭证

2014 年 12 月 31 日　　　　　　　　字第××号

摘　　要	会计科目	借方金额										贷方金额										记账
		千	百	十	万	千	百	十	元	角	分	千	百	十	万	千	百	十	元	角	分	
2014 年 12 月 31 日，确认资产减值损失	资产减值损失			3	1	0	6	9	6	8	0											
	持有至到期投资减值准备													3	1	0	6	9	6	8	0	
合计			￥	3	1	0	6	9	6	8	0		￥	3	1	0	6	9	6	8	0	

会计主管：××　　　　记账：××　　　　审核：××　　　　制单：××

(6) 2015 年 12 月 31 日，计算持有至到期投资的摊余成本

应收利息＝2 000 000×10％＝200 000（元）

实际利息＝1 613 540×12％＝193 624.8（元）

利息调整＝193 624.80－200 000＝－6 375.2（元）

摊余成本＝1 613 540－6 375.2＝1 607 164.8（元）

登记会计凭证，见表 6-26。

借：应收利息——春兰企业债券——成本　　　　200 000

　　贷：投资收益——春兰企业　　　　193 624.8

　　　　持有至到期投资——利息调整　　　　6 375.2

借：银行存款　　　　200 000

　　贷：应收利息　　　　200 000

表 6-26

记账凭证

2015 年 12 月 31 日　　　　字第××号

摘　要	会计科目	借方金额										贷方金额										记账
		千	百	十	万	千	百	十	元	角	分	千	百	十	万	千	百	十	元	角	分	
2015 年 12 月 31 日，确认实际利息收入	应收利息/春兰企业债券/成本			2	0	0	0	0	0	0	0											
	持有至到期投资/利息调整															6	3	7	5	2	0	
	投资收益/春兰企业													1	9	3	6	2	4	8	0	
合计			¥	2	0	0	0	0	0	0	0		¥	2	0	0	0	0	0	0	0	

会计主管：××　　记账：××　　审核：××　　制单：××

(7) 计算 2016 年 12 月 31 日持有至到期投资的摊余成本：

利息调整余额＝150 000－22 000－24 640－27 596.8＋6 375.2＝82 138.4（元）(贷方)，这个余额应该全部在最后一年结平。

摊余成本＝0（元）

假设 2016 年 12 月 31 日将仅收到本金 1 500 000 元，登记会计凭证，见表 6-27。

借：银行存款　　　　1 500 000

持有至到期投资减值准备　　310 696.8

持有至到期投资——利息调整　　82 138.4

投资收益　　107 164.8

贷：持有至到期投资——成本　　2 000 000

登记会计凭证，见表 6-27。

表 6-27

记账凭证

2016 年 12 月 31 日　　字第××号

摘　　要	会计科目	借方金额										贷方金额										记账
		千	百	十	万	千	百	十	元	角	分	千	百	十	万	千	百	十	元	角	分	
2016 年 12 月 31 日，出售春兰企业债券	银行存款			1	5	0	0	0	0	0	0											
	持有至到期投资减值准备				3	1	0	6	9	6	8	0										
	持有至到期投资——利息调整				8	2	1	3	8	4	0											
	投资收益/春兰企业			1	0	7	1	6	4	8	0											
	持有至到期投资/成本												2	0	0	0	0	0	0	0	0	
合计		¥	2	0	0	0	0	0	0	0	0	¥	2	0	0	0	0	0	0	0	0	

会计主管：××　　记账：××　　审核：××　　制单：××

6.4　可供出售的金融资产

可供出售的金融资产，是指初始确认时即被指定为可供出售的非衍生金融资产，以及没有划分为持有至到期投资、贷款和应收款项、以公允价值计量且其变动计入当期损益的金融资产的金融资产。

1. 可供出售金融资产的具体运用

可供出售金融资产的会计处理，与交易性金融资产的会计处理有类似之处。

可供出售金融资产科目核算企业持有的可供出售金融资产的公允价值，包括划分为可供出售的股票投资、债券投资等金融资产。按照可供出售金融资产的类别和品种，分别以“成本”“利息调整”“应计利息”“公允价值变动”等进行明细核算。可供出售金融资产发生减值的，可以单独设置“可供出售金融资产减值准备”科目。具体设置见表 6-28。

表 6-28　　可供出售的金融资产股票及债券投资的科目设置

科目代码	总分类科目（一级科目）	明细分类科目		是否辅助核算	辅助核算类别
		二级明细科目	三级明细科目		
1503	可供出售金融资产				
150301	可供出售金融资产	股票			
15030101	可供出售金融资产	股票	成本	是	投资单位
15030102	可供出售金融资产	股票	公允价值变动	是	投资单位
150302	可供出售金融资产	债券			
15030201	可供出售金融资产	债券	成本	是	投资单位
15030202	可供出售金融资产	债券	利息调整	是	投资单位
15030203	可供出售金融资产	债券	应计利息	是	投资单位
15030204	可供出售金融资产	债券	公允价值变动	是	投资单位

2. 可供出售金融资产账务处理

可供出售金融资产的主要账务处理，见表 6-29。

表 6-29　　可供出售金融资产的主要账务处理

<table>
<tr><th colspan="2">财务情况</th><th>账务处理</th></tr>
<tr><td colspan="2">取得时</td><td>借：可供出售金融资产——成本
应收股利（或应收利息）
可供出售的金融资产——利息调整（借或贷）
贷：银行存款</td></tr>
<tr><td rowspan="2">债券持有时</td><td>资产负债表日的处理，债券为分期付息</td><td>借：应收利息
可供出售金融资产——利息调整（借或贷）
贷：投资收益
借：银行存款
贷：应收利息</td></tr>
<tr><td>债券为一次还本付息</td><td>借：可供出售金融资产——应计利息
可供出售金融资产——利息调整（借或贷）
贷：投资收益</td></tr>
</table>

续上表

<table>
<tr><th colspan="2">财务情况</th><th>账务处理</th></tr>
<tr><td rowspan="2">股票持有时</td><td>赢利时</td><td>借：可供出售金融资产——公允价值变动
　贷：其他综合收益</td></tr>
<tr><td>亏损时</td><td>借：其他综合收益
　贷：可供出售金融资产——公允价值变动</td></tr>
<tr><td colspan="2">处置时</td><td>借：银行存款
　贷：可供出售金融资产——成本
　　　　　　　　　　——公允价值变动
　　　　　　　　　　——利息调整
　　　　　　　　　　——应计利息
　同时，借：其他综合收益（借或贷）
　　　　贷：投资收益（借或贷）</td></tr>
</table>

【例 6-11】2016 年 5 月 20 日，汇通天下制造有限公司从深圳证券交易所购入深发展股票 250 000 股，占深发展公司有表决权股份的 2%，支付价款合计 4 080 000 元，其中，证券交易税等交易费用 6 000 元，已宣告发放现金股利 65 000 元。汇通天下制造有限公司将其划分为可供出售的金融资产。

（1）2016 年 5 月 20 日，汇通天下制造有限公司从深圳证券交易所购入深发展股票 250 000 股。

借：可供出售的金融资产——深发展公司股票——成本　　4 015 000

　　应收股利——深发展公司　　65 000

　　贷：银行存款　　4 080 000

深发展公司股票的单位成本＝（4 080 000－65 000）÷250 000＝16.06（元）

（2）2016 年 6 月 20 日，汇通天下制造有限公司收到深发展发放的2015年现金股利 65 000 元。

借：银行存款　　65 000

　　贷：应收股利——深发展公司　　65 000

（3）2016 年 6 月 30 日，深发展股票收盘价为 17.20 元。确认深发展公司股票公允价值变动为 285 000 元［（17.20－16.06）×250 000］。

借：可供出售的金融资产——深发展公司股票——公允价值变动　　285 000

贷：其他综合收益——公允价值变动——深发展公司股票

285000

(4) 2016年12月31日，深发展股票收盘价为15.80元。确认深发展公司股票公允价值变动为－350 000元［(15.80－17.20)×250 000］。

借：其他综合收益——公允价值变动——深发展公司股票

350 000

贷：可供出售的金融资产——深发展公司股票——公允价值变动

350 000

(5) 2017年4月20日，深发展宣告发放2016年现金股利2 000 000元。汇通天下制造有限公司应享有的份额为2 000 000×2%＝40 000（元）。

借：应收股利——深发展公司 40 000

贷：投资收益——深发展公司 40 000

(6) 2017年5月10日，收到深发展公司发放的现金股利。

借：银行存款 40 000

贷：应收股利——深发展公司 40 000

(7) 2017年12月10日，汇通天下制造有限公司以每股15.80元的价格将股票全部转让，同时支付交易税等费用4 800元。

汇通天下制造有限公司出售价格＝15.80×250 000＝3 950 000（元）

出售深发展股票取得的价款＝3 950 000－4 800＝3 945 200（元）

汇通天下制造有限公司持有深发展股票期间公允价值变动计入所有者权益的金额＝285 000－350 000＝－65 000（元）

出售深发展股票时的账面余额＝4 015 000＋（－65 000）＝3 950 000（元）

借：银行存款 3 945 200

投资收益——深发展股票 4 800

可供出售的金融资产——深发展公司股票——公允价值变动

65 000

贷：可供出售的金融资产——深发展公司股票——成本

4 015 000

同时，

借：投资收益——深发展股票 65 000

贷：其他综合收益——公允价值变动——深发展股票 65 000

CHAPTER
SEVEN

第7章 固定资产

本章主要介绍固定资产科目设置、初始计量、折旧方法、后续支出、期末计量及处置的账务处理。

7.1 固定资产

1. 固定资产的定义

固定资产是企业生产经营过程中的重要生产资料。固定资产，是指同时具有下列特征的有形资产。

（1）为生产商品，提供劳务，出租或经营管理而持有的。

（2）使用寿命超过一个会计年度。

（3）固定资产为有形资产。

2. 固定资产科目的设置

为了对固定资产进行会计核算，企业一般需要设置“固定资产”“累计折旧”“工程物资”“在建工程”“固定资产清理”等科目，核算固定资产取得、计提折旧、处置等情况。

固定资产科目借方登记企业增加的固定资产原价，贷方登记企业减少的固定资产原价，期末借方余额，反映企业期末固定资产的账面原价。“固定资产”科目一般分为三级，企业除了应设置“固定资产”总账科目，还应设置“固定资产登记簿”和“固定资产卡片”，按固定资产类别、使用部门和每项固定资产进行明细核算。见表 7-1。

表 7-1　固定资产会计科目编码的设置

科目代码	总分类科目（一级科目）	明细分类科目		是否辅助核算	辅助核算类别
		二级明细科目	三级明细科目		
1601	固定资产				
160101	固定资产	房屋及建筑物	项目	是	部门

续上表

科目代码	总分类科目（一级科目）	明细分类科目		是否辅助核算	辅助核算类别
		二级明细科目	三级明细科目		
160102	固定资产	机器设备	项目	是	部门
160103	固定资产	运输设备	项目	是	部门
160104	固定资产	办公设备	项目	是	部门
160105	固定资产	电子设备	项目	是	部门
160106	固定资产	融资租入固定资产	项目	是	部门

7.2 固定资产初始计量

7.2.1 外购固定资产的账务处理

1. 固定资产初始计量

固定资产应当按照取得时成本进行初始计量。对于特定行业的特定固定资产（如核工业反应堆），确定其初始入账成本时还应考虑弃置费用。

企业外购固定资产的成本，包括购买价款、相关税费和使固定资产达到预定可使用状态前所发生的可归属于该项资产的运输费、装卸费、安装费和专业人员服务费（不含可抵扣的增值税进项税额）等。

固定资产入账成本＝买价＋装卸费＋运输费＋安装费＋专业人员服务费等

提示：一般纳税人购入固定资产支付的增值税，可以作为进项税抵扣。小规模纳税人购入固定资产支付的增值税不可以抵扣，直接计入固定资产的成本。账务处理如图7-1所示。

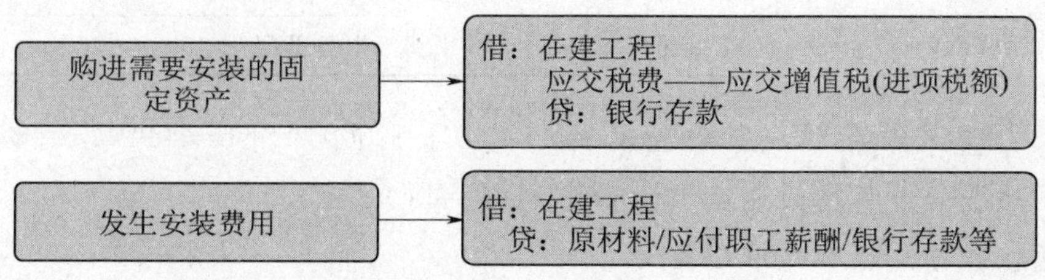

安装完成，达到预定可使用状态时 → 借：固定资产
  贷：在建工程

图 7-1 外购固定资产账务处理

【例 7-1】2017 年 2 月 1 日，汇通天下制造有限公司从鑫诚机械厂购入一台需要安装的甲设备，设备买价 35 000 元，增值税 5 950 元，运杂费 1 000 元（运输公司增值税率为 11%）。按合同约定，设备由供货方安装，安装费 1 300 元。全部款项中买价和增值税尚未支付，其余用银行存款付讫，设备安装并交付使用。见表 7-2。

表 7-2 **汇通天下制造有限公司**

固定资产（设备）验收交付使用交接单

编号：NO. 00031　　2017 年 2 月 1 日　　金额单位：元

<table>
<tr><td>供货商</td><td>汇通天下制造有限公司</td><td>合同科目代码</td><td colspan="2">GT098</td><td>发票科目代码</td><td colspan="2">略</td><td>收货日期</td><td colspan="2">2017 年 2 月 26 日</td></tr>
<tr><td>资金来源</td><td>银行存款</td><td>用途</td><td colspan="8">工地使用</td></tr>
<tr><td>序号</td><td>固定资产（设备）名称</td><td>设备类别</td><td>设备科目代码</td><td>规格型号</td><td>单位</td><td>数量</td><td>单价</td><td>安装费</td><td>运费</td><td>总计</td></tr>
<tr><td>1</td><td>ZX 型过滤器</td><td></td><td></td><td></td><td>台</td><td>1</td><td>35 000</td><td>1 300</td><td>890</td><td>37 190</td></tr>
<tr><td>2</td><td></td><td></td><td></td><td></td><td></td><td></td><td></td><td></td><td></td><td></td></tr>
<tr><td>3</td><td></td><td></td><td></td><td></td><td></td><td></td><td></td><td></td><td></td><td></td></tr>
<tr><td>4</td><td></td><td></td><td></td><td></td><td></td><td></td><td></td><td></td><td></td><td></td></tr>
<tr><td>5</td><td></td><td></td><td></td><td></td><td></td><td></td><td></td><td></td><td></td><td></td></tr>
<tr><td>合计</td><td></td><td></td><td></td><td></td><td></td><td></td><td></td><td></td><td></td><td></td></tr>
<tr><td colspan="2">部门</td><td colspan="2">部门负责人</td><td colspan="2">经办人</td><td colspan="3">部门</td><td>部门负责人</td><td>经办人</td></tr>
<tr><td colspan="2">采购部门</td><td colspan="2">采购部</td><td colspan="2"></td><td colspan="2">使用部门</td><td colspan="3">建筑一队</td></tr>
<tr><td colspan="2">验收部门</td><td colspan="2">质检部</td><td colspan="2"></td><td colspan="2">财务部门</td><td colspan="3"></td></tr>
</table>

（1）购入设备时，采购成本＝35 000＋1 000×（1－11%）＝35 890（元）；运费的进项增值税额＝1 000×11%＝110（元）。

借：在建工程——甲设备　　35 890

应交税费——应交增值税（进项税额）（5 950＋110）

6 060

贷：应付账款 40 950

银行存款 1 000

登记会计凭证，见表 7-3。

表 7-3

记账凭证

2017 年 2 月 5 日 字第 号

摘　　要	会计科目	借方金额										贷方金额										记账
		千	百	十	万	千	百	十	元	角	分	千	百	十	万	千	百	十	元	角	分	
从鑫诚机械厂购入需要安装的甲设备，价款共计 41 950 元	在建工程——甲设备				3	5	8	9	0	0	0											
	应交税费——应交增值税（进项税额）					6	0	6	0	0	0											
	应付账款														4	0	9	5	0	0	0	
	银行存款															1	0	0	0	0	0	
	合计			¥	4	1	9	5	0	0	0			¥	4	1	9	5	0	0	0	

会计主管：单春明　　记账：陈熠　　审核：张燕　　制单：王晓

（2）支付安装费用时。

借：在建工程 1 300

贷：银行存款 1 300

登记会计凭证，见表 7-4。

表 7-4

记账凭证

2017 年 2 月 20 日 字第 号

摘　　要	会计科目	借方金额										贷方金额										记账
		千	百	十	万	千	百	十	元	角	分	千	百	十	万	千	百	十	元	角	分	
支付甲设备安装费用 1 300 元	在建工程					1	3	0	0	0	0											
	银行存款															1	3	0	0	0	0	
	合计				¥	1	3	0	0	0	0				¥	1	3	0	0	0	0	

会计主管：单春明　　记账：陈熠　　审核：张燕　　制单：王晓

（3）2017 年 2 月 26 日，设备安装完毕并交付使用时。

借：固定资产　　　　　　　　　　　　　　　　37 190

　　　贷：在建工程　　　　　　　　　　　　　　　37 190

登记会计凭证，见表 7-5。

表 7-5

记账凭证

2017 年 2 月 26 日　　　　　　　　　　　　字第　　号

摘　　要	会计科目	借方金额										贷方金额										记账
		千	百	十	万	千	百	十	元	角	分	千	百	十	万	千	百	十	元	角	分	
结转甲设备成本 37 190 元	固定资产				3	7	1	9	0	0	0											
	在建工程														3	7	1	9	0	0	0	
合计				¥	3	7	1	9	0	0	0			¥	3	7	1	9	0	0	0	

会计主管：单春明　　　记账：陈熠　　　审核：张燕　　　制单：王晓

7.2.2　自行建造固定资产的账务处理

自行建造固定资产的成本，由建造该项资产达到预定可使用状态前所发生的必要支出构成，包括直接材料、直接人工、直接机械施工费等。在建造时，通过“在建工程”科目进行归集，自行建造固定资产完工时，借记“固定资产”科目，贷记“在建工程”科目。自行建造固定资产分为：自营方式建造固定资产，出包方式建造固定资产。账务处理如图 7-2 的所示。

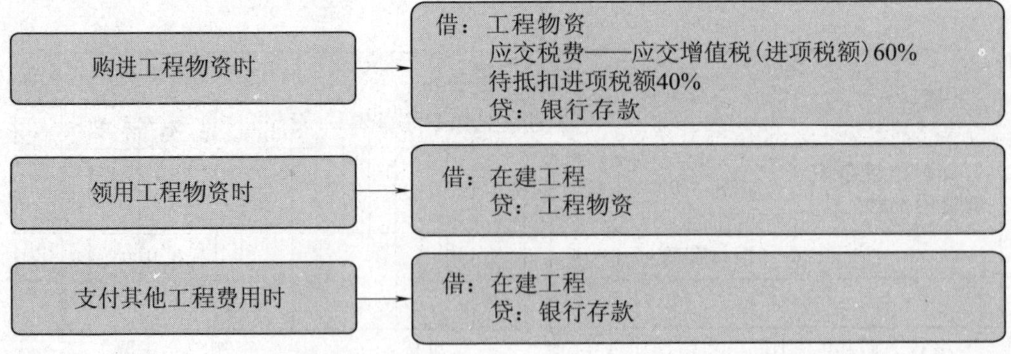

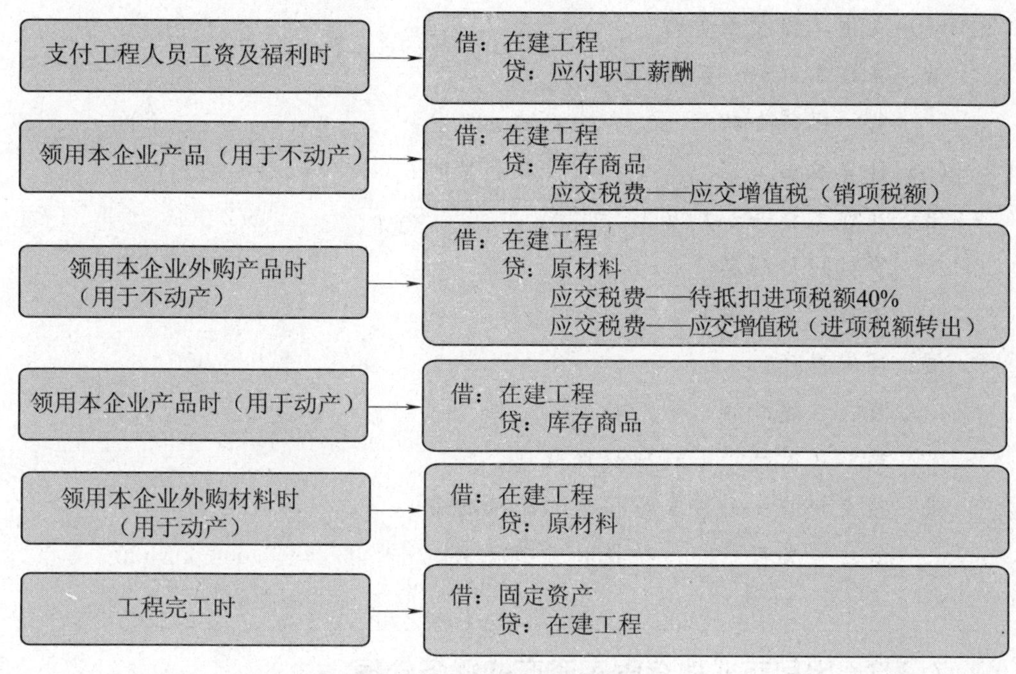

图 7-2　自行建造固定资产

【例 7-2】乐金电子有限公司采用自营方式建造厂房一座，发生如下有关业务：以银行存款 456 300 元购入工程专用物资一批，增值税专用发票上注明的买价为 390 000 元，增值税税额为 66 300 元。所购入物资全部投入工程建设，分配工程建设人员的职工薪酬 48 000 元。以银行存款支付工程管理费用 7 600 元，应由工程成本负担的分期制长期借款利息 72 000 元（假定按合同利率当利息计算）。工程完工，经验收交付使用。

（1）购入工程物资时：

借：工程物资　　390 000

　　应交税费——应交增值税（进项税额）　　39 780

　　　　　　——待抵扣进项税额　　26 520

　　贷：银行存款　　456 300

（2）领用工程物资时：

借：在建工程——厂房　　456 300

　　贷：工程物资　　456 300

（3）分配工程建设人员的职工薪酬时：

借：在建工程——厂房　　48 000

　　贷：应付职工薪酬　　48 000

(4) 支付工程管理费时：

借：在建工程——厂房　　7 600

　　贷：银行存款　　7 600

(5) 计算应由工程成本负担的借款利息时：

借：在建工程——厂房　　72 000

　　贷：应付利息　　72 000

(6) 工程完工使用时：

借：固定资产　　583 900

　　贷：在建工程——厂房　　583 900

(7) 第二年对待抵扣进项税额处理。

借：应交税费——应交增值税（进项税额）　　26 520

　　贷：应交税费——待抵扣进项税额　　26 520

7.2.3 出包方式建造固定资产的账务处理

在出包方式下，工程项目在建造中所发生的具体支出由承包单位核算，企业（发包单位）只需按照工程价款对工程项目进行计价，作为固定资产的入账价值。如图 7-3 所示。

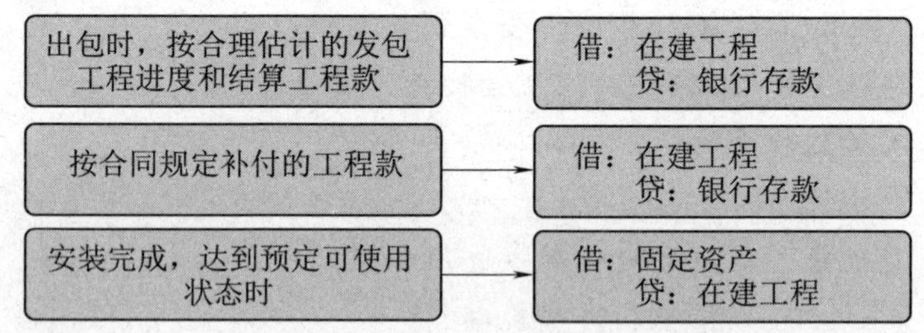

图 7-3 出包方式建造固定资产账务处理

【例 7-3】华普科技有限公司采用出包方式建造厂房一座。按合同规定，工程造价 940 000 元，工程开始时，预付工程款的 40%，其余 60%在工程完工时根据工程决算予以补付。工程完工，经验收交付使用。

(1) 预付工程价款时：

借：预付账款　　376 000

　　贷：银行存款　　376 000

(2) 按合同规定结算工程价款时：

借：在建工程——厂房　　940 000

　　贷：预付账款　　376 000

　　　　银行存款　　564 000

(3) 工程完工交付使用时：

借：固定资产　　940 000

　　贷：在建工程——厂房　　940 000

7.3 固定资产折旧方法

固定资产折旧方法可以采用年限平均法、工作量法、双倍余额递减法、年数总和法等。固定资产折旧方法一经确定，不得随意变更。

1. 年限平均法

年限平均法又称直线法，是将固定资产的应计折旧额在固定资产使用寿命内平均分摊到各期的一种方法。采用这种方法各期计算的折旧额相等。年限平均法的计算公式如下：

年折旧率＝（1－预计净残值率）÷预计使用年限

月折旧率＝年折旧率÷12

月折旧额＝固定资产原价×月折旧率

2. 工作量法

工作量法是将固定资产的应计提折旧额，在固定资产的使用寿命内按各期完成的工作量进行分摊的一种方法。工作量法的计算公式如下：

单位工作量折旧额＝固定资产原价×（1－预计净残值率）÷预计总工作量

某项固定资产月折旧额＝该项固定资产当月工作量×单位工作量折旧率

【例 7-4】汇通天下制造有限公司购入一辆汽车，原值 400 000 元，预计总行驶 250 000 千米，预计净残值率为 5%。该汽车本月实际行驶 8 000 千米，本月折旧计算如下：

每公里折旧率＝400 000×（1－5%）÷250 000＝1.52（元/千米）

本月折旧额＝8 000×1.52＝12160（元）

3. 双倍余额递减法

双倍余额递减法是指在不考虑固定资产预计净残值的情况下，根据每期期初固定资产原价减去累计折旧后的金额和双倍的直线法折旧率计算固定资产折旧的一种方法。计算公式如下：

年折旧率＝2÷预计使用年限×100％

月折旧率＝年折旧率÷12

月折旧额＝每月月初固定资产账面净值×月折旧率

【例 7-5】汇通天下制造有限公司的生产设备固定资产原值为 300 000 元，预计使用年限为 5 年，预计净残值 5 000 元，采用双倍余额递减法计提折旧。

年折旧率＝2÷5×100％＝40％

第一年折旧额＝300 000×40％＝120 000（元）

第二年折旧额＝（300 000－120 000）×40％＝72 000（元）

第三年折旧额＝（300 000－120 000－72 000）×40％＝43 200（元）

第四年折旧额＝（300 000－120 000－72 000－43 200－5 000）÷2＝299 00（元）

第五年折旧额＝（300 000－12 0000－72 000－43 200－5 000）÷2＝29 900（元）

注意：为简化计算，每年各月折旧额可根据年折旧额除以 12 个月 计算。

4. 年数总和法

年数总和法又称年限合计法，是指将固定资产的原值减去预计净残值后的余额，乘以一个以固定资产尚可使用寿命为分子、以预计使用寿命逐年数字之和为分母的逐年递减的分数计算每年的折旧额。计算公式如下：

年折旧率＝尚可使用年限÷预计使用寿命的年数总和×100％

月折旧率＝年折旧率÷12

月折旧额＝（固定资产原价－预计净残值）×月折旧率

【例 7-6】汇通天下制造有限公司公司的一项机器设备原值为 180 000 元，预计使用年限为 4 年，预计净残值 5 000 元，采用年数总和法计提折旧。

第一年折旧额＝（180 000－5 000）×4÷10＝70 000（元）

第二年折旧额＝（180 000－5 000）×3÷10＝52 500（元）

第三年折旧额＝（180 000－5 000）×2÷10＝35 000（元）

第四年折旧额＝（180 000－5 000）×1÷10＝17 500（元）

5. 固定资产折旧的核算

固定资产按月计提折旧，企业通过编制“固定资产折旧计算表”作为固定资产折旧账务处理的依据，每月计提折旧时，可以在上月计提的折旧额的基础上，根据上月固定资产的增减变动情况调整计算出当月应计提的折旧额，计算方法如下：

当月应计提折旧额＝上月计提的折旧额＋上月增加固定资产应计提的折旧额－上月减少固定资产应计提的折旧额

每月计提的折旧额应按固定资产用途计入相关资产的成本或者当期损益费用。

【例 7-7】2017 年 2 月 28 日，汇通天下制造有限公司编制的固定资产折旧计算表，见表 7-6。

表 7-6 **固定资产折旧计算表**

使用部门	上月折旧额	上月增加固定资产应提折旧额	上月减少固定资产应提折旧额	本月折旧额
第一生产车间	160 000	4 000	7 000	157 000
第二生产车间	148 000	3 700	45 000	106 700
行政管理部门	26 000	2 800	5 100	23 700
经营性租出	19 000	—	—	19 000
合计	353 000	10 500	57 100	306 400

借：制造费用——第一生产车间　　157 000

　　　　　　——第二生产车间　　106 700

　　管理费用　　23 700

　　其他业务成本　　19 000

　　贷：累计折旧　　306 400

登记会计凭证，见表 7-7。

表 7-7

记账凭证

2017 年 2 月 28 日　　　　字第××号

摘　　要	会计科目	借方金额										贷方金额										记账
		千	百	十	万	千	百	十	元	角	分	千	百	十	万	千	百	十	元	角	分	
计提各部门折旧费用	制造费用——第一生产车间			1	5	7	0	0	0	0	0											
	制造费用——第二生产车间			1	0	6	7	0	0	0	0											
	管理费用				2	3	7	0	0	0	0											
	其他业务成本				1	9	0	0	0	0	0											
	累计折旧													3	0	6	4	0	0	0	0	
合计			¥	3	0	6	4	0	0	0	0		¥	3	0	6	4	0	0	0	0	

会计主管：单春明　　记账：陈熠　　审核：张燕　　制单：王晓

固定资产应当按月计提折旧，计提的折旧应通过“累计折旧”科目核算，并根据用途计入相关资产的成本或者当期损益。见表 7-8。

表 7-8　　**固定资产折旧**

形　　式	记入科目
企业自行建造固定资产过程中使用的固定资产	计提的折旧记入在建工程成本
基本生产车间	计提的折旧应记入制造费用
管理部门	计提的折旧应记入管理费用
销售部门	计提的折旧应记入销售费用
经营租出的固定资产	计提的折旧应记入其他业务成本

7.4　固定资产的后续支出

固定资产后续支出，是指固定资产在使用过程中发生的更新改造支出、修理费用等。基本账务处理如图 7-4 所示。

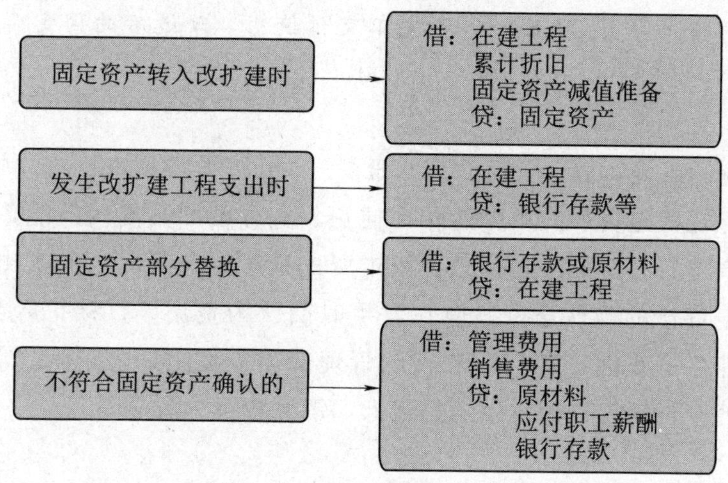

图 7-4 固定资产的后续支出账务处理

【例 7-8】汇通天下制造有限公司对某项固定资产进行改扩建，会计资料如下：

①2017 年 1 月 3 日，该公司自行建成一条生产线，成本 550 000 元，预计使用 10 年，预计净残值率为 4%，累计折旧 122 000 元，未发生减值。

②2017 年 4 月 30 日，完成了改扩建工程。共发生支出 132 000 元，全部以银行存款支付。改建中废弃的原有部件变卖收入 24 000 元已存入银行。

③该生产线达到预定使用状态后，预计使用年限延长 4 年，残值率仍为的 4%，折旧方法仍使用年限平均法。

（1）2017 年 1 月 3 日，结转生产线原账面价值：

借：在建工程——生产线改造　　428 000

　　累计折旧　　122 000

　　贷：固定资产　　550 000

（2）2017 年 4 月 5 日，支付工程款：

借：在建工程——生产线改造　　132 000

　　贷：银行存款　　132 000

（3）2017 年 4 月 5 日，改建中被废弃部件的变价收入：

借：银行存款　　24 000

　　贷：在建工程——生产线改造　　24 000

(4) 2017 年 4 月 30 日，工程完工交付使用，改造后的固定资产账面价值=428 000+132 000−24 000=53 600（元）。

借：固定资产　　　　　　　　　　　　　　　　　536 000

　　贷：在建工程——生产线改造　　　　　　　　　　536 000

为了保证固定资产的正常运转和使用，充分发挥其使用效能，企业需要对固定资产进行必要的维护修理。固定资产维护修理所发生的支出，通常不能满足固定资产的确认条件，应在发生时确认为费用，直接记入当期损益。其中，企业生产车间（部门）和行政管理部门等发生的，记入“管理费用”账户，企业专设销售机构发生的，记入“销售费用”账户。

7.5　固定资产的期末计量

固定资产的期末计量包括两个方面，一是通过实地盘点清查反映资产的实有数量，进行账实核对；二是按一定的方法对企业的固定资产进行计价，以反映其期末价值。

1. 固定资产清查的核算

企业对固定资产清查过程中盘盈、盘亏的固定资产，应填制固定资产盘盈、盘亏报告表，并及时查明原因，分清责任，按规定程序报批处理。

(1) 固定资产盘盈。

企业在清查中盘盈的固定资产，作为前期差错处理。盘盈的固定资产通过“以前年度损益调整”科目核算。

【例 7-9】2016 年年底，汇通天下制造有限公司在财产清查中发现 2014 年未入账的不需要安装的甲设备一台，估计该设备八成新，同类设备的市场价格为 236 000 元（假定其价值与计税基础不存在差异）。

借：固定资产　　　　　　　　　　　　　　　　　236 000

　　贷：以前年度损益调整　　　　　　　　　　　　236 000

(2) 固定资产盘亏。

企业在清查中盘亏的固定资产，通过“待处理财产损益——待处理固定资产损溢”科目核算，盘亏造成损失的，通过“营业外支出——盘亏损失”科目核算，计入当期损益。

【例 7-10】2016 年年底，汇通天下制造有限公司在财产清查中盘亏乙设备一台，该设备账面原价 1 135 000 元，已提折旧 916 000 元，未计提减值准备。

①盘亏固定资产时：

借：待处理财产损溢——待处理固定资产损溢　　219 000

　　累计折旧　　916 000

　　贷：固定资产　　1 135 000

②报经批准转销盘亏损失时：

借：营业外支出——固定资产盘亏损失　　219 000

　　贷：待处理财产损溢——待处理固定资产损溢　　219 000

固定资产盘盈、盘亏报告表，见表 7-9。

表 7-9　　**固定资产盘盈、盘亏报告表**

单位名称：汇通天下制造有限公司　　2016 年 12 月 31 日　　第 001 号

固定资产科目代码	固定资产名称	量单位	盘盈				盘亏或毁损					理由书编号	附注
			数量	市场价	成新率	入账价值	数量	固定资产入账价值	已提折旧	已计提减值	账面价值		
001	甲设备	台	1	236 000	80%	236 000							
002	乙设备	台					1	1 135 000	916 000	0	219 000		

单位领导：　　技术（设备）主管：　　会计机构负责人：　　制表人：

2. 固定资产减值的核算

资产负债表日，固定资产可收回金额低于其账面价值的，企业应将该固定资产的账面价值减记至可收回金额，同时确认为资产减值损失，计提固定资产减值准备。固定资产减值损失一经确认，在以后会计期间不得转回。账务处理如图 7-5 所示。

账面净值＝固定资产的折余价值＝固定资产原价－计提的累计折旧

账面价值＝固定资产的账面原价－计提的累计折旧－计提的减值准备

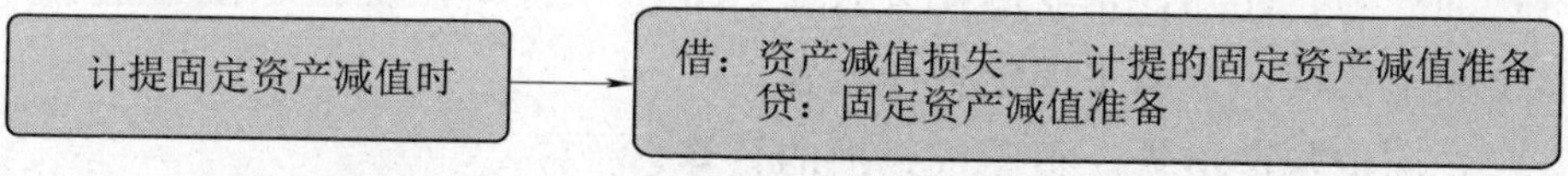

计提固定资产减值时 → 借：资产减值损失——计提的固定资产减值准备
　　贷：固定资产减值准备

图 7-5　固定资产减值的账务处理

【例 7-11】甲公司 2014 年 12 月购入设备价值 800 000 元，预计使用 5 年，预计净残值 2 000 元，采用年限平均法计提折旧。2016 年年末清查时发现，该设备市价大幅度下跌且近期内无望恢复。经计算该设备可回收金额为 270 000元，此前未计提过减值准备。

已计提折旧额＝（800 000－2 000）÷5×2＝319 200（元）

2016 年末应计提固定资产减值准备＝（800 000－319 200）－270 000＝210 800（元）

借：资产减值损失——固定资产减值损失　　　　210 800

　　贷：固定资产减值准备　　　　　　　　　　　　210 800

登记会计凭证，见表 7-10。

表 7-10

记账凭证

2016 年 12 月 31 日　　　　字××号

摘　要	会计科目	借方金额										贷方金额										记账
		千	百	十	万	千	百	十	元	角	分	千	百	十	万	千	百	十	元	角	分	
计提设备减值准备 210 800 元	资产减值损失——固定资产减值损失			2	1	0	8	0	0	0	0											
	固定资产减值准备													2	1	0	8	0	0	0	0	
合计			￥	2	1	0	8	0	0	0	0		￥	2	1	0	8	0	0	0	0	

会计主管：单春明　　记账：陈熠　　审核：张燕　　制单：王晓

自 2017 年起，每年计提折旧额应调整为（270 000－2 000）÷4＝67 000（元）。

7.6 固定资产的处置

（1）固定资产的处置及其终止确认。

所谓固定资产处置，通常就是指企业固定资产的出售和对报废、毁损固定资产的处理。此外，企业因对外投资、非货币性资产交换、债务重组等原因转出固定资产，也属于固定资产处置。

（2）固定资产出售、报废或毁损的核算。

企业对出售、报废或毁损的固定资产，应设置“固定资产清理”账户进行核算。出售、报废和毁损固定资产所得净收益，应计入营业外收入（“非流动资产处置利得”项目），如为净损失应计入营业外支出（属于正常的处理损失，计入“非流动资产处置损失”项目）。如果企业在筹建期间发生出售、报废和毁损固定资产处置业务，其净损益应计入或冲减管理费用。

（3）企业因对外投资、非货币性资产交换、债务重组等原因转出的固定资产，一般也通过“固定资产清理”账户进行核算，具体处理应按有关会计准则的规定进行处理。

【例 7-12】 汇通天下制造有限公司报废一台生产设备，原价 2 140 000 元，已提折旧 155 0000 元，未计提减值准备，报废资产的残料变价 17 000 元已存入银行，支付清理费用 6 000 元，设备清理完毕。

（1）结转固定资产账面价值：

借：固定资产清理　　590 000
　　累计折旧　　1 550 000
　　贷：固定资产　　2 140 000

（2）支付清理费用：

借：固定资产清理　　6 000
　　贷：银行存款　　6 000

（3）残料变价收入存入银行：

借：银行存款　　17 000
　　贷：固定资产清理　　17 000

（4）结转固定资产清理：

借：营业外支出——非流动资产处置损失　　579 000
　　贷：固定资产清理　　579 000

CHAPTER

EIGHT

第8章 投资性房地产

本章主要介绍投资性房地产的初始计量、持有期间按成本模式或公允价值模式的账务处理、从成本模式到公允价值模式转换及处置的账务处理。

投资性房地产，是指为赚取租金或资本增值，或两者兼有而持有的房地产。投资性房地产应当能够单独计量和出售。投资性房地产主要包括：已出租的土地使用权、持有并准备增值后转让的土地使用权和已出租的建筑物。

8.1 投资性房地产科目的具体运用

投资性房地产科目用来核算投资性房地产的价值，包括采用成本模式计量的投资性房地产和采用公允价值模式计量的投资性房地产。企业应当按照投资性房地产类别和项目进行明细核算。见表8-1。

表8-1　投资性房地产会计科目编码的设置

科目代码	总分类科目（一级科目）	明细分类科目		是否辅助核算	辅助核算类别
		二级明细科目	三级明细科目		
1521	投资性房地产				
152101	投资性房地产	公允价值模式计量		是	项目
15210101	投资性房地产	公允价值模式计量	已出租的土地使用权	是	项目
15210102	投资性房地产	公允价值模式计量	持有并准备增值后转让的土地使用权	是	项目
15210103	投资性房地产	公允价值模式计量	已出租的房屋	是	项目
152102	投资性房地产	成本模式计量		是	项目
15210201	投资性房地产	成本模式计量	已出租的土地使用权	是	项目
15210202	投资性房地产	成本模式计量	持有并准备增值后转让的土地使用权	是	项目
15210203	投资性房地产	成本模式计量	已出租的房屋	是	项目

8.2 投资性房地产的账务处理

1. 投资性房地产的初始计量

（1）外购的投资性房地产。

外购投资性房地产的成本，包括购买价款、相关税费和可直接归属于该资产的其他支出。当企业购入房地产时，自用一段时间之后再改为出租或资本增值的，应当首先将外购的房地产确认为固定资产或无形资产，自租赁开始日或用于资本增值日起，再从固定资产或无形资产转换为投资性房地产。账务处理如图 8-1 所示。

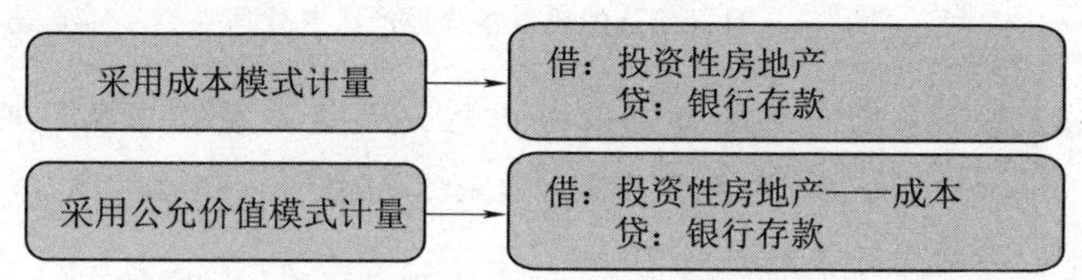

图 8-1　外购投资性房地产账务处理

【例 8-1】 顺远房地产开发公司 2017 年 4 月 3 日支付 40 000 000 元价款和 500 000 元相关税费购入了 600 平方米商业用房，当日出租给华谊公司。在采用成本模式下，顺远房地产开发公司购入投资性房地产的账务处理如下。

借：投资性房地产——商业用房　　　　　　　　40 500 000

　　贷：银行存款（40 000 000＋500 000）　　　　　　40 500 000

登记会计凭证，见表 8-2。

表 8-2

记账凭证

2017 年 4 月 5 日　　　　　　　　　　字第××号

摘要	会计科目	借方金额											贷方金额											记账
		万	千	百	十	万	千	百	十	元	角	分	万	千	百	十	万	千	百	十	元	角	分	
购入商业用房	投资性房地产		4	0	5	0	0	0	0	0	0	0												
	银行存款													4	0	5	0	0	0	0	0	0	0	
合计		¥	4	0	5	0	0	0	0	0	0	0	¥	4	0	5	0	0	0	0	0	0	0	

会计主管：白莲　　　　记账：陈迪　　　　审核：李兰　　　　制单：董莉莉

(2) 自行建造的投资性房地产。

企业自行建造（或开发，下同）的房地产，只有在自行建造或开发活动完成（即达到预定可使用状态）的同时开始对外出租或用于资本增值，才能将自行建造的房地产确认为投资性房地产。账务处理如图 8-2 所示。

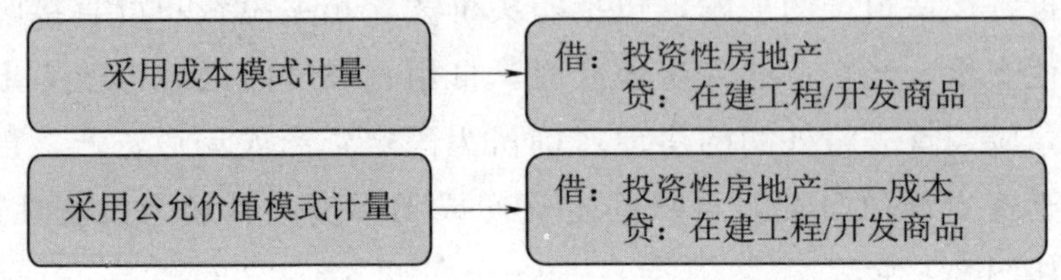

图 8-2　自行建造的投资性房地产账务处理

【例 8-2】顺远房地产开发企业采用出包方式建造商业用楼，用于出租，总投资 45 000 000 元。2016 年 2 月 1 日支付工程款 35 000 000 元，则在采用成本模式下，甲公司账务处理如下。

借：在建工程——商用楼　　35 000 000

　贷：银行存款　　35 000 000

登记会计凭证，见表 8-3。

表 8-3

记账凭证

2017 年 2 月 1 日　　字第××号

摘要	会计科目	借方金额											贷方金额											记账
		万	千	百	十	万	千	百	十	元	角	分	万	千	百	十	万	千	百	十	元	角	分	
建造商业用房，支付工程款 3 500 万元	在建工程——商用楼		3	5	0	0	0	0	0	0	0	0												
	银行存款													3	5	0	0	0	0	0	0	0	0	
合计		¥	3	5	0	0	0	0	0	0	0	0	¥	3	5	0	0	0	0	0	0	0	0	

会计主管：白莲　　记账：陈迪　　审核：李兰　　制单：董莉莉

2016 年 12 月 20 日，工程达到预定可使用状态，已办理经营租赁手续，在建工程余额为 42 000 000 元，登记会计凭证，见表 8-4。则：

借：投资性房地产　　　　　　　　　　　　　　42 000 000

　　贷：在建工程　　　　　　　　　　　　　　　　42 000 000

表 8-4

<u>记 账 凭 证</u>

2017 年 2 月 1 日　　　　　　　　　　字第××号

摘要	会计科目	借方金额											贷方金额											记账
		万	千	百	十	万	千	百	十	元	角	分	万	千	百	十	万	千	百	十	元	角	分	
结转在建工程成本 4 200 万元	在建工程——商业用楼		4	2	0	0	0	0	0	0	0	0												
	银行存款													4	2	0	0	0	0	0	0	0	0	
合计		¥	4	2	0	0	0	0	0	0	0	0	¥	4	2	0	0	0	0	0	0	0	0	

会计主管：白莲　　　　记账：陈迪　　　　审核：李兰　　　　制单：董莉莉

2. 投资性房地产的后续计量

投资性房地产的后续计量主要是指企业应该在资产负债表日对投资性房地产的期末价值进行重新计量。企业对投资性房地产的后续计量主要采用成本模式和公允价值模式。但是同一企业只能采用一种模式对所有的投资性房地产进行后续计量，不得同时采用两种计量模式。

（1）采用成本模式进行后续计量的投资性房地产。

设置“投资性房地产”“投资性房地产累计折旧（摊销）”“投资性房地产减值准备”科目。账务处理如图 8-3 所示。

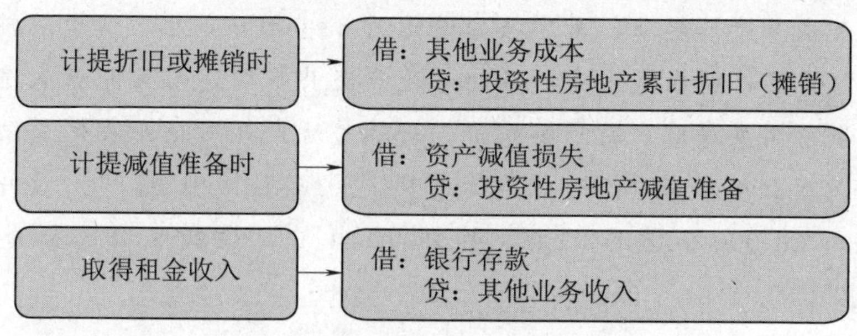

图 8-3　采用成本模式进行后续计量的投资性房地产

（2）采用公允价值模式进行后续计量的投资性房地产。

采用公允价值模式时需要同时满足以下两个条件。

①投资性房地产所在地有活跃的房地产交易市场。

②企业能够从活跃的房地产交易市场上取得同类或类似房地产的市场价格及其他相关信息，从而对投资性房地产的公允价值作出合理的估计。

采用公允价值模式进行后续计量的会计处理如下。

同样要设置“投资性房地产”科目核算，明细科目为“成本”“公允价值变动”；另外还要设置“公允价值变动损益”科目。

与采用成本模式计量的区别是：采用公允价值模式计量的投资性房地产不再计提折旧，不再进行摊销，也不需要计提减值准备。如图 8-4 所示。

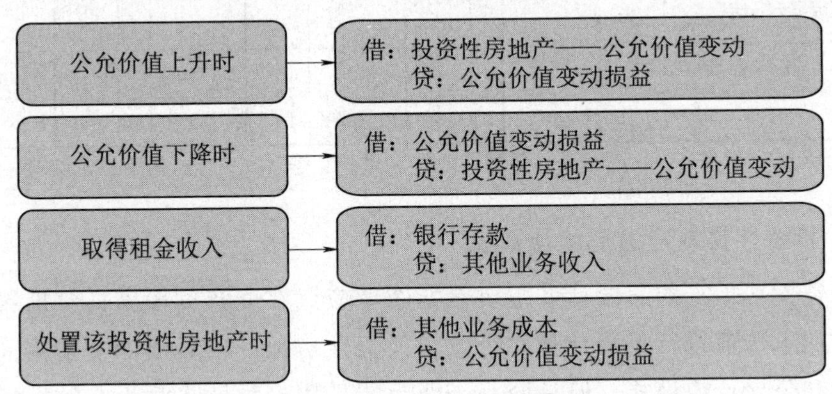

图 8-4　采用公允价值模式进行后续计量的投资性房地产

【例 8-3】2016 年 7 月 15 日，兴港房地产开发企业与富丽商业公司签订租赁协议，约定兴港房地产开发企业将开发的一栋精装修的写字楼于开发完成的同时开始租赁给富丽商业公司使用，租赁期为 10 年。当年 8 月 1 日，该写字楼开发完成并开始起租，写字楼的造价为 32 000 000 元。由于该栋写字楼地处商业繁华区，所在城区有活跃的房地产交易市场，而且能够从房地产交易市场上取得同类房地产的市场报价，兴港房地产开发企业决定采用公允价值模式对该项出租的房地产进行后续计量。2016 年 12 月 31 日，该写字楼的公允价值为 38 000 000 元。2017 年 12 月 31 日，该写字楼的公允价值为 40 000 000元。

兴港房地产开发企业的账务处理如下：

(1) 2016 年 8 月 1 日，兴港房地产开发企业开发完成写字楼并出租。

借：投资性房地产——××写字楼（成本）　　32 000 000

　贷：开发产品　　32 000 000

(2) 2016 年 12 月 31 日，以资产负债表日投资性房地产的公允价值为基础调整其账面价值，公允价值与原账面价值之间的差额计入当期损益。

借：投资性房地产——××写字楼（公允价值变动）

6 000 000

贷：公允价值变动损益 6 000 000

(3) 2017 年 12 月 31 日，公允价值又发生变动。

借：投资性房地产——××写字楼（公允价值变动）

2 000 000

贷：公允价值变动损益 2 000 000

8.3 投资性房地产的转换

企业对投资性房地产的计量模式一经确定，不得随意变更。以成本模式转为公允价值模式的，应当作为会计政策变更处理，将计量模式变更时公允价值与账面价值的差额，调整期初留存收益。

按照当前《企业会计准则》的规定，只允许成本模式转为公允价值模式，已采用公允价值模式计量的投资性房地产，不得从公允价值模式转为成本模式。投资性房地产后续计量模式的变更如图 8-5 所示。

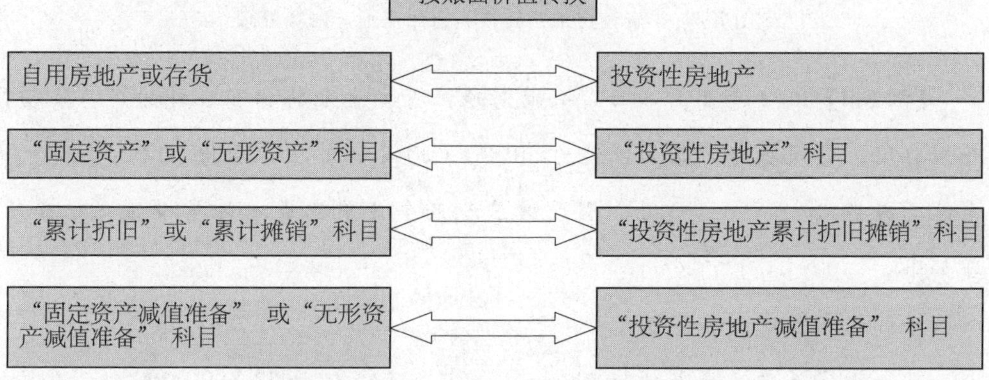

图 8-5 投资性房地产后续计量模式的变更

1. 房地产的转换形式及转换日

房地产的转换，是因房地产用途发生改变而对房地产进行的重新分类。在会计处理上，投资性房地产转换为其他资产，或由其他资产转换为投资性房地产。

2. 房地产转换的会计处理

（1）投资性房地产转换为自用房地产。

企业将投资性房地产转换为自用房地产，应当按该项投资性房地产在转换日的账面余额、累计折旧或摊销、减值准备等，分别转入“固定资产”“累计折旧”“固定资产减值准备”等科目。账务处理如图 8-6 所示。

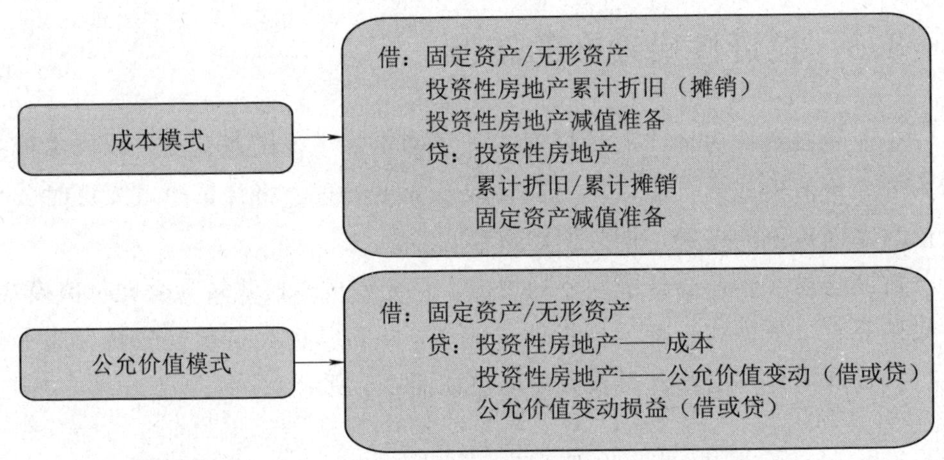

图 8-6　投资性房地产转换为自用房地产账务处理

【例 8-4】 2017 年 1 月 4 日，兴港房地产开发企业将出租在外的厂房收回，开始自用。该项房地产账面价值为 50 864 000 元，其中，原价 46 000 000 元，累计已提折旧 22 890 000 元。假设该房地产企业采用成本计量模式。账务处理如下：

借：固定资产——厂房　　　　　　　　46 000 000

　　投资性房地产累计折旧　　　　　　22 890 000

　　贷：投资性房地产　　　　　　　　　　46 000 000

累计折旧　　　　　　　　　　　　　　22 890 000

登记会计凭证，见表 8-5。

表 8-5

记账凭证

2017 年 1 月 4 日　　　　字第××号

摘要	会计科目	借方金额											贷方金额											记账
		万	千	百	十	万	千	百	十	元	角	分	万	千	百	十	万	千	百	十	元	角	分	
收回出租的厂房，转为自用	固定资产——厂房		4	6	0	0	0	0	0	0	0	0												
	投资性房地产累计折旧		2	2	8	9	0	0	0	0	0	0												
	投资性房地产													4	6	0	0	0	0	0	0	0	0	
	累计折旧													2	2	8	9	0	0	0	0	0	0	
合计		¥	6	8	8	9	0	0	0	0	0	0	¥	6	8	8	9	0	0	0	0	0	0	

会计主管：夏雪　　记账：郭煜　　审核：王欣欣　　制单：姜晨

【例 8-5】2017 年 1 月 1 日，兴城房地产开发企业将其出租的一幢写字楼收回，作为办公用房。写字楼按公允价值计量模式计量，收回日写字楼的公允价值为 62 000 000 元，预计尚有使用年限 5 年，无残值。写字楼原账面价值为 60 000 000 元，其中，成本为 48 000 000 元，公允价值变动为增值 12 000 000元。假设不考虑税费。其账务处理如下：

借：固定资产　　　　　　　　　　　　62 000 000

　贷：投资性房地产——成本　　　　　　　　48 000 000

　　投资性房地产——公允价值变动　　　　12 000 000

　　公允价值变动损益　　　　　　　　　　2 000 000

登记会计凭证，见表 8-6。

表 8-6

<u>记 账 凭 证</u>

2017 年 1 月 4 日　　　　字第××号

摘要	会计科目	借方金额											贷方金额											记账
		万	千	百	十	万	千	百	十	元	角	分	万	千	百	十	万	千	百	十	元	角	分	
收回出租的厂房，转为自用	固定资产——写字楼		6	2	0	0	0	0	0	0	0	0												
	投资性房地产成本													4	8	0	0	0	0	0	0	0	0	
	投资性房地产——公允价值变动													1	2	0	0	0	0	0	0	0	0	
	公允价值变动损益														2	0	0	0	0	0	0	0	0	
合计		¥	6	2	0	0	0	0	0	0	0	0	¥	6	2	0	0	0	0	0	0	0	0	

会计主管：刘菲菲　　记账：兰诗旭　　审核：孙维　　制单：吴渺

（2）非投资性房地产转换为投资性房地产。

非投资性房地产转换为投资性房地产的会计处理，如图 8-7 所示。

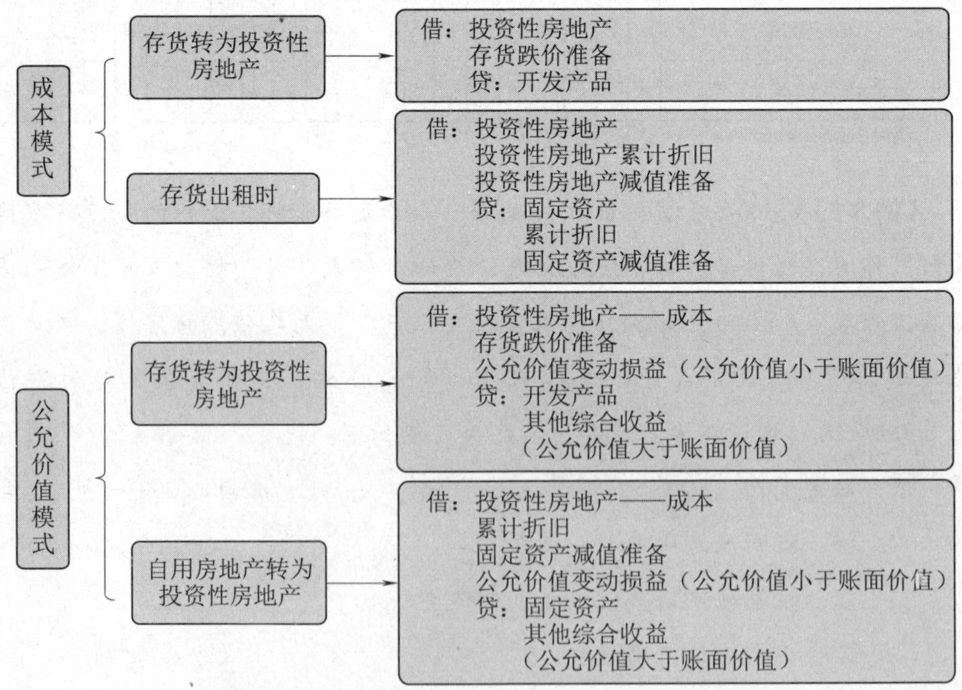

图 8-7　非投资性房地产转换为投资性房地产账务处理

【例 8-6】2017 年 2 月 1 日，华谊房地产开发企业签订协议，将其拥有的一幢写字楼，出租给某证券交易所用作营业用房。租赁开始日为 2 月 1 日，租期 5 年。写字楼原价 49 800 000 元，已计提折旧 24 800 000 元。假如开发公司将出租的写字楼改按公允价值计量模式计量，租赁开始日评估写字楼的公允价值为 4 150 000 元。其账务处理如下：

借：投资性房地产——写字楼——成本　　　　4 1500 000

　　累计折旧　　　　24 800 000

　　贷：固定资产——写字楼　　　　49 800 000

　　　　其他综合收益　　　　16 500 000

登记会计凭证，见表 8-7。

表 8-7

记账凭证

2017 年 2 月 1 日　　　　字第　　号

摘要	会计科目	借方金额											贷方金额											记账
		万	千	百	十	万	千	百	十	元	角	分	万	千	百	十	万	千	百	十	元	角	分	
出租证券交易所一幢写字楼	投资性房地产——写字楼——成本		4	1	5	0	0	0	0	0	0	0												
	累计折旧		2	4	8	0	0	0	0	0	0	0												
	固定资产													4	9	8	0	0	0	0	0	0	0	
	其他综合收益													1	6	5	0	0	0	0	0	0	0	
合计		¥	6	6	3	0	0	0	0	0	0	0	¥	6	6	3	0	0	0	0	0	0	0	

会计主管：于荣　　记账：宁夏　　审核：宋墨然　　制单：马思枫

8.4 投资性房地产的处置

1. 采用成本模式计量的投资性房地产的处置

出售、转让按成本模式进行后续计量的投资性房地产时，账务处理如图 8-8所示。

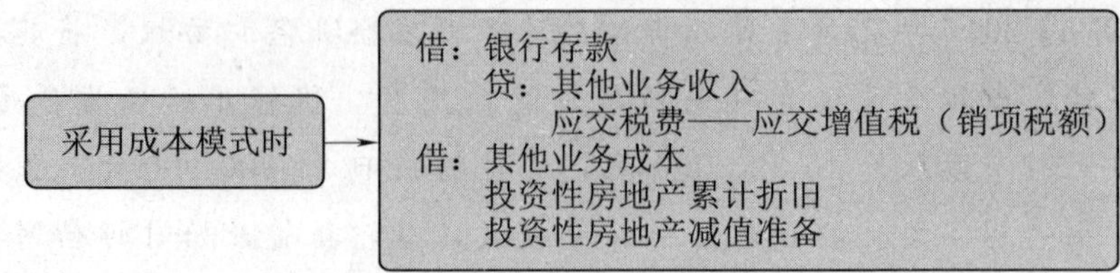

图 8-8　采用成本模式计量的投资性房地产的处置

【例 8-7】 东方房地产开发对投资性房地产采用成本模式计量，于 2017 年 1 月 31 日将出租的办公楼出售。该办公楼的账面原值为 17 000 000 元，已提折旧 9 880 000 元。出售收入 21 090 000 元收存银行，按 11%缴纳增值税，则出售时的账务处理是：

借：银行存款　　21 090 000

　贷：其他业务收入［21 090 000÷（1+11%）］　　19 000 000

　　　应交税费——应交增值税（销项税额）　　2 090 000

借：其他业务成本　　7 120 000

　　投资性房地产累计折旧　　9 880 000

　贷：投资性房地产　　17 000 000

2. 采用公允价值模式计量的投资性房地产的处置

采用公允价值模式计量的投资性房地产处置的账务处理，如图 8-9 所示。

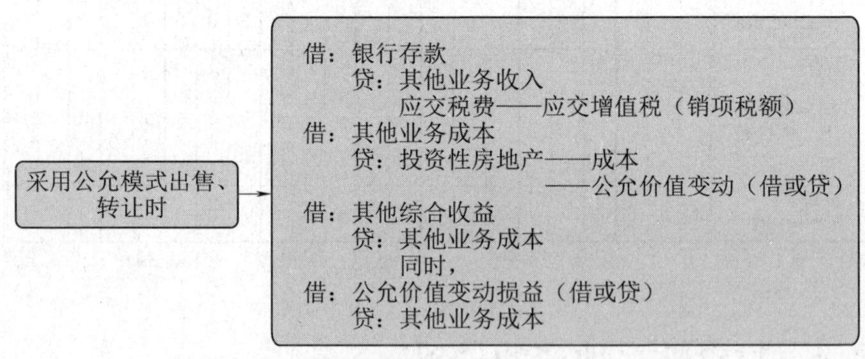

图 8-9　采用公允价值模式计量的投资性房地产的处置

【例 8-8】 天成房地产开发企业有一项房地产，2014 年 2 月购买时买价 12 000 000元。2014 年 12 月 31 日涨到 16 549 000 元，增加投资性房地产公允价值变动 4 000 000 元。2016 年 12 月 31 日将此房地产出售，收到价款

18 559 200元。

账务处理如下：

借：银行存款　　18 559 200

　　贷：其他业务收入　　16 720 000

　　　　应交税费——应交增值税（销项税额）　　1 839 200

结转其他业务成本：

借：其他业务成本　　16 549 000

　　贷：投资性房地产——×房地产（成本）　　12 000 000

　　　　——×房地产（公允价值变动）　　4 549 000

借：其他综合收益　　4 549 000

　　贷：其他业务成本　　4 549 000

CHAPTER

NINE

第9章

无形资产

本章主要介绍无形资产科目的设置、自制与外购无形资产的入账价值的核算，持有期间无形资产的摊销，出售时无形资产的结转。

9.1 无形资产科目的具体运用

无形资产，是指企业为生产商品或者提供劳务、出租给他人，或为管理目的而持有的、没有实物形态的非货币性长期资产。企业设置无形资产科目以核算企业持有的无形资产成本，包括专利权、非专利技术、商标权、著作权、土地使用权等。本科目可按无形资产项目进行明细核算，期末借方余额，反映企业无形资产的成本。如图 9-1 所示。

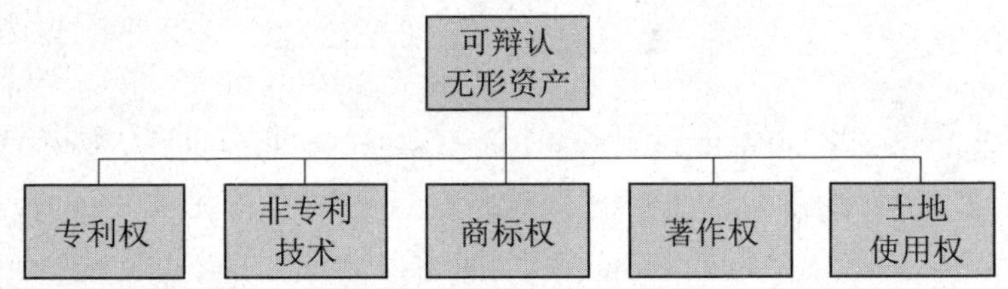

图 9-1　无形资产分类

无形资产同时满足下列条件的，才能予以确认。

（1）与该无形资产有关的经济利益很可能流入企业。

（2）该无形资产的成本能够可靠地计量。

无形资产科目的设置，见表 9-1。

表 9-1　　无形资产会计科目编码的设置

科目代码	总分类科目（一级科目）	明细分类科目		是否辅助核算	辅助核算类别
		二级明细科目	三级明细科目		
1701	无形资产				
170101	无形资产	土地使用权	项目	是	部门

续上表

科目代码	总分类科目（一级科目）	明细分类科目		是否辅助核算	辅助核算类别
		二级明细科目	三级明细科目		
170102	无形资产	著作权	项目	是	部门
170103	无形资产	商标权	项目	是	部门
170104	无形资产	非专利技术	项目	是	部门
170105	无形资产	特许使用权	项目	是	部门
170106	无形资产	其他	项目	是	部门

【例 9-1】2016 年 1 月 1 日，汇通天下制造有限公司开始自行研究开发一项新技术，截止当年年末该项目研究各项工作已经完成，共发生 245 600 元（假定均以银行存款支付）。2016 年 1 月进入开发阶段，共发生 552 000 元，并符合开发支出予以资本化的条件，其中材料费用 200 000 元、研发人员薪酬 242 000 元、以银行存款支付相关费用 110 000 元。2017 年 3 月末，研发的新技术达到预定使用用途，形成一项非专利技术，确认为企业的无形资产。

（1）2016 年项目研发阶段发生的支出。

借：研发支出——费用化支出　　245 600

　　贷：银行存款　　245 600

（2）2016 年结转项目费用化支出。

借：管理费用　　245 600

　　贷：研发支出——费用化支出　　245 600

（3）2017 年项目开发阶段发生的、符合资本化条件的支出。

借：研发支出——资本化支出　　552 000

　　贷：原材料　　200 000

　　　　应付职工薪酬　　242 000

　　　　银行存款　　110 000

（4）2017 年 3 月末，研究开发的新技术达到预定用途。

借：无形资产——非专利技术　　552 000

　　贷：研发支出——资本化支出　　552 000

9.2 无形资产的摊销

企业应当按月对无形资产进行摊销。无形资产的摊销额一般应当计入当期损益。企业自用的无形资产，其摊销金额计入管理费用，出租的无形资产，其摊销金额计入其他业务成本，某项无形资产包含的经济利益通过所生产的产品或其他资产实现的，其摊销金额应当计入相关资产成本。如图 9-2 所示。

账面净值＝账面余额－累计摊销

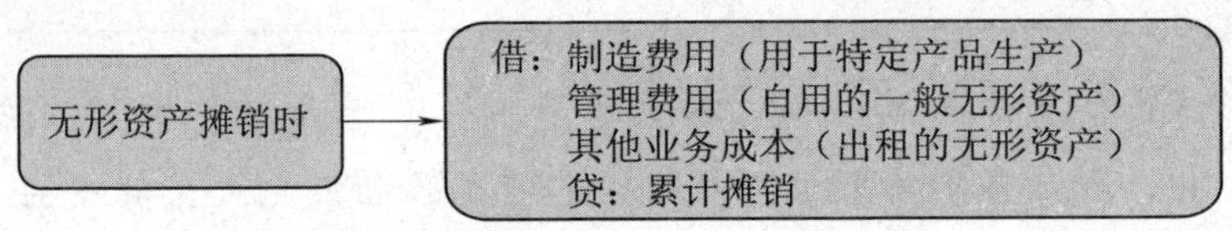

图 9-2　无形资产的摊销账处理

【例 9-2】2017 年 1 月 26 日，汇通天下制造有限公司从其他公司购入一项商标权，以银行存款支付买价和有关费用合计 117 200 元。估计该项商标权的使用寿命为 10 年。假定这项无形资产的净残值均为零，并按直线法摊销。

假定按年进行摊销时：

借：管理费用　　11 720

　　贷：累计摊销　　11 720

9.3 无形资产的处置

企业出售无形资产，应将所得价款与该项无形资产的账面价值之间的差额，计入当期损益（营业外收入或营业外支出）。如图 9-3 所示。

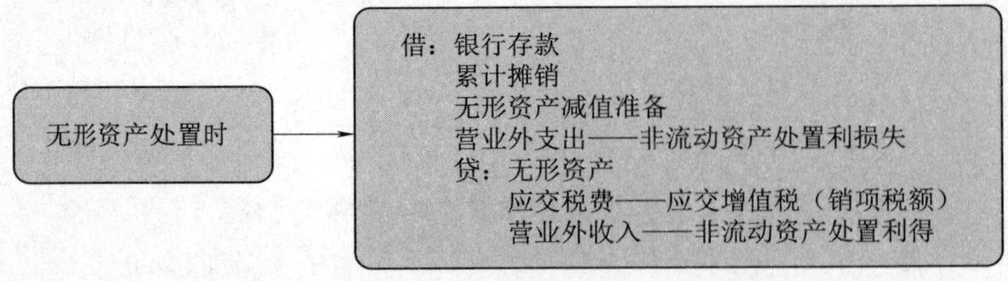

图 9-3　无形资产的处置账务处理

【例 9-3】汇通天下制造有限公司拥有 A 专利技术，根据市场调查，用其生产的产品已没有市场，决定应予转销。转销时，该项专利技术的账面余额为 526 800 元，摊销期限为 10 年，采用直线法进行摊销，已累计摊销 335 600 元，假定该项专利权的残值为零，已累计计提的减值准备为 189 000 元，假定不考虑其他相关因素。

借：累计摊销 335 600

　　无形资产减值准备 189 000

　　营业外支出——处置非流动资产损失 2 200

　　贷：无形资产——专利权 526 800

CHAPTER

TEN

第10章 流动负债的核算

流动负债是指在一年或超过一年的一个营业周期内，需要用流动资产归还或者以新的融资所获得的资金来抵偿的各种债务，如短期借款、应付票据、应付账款、预收账款、应付职工薪酬、应交税费、应付利息、应付股利、其他应付款等。

10.1 短期借款

短期借款是企业向银行或其他金融机构等借入的期限在 1 年以下（含 1 年）的各种借款，通常是为了满足正常生产经营的需要。

10.1.1 短期借款取得

企业应通过“短期借款”科目，核算短期借款的取得及偿还情况。账务处理如图 10-1 所示。

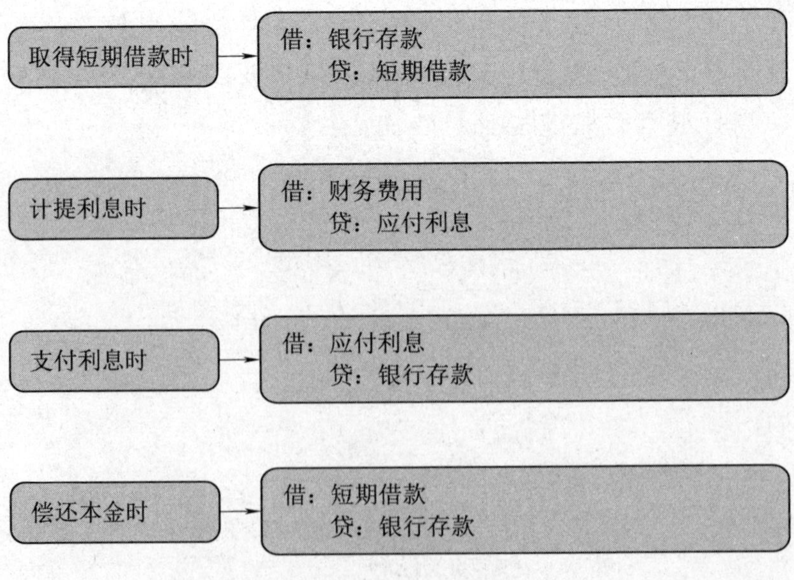

图 10-1　短期借款的账务处理

10.1.2 短期借款科目的具体运用

企业的短期借款主要有：经营周转借款、临时借款、结算借款、票据贴现借款、卖方信贷、预购定金借款和专项储备借款等。见表10-1。

表10-1 **短期借款会计科目编码的设置**

科目代码	总分类科目（一级科目）	明细分类科目		是否辅助核算	辅助核算类别
		二级明细科目	三级明细科目		
2001					
200101	短期借款	人民币	经营周转借款	是	贷款人
200102	短期借款	人民币	临时借款	是	贷款人
200103	短期借款	人民币	结算借款	是	贷款人
200104	短期借款	人民币	票据贴现借款	是	贷款人
200105	短期借款	人民币	卖方信贷	是	贷款人
200106	短期借款	人民币	预购定金借款	是	贷款人
200107	短期借款	人民币	专项储备借款	是	贷款人
200108	短期借款	外币	美元	是	贷款人
200109	短期借款	外币	欧元	是	贷款人
200110	短期借款	外币	其他	是	贷款人

短期借款利息较大需要计提的，在资产负债表日，按照应计的金额，借记“财务费用”账户，贷记“应付利息”账户；若利息不大无须计提，在支付利息时记入“财务费用”账户。

【例10-1】汇通天下制造有限公司取得短期借款280 000元，年利率7%，借款期限6个月。利息数额较少，不进行计提，一直到期还本付息。

6个月的利息＝280 000×7%÷12×6＝9 800（元）

（1）2017年1月1日，取得借款时，见表10-2。

借：银行存款　　280 000

　　贷：短期借款　　280 000

表 10-2　　　　中国工商银行流动资金借款收据（回单）

2017 年 1 月 1 日

<table>
<tr><td>借款单位全称</td><td colspan="2">汇通天下制造有限公司</td><td>存款账号</td><td colspan="9">342700190923421659 0</td></tr>
<tr><td>贷款种类</td><td></td><td>年利率</td><td>贷款户账号</td><td colspan="9">342700190923421659 0</td></tr>
<tr><td rowspan="2">贷款金额</td><td colspan="3" rowspan="2">人民币
（大写）⊗贰拾捌万元整</td><td>百</td><td>十</td><td>万</td><td>千</td><td>百</td><td>十</td><td>元</td><td>角</td><td>分</td></tr>
<tr><td>¥</td><td>2</td><td>8</td><td>0</td><td>0</td><td>0</td><td>0</td><td>0</td><td>0</td></tr>
<tr><td colspan="3">借款原因或用途：流动资金</td><td>约定还款期限</td><td colspan="9">2017 年 6 月 30 日</td></tr>
<tr><td colspan="3">备注：</td><td colspan="10">上列贷款已转入你单位存款户</td></tr>
</table>

工行深圳宝安支行 转讫

（2）2017 年 6 月 30 日，还本付息时，见表 10-3、表 10-4、图 10-2。

借：短期借款　　　　280 000

　　财务费用　　　　9 800

　　贷：银行存款　　　　289 800

表 10-3　　　　存（贷）款利息传票

2017 年 6 月

<table>
<tr><td rowspan="2">借方</td><td>户名</td><td>汇通天下制造有限公司</td><td rowspan="2">贷方</td><td>户名</td><td colspan="2">汇通天下制造有限公司账号</td></tr>
<tr><td>账号</td><td>342700190923421659 0</td><td>账号</td><td colspan="2">342700190923421659 0</td></tr>
<tr><td rowspan="3">备注</td><td>起息日期</td><td>止息日期</td><td colspan="2">积数</td><td>利率</td><td>利息</td></tr>
<tr><td>2017.01.01</td><td>2017.06.30</td><td colspan="2"></td><td>7%</td><td>9 800</td></tr>
<tr><td colspan="2">调整利息：</td><td colspan="4">冲正利息：</td></tr>
<tr><td colspan="7">应收（付）利息合计：玖仟捌佰元整</td></tr>
</table>

表 10-4

中国工商银行进账单（回单或收账通知）

进账日期：2017 年 6 月 11 日　　　　第　号

<table>
<tr><td rowspan="3">收款人</td><td>全　称</td><td>中国工商银行宝安支行</td><td rowspan="3">付款人</td><td>全　称</td><td colspan="10">汇通天下制造有限公司</td></tr>
<tr><td>账　号</td><td>020000190923425436 7</td><td>账　号</td><td colspan="10">342700190923421659 0</td></tr>
<tr><td>开户银行</td><td>中国工商银行宝安支行</td><td>开户银行</td><td colspan="10">工商银行深圳北安支行</td></tr>
<tr><td colspan="5" rowspan="2">人民币（大写）：贰拾捌万玖仟捌佰元整</td><td>千</td><td>百</td><td>十</td><td>万</td><td>千</td><td>百</td><td>十</td><td>元</td><td>角</td><td>分</td></tr>
<tr><td></td><td>¥</td><td>2</td><td>8</td><td>9</td><td>8</td><td>0</td><td>0</td><td>0</td><td>0</td></tr>
<tr><td colspan="2">票据种类</td><td colspan="2">转账支票</td><td colspan="11" rowspan="3">工商银行深圳北安支行 2017.6.11 付讫
收款人开户银行盖章（略）</td></tr>
<tr><td colspan="2">票据张数</td><td colspan="2">1</td></tr>
<tr><td colspan="4">主管　曲漫　会计　杨森　复核　　记账</td></tr>
</table>

此联给收款人的收账通知

中国工商银行
转账支票存根（深）
IV V000067

科　　目：__________

对方科目：__________

出票日期：2017 年 6 月 30 日

收款人：中国工商银行深圳宝安支行
金　额：289 800
用　途：短期借款

单位主管　曲漫　　　　　会计　沙芳

图 10-2　转账支票存根

10.2　应付票据

应付票据是由出票人出票，委托付款人在指定日期无条件支付特定的金额给收款人或者持票人的票据，包括商业承兑汇票和银行承兑汇票。应付票据按是否带息分为不带息应付票据和带息应付票据两种。

企业应通过“应付票据”科目核算应付票据的发生、偿付等情况。

10.2.1　应付票据科目的具体应用

企业应设置“应付票据备查簿”，详细登记每一笔应付票据的种类、号码、出票日期、到期日、票面金额、交易合同号、收款单位名称等详细资料。应付票据到期付清时，应在备查簿内逐笔注销。企业支付的银行承兑汇票手续费应计入当期财务费用。具体科目设置，见表 10-5。

表 10-5　　　　**应收票据会计科目编码的设置**

科目代码	总分类科目（一级科目）	明细分类科目		是否辅助核算	辅助核算类别
		二级明细科目	三级明细科目		
2201	应付票据				
220101	应付票据	银行承兑汇票	种类	是	客户往来
220102	应付票据	商业承兑汇票	种类	是	客户往来

应付票据的核算主要包括开出并承兑商业汇票、期末计提票据利息、到期支付票款。企业因购买材料、商品和接受劳务供应等而开出、承兑的商业汇票，应当按其票面金额作为应付票据的入账金额。企业开出、承兑的带息票据，通常应在期末对尚未支付的应付票据计提利息，计入当期财务费用。

应付票据的主要账务处理如图 10-3 所示。

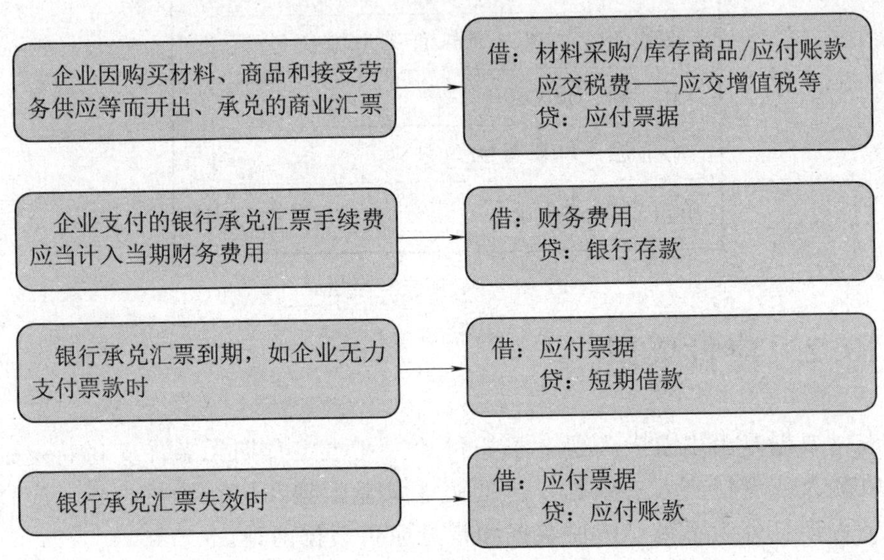

图 10-3　应付票据的账务处理

10.2.2　应付票据的核算

1. 不带息应付票据的账务处理

不带息票据是指债务人到期还款时，只偿还面值金额，即票据到期值等于面值，应按期面额记账，借记“材料采购”“库存商品”“应交税费”等账户，贷记“应付票据”账户。

【例 10-2】2017 年 1 月 16 日，汇通天下制造有限公司开出期限为 3 个月、票面金额为 46 800 元的不带息商业承兑汇票支付绿地公司货款，增值税专用发票上列明价款 40 000 元，增值税额 6 800 元，商品验收入库。见表 10-6。

表 10-6

<table>
<tr><td colspan="10" align="center"><u>商业承兑汇票</u></td></tr>
<tr><td colspan="10" align="right">出票日期（大写）：贰零壹柒年零壹月壹拾陆日　汇票号码×××</td></tr>
<tr><td rowspan="3">付款人</td><td>全称</td><td colspan="3">汇通天下制造有限公司</td><td rowspan="3">收款人</td><td>全称</td><td colspan="3">绿地公司</td></tr>
<tr><td>账号</td><td colspan="3">3427001909234216590</td><td>账号</td><td colspan="3">1023451909234287453</td></tr>
<tr><td>开户银行</td><td>工商银行深圳北安支行</td><td>行号</td><td>123</td><td>开户银行</td><td>深圳
宝山路支行</td><td>行号</td><td>234</td></tr>
<tr><td colspan="2">出票
金额</td><td colspan="5">人民币
（大写）⊗肆万陆仟捌佰元整</td><td colspan="3">千 百 十 万 千 百 十 元 角 分
¥ 4 6 8 0 0 0 0</td></tr>
<tr><td colspan="2">汇票到期日
（大写）</td><td colspan="3">贰零壹柒年零肆月壹拾伍日</td><td rowspan="2">款人
开户行</td><td>行号</td><td colspan="3">123</td></tr>
<tr><td colspan="2">交易合同号码</td><td colspan="3"></td><td>地址</td><td colspan="3">深圳市宝安区龙华宝山路123号</td></tr>
<tr><td colspan="5">本汇票已经承兑，到期无条件支付票款。

承兑人签章　陈丽
承兑日期　2017 年 4 月 15 日</td><td colspan="5">本汇票予以承兑，于到期日付款。

出票人签章　王楠</td></tr>
</table>

2017 年 1 月 16 日开出不带息商业汇票时。

借：库存商品　　40 000

　　应交税费——应交增值税（进项税额）　　6 800

　　贷：应付票据——商业承兑汇票——绿地公司　　46 800

登记会计凭证，见表 10-7。

表 10-7

<table>
<tr><td colspan="25" align="center"><u>记账凭证</u></td></tr>
<tr><td colspan="25" align="center">2017 年 1 月 16 日　　　　字第××号</td></tr>
<tr><td rowspan="2">摘要</td><td rowspan="2">会计科目</td><td colspan="11">借方金额</td><td colspan="11">贷方金额</td><td rowspan="2">记账</td></tr>
<tr><td>万</td><td>千</td><td>百</td><td>十</td><td>万</td><td>千</td><td>百</td><td>十</td><td>元</td><td>角</td><td>分</td><td>万</td><td>千</td><td>百</td><td>十</td><td>万</td><td>千</td><td>百</td><td>十</td><td>元</td><td>角</td><td>分</td></tr>
<tr><td rowspan="3">开出为期3个月商业票据，价款46 800元，购入绿地公司商品</td><td>库存商品</td><td></td><td></td><td></td><td></td><td>4</td><td>0</td><td>0</td><td>0</td><td>0</td><td>0</td><td>0</td><td></td><td></td><td></td><td></td><td></td><td></td><td></td><td></td><td></td><td></td><td></td><td></td></tr>
<tr><td>应交税费——应交增值税（销项税额）</td><td></td><td></td><td></td><td></td><td></td><td>6</td><td>8</td><td>0</td><td>0</td><td>0</td><td>0</td><td></td><td></td><td></td><td></td><td></td><td></td><td></td><td></td><td></td><td></td><td></td><td></td></tr>
<tr><td>应付票据——商业承兑汇票——绿地公司</td><td></td><td></td><td></td><td></td><td></td><td></td><td></td><td></td><td></td><td></td><td></td><td></td><td></td><td></td><td></td><td>4</td><td>6</td><td>8</td><td>0</td><td>0</td><td>0</td><td>0</td><td></td></tr>
<tr><td colspan="2">合计</td><td></td><td></td><td></td><td>¥</td><td>4</td><td>6</td><td>8</td><td>0</td><td>0</td><td>0</td><td>0</td><td></td><td></td><td></td><td>¥</td><td>4</td><td>6</td><td>8</td><td>0</td><td>0</td><td>0</td><td>0</td><td></td></tr>
</table>

会计主管：夏雪　　记账：郭煜　　审核：王欣欣　　制单：姜晨

2017 年 4 月 15 日，支付票款时：

借：应付票据——商业承兑汇票——绿地公司　　　　　46 800

　贷：银行存款　　　　　　　　　　　　　　　　　　46 800

登记会计凭证，见表 10-8。

表 10-8

记账凭证

2017 年 4 月 15 日　　　　　　　　字第××号

摘要	会计科目	借方金额											贷方金额											记账
		万	千	百	十	万	千	百	十	元	角	分	万	千	百	十	万	千	百	十	元	角	分	
商业票据到期，以银行付款支付	应付票据——商业承兑汇票——绿地公司					4	6	8	0	0	0	0												
	银行存款																4	6	8	0	0	0	0	
合计					¥	4	6	8	0	0	0	0				¥	4	6	8	0	0	0	0	

会计主管：夏雪　　　记账：郭煜　　　审核：王欣欣　　　制单：姜晨

2. 带息票据的账务处理

带息票据是指债务人到期还款时，除了偿还面值金额外，同时要偿还票据利息，即票据到期值等于面值加利息。利息为债务人由于延期支付款项所付出的代价，记入“财务费用”账户。

【例 10-3】汇通天下制造有限公司 2017 年 5 月 1 日从乙公司购进一批原材料，不含税价格 864 000 元，增值税率 17%，开出一张期限 4 个月等值的带息商业汇票，年利率为 8%。

(1) 2016 年 5 月 1 日，开出商业汇票时。

借：原材料　　　　　　　　　　　　　　　　　　864 000

　　应交税费——应交增值税（进项税额）　　　　146 880

　　贷：应付票据——商业承兑汇票——乙公司　　　　1 010 880

(2) 2017 年 6 月 30 日，计提 2 个月应计利息。

应计利息＝1 010 880×2×8%÷12＝13 478.4（元）

借：财务费用　　　　　　　　　　　　　　　　13 478.4

　　贷：应付票据——商业承兑汇票——乙公司　　　　13 478.4

(3) 2017 年 8 月 31 日到期付款时。

借：应付票据——商业承兑汇票——乙公司　　1 010 880

　财务费用　　13 478.4

　贷：银行存款　　1 024 358.4

10.3 预收账款

预收账款一般按预收金额入账。预收账款的核算视企业的具体情况而定，如果预收账款较多，可设置“预收账款”科目，按单位进行明细核算。如果预收账款不多，可以将预收的款项直接记入“应收账款”科目的贷方，不设置“预收账款”科目。

10.3.1 预收账款科目的具体运用

“预收账款”科目核算的，其“预收账款”科目的贷方，反映预收的货款和补付的货款；借方反映应收的货款和退回多收的货款；期末贷方余额，反映尚未结清的预收款项，借方余额反映应收的款项。预收账款科目应按购货单位进行明细核算。见表 10-9。

表 10-9　预收账款会计科目编码的设置

科目代码	总分类科目（一级科目）	明细分类科目		是否辅助核算	辅助核算类别
		二级明细科目	三级明细科目		
2203	预收账款				
220301	预收账款	预收的账款	商品、劳务类别	是	购货单位名称
220302	预收账款	预收的定金	商品、劳务类别	是	购货单位名称
220303	预收账款	预收原料款	商品、劳务类别	是	购货单位名称
220304	预收账款	预收工程款	商品、劳务类别	是	购货单位名称

10.3.2 预收账款的核算

预收账款的主要账务处理，具体如图 10-4 所示。

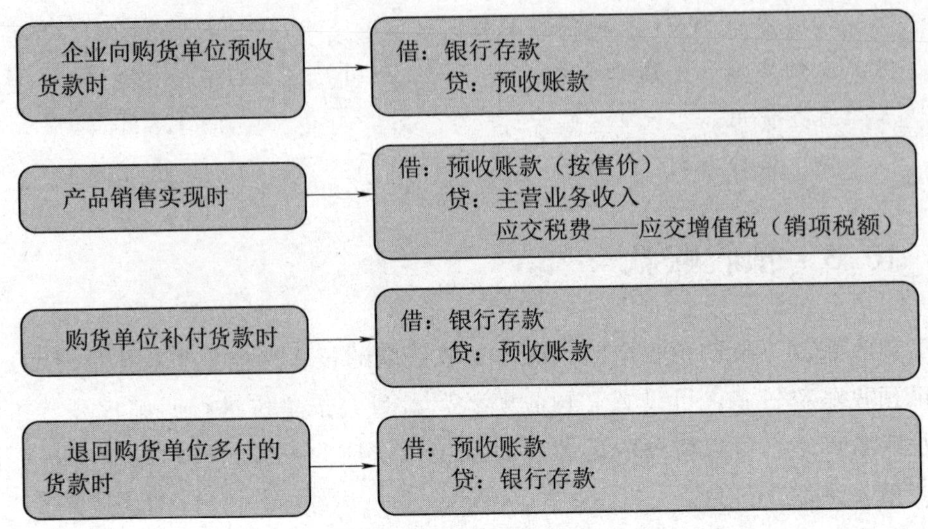

图 10-4　预收账款的账务处理

【例 10-4】 2016 年 12 月 3 日，汇通天下制造有限公司与乙企业签订供货合同，向其出售一批设备，货款金额共计 160 000 元，应交纳的增值税 27 200 元。根据购货合同规定，购货合同签订一周内，乙企业向汇通天下制造有限公司预付货款 71 200 元，剩余货款在交货后付清。2016 年 12 月 8 日，汇通天下制造有限公司收到乙企业交来 64 000 元存入银行，12 月 18 日，汇通天下制造有限公司将货物发到乙企业并开出增值税发票，乙企业验收合格后付清了剩余货款。

(1) 12 月 8 日，收到预付款。

借：银行存款　　71 200

　　贷：预收账款　　71 200

(2) 12 月 18 日，发货后。

借：预收账款　　71 200

　　应收账款　　116 000

　　贷：主营业务收入　　160 000

　　　　应交税费——应交增值税（销项税额）　　27 200

(3) 12 月 20 日，收到补付款。

借：银行存款　　116 000

　　贷：应收账款　　116 000

10.4 应付职工薪酬

10.4.1 应付职工薪酬的具体运用

职工薪酬，是指企业为获得职工提供的服务或解除劳动关系而给予的各种形式的报酬或补偿。职工薪酬包括短期薪酬、离职后福利、辞退福利和其他长期职工福利。企业提供给职工配偶、子女、受赡养人、已故员工遗属及其他受益人等的福利，也属于职工薪酬。职工薪酬的内容如图 10-5 所示。

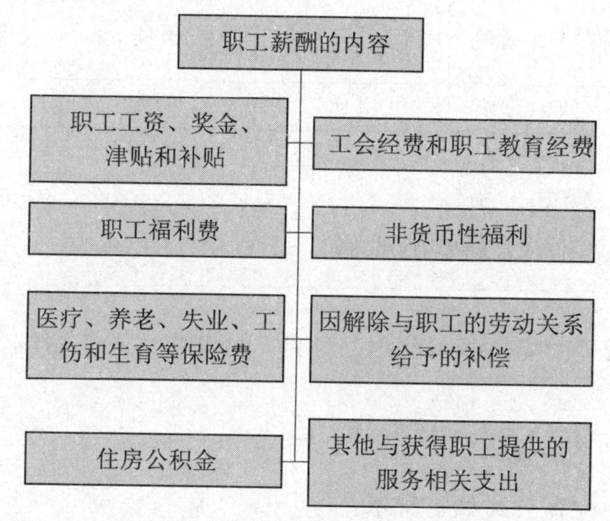

图 10-5 职工薪酬的内容

为了核算应付给职工的各种薪酬，企业应设置“应付职工薪酬”科目。本科目应当按照“工资”“职工福利”“社会保险费”“非货币性福利”“住房公积金”“工会经费”“职工教育经费”“解除职工劳动关系补偿”等应付职工薪酬项目进行明细核算。见表 10-10。

表 10-10　　应付职工薪酬会计科目编码的设置

科目代码	总分类科目（一级科目）	明细分类科目		是否辅助核算	辅助核算类别
		二级明细科目	三级明细科目		
2211	应付职工薪酬				
221101	应付职工薪酬	工资、奖金、津贴、补贴	项目	是	部门

续上表

科目代码	总分类科目（一级科目）	明细分类科目		是否辅助核算	辅助核算类别
		二级明细科目	三级明细科目		
221102	应付职工薪酬	职工福利	项目	是	部门
221103	应付职工薪酬	社会保险费	项目	是	部门
221104	应付职工薪酬	非货币性福利	项目	是	部门
221105	应付职工薪酬	住房公积金	项目	是	部门
221106	应付职工薪酬	工会经费	项目	是	部门
221107	应付职工薪酬	职工教育经费	项目	是	部门
221108	应付职工薪酬	解除职工劳动关系补偿	项目	是	部门
221109	应付职工薪酬	其他	项目	是	部门

10.4.2 应付职工薪酬的核算

企业应当通过“应付职工薪酬”科目，核算应付职工薪酬的提取、结算、使用等情况。

1. 计时工资的计算

计时工资的计算公式如下所示：

计时工资＝（岗位工资/月平均天数）×出勤天数

通常来讲，由于计算时采用的时间单位不同，计时工资可分为三种具体形式：小时工资制、日工作制以及月工资制。以月工资制为例来讲，采用月薪制计时工资时，其计算公式如下所示：

应付计时工资＝月标准工资－日工资额×应付计时工资

＝月标准工资－日工资额×缺勤天数

其中，月标准工资可以根据工资卡片的记录取得，缺勤记录可以根据考勤记录取得，日工资率的计算方法有如下两种。

(1) 月固定按 30 天计算，日工资率为每月标准工资除以 30 天，即：

日工资率＝月标准工资÷30 日

采用这种方法计算日工资率时，缺勤期间的节假日也视为缺勤，照样要扣工资。

(2) 每月按 21 天计算（全年 365 天扣除法定节假日 7 天及 104 个公休日，再用 12 个月平均），日工资率为全月标准工资除以 21 天，即：

日工资率＝月标准工资÷21 日

采用这种方法计算日工资率时，缺勤期间的节假日、星期天不算缺勤，不扣工资。

2. 计件工资的计算

所谓计件工资制，是按照工人生产的合格产品的数量或完成的一定作业量，根据一定的计件单价计算劳动报酬的一种工资形式。

一般来讲，计件工资是根据工长开具的施工任务完成单和工种综合单价，先计算出整个班组的劳动报酬，再根据职工个人工作时数计算出职工个人的劳动报酬。

计件工资的计算公式如下所示：

班组计件工资＝班组实际完成合格工程量×计件单价

个人计件工资＝该职工工作时数×（班组计件工资/班组总工作时数）

事实上，在具体的应用中，计件工资还可以按完成定额工时乘以工时单价（经测算确定的小时工资率）计算。首先，计算月份内完成的各种产品的定额工时数，公式为：

完成定额工时数＝∑（每种产品完成数量×该种产品单位定额工时）

其中，产品完成数包括合格产品数量和料废品数量。

其次，根据定额工时数和小时工资率计算应付计件工资，公式为：

应付计件工资＝完成定额工时数×应付计件工资

＝完成定额工时数×工时单价

3. 工资单的编制

在工资结算表中，要根据工资卡、考勤记录、产量记录及代扣款项等资料按人名填列“应付工资”“代扣款项”“实发金额”三大部分。一般情况下，工资结算表一般应编制一式三份：一份由劳动工资部门存查；一份裁成“工资条”，连同工资一起发给职工；一份在发放工资时由职工签章后交财会部门作为工资核算的凭证，并用以代替工资的明细核算。由于工资结算表是按各个车间、部门分别编制的，因此，只能反映各个车间、部门工资结算和支付的情况。

企业工资的账务处理，如图 10-6 所示。

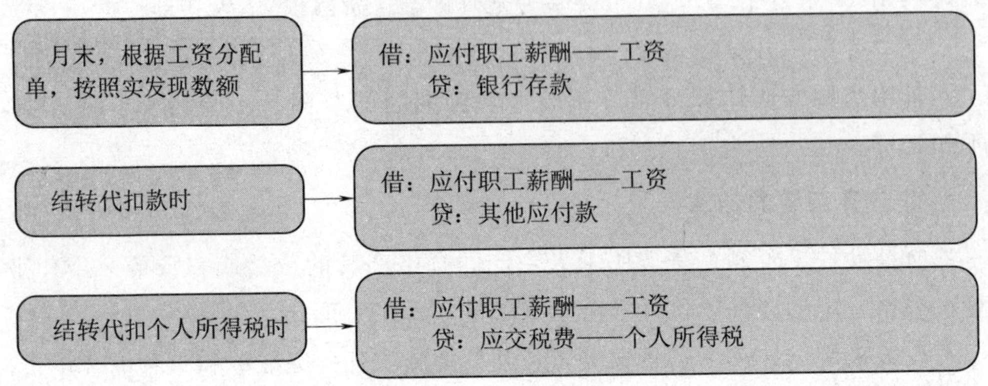

图 10-6　应付职工薪酬的账务处理

【例 10-5】鑫业建筑公司 2017 年 5 月工资结算表，见表 10-11。

表 10-11　　**工资结算汇总表**

2017 年 5 月

人员类别	计时工资	计件工资	奖金	津贴和补贴	加班加点工资	其他工资	合计	代扣款项	代扣个人所得税	实发工资
生产工人	340 000	80 000	10 200	8 000	8 000	2 200	448 400	27 900	12 000	408 500
机械作业人员	20 000		1 000	700			21 700	450	1 800	19 450
企业管理人员	112 000		7 800	12 500			132 300	2 000	10 800	119 500
合计	472 000	80 000	19 000	21 200	8 000	2 200	602 400	30 350	24 600	547 450

根据工资结算业务，作会计分录如下。

(1) 通过银行转账方式，实际发放工资 547 450。

借：应付职工薪酬——工资　　547 450

　　贷：银行存款　　547 450

(2) 结转代扣款 30 350 元。

借：应付职工薪酬——工资　　30 350

　　贷：其他应付款　　30 350

(3) 结转代扣个人所得税 24 600 元。

借：应付职工薪酬——工资　　24 600

　　贷：应交税费——应交个人所得税　　24 600

4. 工资分配

“应付职工薪酬——工资”科目月末有余额，贷方余额为累计应付未付工资，借方余额为累计多付工资。在企业各月工资总额相差不多的情况下，按照重要性要求，也可以按照当月实际支付的工资额进行分配，采用这种方法，“应付职工薪酬——工资”科目月末没有余额。账务处理如图 10-7 所示。

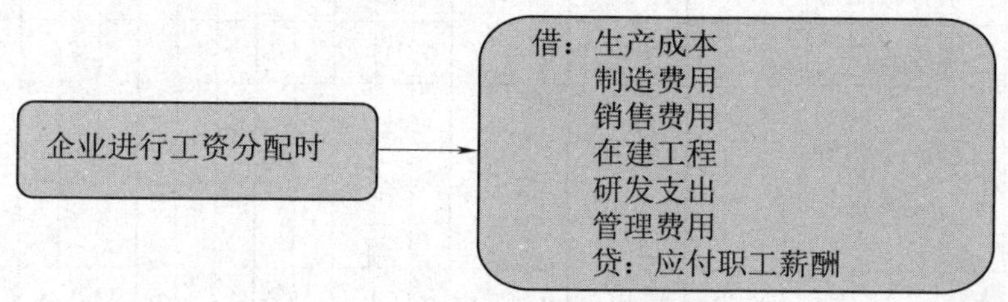

图 10-7　分配工资时的账务处理

【例 10-6】 5 月末，汇通天下制造有限公司根据“工资结算汇总表”，结算本月应付工资总额 506 000 元，其中生产人员工资 340 000 元，销售人员 21000 元，企业行政人员工资为 145 000 元。编制工资分配汇总表，见表 10-12。

表 10-12　**编制工资分配汇总表**

应借科目	生产工人	销售人员	企业管理人员	合计
生产成本	280 000			280 000
销售费用		120 000		120 000
管理费用			95 000	95 000
合计	280 000	120 000	95 000	495 000

借：生产成本——基本生产成本　　280 000

　　销售费用　　120 000

　　管理费用　　95 000

　　贷：应付职工薪酬——工资　　495 000

登记会计凭证，见表 10-13。

表 10-13

记账凭证

2017 年 5 月 31 日　　　　字第××号

摘要	会计科目	借方金额											贷方金额											记账
		万	千	百	十	万	千	百	十	元	角	分	万	千	百	十	万	千	百	十	元	角	分	
结算 5 月工资，其中车间人员工资 28 万元；销售部门人员工资 120 000 元；管理部门工资 95 000 元	生产成本——基本生产成本				2	8	0	0	0	0	0	0												
	销售费用				1	2	0	0	0	0	0	0												
	管理费用					9	5	0	0	0	0	0												
	应付职工薪酬——工资															4	9	5	0	0	0	0	0	
合计				¥	4	9	5	0	0	0	0	0			¥	4	9	5	0	0	0	0	0	

会计主管：单春明　　记账：陈熠　　审核：张燕　　制单：王晓

5. 应付社会保险费和住房公积金

应由职工个人负担的社会保险费和住房公积金，属于职工工资的组成部分应根据职工工资的一定比例计算，应由企业负担的社会保险费和住房公积金，应在职工为其提供服务的会计期间，根据职工工资的一定比例计算。账务处理如图 10-8 所示。

【例 10-7】 2017 年 1 月，汇通天下制造有限公司本月向社会保险经办机构缴纳职工医疗保险费共计 112 460 元，其中生产人员的金额为 51 500 元，销售人员的金额为 36 800 元，企业管理人员的金额为 24 160 元。会计分录如下：

借：生产成本——基本生产成本　　51 500

　　销售费用　　36 800

　　管理费用　　24 160

　　贷：应付职工薪酬——社会保险费（医疗保险费）　　112 460

登记会计凭证，见表 10-14。

表 10-14

记账凭证

2017 年 1 月 31 日　　　　　　　　　　字第××号

摘要	会计科目	借方金额											贷方金额											记账
		万	千	百	十	万	千	百	十	元	角	分	万	千	百	十	万	千	百	十	元	角	分	
结转 1 月份职工医疗保险费共计 112 460 元	生产成本——基本生产成本					5	1	5	0	0	0	0												
	销售费用					3	6	8	0	0	0	0												
	管理费用					2	4	1	6	0	0	0												
	应付职工薪酬——社会保险费（医疗保险费）															1	1	2	4	6	0	0	0	
合计				¥	1	1	2	4	6	0	0	0			¥	1	1	2	4	6	0	0	0	

会计主管：单春明　　　记账：陈熠　　　审核：张燕　　　制单：王晓

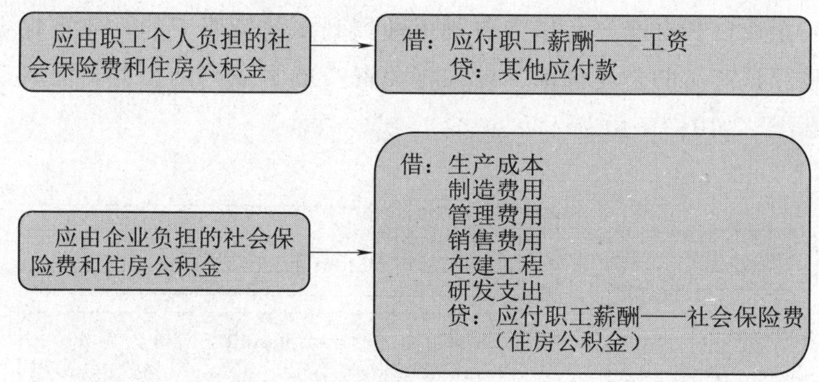

图 10-8　应付社会保险费和住房公积金的账务处理

6. 应付工会经费和职工教育经费的计提与使用

工会经费是按照国家规定由企业负担的用于工会活动方面的经费（2%），职工教育经费是按国家规定由企业负担的用于职工教育方面的经费（1.5%）。

为了反映工会经费和职工教育经费的提取和使用情况，应在“应付职工薪酬”科目下设“工会经费”和“职工教育经费”明细科目。账务处理如图 10-9 所示。

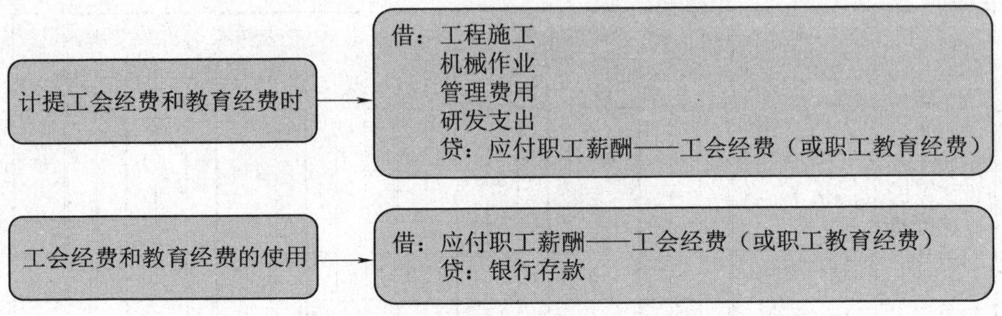

图 10-9　应付工会经费和职工教育经费的账务处理

10.4.3　非货币性职工薪酬的核算

非货币性职工薪酬是指企业以非货币性资产支付给职工的薪酬，主要包括企业以自产产品发放给职工作为福利、将企业拥有的资产无偿提供给职工使用、为职工无偿提供医疗保健服务等。

（1）企业以其自产产品作为非货币性福利发放给职工的，应当根据受益对象，按照该产品的公允价值，计入相关资产成本或当期损益，同时确认应付职工薪酬。如图 10-10 所示。

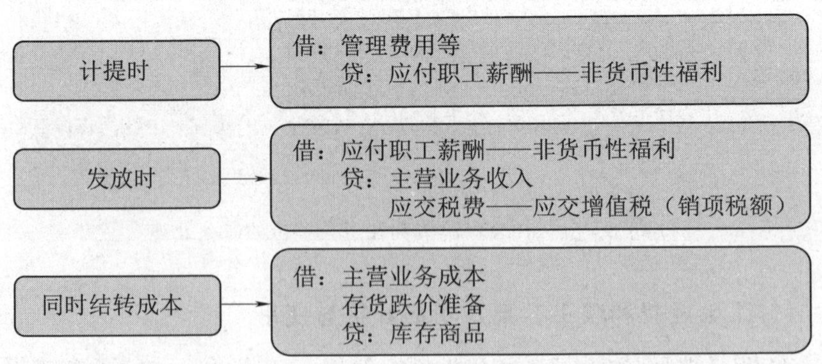

图 10-10　非货币性职工薪酬的账务处理

（2）企业将拥有的房屋等资产无偿提供给职工使用的，应当根据受益对象，将该住房每期应计提的折旧计入相关资产成本或当期损益，同时确认应付职工薪酬。租赁住房等资产供职工无偿使用的，应当根据受益对象，将每期应付的租金计入相关资产成本或当期损益，并确认应付职工薪酬。基本账务处理如图 10-11 所示。

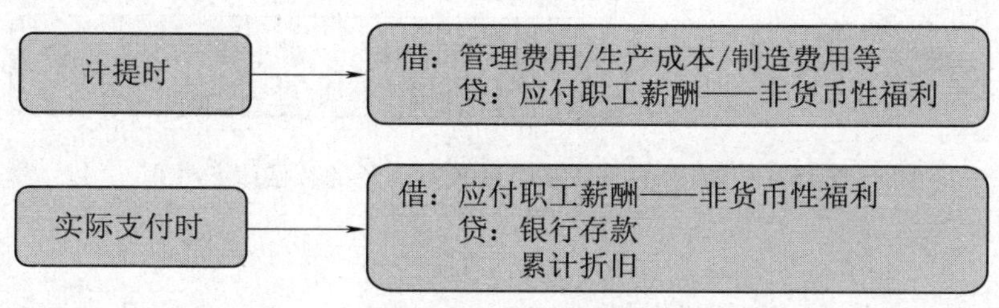

图 10-11　非货币性福利费的账务处理

【例 10-8】汇通天下制造有限公司为部分单身员工租用宿舍，每月租金 34 000元，编制会计分录如下。

①确认非货币性福利。

借：管理费用　34 000

　　贷：应付职工薪酬——非货币性福利　34 000

②支付租金时。

借：应付职工薪酬——非货币性福利　34 000

　　贷：银行存款　34 000

（3）企业在职工劳动合同到期之前解除与职工的劳动关系，或者为鼓励职工自愿接受裁减而提出给予补偿的建议，同时满足下列条件的，应当确认因解除与职工的劳动关系给予补偿而产生的应付职工薪酬，同时计入当期损益。

（4）企业已制定正式的解除劳动关系计划或提出自愿裁减建议，并即将实施。该计划或建议应当包括拟解除劳动关系或裁减的职工所在部门、职位及数量；根据有关规定按工作类别或职位确定的解除劳动关系或裁减补偿金额；拟解除劳动关系或裁减的时间。

（5）企业不能单方面撤回解除劳动关系计划或裁减建议。为了反映解除劳动关系补偿的提取和支付情况，应在“应付职工薪酬”科目下设置“辞退福利”明细科目。

由于被辞退职工不能再给企业带来任何经济利益，辞退福利应当计入当期费用而不是资产成本。借记“管理费用”科目，贷记“应付职工薪酬——辞退福利”科目。账务处理如图 10-12 所示。

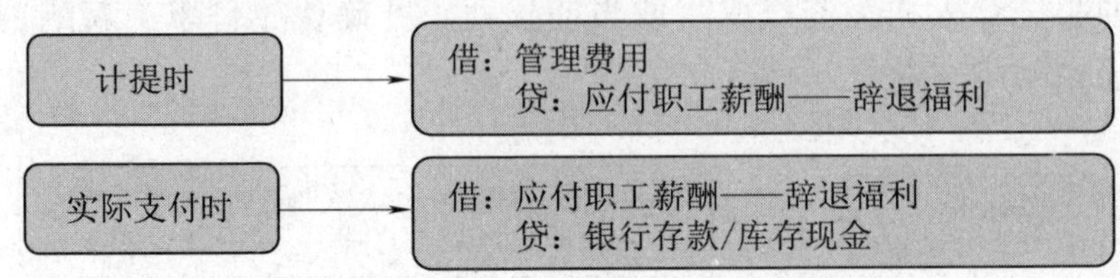

图 10-12 因解除与职工劳动关系给予的补偿账务处理

10.5 应付账款核算

应付账款是指一般纳税人企业因购买材料、商品或接受劳务供应等业务应支付给供应者的账款。应付账款是由于在购销活动中买卖双方取得物资与支付货款在时间上的不一致而产生的负债。企业的其他应付账款，如应付赔偿款、应付租金、存入保证金等，不属于应付账款的核算内容。

1. 应付账款入账时间的确定

应付账款的入账时间，应以购买物资的所有权的风险和报酬已经转移或劳务已接受为标志。在现行企业会计制度对应付账款的入账时间做了以下两种情况的规定。

（1）在货物与发票账单同时到达的情况下，应付账款一般待货物验收入库后，才按发票账单所记载的实际价款入账。这样，确认所购货物的质量、品种及数量是否与合同条款相符，可以避免因先入账再行调账的情况。

（2）在货物与发票账单非同时到达，且两者间隔较长时间的情况下，应付账款的入账时间以收到发票账单为准。对于货到未付款的情况，由于该笔负债已经成立，月末编制资产负债表时，企业应将所购货物及应付债务暂估价入账，以使在月末编报的资产负债表中客观地反映企业所拥有的资产和应承担的债务。

2. 应付账款入账金额的确定

应付账款的入账金额通常按发票账单等凭证上记载的实际发生额登记入账；当购货附有现金折扣条件时，应付账款的入账金额一般采用总价法核算。

在总价法下，应付账款发生时，直接按发票上的应付金额的总额记账。如果在折扣期内付款，所取得的现金折扣收入作为理财收益处理。

3. 应付账款的核算

为了核算企业因购买材料、接受劳务等而应向供应方支付的款项，企业应当设置“应付账款”账户。“应付账款”属于负债类账户，一般按供应单位设置明细账进行明细核算。

企业应付账款的发生有两种情况，应分别根据不同情形给予不同的会计处理。具体见表10-15。

表10-15　　应付账款的账务处理

<table>
<tr><th colspan="2">业务情景</th><th>账务处理</th></tr>
<tr><td colspan="2">采购的材料已入库，但货款尚未支付，则根据发票所记载已到的收料凭证入账</td><td>借：原材料、库存商品（按实际应付金额）
应交税费——应交增值税（进项税额）
贷：应付账款</td></tr>
<tr><td rowspan="2">所购材料已到，但月终发票单据未到，货款尚未支付</td><td>月终暂估计所购材料的成本和增值税</td><td>借：材料采购（按暂估价）
应交税费——应交增值税（进项税额）
贷：应付账款</td></tr>
<tr><td>下月初用红字予以冲销，待发票单据到达后再付款</td><td>借：材料采购（按实际支付额）
应交税费——应交增值税（进项税额）
贷：银行存款</td></tr>
</table>

【例10-9】2016年，某企业发生的应付账款业务如下。

（1）4月1日，从A公司购入一批材料，货款为454 000元，增值税为77 180元。材料已运达企业并已验收入库（公司材料采用实际成本计价核算），款项尚未支付。

①应付账款发生时。

借：原材料　　454 000

　应交税费——应交增值税（应交进项税）　　77 180

　贷：应付账款——A公司　　531 180

②支付应付账款时。

借：应付账款　　531 180

　贷：银行存款　　531 180

（2）5月30日，根据用电部门通知，该企业本月应支付的电费为498 00

元。其中生产车间电费 32 000 元，管理部门电费 17 800 元，款项尚未支付。

①应付账款发生时。

借：制造费用　　　　　　　　　　　　　　　　　　32 000

　　管理费用　　　　　　　　　　　　　　　　　　17 800

　　贷：应付账款 ——供电公司　　　　　　　　　　　　49 800

②6 月 1 日，通过银行存款支付应付账款款项时。

借：应付账款　　　　　　　　　　　　　　　　　　49 800

　　贷：银行存款　　　　　　　　　　　　　　　　　　49 800

(3) 12 月 31 日，经企业调查取证，原欠 B 公司的应付账款 39 300 元，因 B 公司的注销无法支付，予以转销。

借：应付账款——B 公司　　　　　　　　　　　　　39 300

　　贷：营业外收入　　　　　　　　　　　　　　　　　39 300

CHAPTER ELEVEN

第11章 非流动性负债的核算

非流动负债又称为长期负债。是指偿还期在一年或者超过一年的一个营业周期以上的债务。非流动负债的主要项目有长期借款和应付债券。非流动负债主要是企业为筹集长期投资项目所需资金而发生的，比如企业为购买大型设备而向银行借入的中长期贷款等。本章主要介绍长期借款、长期应付款、应付债券的科目设置及账务处理。

11.1 长期借款

长期借款是指一般纳税人企业向银行或其他经营机构借入的期限在一年以上（不含一年）的各种借款。

1. 长期借款科目的设置

为了核算借入的长期借款，一般纳税人企业应设置“长期借款”科目，该科目应按借款单位和借款种类设明细账，分别以“本金”“利息调整”等进行明细核算。长期借款科目的具体结构如图 11-1所示。

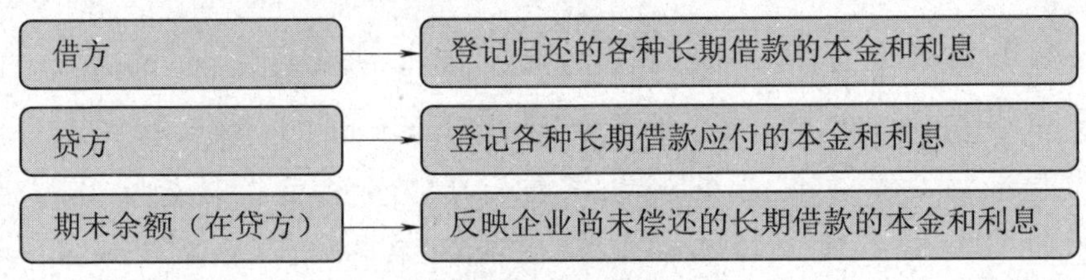

图 11-1　长期借款科目结构

企业应通过“长期借款”科目，核算长期借款的借入、归还等情况。

企业应通过“长期借款”科目核算长期借款的取得和偿还情况，并分别设置“本金”“应计利息”“利息调整”等二级科目进行明细核算。本科目期末贷方余额，反映企业尚未偿还的长期借款的摊余成本。见表 11-1。

表 11-1　　长期借款会计科目编码的设置

科目代码	总分类科目（一级科目）	明细分类科目		是否辅助核算	辅助核算类别
		二级明细科目	三级明细科目		
2501	长期借款				

续上表

科目代码	总分类科目（一级科目）	明细分类科目		是否辅助核算	辅助核算类别
		二级明细科目	三级明细科目		
250101	长期借款	本金	贷款种类	是	贷款单位
250102	长期借款	利息调整	贷款种类	是	贷款单位
250103	长期借款	应计利息	贷款种类	是	贷款单位
250104	长期借款	交易费用	贷款种类	是	贷款单位
250105	长期借款	其他	贷款种类	是	贷款单位

2. 长期借款的账务处理

长期借款的账务处理，如图 11-2 所示。

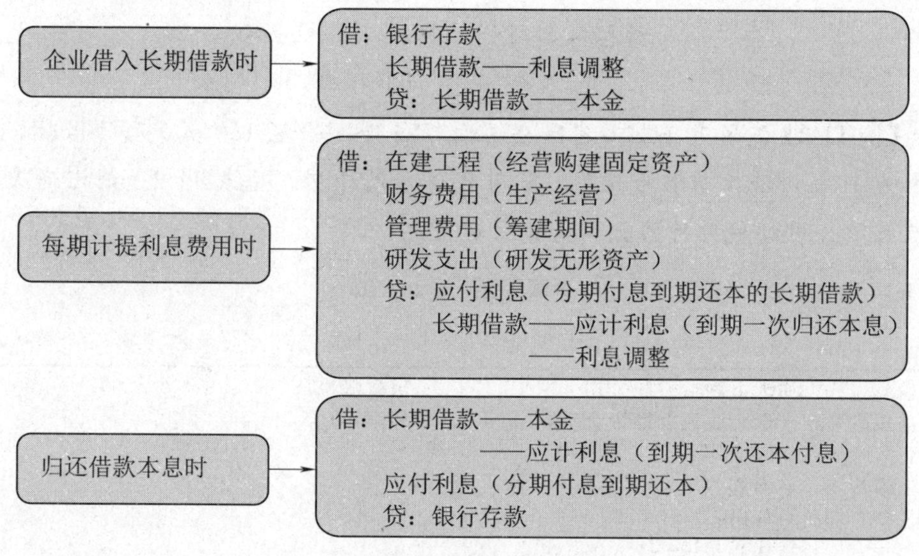

图 11-2　长期借款的账务处理

长期借款利息的计算有两种方式，即单利计算法和复利计算法两种。

（1）单利。

单利计算法是指只按本金计算利息，其所生成利息不再加入本金重复计算利息。其计算公式为：

借款本利和＝本金＋利息

本金＋本金×利率×期数

【例 11-1】汇通天下制造有限公司向银行借入一笔 1 400 000 元的借款，

银行借款利率为8%，借款期限为4年，采用单利方式计息。则汇通天下制造有限公司每年应付的长期借款利息为：

每年的利息＝本金×利率×期数＝1 400 000×8%×1＝112 000（元）

4年利息总额＝112 000×4＝448 000（元）

4年到期时，程鹏公司需偿还银行的资金总额为：

本利和＝1 400 000＋448 000＝1 848 000（元）

（2）复利。

复利是指不仅对借款的本金计算利息，其前期所发生的利息也要加入本金重复计算利息，也就是根据本金和前期利息之和计算各期利息，俗称“利滚利”。

其计算公式为：

$$本利和＝本金×（1＋利率）^{期数}$$

$$利息＝本利和－本金$$

$$＝本金×［（1＋利率）^{期数}－1］$$

【例11-2】汇通天下制造有限公司向银行借入一笔160 000元的借款，年利率为10%，借款期限为5年，采用复利方式计息。见表11-2。则汇通天下制造有限公司每年应付的长期借款利息为：

表11-2　　　　中国银行　借款凭证

日期：2016年1月1日

借款人：汇通天下制造有限公司	贷款账号：
借款种类：一般企业流动性资金贷款	利率：10%
借款用途：材料款	
借款合同科目代码：No45653	
担保合同科目代码：No9436	
借款日期：2016年1月1日	到期日：2020年12月31日
金额：人民币壹拾陆万元整	存款账号
上述贷款已入借款人账户	（印章：中国人民银行深圳市支行 2016.11.01 业务办讫章）

制单：　　　　复核：

第一年的利息＝160 000×10%＝16 000（元）

第二年的利息＝（160 000＋16 000）×10%＝17 600（元）

第三年的利息＝（160 000＋16 000＋17 600）×10%＝19 360（元）

第四年的利息＝（160 000＋16 000＋17 600＋19 360）×10%＝21 296（元）

第五年的利息＝（160 000＋16 000＋17 600＋19 360＋21 296）×10%＝23 425.60（元）

编制计提利息表，见表 11-3。

表 11-3　　借款利息计提表

序号	贷款银行	借款金额	年利率	年利息金额
1	中国银行	160 000	10%	16 000
2			10%	17 600
3			10%	19 360
4			10%	21 296
5			10%	23 425.60
合计		160 000		97 681.6

审核　　　　　　制单

5 年到期时汇通天下制造有限公司需偿还银行的资金总额为：

本利和＝160 000×（1＋10%）^{5}＝100 000×1.610 51＝257 681.6（元）

五年利息总额＝257 681.6－160 000＝97 681.6（元）

＝16 000＋17 600＋19 360＋21 296＋23 425.6

＝97 681.6（元）

还款付息凭证，见表 11-4。

表 11-4　　中国银行存（贷）款利息凭证

币种：人民币（本位币）　　2020 年 12 月 31 日　　单位：元

付款人	户名	汇通天下制造有限公司	收款人	户名	普通长期贷款利息收入
	账号	211565435678512546		账号	211565435678512341
金额（大写）		贰拾伍万柒仟陆佰捌拾壹元陆角整	计息账号		211565435678517621
借据科目代码			借据序号		
备注	起息日	止息日	积数	利率	利息
	2016.1.1	2020.12.31		10 %	97 681.60
	调整利息：	冲正利息：			

银行章　　　　　　经办人

11.2　长期应付款

长期应付款是企业除长期借款和应付债券以外的其他各种长期应付款项，

包括应付融资租入固定资产的租赁费、以分期付款方式购入固定资产等发生的应付款项等。

企业应设置“长期应付款”科目，用以核算企业融资租入固定资产和以分期付款方式购入固定资产时应付的款项及偿还情况。

长期应付款科目的具体设置，见表 11-5。

表 11-5　　长期应付款会计科目编码的设置

科目代码	总分类科目（一级科目）	明细分类科目		是否辅助核算	辅助核算类别
		二级明细科目	三级明细科目		
2701	长期应付款				
270101	长期应付款	人民币			
27010101	长期应付款	人民币	融资租入固定资产	是	债权人
27010102	长期应付款	人民币	分期付款购入固定资产	是	债权人
270102	长期应付款	外币			
27010201	长期应付款	外币	融资租入固定资产	是	债权人
27010202	长期应付款	外币	分期付款购入固定资产	是	债权人
27010203	长期应付款	外币	补偿贸易	是	债权人

1. 应付融资租赁款

应付融资租赁款是企业融资租入固定资产而发生的应付款，是在租赁开始日承租人应向出租人支付的最低租赁付款额。账务处理如图 11-3所示。

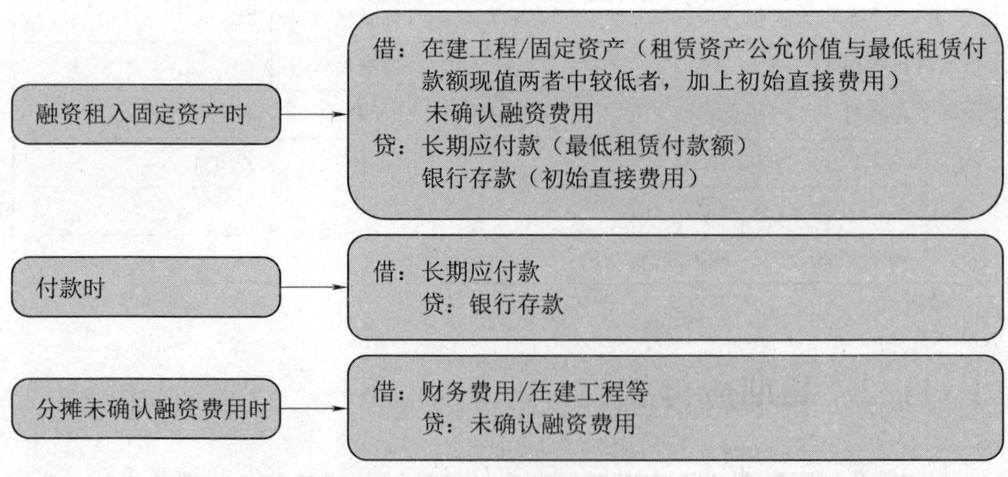

图 11-3　长期应付款的账务处理

2. 具有融资性质的延期付款

企业购买资产有可能延期支付有关价款。如果延期支付的购买价款超过正常信用条件，实质上具有融资性质的，所购资产的成本应当以延期支付购买价款的现值为基础确定，以实际支付的价款作为长期应付款的入账价值，两者之间的差额作为未确认融资费用，应当在信用期间内采用实际利率法进行摊销。计入相关资产成本或当期损益。账务处理如图 11-4所示。

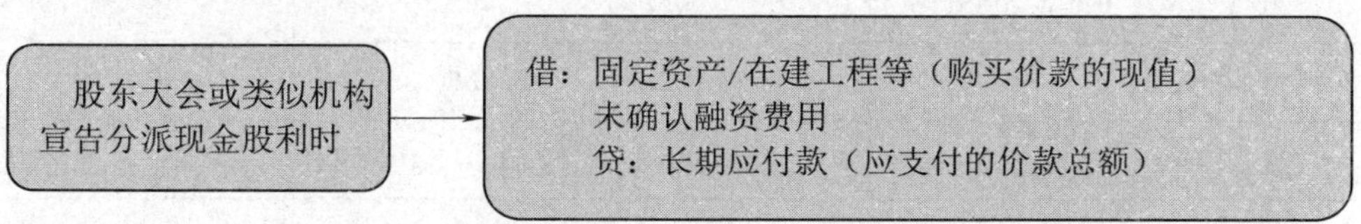

图 11-4　具有融资性质的延期付款的账务处理

【例 11-3】新世界公司从 S 租赁公司采用融资租赁方式租入一套不需安装的 A 设备，租赁期从 2014 年 1 月 1 日开始，租期 3 年，每年年末支付租金 700 000 元，到期归还该项租赁资产。合同约定的利率为 6%，该资产的公允价值 2 500 000 元。该固定资产采用年限平均法计提折旧。

最低租赁付款额＝各期租金之和＋承租人担保的资产余值

＝700 000×3＋0＝2 100 000（元）

最低租赁付款额的现值＝700 000×（P/A，6%，3）

＝700 000×2.6730＝1 871 100（元）

根据租赁准则规定的孰低原则，租赁资产的入账价值应为其折现值 1 871 100元。

计算未确认融资费用：

未确认融资费用＝最低租赁付款额－最低租赁付款额现值

2 100 000－1 871 100＝228 900（元）

借：固定资产——A 设备　　1 871 100

　　未确认融资费用　　228 900

　　贷：长期应付款——S 租赁公司　　2 100 000

在租赁期内采用实际利率法分摊未确认融资费用，见表11-6。

表11-6　　分摊未确认融资费用

日　期	租金	确认的融资费用	应付本金减少额	应付本金余额
	(a)	(b)＝期初(d)×6%	(c)＝(a)－(b)	(d)＝期初(d)－(c)
2014年1月1日				1 871 100
2014年12月31日	700 000	112 266	587 734	1 283 366
2015年12月31日	700 000	77 001.96	622 998.04	660 367.96
2016年12月31日	700 000	39 632.04	660 367.96	0
合　计	2 100 000	228 900	1 871 100	—

(1) 2014年12月31日。

借：长期应付款——应付融资租赁款　　700 000

　　贷：银行存款　　700 000

2014年12月31日，每月分摊未确认融资费用＝112 266÷12＝9 355.50

借：财务费用——融资费用　　9 355.50

　　贷：未确认融资费用　　9 355.50

2015年12月31日，每月计提折旧时＝1 871 100÷3÷12＝51 975（元）

借：制造费用　　51 975

　　贷：累计折旧　　51 975

2016年12月31日，每月分摊未确认融资费用＝77 001.96÷12＝6 416.83（元）

借：财务费用　　6 416.83

　　贷：未确认融资费用　　6 416.83

2016年12月31日，每月分摊未确认融资费用＝39 632.04÷12＝3 302.67（元）

借：时务费用——融资费用　　3 302.67

　　贷：未确认融资费用　　3 302.67

2014 年 12 月 31 日至 2016 年 12 月 31 日，每月计提折旧＝1 871 100÷3÷12＝51 975（元）

借：制造费用　　　　51 975

　贷：累计折旧　　　　51 975

11.3 应付债券

应付债券是企业为筹集（长期）资金而发行的债券。债券发行有面值发行、溢价发行和折价发行三种情况。

11.3.1 应付债券的具体科目设置

企业应设置“应付债券”科目，并在该科目下设置“面值”“利息调整”“应计利息”等明细科目，核算应付债券发行、计提利息、还本付息等情况。见表 11-7。

表 11-7　　应付债券会计科目编码的设置

科目代码	总分类科目（一级科目）	明细分类科目		是否辅助核算	辅助核算类别
		二级明细科目	三级明细科目		
2502	应付债券				
250201	应付债券	面值	种类	是	单位名称
250202	应付债券	利息调整	种类	是	单位名称
250203	应付债券	应计利息	种类	是	单位名称
250204	应付债券	其他	种类	是	单位名称

11.3.2 应付债券的核算

应付债券的账务处理，如图 11-5 所示。

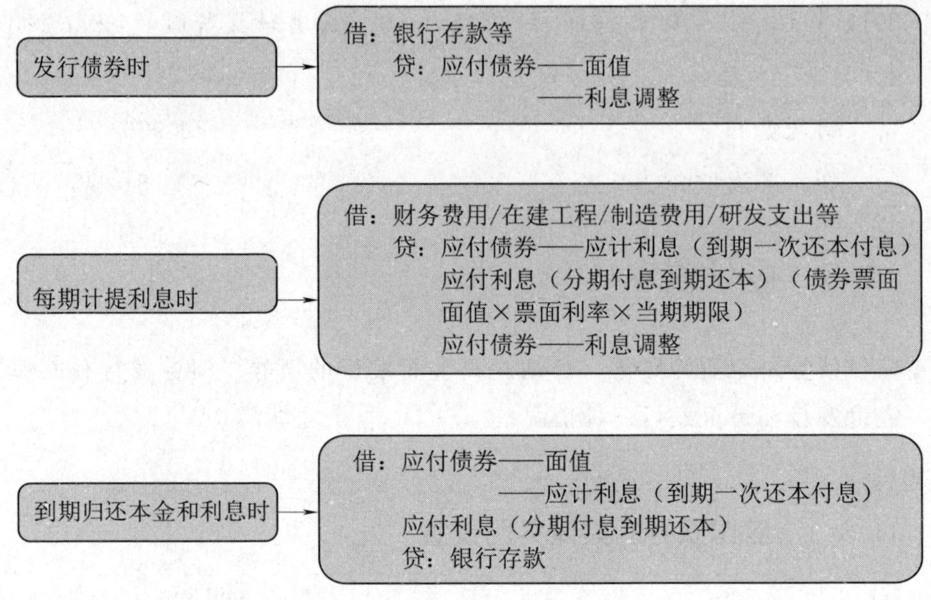

图 11-5　应付债券的账务处理

【例 11-4】汇通天下制造有限公司于 2017 年 1 月 1 日发行 5 年期债券，面值 4 000 000 元，票面利率为 12%，假定市场利率为 10%。债券利息每年 12 月 31 日支付。证券发行结算清单见表 11-8，表 11-9。

汇通天下制造有限公司发行该批债券的实际发行价格＝4 000 000×（P/S，10%，5）＋4 000 000×12%×（P/A，10%，5）＝4 000 000×0.620 9＋480 000×3.790 8＝2 483 600＋1 819 584＝4 303 184（元）

表 11-8　　**证券发行结算清单**

2017 年 1 月 1 日

企业名称		汇通天下制造有限公司
发行债券	面值	100
	数量	40 000
	总价	4 000 000
发行费用		—
发行净额		4 000 000

表 11-9　　中国工商银行特种转账传票（贷方凭证）

签发日期：2017 年 1 月 10 日　　第 0078 号

<table>
<tr><td rowspan="3">付款人</td><td>全称</td><td colspan="3">光大证券有限责任公司</td><td rowspan="3">收款人</td><td>全称</td><td colspan="12">汇通天下制造有限公司</td></tr>
<tr><td>账号</td><td colspan="3">5643001909234289432</td><td>账号</td><td colspan="12">3427001909234216590</td></tr>
<tr><td>开户银行</td><td>工行</td><td>行号</td><td>12</td><td>开户银行</td><td colspan="10">工商银行深圳北安支行</td><td>行号</td><td>32</td></tr>
<tr><td colspan="2" rowspan="2">汇票金额</td><td colspan="6" rowspan="2">人民币
（大写）⊗肆佰万元整</td><td>千</td><td>百</td><td>十</td><td>万</td><td>千</td><td>百</td><td>十</td><td>元</td><td>角</td><td>分</td></tr>
<tr><td>¥</td><td>4</td><td>0</td><td>0</td><td>0</td><td>0</td><td>0</td><td>0</td><td>0</td><td>0</td></tr>
<tr><td colspan="2">原凭证金额</td><td colspan="2">2017 年 8 月 9 日</td><td colspan="2">赔偿金</td><td colspan="12"></td></tr>
<tr><td colspan="2">原凭证名称</td><td colspan="2"></td><td colspan="2">号码</td><td colspan="12"></td></tr>
<tr><td>转账原因</td><td colspan="5">债券款
银行盖章（略）</td><td colspan="12">科目（　）＿＿＿＿
对方科目（　）＿＿＿＿
复核员：　　记账：</td></tr>
</table>

根据上述资料，汇通天下制造有限公司采用实际利率法和摊余成本计算确定的利息费用，见表 11-10。

表 11-10　　应付债券核算表

日期	现金流出(a)	实际利息费用(b)＝期初(d)×10%	已偿还的本金(c)＝(a)－(b)	摊余成本余额(d)＝期初(d)－(c)
2017 年 1 月 1 日				4 303 184
2017 年 12 月 31 日	480 000	430 318.4	49 681.6	4 253 502.4
2018 年 12 月 31 日	480 000	425 350.24	54 649.76	4 198 852.64
2019 年 12 月 31 日	480 000	419 885.26	60 114.74	4 138 737.90
2020 年 12 月 31 日	480 000	413 873.79	66 126.21	4 072 611.69
2021 年 12 月 31 日	480 000	407 388.31 *	72 611.69 *	4 000 000
小　计	2 400 000	2 096 816	303 184	4 000 000
2022 年 12 月 31 日	4 000 000	—	4 000 000	0
合　计	6 400 000	2 096 816	4 303 184	—

账务处理如下。

(1) 2017 年 1 月 1 日，发行债券。

借：银行存款　　4 303 184

　　贷：应付债券——面值　　4 000 000

　　　　　　　　——利息调整　　303 184

(2) 2017 年 12 月 31 日，计提利息费用。

借：财务费用（或在建工程）　　430 318.4

　　应付债券——利息调整　　49 681.6

　　贷：应付利息　　480 000

(3) 2018 年 1 月 10 日，支付利息。

借：应付利息　　480 000

　　贷：银行存款　　480 000

2018、2019 年、2020 年、2021 年确认利息费用的会计分录与 2018 年相同，金额与利息费用与表中的对应金额一致。在此不再赘述。

(4) 2021 年 12 月 31 日，归还债券本金及最后一期利息费用。

借：财务费用（在建工程）　　407 388.31

　　应付债券——面值　　4 000 000

　　　　　　——利息调整　　72 611.69

　　贷：银行存款　　4 480 000

CHAPTER
TWELVE

第12章 应交税费的核算

目前，企业涉及的应纳税种较多，主要有增值税、消费税、城市维护建设税、教育费附加、房产税、城镇土地使用税、耕地占用税、印花税、土地增值税和企业所得税。

继2013年后，财政部规定交通运输业、邮政业、电信业和部分现代服务业服务（以下称应税服务）的单位和个人，为增值税纳税人。

2016年3月23日，财政部、国家税务总局联合发文《关于全面推开营业税改征增值税试点的通知》（财税〔2016〕36号），自2016年5月1日起，在全国范围内全面推开营业税改征增值税（以下称“营改增”）试点，建筑业、房地产业、金融业、生活服务业等全部营业税纳税人纳入试点范围，营业税全面改征增值税。

本章主要介绍这些税种的科目设置及账务处理。

12.1 应交增值税的核算

增值税是指对从事销售货物或者加工、修理修配劳务以及进口货物的单位和个人取得的增值额为计税依据征收的一种流转税。

12.1.1 增值税税率

增值税均实行比例税率：绝大多数一般纳税人适用基本税率、低税率或零税率；小规模纳税人和采用简易办法征税的一般纳税人，适用3%或5%的征收率。

增值税的税率，适用于一般纳税人，目前有17%、11%、6%和0。

与增值税税率不同，征收率只是计算纳税人应纳增值税税额的一种尺度，不能体现货物或劳务的整体税收负担水平。适用征收率的货物和劳务，应纳增值税税额计算公式为应纳税额＝销售额×征收率，不得抵扣进项税额。根据财税〔2014〕57号的规定，为进一步规范税制、公平税负，经国务院批准，决定简并和统一增值税征收率，将6%和4%的增值税征收率统一调整为3%。

最新增值税税率表，见表12-1。

表 12-1　　最新增值税税率表

<table>
<tr><td rowspan="15">一般纳税人</td><td>原增值税纳税人</td><td>税率</td><td>征收项目</td><td>征收率</td></tr>
<tr><td rowspan="2">销售或者进口货物（另有列举的货物除外）；提供加工、修理修配劳务</td><td rowspan="2">17%</td><td>一般纳税人销售自己使用过的固定资产（符合简易计税方法条件的）</td><td rowspan="2">按照简易办法依照3%征收率，减按 2%征收增值税。计算：含税卖价/（1＋3%）×2%</td></tr>
<tr><td>纳税人销售旧货</td></tr>
<tr><td>（1）粮食、食用植物油、鲜奶</td><td rowspan="11">11%</td><td>县级及县级以下小型水力发电单位生产的电力</td><td rowspan="6">依照 3%征收率</td></tr>
<tr><td rowspan="2">（2）自来水、暖气、冷气、热气、煤气、石油液化气、天然气、沼气，居民用煤炭制品</td><td>建筑用和生产建筑材料所用的砂、土、石料</td></tr>
<tr><td>以自己采掘的砂、土、石料或其他矿物连续生产的砖、瓦、石灰（不含黏土实心砖、瓦）</td></tr>
<tr><td>（3）图书、报纸、杂志</td><td>用微生物、微生物代谢产物、动物毒素、人或动物的血液或组织制成的生物制品</td></tr>
<tr><td>（4）饲料、化肥、农药、农机（整机）、农膜</td><td>自来水</td></tr>
<tr><td rowspan="6">（5）农产品（指各种动、植物初级产品）；音像制品；电子出版物；二甲醚
（6）农用挖掘机、养鸡设备系列、养猪设备系列产品属于农机</td><td>商品混凝土（仅限于以水泥为原料生产的水泥混凝土）</td></tr>
<tr><td>寄售商店代销寄售物品（包括居民个人寄售的物品在内）</td><td>依照 3%征收率</td></tr>
<tr><td>典当业销售死当物品</td><td rowspan="2"></td></tr>
<tr><td>经国务院或国务院授权机关批准的免税商店零售的免税品</td></tr>
<tr><td>销售其按照规定不得抵扣且未抵扣进项税额的固定资产</td><td>征收率 3%，减按 2%征收</td></tr>
<tr><td>2008 年 12 月 31 日以前未纳入扩大增值税抵扣范围试点的纳税人，销售自己使用过的 2008 年 12 月 31 日以前购进或者自制的固定资产</td><td></td></tr>
<tr><td>出口货物</td><td>0</td><td></td><td></td></tr>
</table>

续上表

	征收项目	详细内容	税率	征收率
“营改增”纳税人	交通运输业	陆路（含铁路）运输、水路运输、航空运输和管道运输服务	11%	3%
	邮政业	邮政普遍服务	11%	3%
		邮政特殊服务	11%	3%
		其他邮政服务	11%	3%
		基础电信服务	11%	3%
		增值电信服务	6%	3%
	建筑服务	安装、修缮、装饰、其他建筑服务	11%	3%
	金融服务	贷款服务	6%	3%
		直接收费金融服务	6%	3%
		保险服务	6%	3%
		金融商品转让	6%	3%
	现代服务业	研发和技术服务、信息技术服务、文化创意服务、物流辅助服务、鉴证咨询服务、广播影视服务、有形动产租赁服务	6%	
	租赁服务	不动产融资租赁（1）	11%	5%（小规模）
		不动产融资租赁（2）	11%	5%（一般老项目）
		不动产经营租赁（1）	11%	5%（一般老项目）
		不动产经营租赁（2）	11%	5%（小规模）
		有形动产融资租赁	17%	3%
		有形动产经营租赁	17%	3%
	物流辅助服务	航空服务 港口码头服务 货运客运场站服务 打捞救助服务 装卸搬运服务 仓储服务 收派服务	6%	3%
	鉴证咨询服务	认证服务 鉴证服务 咨询服务	6%	3%

续上表

<table>
<tr><th></th><th>征收项目</th><th colspan="2">详细内容</th><th>税率</th><th>征收率</th></tr>
<tr><td rowspan="10">“营改增”纳税人</td><td>生活服务</td><td colspan="2">文化体育服务
教育医疗服务
旅游娱乐服务
餐饮住宿服务
居民日常服务
其他生活服务</td><td>6％</td><td>3％</td></tr>
<tr><td rowspan="4">销售无形资产</td><td colspan="2">专利或非专利技术</td><td>6％</td><td>3％</td></tr>
<tr><td colspan="2">商标和著作权
土地使用权</td><td>6％
11％</td><td>3％
5％（一般老项目或小规模）</td></tr>
<tr><td colspan="2">其他自然资源使用权</td><td>6％</td><td>3％</td></tr>
<tr><td colspan="2">其他权益性无形资产</td><td>6％</td><td>3％</td></tr>
<tr><td rowspan="4">销售不动产</td><td rowspan="2">建筑物</td><td>建筑物（1）</td><td>11％</td><td>5％（小规模）</td></tr>
<tr><td>建筑物（2）</td><td>11％</td><td>5％（一般老项目）</td></tr>
<tr><td rowspan="2">构筑物</td><td>构筑物（1）</td><td>11％</td><td>5％（小规模）</td></tr>
<tr><td>构筑物（2）</td><td>11％</td><td>5％（一般老项目）</td></tr>
<tr><td></td><td colspan="2">财政部和国家税务总局规定的应税服务</td><td>0</td><td></td></tr>
<tr><td rowspan="3">特殊纳税人</td><td colspan="3">境内单位和个人提供的往返香港、澳门、台湾的交通运输服务
境内单位和个人在香港、澳门、台湾提供的交通运输服务</td><td>0</td><td></td></tr>
<tr><td colspan="3">境内单位和个人提供的国际运输服务、向境外单位提供的研发服务和设计服务</td><td>0</td><td></td></tr>
<tr><td colspan="3">境内单位和个人提供的规定的涉外应税服务</td><td>免税</td><td></td></tr>
</table>

12.1.2 原一般纳税人增值税进项税额

纳税人购进货物或者接受应税劳务，所支付或者负担的增值税为进项税额。需要注意的是，并不是纳税人支付的所有进项税额都可以从销项税额中抵扣，下面分别介绍哪些应税项目是可以抵扣的，哪些应税项目是不可以抵扣的。

1. 准予抵扣的进项税额

准予抵扣的进项税额如下。

1 •从销售方取得的增值税专用发票上注明的增值税额

2 •从海关取得的海关进口增值税专用缴款书上注明的增值税额

3 •购进农产品，除取得增值税专用发票或者海关进口增值税专用缴款书外，按照农产品收购发票或者销售发票上注明的农产品买家和13%的扣除率计算的进项税额

4 •购进或者销售货物以及在生产经营过程中支付运输费用的，按照运输费用结算单据上注明的运输费用金额计算的进项税额，营改增后运输企业按适用11%的税率计算进项税额

5 •准予计算进项税额抵扣的货物运费金额是指运输费用结算单据上注明的运输费用（包括铁路临管线及铁路专线运输费用）、建设基金，不包括装卸费、保险费等其他杂费

2. 可抵扣进项税额凭证

全面营业税改征增值税后，可以认证抵扣或者计算抵扣的凭证大致有8种，分别是一般纳税人常用的“增值税专用发票”、即将退出历史舞台的“货物运输业增值税专用发票”、“机动车销售统一发票”、进口环节取得的“海关进口增值税缴款书”“中华人民共和国税收缴款凭证”“农产品销售发票”“农产品收购发票”以及道路、桥、闸通行费“××地方税务机关监制发票”。

3. 不得抵扣的进项税额

1 •用于非增值税应税项目、免征增值税项目、集体福利或者个人消费的购进货物或者应税劳务

2 •非正常损失的购进货物及相关的应税劳务

3 •非正常损失的在产品、产成品所耗用的购进货物或者应税劳务

4 •国务院财政、税务主管部门规定的纳税人自用消费品

5 •以上第1项至第4项规定的货物的运输费用和销售免税货物的运输费用

6 •小规模纳税人不得抵扣进项税额。但是，一般纳税人取得由税务所为小规模纳税人代开的增值税专用发票，可以将专用发票上填写的税额作为进项税额计算抵扣

7 •进口货物，在海关计算缴纳进口环节增值税额时，不得抵扣发生在中国境外的各种税金

8 •因进货退出或折让而收回的进项税额，应从发生进货退出或折让当期的进项税额中扣减

9 •按简易办法征收增值税的优惠政策，不是抵扣进项税额

（1）购进农产品，除取得增值税专用发票或者海关进口增值税专用缴款书外，按照农产品收购发票或者销售发票上注明的农产品买价和13%的扣除率计算的进项税额。

其计算公式为：进项税额＝买价×扣除率

（2）购进或者销售货物以及在生产经营过程中支付运输费用的，按照运输费用结算单据上注明的运输费用金额和7%的扣除率计算的进项税额。

其计算公式为：进项税额＝运输费用金额×扣除率

4. 当期进项税额的确定

当期进项税额是指纳税人当期购进货物或者应税劳务已缴纳的增值税税额。它主要体现在从销售方取得的增值税专用发票上或海关进口增值税专用缴款书上。

当期进项税额计算公式：

当期进项税额＝不含税销售额×适用税率

其中，不含税销售额＝含税销售额÷（1＋适用税率）

（1）一般纳税人兼营免税项目或者非增值税应税劳务而无法划分不得抵扣的进项税额的，按下列公式计算不得抵扣的进项税额：

不得抵扣的进项税额＝当月无法划分的全部进项税额×当月免税项目销售额、非增值税应税劳务营业额合计÷当月全部销售额、营业额

(2) 合计购进货物或者应税劳务，取得的增值税扣税凭证不符合法律、行政法规或者国务院税务主管部门有关规定的，其进项税额不得从销项税额中抵扣。

【例 12-1】汇通天下制造有限公司是增值税一般纳税人，适用一般税率 17%，2017 年 1 月有关生产经营业务如下：

(1) 月初外购货物一批，支付增值税进项税额 24 万元，中下旬因管理不善，造成该批货物一部分发生霉烂变质，经核实造成 1/4 损失；

(2) 外购的动力燃料支付的增值税进项税额 20 万元，一部分用于应税项目，另一部分用于免税项目，无法分开核算；

(3) 销售应税货物取得不含增值税销售额 700 万元，销售免税货物取得销售额 300 万元。

计算汇通天下制造有限公司当月可以抵扣的进项税额。

①外购货物可以抵扣的进项税额：24－24×1/4＝24－6＝18（万元）

②销售货物可以抵扣的进项税额：20－20×300÷（700＋300）＝14（万元）

③当月可以抵扣的进项税额：18＋14＝32（万元）

12.1.3 增值税进项税额的账务处理

增值税一般纳税人的账务处理，见表 12-2。

表 12-2 增值税进项税额的账务处理

财务情景	账务处理
采购物资时	借：原材料（库存商品等） 应交税费——应交增值税（进项税额） 贷：应付账款（应付票据、银行存款） 注：购入物资发生的退货，做相反会计分录
接受投资转入的物资时	借：原材料 应交税费——应交增值税（进项税额） 贷：实收资本 资本公积
接受应税劳务时	借：应交增值税——进项税额 生产成本（委托加工物资等科目） 贷：应付账款（银行存款等科目）

续上表

财务情景	账务处理
进口物资时	借：原材料（库存商品） 应交税费——应交增值税（进项税额） 贷：应付账款（银行存款等科目）
购进免税农业产品时	按买价减去按规定计算的进项税额后的差额（即89%的部分） 借：原材料（库存商品） 应交税费——应交增值税（进项税额） 贷：应付账款（银行存款等科目）
购进的物资、在产品、产成品发生非正常损失，以及购进物资改变用途等原因，其进项税额应相应转入有关科目	借：管理费用（在建工程、应付职工薪酬等科目） 贷：应交增值税——进项税额转出

1. 可以抵扣增值税进项税额的实务操作

按照税法规定，企业购进货物或应税劳务，按照规定取得并保存增值税扣税凭证，其进项税额可以从销项税额中抵扣。

【例 12-2】深圳顺星有限公司 1 月份采购一批 A 材料，销售方的增值税专用发票上注明的价款 80 000 元，增值税额 13 600 元，另支付运费 1 110 元。材料已验收入库，款项已通过银行支付。原始单据见表 12-3、表 12-4、图 12-1。

表 12-3

深圳增值税专用发票

442014240　　　　No：021927432

开票日期：2017 年 1 月 9 日

购货单位	名　　称：深圳顺星有限公司 纳税人识别号：433010140032181 2 地 址 、电 话：深圳福田区樱花大道 19 号　68790897 开户行及账号：深圳工商银行樱花支行营业室 6200004309234216419					密码区	略
货物或应税劳务名称	规格型号	单位	数量	单价	金额	税率（%）	税额
材料		公斤	1 000	93.6	￥80 000	17%	￥13 600
价税合计（大写）	⊗玖万叁仟陆佰元整					（小写）	￥93 600
销货单位	名　　称：深圳科美特种材料厂 纳税人识别号：431134134971789 地 址 、电 话：深圳前山区怡花路 44 号 0755-67841209 开户行及账号：中行白石路分理处 066180360010890					备注	深圳科美特种材料厂 财务专用章

收款人：花芳　　复核：李非　　开票人：谢天　　销货单位：

表 12-4

货物运输业增值税专用发票

2200133730

开票日期：2017 年 1 月 9 日

<table>
<tr><td>承运人及纳税人识别号</td><td>顺宇货物运输有限公司
237865340923651</td><td rowspan="2">密码区</td><td colspan="2" rowspan="2">略</td></tr>
<tr><td>实际受票方及纳税人识别号</td><td>深圳顺星有限公司
5430101400321751</td></tr>
<tr><td>收货人及纳税人识别号</td><td>深圳顺星有限公司
4330101400321812</td><td>发货人及纳税人识别号</td><td colspan="2">顺宇货物运输有限公司
237865340923651</td></tr>
<tr><td>起运地、经由、到达地</td><td colspan="4"></td></tr>
<tr><td>费用项目及金额</td><td colspan="2">费用项目　金额　费用项目　金额
运费　1 000</td><td>运输货物信息</td><td>材料</td></tr>
<tr><td>合计金额</td><td>1 110</td><td>税率 11%</td><td>税额 110</td><td>机器编号</td></tr>
<tr><td>价税合计（大写）</td><td colspan="4">壹仟壹佰壹拾元整　　小写￥1 110</td></tr>
<tr><td>车种车号</td><td>车船吨位</td><td></td><td rowspan="2">备注</td><td rowspan="2"></td></tr>
<tr><td>主管税务机关及代码</td><td colspan="2">前山区税务局</td></tr>
</table>

收款人　××　　复核人　××　　开票人　××　　承运人（章）

<table>
<tr><td>中国工商银行
转账支票存根
IV V000321
科　　目：
对方科目：
出票日期：2017 年 1 月 9 日</td></tr>
<tr><td>收款人：深圳科美特种材料厂</td></tr>
<tr><td>金　额：94 610</td></tr>
<tr><td>用　途：支付材料款</td></tr>
<tr><td>单位主管　李磊　　会计　程浩</td></tr>
</table>

图 12-1　转账支票存根

（1）进项税额＝13 600＋1 000×11％＝13 611（元）

（2）材料采购成本＝80 000＋1 000＝81 000（元）

借：材料采购　　　　　　　　　　　　　　　　81 000

　　应交税费——应交增值税（进项税额）　　　13 611

　　贷：银行存款　　　　　　　　　　　　　　　　94 611

2. 购入固定资产的增值税会计处理

【例 12-3】深圳海星有限公司为增值税一般纳税人，增值税税率为17％。2017年2月，外购生产设备一台，取得专用发票，注明价款320 000元，税额54 400元。货款已付，设备已经安装完毕并交付使用。原始单据见表12-5、表12-6、图12-2。

表 12-5

××公司

固定资产（设备）验收交付使用交接单

编号：NO. 00001　　　　　　2017年2月8日　　　　　　单位：元

<table>
<tr><td>供货商</td><td>程立制造厂</td><td>合同编号</td><td colspan="2">××××</td><td colspan="2">发票编号</td><td colspan="2">××××</td><td>收货日期</td><td></td></tr>
<tr><td>资金来源</td><td></td><td>用　途</td><td colspan="8">发动机</td></tr>
<tr><td>序号</td><td>固定资产（设备）名称</td><td>设备类别</td><td>设备编号</td><td>规格型号</td><td>单位</td><td>数量</td><td>单价</td><td>金额</td><td>运费</td><td>总计</td></tr>
<tr><td>1</td><td>A型发动机</td><td></td><td></td><td></td><td></td><td>1</td><td>320 000</td><td>320 000</td><td></td><td>320 000</td></tr>
<tr><td>2</td><td></td><td></td><td></td><td></td><td></td><td></td><td></td><td></td><td></td><td></td></tr>
<tr><td colspan="2">部　　门</td><td colspan="2">部门负责人</td><td colspan="2">经办人</td><td colspan="2">部　　门</td><td>部门负责人</td><td colspan="2">经办人</td></tr>
<tr><td colspan="2">采购部门</td><td colspan="2"></td><td colspan="2"></td><td colspan="2">使用部门</td><td>第一车间</td><td colspan="2">宋青</td></tr>
<tr><td colspan="2">验收部门</td><td colspan="2"></td><td colspan="2"></td><td colspan="2">财务部门</td><td>陈山民</td><td colspan="2"></td></tr>
</table>

各联：1联：存根，2联：付款（财务）；3联：增加固定资产（财务）；4联：固定资产管理；5联：

表 12-6

440116240　　　**广州增值税专用发票**　　　No：01092783

发票联

开票日期：2017 年 2 月 9 日

<table>
<tr><td>购货单位</td><td colspan="5">名称：深圳顺星有限公司
纳税人识别号：4330101400321812
地址、电话：深圳福田区樱花大道 19 号 68790897
开户行及账号：深圳工商银行樱花支行营业室 6200004309234216419</td><td>密码区</td><td colspan="3">略</td></tr>
<tr><td colspan="2">货物或应税劳务名称发动机</td><td>规格型号</td><td>单位台</td><td>数量 1</td><td>单价</td><td>金额
￥320 000</td><td>税率（%）
17%</td><td>税额
￥54 400</td></tr>
<tr><td colspan="2">价税合计（大写）</td><td colspan="7">叁拾柒万肆仟肆佰元整　　（小写）￥374 400</td></tr>
<tr><td>销货单位</td><td colspan="6">名称：程立制造厂
纳税人识别号：3220134134975632
地址、电话：广州中山北路 12 号 020-67851200
开户行及账号：中行中山北路分理处 201980360010776</td><td>备注</td><td colspan="2">星城商贸有限公司
3220134134971563
发票专用章</td></tr>
</table>

收款人：××　　复核：××　　开票人：××　　销货单位：

中国工商银行
转账支票存根
IV V000013

科　　目：

对方科目：

出票日期：2017 年 2 月 9 日

收款人：程立制造厂
金　额：374 400
用　途：支付设备款

单位主管 王雄　会计 丛娜

图 12-2　转账支付存根

借：固定资产　　320 000

　　应交税费——应交增值税（进项税额）　　54 400

　　贷：银行存款　　374 400

3. 购进免税农产品的增值税会计处理

企业购进免税农产品，按购入农业产品的买价和规定的扣除率计算进项税额，借记“应交税费——应交增值税（进项税额）”科目，按买价扣除按规定计算的进项税额后的差额，借记“材料采购”“在途物资”等科目，按应付或实际支付的价款，贷记“应付账款”“银行存款”等科目。

【例 12-4】乐享超市购入免税农产品一批，价款 25 000 元，农产品扣除率为 11%。货物已入库，货款已用银行存款支付。见表 12-7。

表 12-7 ××国家税务局通用机打发票

发票联

开票日期：2017 年 1 月 15 日

出售人	张广晨		出售人收款账号		9558097800000456231
收购业务类别	大米		出售人地址		××村
出售人身份证号	11101119870506562				
货物或劳务名称	规格型号	数量	单位	单价	金额
大米		10 000	公斤	2.50	25 000
会计金额（大写）	⊗贰万伍仟元整			金额（小写）	25 000
付款方名称	乐享超市				
付款方税号	543796042749785			开票人	田悦

填票人　　　验收人　　　收购单位（盖章）

进项税额＝25 000×11%＝2 750（元）

借：材料采购——大米　　22 250

　　应交税费——应交增值税（进项税额）　　2 750

　　贷：银行存款　　28 250

登记会计凭证，见表 12-8。

表 12-8

记账凭证

2017 年 1 月 16 日　　字第××号

摘要	会计科目	借方金额											贷方金额											记账
		万	千	百	十	万	千	百	十	元	角	分	万	千	百	十	万	千	百	十	元	角	分	
从农户购入大米 1 000 公斤，价款为 25 000 元	材料采购					2	2	2	5	0	0	0												
	应交税费——应交增值税（进项税额）						2	7	5	0	0	0												
	银行存款																2	5	0	0	0	0	0	
合　计					¥	2	5	0	0	0	0	0				¥	2	5	0	0	0	0	0	

会计主管：金天岳　　记账：任晴　　审核：齐柏松　　制单：赵博

4. 进口货物应纳税额的计算

（1）进口货物的纳税人。

根据《增值税暂行条例》的规定，进口货物增值税的纳税义务人为进口货物的收货人或办理报关手续的单位和个人，包括国内一切从事进口业务的企事业单位、机关团体和个人。

（2）进口货物的适用税率。

进口货物增值税税率与增值税一般纳税人在国内销售同类货物的税率相同。

（3）进口货物应纳税额的计算。

应纳税额＝组成计税价格×税率

组成计税价格＝（关税完税价格＋关税）÷（1－消费税税率）

或组成计税价格＝关税完税价格＋关税＋消费税

【例 12-5】文汇外贸公司为增值税一般纳税人，2017 年 1 月进口一批香水，关税完税价格 300 000 元。海关于 1 月 15 日开具了完税凭证。第一日化厂缴纳进口环节税金后海关放行。计算该日化厂进口环节应纳增值税（关税税率为 50%，消费税税率为 30%）。（其他单据略）见表 12-9。

组成计税价格＝300 000×（1＋50% ）/（1－30%）＝642 857.14（元）

进口环节缴纳增值税＝642 857.14×17%＝109 285.71（元）

表 12-9 海关进口增值税专用缴款书

收入系统：税务系统 填发日期：2017 年 1 月 15 日 号码：029820050185054065-I02

<table>
<tr><td rowspan="3">收入机关</td><td>收入机关</td><td colspan="3">中央金库</td><td rowspan="3">缴款单位（个人）</td><td>名称</td><td>文汇外货公司</td></tr>
<tr><td>科目</td><td>进口增值税</td><td>预算级次</td><td>中央</td><td>账号</td><td>5498001909234216754</td></tr>
<tr><td>收款国库</td><td colspan="3">福田区中心支库</td><td>开户银行</td><td>深圳工商银行白石路支行营业室</td></tr>
<tr><td colspan="2">税号</td><td>货物名称</td><td>数量</td><td>单位</td><td>完税价格</td><td>税率（%）</td><td>税款金额（元）</td></tr>
<tr><td colspan="2"></td><td>A</td><td></td><td></td><td>642 857.14</td><td>17</td><td>109 285.71</td></tr>
<tr><td colspan="2">金额（人民币）</td><td colspan="6">壹拾万玖仟贰佰捌拾伍元柒角壹分</td></tr>
<tr><td colspan="2">申请单位编号</td><td></td><td>报关单编号</td><td colspan="2"></td><td>填制单位</td><td>收款国库（银行）</td></tr>
<tr><td colspan="2">合同批文</td><td></td><td>运输工具</td><td colspan="2"></td><td></td><td></td></tr>
<tr><td colspan="2">缴款期限</td><td></td><td>提货单号</td><td colspan="2"></td><td></td><td></td></tr>
<tr><td colspan="8">备注 照章征税 1/5/2017 制单人：××
复核人：××
国际代码：560106787062823US</td></tr>
</table>

第一联（收据）国库收款签单后交缴款单位或缴纳人

5. 不可以抵扣增值税进项税的实务操作

（1）属于购入货物时不能直接认定其进项税额能否抵扣的，先计入“应交税费——应交增值税（进项税额）”账户，如果这部分购入货物以后用于按规定不得抵扣进项税额项目的，应将原已记入进项税额并已支付的增值税转入有关的承担者予以承担，通过“应交税费——应交增值税（进项税额转出）”账户转入有关资产及劳务成本。

【例 12-6】深圳顺星有限公司 8 月某在建工程领用甲材料一批，材料实际成本为 32 900 元，进项税额为 5 593 元。见表 12-10。

表 12-10 出 库 单

月	日	品名	规格型号	数量	单位	单价	金额	签字
8	10	甲材料					32 900	
合 计							32 900	

借：在建工程　　　　　　　　　　　　　　　　　　38 493

　　贷：原材料　　　　　　　　　　　　　　　　　　　32 900

　　　　应交税费——应交增值税（进项税额转出）　　　　5 593

登记会计凭证，见表 12-11。

表 12-11

记账凭证

2017 年 8 月 10 日　　　　　　字第××号

摘要	会计科目	借方金额											贷方金额											记账
		万	千	百	十	万	千	百	十	元	角	分	万	千	百	十	万	千	百	十	元	角	分	
购入一批甲材料，价款38 493 元	在建工程					3	8	4	9	3	0	0												
	原材料																3	2	9	0	0	0	0	
	应交税费——应交增值税（销项税额）																	5	5	9	3	0	0	
合　计					¥	3	8	4	9	3	0	0				¥	3	8	4	9	3	0	0	

会计主管：夏雪　　　记账：郭煜　　　审核：王欣欣　　　制单：姜晨

（2）接受投资、捐赠以及债务重组。

企业接受投资转入的货物，按照专用发票上注明的增值税额，借记“应交税费——应交增值税（进项税额）”科目，按照确认的投资货物价值（已扣增值税，下同），借记“原材料”等科目，按照增值税额与货物价值的合计数，贷记“实收资本”等科目。如果对方是以固定资产（如机器、设备等）进行投资，进项税额不通过“应交税费——应交增值税（进项税额）”科目核算，而是直接计入“固定资产”科目，贷记“实收资本”等科目。

【例 12-7】汇通天下制造有限公司本月接受长城公司捐赠一批耐火材料，增值税专用发票上注明的价款 62 000 元，增值税 10 540 元。见表 12-12。

表 12-12

广州增值税专用发票

440116240 发 票 联 No：**01092734**

开票日期：2017 年 5 月 9 日

购货单位	名　　　称：汇通天下制造有限公司 纳税人识别号：340101400354321 地 址 、电 话：深圳市龙岗区坂田街道 38 号　68573287 开户行及账号：工商银行深圳北安支行 3427001909234216590	密码区	略

货物或应税劳务名称	规格型号	单位	数量	单价	金额	税率（%）	税额
材料		吨	100	725.4	¥62 000	17%	¥10 540
价税合计（大写）	⊗柒万贰仟伍佰肆拾元整						（小写）¥72 540

销货单位	名　　　称：久山制布厂 纳税人识别号：110134134971576 地 址 、电 话：广州白云区横水北路 1 号 020-65651200 开户行及账号：中行横水北路分理处 066180360010776	备注	久山制布厂 110134134971576 发票专用章

收款人：徐琳　　复核：李泊南　　开票人：刘扬　　销货单位：

借：原材料　62 000

　应交税费——应交增值税（进项税额）　10 540

　贷：营业外收入　72 540

登记会计凭证，见表 12-13。

表 12-13

记 账 凭 证

2017 年 5 月 16 日　　字第　号

摘要	会计科目	借方金额											贷方金额											记账
		万	千	百	十	万	千	百	十	元	角	分	万	千	百	十	万	千	百	十	元	角	分	
接受长城公司一批耐火材料，价款 72 540 元	原材料					6	2	0	0	0	0	0												
	应交税费——应交增值税（销项税额）					1	0	5	4	0	0	0												
	营业外收入																7	2	5	4	0	0	0	
合　计					¥	7	2	5	4	0	0	0				¥	7	2	5	4	0	0	0	

会计主管：单春明　　记账：陈熠　　审核：张燕　　制单：王晓

(3) 接受应税劳务的增值税会计处理。

企业接受应税劳务，按照专用发票上注明的增值税额，借记“应交税费——应交增值税（进项税额）”科目，按专用发票上记载的应计入加工、修理修配等货物成本的金额，借记“其他业务支出”“制造费用”“委托加工物资”“销售费用”“管理费用”等科目，按应付或实际支付的金额，贷记“应付账款”“银行存款”等科目。

【例 12-8】科达公司委托东风木材厂加工一批 B 材料，发出 B 材料实际成本为 56 000 元，支付加工费 1 200 元，支付增值税 204 元。见表 12-14。

表 12-14　　委外加工单

No. ________

日期：________

委托厂商	东风材料厂			地址	枣阳市邺北区天中街 8 号	
				电话	890723232	
委制编号	品名	数量	需求日期	单价	金额	备注
	B 材料				56 000	
合　计						
品质要求	加工成品					
提　供						

(1) 发出 B 材料，委托科达公司加工 B 材料时。

借：委托加工物资　　56 000

　　贷：原材料——B 材料　　56 000

(2) 支付加工费和税金时。

借：委托加工物资　　1 200

　　应交税费——应交增值税（进项税额）　　204

　　贷：银行存款　　1 404

(3) 材料加工完成，收回后验收入库时，原材料成本价格＝56 000＋1 200＝57 200（元）。

借：原材料——B 材料　　57 200

　　贷：委托加工物资　　57 200

(4) 货物非正常损失及改变用途的增值税会计处理。

企业购进的货物、在产品、产成品发生非正常损失，以及购进货物改变用途等原因，其进项税额，应相应转入有关科目，借记“待处理财产损溢”“在建工程”“应付职工薪酬”等科目，贷记“应交税费——应交增值税（进项税额转出）”科目。属于转做待处理财产损失的部分，应与遭受非正常损失的购进货物、在产品、产成品成本一并处理。

【例 12-9】 百利公司 8 月购进包装物 4 000 个，每个不含税单价 20 元，10 月份实际验收入库 3 500 个，该包装物的定额损耗率为 10%，包装物已验收入库，取得增值税专用发票且货款已付。见表 12-15。

不得抵扣进项税＝（4 000－3 500－4 000×10%）×20×17%＝340（元）

借：待处理财产损溢——待处理非流动资产损溢　　9 660

　　应交税费——应交增值税（进项税额转出）　　340

　　贷：周转材料——包装物　　10 000

表 12-15　　存货盘存单　　单位：元

存货名称	计量单位	数量		单位成本	盘盈		盘亏	
		实存	账存		数量	金额	数量	金额
包装物	个	3 500	4 000	20			500	10 000
原因								
处理意见	会计部门							
	审批部门							

(5) 购入货物及接受应税劳务用于非应税项目或免税项目的增值税会计处理。

企业购入货物及接受应税劳务直接用于非应税项目，或直接用于免税项目以及直接用于集体福利和个人消费的，其专用发票上注明的增值税额，计入购入货物及接受劳务的成本。借记“在建工程”“应付职工薪酬”等科目，贷记“银行存款”等科目。

若购进货物部分用于免税项目，按免税项目销售额占全部销售额的比例将进项税额应转出。

【例 12-10】某自行车厂某月全部进项税额为 54 000 元，销售总额为 500 000元，其中自行车销售额为 300 000 元，供残疾人专用的轮椅销售额 150 000 元。

进项税额转出＝54 000×（150 000/500 000）＝16 200（元）

借：主营业务成本　　　　　　　　　　　　　　16 200

　　贷：应交税费——应交增值税（进项税额转出）　　　16 200

12.2 增值税销售额

1. 销售额的一般认定

《增值税暂行条例》规定：销售额为纳税人销售货物或提供应税劳务向购买方收取的全部价款和价外费用。

向购买方收到的各种价外费用包括：手续费、补贴、基金、集资费、返还利润、奖励费、违约金（延期付款利息）、包装费、包装物租金、储备费、优质费、运输装卸费、代收款项、代垫款项及其他各种性质的价外收费。上述价外费用无论其会计制度如何核算，都应并入销售额计税。

但上述价外费用不包括以下各项费用。

1 • 向购买方收取的销项税额

2 • 受托加工应征消费税的货物，而由受托方向委托代收代缴的消费税

3 • 同时符合以下两个条件的代垫运费：即承运部门的运费发票开具给购货方；并且由纳税人将该项发票转交给购货方的

4 • 同时符合以下条件代为收取的政府性基金或者行政事业性收费：由国务院或者财政部批准设立的政府性基金，由国务院或者省级人民政府及其财政、价格主管部门批准设立的行政事业性收费；收取时开具省级以上财政部门印制的财政收据所收款项全额上缴财政

5 • 销售货物的同时代办保险等而向购买方收取的保险费，以及向购买方收取的代购方缴纳的车辆购置税、车辆牌照费

2. 销售额的特殊认定

在销售活动中，为了达到促销的目的，有多种销售方式，不同的销售方式下，取得的销售额会有所不同。税法对以下几种销售方式分别做了规定，见表12-16。

表12-16　　特殊销售行为销售额的认定

销售方式	销项税额的认定
采取折扣方式	（1）销售额和折扣额在同一张发票上分别注明的，可按折扣后的销售额征收增值税； （2）未在同一张发票上分别注明的，以价款为销售额，不得扣减折扣额
以旧换新方式	应按新货物的同期销售价格确定销售额，不得扣减旧货物的收购价格。但对金银首饰以旧换新业务，可以按销售方实际收取的不含增值税的全部价款征收增值税
还本销售方式	其销售额就是货物的销售价格，不得从销售额中减除还本支出
以物易物方式	以物易物双方都应做购销处理，以各自发出的货物核算销售额，以各自收到的货物计算进销项税额
直销方式	直销企业的销售额为其向消费者收取的全部价款和价外费用
试点纳税人中客运场站服务	以其取得的全部价款和价外费用，扣除政府性基金或行政事业性收费后的余额为销售额
试点纳税人提供国际货物运输代理服务	以其取得的全部价款和价外费用，扣除支付给国际运输企业的费用后的余额为销售额
视同销售货物的方式（包括试点地区纳税人）	（1）按纳税人最近时期同类货物的平均销售价格确定
	（2）按其他纳税人最近时期同类货物的平均销售价格确定
	（3）按组成计税价格确定。公式为： 组成计税价格＝成本×（1＋成本利润率）

3. 混合销售的销售额的认定

根据《增值税暂行条例实施细则》的规定，混合销售行为如果属于应当征收增值税的，其计税销售额为货物销售额与非应税劳务的营业额的合计。销售货物（包括增值税应税劳务）的销售额根据实际情况来判断含税与否；而非应税劳务的营业额应视为含税销售收入，应换算为不含税销售额后征税。

4. 兼营行为的销售额额的认定

兼营行为，是指纳税人的经营中既包括销售货物和应税劳务，又包括提供建筑业等非增值税应税劳务的行为。例如，某大型商场既从事商品销售，又从事餐饮服务，则此商场的经营行为就属于兼营行为。

根据《增值税暂行条例实施细则》的规定，纳税人兼营非增值税应税项目的，应分别核算货物或者应税劳务的，应分别核算货物或者应税劳务的销售额和非增值税应税项目的营业额；未分别核算的，由主管税务机关核定货物或者应税劳务的销售额。

混合和兼营销售的区别，见表12-17。

表12-17　　混合和兼营销售的区别

情　形	混合销售	兼营销售
是否同时发生	同时发生	不一定同时发生
是否针对同一销售对象	针对同一对象： （1）同一销售行为 （2）价款来自同一买方	不一定针对同一对象： （1）同一纳税人 （2）价款来自不同消费者
税务处理	根据纳税人的主营业务，合并征收一种税	（1）分别核算的：适用各自增值税率 （2）未分别核算：由主管税务机关核定货物或者应税劳务的销售额，适用最高税率

12.2.1　当期销项税额的确定

当期销项税额，是指当期销售货物或提供应税劳务的纳税人，依其销售额和法定税率计算并向购买方收取的增值税税款。

其计算公式为：

当期销项税额＝不含税销售额×税率

或，当期销项税额＝组成计税价格×税率

如果销售收入中包含了销项税额，则应将含税销售额换算成不含税销售额。这是因为增值税是价外税，在计税的销售额中不能含有增值税税款，属于含税销售收入的有普通发票的价款、零售价格、价外收入、非应税劳务征收增值税。

不含税销售额的计算公式为：

不含税销售额＝含税销售额÷（1＋增值税税率）

按简易办法征收增值税。一般纳税人销售自己使用过的物品和旧货，适用按简易办法依3%征收率减半征收增值税政策的，按下列公式确定销售额和应纳税额：

销售额＝含税销售额÷（1＋3%）

应纳税额＝销售额×2%

12.2.2 增值税销项税额的账务处理

1. 采用直接收款方式销售

采用直接收款方式销售，借记“应收票据”“银行存款”等科目，按专用发票上注明的增值税额，贷记“应交税费——应交增值税（销项税额）”，按实现的营业收入，贷记“主营业务收入”等科目。

增值税销项税额的账务处理，见表12-18。

表12-18　增值税销项税额的账务处理

财务情景		会计处理
销售物资或提供应税劳务（包括将自产、委托加工或购买的货物分配给股东等）时		借：应收账款（应收票据、银行存款等科目） 贷：应交税费——应交增值税（销项税额） 主营业务收入
外贸企业办理出口退税时	不得减免抵扣税额	借：主营业务成本 贷：应交税费——应交增值税（进项税额转出）
	按规定计算的当期应予抵扣的税额	借：应交税费——应交增值税（出口抵减内销产品应纳税额） 贷：应交税费——应交增值税（出口退税）
	因应抵扣的税额大于应纳税额而未全部抵扣，按规定应予退回的税款	借：其他应收款 贷：应交税费——应交增值税（出口退税）
	收到退回的税款	借：银行存款 贷：其他应收款
企业将自产或委托加工的货物用于非应税项目、作为投资、集体福利消费、赠送他人等		借：在建工程（长期股权投资、应付职工薪酬、营业外支出等科目） 贷：应交税费——应交增值税（销项税额）

续上表

财务情景	会计处理
随同商品出售单独计价的包装物，按规定收取的增值税	借：库存现金（银行存款、应收账款等科目） 贷：应交税费——应交增值税（销项税额）
对于直接减免的增值税	借：应交税费——应交增值税（减免税款） 贷：营业外收入
月度终了时增值税账务处理	借：应交税费——应交增值税（转出未交增值税） 贷：应交税费——未交增值税 借：应交税费——未交增值税 贷：应交税费——应交增值税（转出多交增值税） （注，结转后应交增值税明细科目的期末借方余额，反映尚未抵扣的增值税）

【例 12-11】星城商贸有限公司采用直接收款方式销售一批甲商品，价款 75 465 元（含税）。货款已经收到，货物尚未发出，提货单已经交给购货方，开出增值税专用发票。甲商品成本为 64 000 元。见表 12-19。

表 12-19

440316240　　**深圳增值税专用发票**　　**No：**01092789

记账联　　开票日期：2017 年 1 月 9 日

购货单位	名称：易初莲花百货公司 统一社会信用代码：4330101400321812 地址、电话：深圳福田区樱花大道 19 号 68790897 开户行及账号：深圳工商银行樱花支行营业室 62000043092342164 19			密码区	略		
货物或应税劳务名称甲商品	规格型号	单位台	数量 100	单价 645	金额 ￥64 500	税率（%） 17%	税额 ￥10 965
价税合计（大写）	⊗柒万伍仟肆佰陆拾伍元整				（小写）￥75 465		
销货单位	名称：星城商贸有限公司 统一社会信用代码：320134134971563 地址、电话：中山北路 45 号 025-87651200 开户行及账号：中行中山北路分理处 066180360010776				备注	星城商贸有限公司 3220134134971563 发票专用章	

收款人：李娜　　复核：张晶　　开票人：苗妙　　销货单位：

该企业当期应纳增值税额计算如下：

将含税销售额换算为不含税销售额，销项税额＝75 465÷（1＋17%）×17%＝64 500×17%＝10 965（元）

借：银行存款　　　　　　　　　　　　　　　　　　　75 465

　　贷：主营业务收入——甲商品　　　　　　　　　　　　64 500

　　　　应交税费——应交增值税（销项税额）　　　　　　10 965

借：主营业务成本　　　　　　　　　　　　　　　　　64 000

　　贷：库存商品　　　　　　　　　　　　　　　　　　　64 000

登记会计凭证，见表 12-20。

表 12-20

记账凭证

2017 年 1 月 9 日　　　　字第××号

摘要	会计科目	借方金额											贷方金额											记账
		万	千	百	十	万	千	百	十	元	角	分	万	千	百	十	万	千	百	十	元	角	分	
向易初莲花百货公司销售一批甲商品，收到价款 75 465 元	银行存款					7	5	4	6	5	0	0												
	主营业务收入——甲商品																6	4	5	0	0	0	0	
	应交税费——应交增值税（销项税额）																1	0	9	6	5	0	0	
结转甲商品成本 64 000 元	主营业务成本					6	4	0	0	0	0	0												
	库存商品																6	4	0	0	0	0	0	
合　计				¥	1	3	9	4	6	5	0	0			¥	1	3	9	4	6	5	0	0	

会计主管：沈晓阳　　记账：路梅　　审核：李欣欣　　制单：宋玉

2. 托收承付或者委托收款结算方式销售

采取托收承付或者委托银行收款方式销售货物，为发出货物并办妥托收手续的当天。

【例 12-12】深圳梅莎有限公司 2017 年 4 月 5 日采用托收承付结算方式，发出 A 产品一批，不含税价 95 600 元，增值税额 16 252 元，另代垫运费。托收手续已办理完毕。A 产品成本为 84 300 元。见表 12-21、表 12-22。

表 12-21 **产品出库单**

月	日	品名	规格型号	数量	单位	单价	金额	签字
4	5	A产品					84 300	
		合计						

表 12-22 **托收凭证（贷方凭证）**

委托日期 2017 年 4 月 5 日

<table>
<tr><td colspan="2">业务类型</td><td colspan="3">委托收款（□邮划、□电划）</td><td colspan="3">托收承付（□邮划、□电划）</td></tr>
<tr><td rowspan="3">付款人</td><td>全称</td><td colspan="3">上海科迪商贸公司</td><td rowspan="3">收款人</td><td>全称</td><td colspan="3">深圳梅莎有限公司</td></tr>
<tr><td>账号</td><td colspan="3">0200001909234261234</td><td>账号</td><td colspan="3">6200004309234216342</td></tr>
<tr><td>地址</td><td>省
市
县</td><td>开户行</td><td>工商银行</td><td>地址</td><td>省 市
县 深圳</td><td>开户行</td><td>农行</td></tr>
<tr><td rowspan="2">金额</td><td colspan="5" rowspan="2">人民币
（大写）⊗壹拾壹万捌仟伍佰贰拾元整</td><td>亿</td><td>千</td><td>百</td><td>十</td><td>万</td><td>千</td><td>百</td><td>十</td><td>元</td><td>角</td><td>分</td></tr>
<tr><td></td><td></td><td>¥</td><td>1</td><td>1</td><td>1</td><td>8</td><td>5</td><td>2</td><td>0</td><td>0</td></tr>
<tr><td>款项内容</td><td></td><td>托收凭据名称</td><td>商业承兑汇票</td><td>附寄单证张数</td><td></td></tr>
<tr><td>商品发运情况</td><td></td><td>合同名称号码</td><td></td></tr>
<tr><td>备注：
收款人开户银行收到日期
2017 年 4 月 5 日</td><td>上列款项随附有关债务证明，请予办理。
深圳梅莎有限公司财务专用章
一李印行
收款人签章</td><td>复核 记账</td></tr>
</table>

此联收款人开户银行作贷方凭证

借：应收账款 111 852

贷：主营业务收入 95 600

应交税费——应交增值税（销项税额）　　　　16 252

同时：

借：主营业务成本　　　　84 300

　　贷：库存商品　　　　84 300

登记会计凭证，见表 12-23。

表 12-23

记账凭证

2017 年 4 月 16 日　　　　字第××号

摘要	会计科目	借方金额											贷方金额											记账
		万	千	百	十	万	千	百	十	元	角	分	万	千	百	十	万	千	百	十	元	角	分	
销售一批 A 商品销售，价款 111 852 元	应收账款				1	1	1	8	5	2	0	0												
	主营业务收入																9	5	6	0	0	0	0	
	应交税费——应交增值税（销项税额）																1	6	2	5	2	0	0	
结转 A 商品成本	主营业务成本					8	4	3	0	0	0	0												
	库存商品																8	4	3	0	0	0	0	
合　计				¥	1	9	6	1	5	2	0	0			¥	1	9	6	1	5	2	0	0	

会计主管：夏雪　　记账：郭煜　　审核：王欣欣　　制单：姜晨

3. 以旧换新销售

根据税法规定，采取以旧换新方式销售货物的，应按新货物的同期销售价格确定销售额，不得扣减旧货物的收购价格。

对金银首饰以旧换新业务，可以按销售方实际收取的不含增值税的全部价款征收增值税。

【例 12-13】2017 年 3 月 9 日，新世界商场采取以旧换新销售方式销售一台 B 产品（非金银首饰），价款 49 140 元；同时收回同类旧产品作价 9 828 元，已验收入库，余款收妥存入银行。双方各自开出一张增值税专用发票，见表 12-24、表 12-25。

表 12-24

深圳增值税专用发票

442016240 记 账 联 No：**01092745**

开票日期：2017 年 3 月 9 日

购货单位	名称：百良商贸有限公司 统一社会信用代码：3420101400321653 地址、电话：深圳福田区中正街 32 号 68790843 开户行及账号：深圳工商银行樱花支行营业室 6230004309234219078	密码区	略

货物或应税劳务名称	规格型号	单位	数量	单价	金额	税率（%）	税额
生产设备		台	1		¥42 000	17%	¥7 140
价税合计（大写）	肆万玖仟壹佰肆拾元整					（小写）	¥49 140

销货单位	名称：新世界商场 统一社会信用代码：114234134971563 地址、电话：复兴北路 45 号 025-87651200 开户行及账号：中行复兴北路分理处 234180360010776	备注	新世界商场 114234134971563 发票专用章

收款人：李娜　　复核：张晶　　开票人：苗妙　　销货单位：

表 12-25

深圳增值税专用发票

442016240 发 票 联 No：**01092727**

开票日期：2017 年 3 月 9 日

购货单位	名称：新世界商场 统一社会信用代码：114234134971563 地址、电话：复兴北路 45 号 025-87651200 开户行及账号：中行复兴北路分理处 234180360010776	密码区	略

货物或应税劳务名称	规格型号	单位	数量	单价	金额	税率（%）	税额
B 产品		台	1		¥8 400	17%	¥1 428
价税合计（大写）	玖仟捌贰拾捌元整					（小写）	¥9 828

销货单位	名称：科达商贸公司 统一社会信用代码：320134134971563 地址、电话：中山北路 45 号 025-87651200 开户行及账号：中行中山北路分理处 066180360010776	备注	科达商贸公司 320134134971563 发票专用章

收款人：李娜　　复核：李季　　开票人：陈秀　　销货单位：

借：银行存款　　39 312

原材料　　8 400

应交税费——应交增值税（进项税额）　　1 428

贷：主营业务收入　　42 000

应交税费——应交增值税（销项税额）　　7 140

12.3 增值税会计处理

根据财会〔2016〕22号文件规定，一般纳税人企业增值税相关会计科目设置见表12-26。

表12-26　一般企业增值税基本会计科目设置明细表

科目代码	总分类科目（一级科目）	明细分类科目	
		二级分类科目	三级分类科目
2221	应交税费		
222101	应交税费	应交增值税	
22210101	应交税费	应交增值税	进项税额
22210102	应交税费	应交增值税	已交税金
22210103	应交税费	应交增值税	减免税款
22210104	应交税费	应交增值税	转出未交增值税
22210105	应交税费	应交增值税	销项税额抵减
22210106	应交税费	应交增值税	出口抵减内销产品应纳税额
22210107	应交税费	应交增值税	销项税额
22210108	应交税费	应交增值税	进项税额转出
22210109	应交税费	应交增值税	出口退税
22210110	应交税费	应交增值税	转出多交增值税
222102	应交税费	预交增值税	
222103	应交税费	待抵扣进项税额	
222104	应交税费	待认证进项税额	
222105	应交税费	待转销项税额	
222106	应交税费	简易计税	

续上表

科目代码	总分类科目（一级科目）	明细分类科目	
		二级分类科目	三级分类科目
222107	应交税费	转让金融商品应缴增值税	
222108	应交税费	代扣代交增值税	
222109	应交税费	未交增值税	
2221010	应交税费	增值税留抵税额	
2221011	应交税费	增值税检查调整	

注意：如果是集团企业或房地产、建筑等法人组织机构众多，纳税申报较为复杂的，可以采取总分机构汇总纳税的方式。汇总纳税的具体科目设置会更加烦琐，在应交税费科目下可能要设立更多符合企业业务需要的二级或三级科目，也可以通过“往来科目”记录总部机构及分支机构的增值税汇缴或清算。

小规模纳税人只需在“应交税费”科目下设置“应交增值税”明细科目，不需要设置上述专栏及除“转让金融商品应交增值税”、“代扣代交增值税”外的明细科目。

一般纳税人应该在“应交增值税”明细账内，设置子目。如图 12-3 所示。

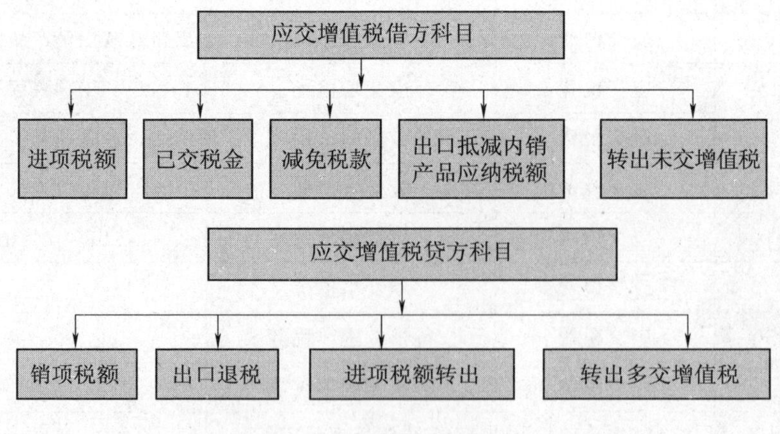

图 12-3　增值税应设子目

12.4 增值税款缴纳的账务处理

应交增值税的账务处理，见表12-27。

表12-27　　应交增值税的账务处理

缴纳时间	账务处理
当月缴纳税款	借：应交税费——应交增值税（已交税金） 贷：银行存款
当月缴纳以前月份税款	借：应交税费——未交增值税 贷：银行存款
税款减免的账务处理	借：应交税费——应交增值税（减免税款） 贷：营业外收入
税款返还	借：银行存款 贷：营业外收入
当月应交未交的增值税	借：应交税费——应交增值税（转出未交增值税） 贷：应交税费——未交增值税
当月多交的增值税	借：应交税费——未交增值税 贷：应交税费——转出多交增值税
当月预交应交增值税	借：应交增值税——已交税金 贷：银行存款

1. 一般计税方法的计算

我国目前对一般纳税人采用的是国际上通行的购进扣税法，即当期销项税额抵扣当期进项税额后的余额。应纳税额的计算公式为：

当期应纳税额＝当期销项税额－当期进项税额

＝当期销售额×适用税率－当期进项税额

【例12-14】2016年12月，飞亚达第一汽车有限公司销售5辆小汽车的销售清单及货款1 100 000元，小汽车每辆售价220 000元。（该小汽车适用消费税率9%，增值税率17%，城建税税率7%，教育费附加3%）。计算应交增值税、消费税及其他税费的金额及账务处理。以银行存款支付。

应纳增值税＝220 000×5×17%＝187 000（元）

应纳消费税＝220 000×5×9%＝99 000（元）

应纳城建税＝220 000×5×（9%＋17%）×7%＝20 020（元）

应纳教育费附加＝220 000×5×（9%＋17%）×3%＝8 580（元）

借：应交税费——应交增值税（已交税金）　　187 000

　　　　　　——应交消费税　　99 000

　　　　　　——应交城市建设维护费　　20 020

　　　　　　——应交教育费附加　　8 580

　贷：银行存款　　314 600

登记会计凭证，见表 12-28。

表 12-28

记 账 凭 证

2017 年 1 月 5 日　　　　字第　号

摘要	会计科目	借方金额										贷方金额										记账
		千	百	十	万	千	百	十	元	角	分	千	百	十	万	千	百	十	元	角	分	
以银行存款缴纳 2016 年 12 月税款	应交税费——应交增值税（已交税金）			1	8	7	0	0	0	0	0											
	应交税费——应交消费税				9	9	0	0	0	0	0											
	应交税费——应交城建税				2	0	0	2	0	0	0											
	应交税费——应交教育费附加					8	5	8	0	0	0											
	银行存款													3	1	4	6	0	0	0	0	
	合计		¥	3	1	4	6	0	0	0	0		¥	3	1	4	6	0	0	0	0	

会计主管：单春明　　记账：陈熠　　审核：张燕　　制单：王晓

2. 特殊计税方法的计算

当期应交增值税＝销项税额－（进项税额－进项税额转出－出口退税）－出口抵减内销产品应纳税额－减免税款

【例 12-15】海鑫有限公司为增值税一般纳税人，2017 年 1 月 20 日，购进货物取得增值税专用发票注明价款 340 000 元，增值税额 57 800 元。当月实现销售收入440 000元，销项税额 74 800 元。经企业申请，主管税务机关批准，该企业减半征收增值税 1 年。缴税凭证见表 12-29。

（1）属于直接减免的账务处理。

①购进材料时：

借：原材料　　340 000

　　应交税费——应交增值税（进项税额）　　57 800

　　贷：银行存款　　397 800

②销售实现时：

借：银行存款　　514 800

　　贷：主营业务收入　　440 000

　　　　应交税费——应交增值税（销项税额）　　74 800

③计算缴纳税款时：

应纳税额＝（74 800－57 800）×50％＝8 500 元

借：应交税费——应交增值税（已交税金）　　8 500

　　贷：银行存款　　8 500

借：应交税费——应交增值税（减免税款）　　8 500

　　贷：营业外收入　　8 500

表 12-29　　**中国工商银行电子缴税付款凭证**

转账日期：2017 年 2 月 5 日　　凭证字号：6346432

付款人全称	海鑫有限公司	征收机关名称	
付款人账号	6200004309234216342	收款国库名称	
付款人开户银行	深圳工商银行圣樱路支行营业室	小写（合计）金额	￥8 500
缴款书交易流水号	23 554	大写（合计）金额	捌仟伍佰元整

税（费）种名称	所属日期	实缴金额
增值税	2017 年 1 月	8 500

第 次打印　　作付款回单　　无银行收讫章无效　　复核　　打印日期：　年　月　日

(2) 先征后退办法。

①采购、销售同前。

②计算缴纳税金：

应纳税额＝74 800－57 800＝17 000（元）

借：应交税费——应交增值税（已交税金）　　17 000

　　贷：银行存款　　17 000

借：银行存款　　8 500

　　贷：营业外收入　　8 500

3. 出口货物退税的计算

现行出口货物的增值税退税率有17％、15％、14％、13％、11％、9％、8％、6％、5％。

“免、抵、退”税的计算方法，见表12-30。

表12-30　　免、抵、退税的计算方法

计算内容	公　式
当期应纳税额的计算	当期应纳税额＝当期内销货物的销项税额－（当期进项税额－当期免抵退税不得免征抵扣税额）－上期留抵税额 其中： 当期免抵退税不得免征和抵扣税额＝出口货物离岸价×外汇人民币牌价×（出口货物征税率－出口货物退税率）－免抵退税不得免征抵扣税额 免抵退税不得免征和抵扣税额抵减额＝免税购进原材料价格×（出口货物征税率－出口货物退税率）
免抵退税额的计算	免抵退税额＝出口货物离岸价×外汇人民币牌价×出口货物退税率－免抵退税额抵减额 其中： 免抵退税额抵减额＝免税购进原材料价格×出口货物退税率
当期应退税额和免抵税额的计算	①如当期期末留抵税额≤当期免抵退税额，则： 当期应退税额＝当期期末留抵税额 当期免抵税额＝当期免抵退税额－当期应退税额 ②如当期期末留抵税额＞当期免抵退税额，则： 当期应退税额＝当期免抵退税额 当期免抵税额＝0

【例12-16】博雅有限公司为自营出口的生产企业，出口货物的增值税税率为17％，退税税率为13％。2017年4月的有关经营业务如下：购进原材料

一批，取得的增值税专用发票注明的价款 1 800 000 元，外购货物准予抵扣的进项税额 280 000 元通过认证。上月末留抵税款 24 000 元，本月内销货物不含税销售额 1 100 000 元，收到货款 1 287 000 元存入银行。本月出口货物的销售额折合人民币 2 400 000 元。试计算该企业当期的“免、抵、退”税额。税收收入退还书见表 12-39。

（1）当期免抵退税不得免征和抵扣税额＝1 800 000×（17%－13%）＝72 000（元）

（2）当期应纳税额＝1 100 000×17%－（280 000－72 000）－24 000＝187 000－208 000－24 000＝－45 000（元）

（3）出口货物“免、抵、退”税额＝2 800 000×13%＝364 000（元）

（4）按规定，如当期末留抵税额≤当期免抵退税额时：即该企业当期应退税额＝45 000（元）。

（5）当期免抵税额＝当期免抵退税额－当期应退税额

当期免抵税额＝364 000－45 000＝319 000（元）

①购进材料：

借：原材料　　1 800 000

　　应交税费——应交增值税（进项税额）　　306 000

　　贷：银行存款　　2 106 000

②销售货物：

借：银行存款　　1 287 000

　　贷：主营业务收入　　1 100 000

　　　　应交税费——应交增值税（销项税额）　　187 000

借：银行存款　　2 400 000

　　贷：主营业务收入　　2 400 000

③不得减免、抵扣税额：

借：主营业务成本　　72 000

　　贷：应交税费——应交增值税（进项税额转出）　　72 000

④抵减税额

借：应交税费——应交增值税（抵减内销产品应纳税额）

　　319 000

　　贷：应交税费——应交增值税（出口退税）　　319 000

⑤应退税额

借：其他应收款　　　　45 000

　贷：应交税费——应交增值税（出口退税）　　　　45 000

12.5 “营改增”行业一般纳税人企业会计核算

试点增值税的计税方法，包括一般计税方法和简易计税方法。原则上，交通运输业、建筑业、邮电通信业、现代服务业、文化体育业、销售不动产和转让无形资产适用增值税一般计税方法。

一般纳税人提供应税服务适用一般计税方法计税。小规模纳税人以及一般纳税人提供的公共交通运输服务（包括轮客渡、公交客运、轨道交通、出租车）可以选择适用简易计税方法计税，一经选择，36个月内不得变更。

试点地区的增值税一般纳税人兼有销售货物、提供加工修理修配劳务或者提供应税服务的，凡未规定可以选择按照简易计税方法计算缴纳增值税的，其全部销售额应一并按照一般计税方法计算缴纳增值税。

12.5.1 增值税计税方法

1. 一般计税方法

一般计税方法的应纳税额，是指当期销项税额抵扣当期进项税额后的余额。

应纳税额＝当期销项税额－当期进项税额

计税销售额＝(取得的全部含税价款和价外费用－支付给其他单位或个人的含税价款）÷（1＋对应征税应税服务适用的增值税税率或征收率）

当期销项税额小于当期进项税额不足抵扣时，其不足部分可以结转下期继续抵扣。

2. 简易计税方法

简易计税方法的应纳税额，是指按照销售额和增值税征收率计算的增值税额，不得抵扣进项税额。

应纳税额＝销售额×征收率

计税销售额＝（取得的全部含税价款和价外费用－支付给其他单位或个人的含税价款）÷（1＋征收率）

【例 12-17】2016 年 5 月 1 日实行“营改增”，麦迪科技有限公司被认定为增值税小规模纳税人。9 月 15 日，麦迪科技有限公司向一般纳税人乙企业提供资讯信息服务，取得含增值税销售额 6.3 万元；9 月 20 日，向小规模纳税人丙企业提供注册信息服务，取得含增值税销售额 3.6 万元；9 月 25 日，购进办公用品，支付价款 2.45 万元，并取得增值税普通发票。已知增值税征收率为 3%。

根据“营改增”试点实施办法的规定，小规模纳税人提供应税服务，采用简易办法征税，销售额中含有增值税款的，应换算为不含税销售额，计算应纳税额，购进货物支付的增值税款不允许抵扣。

销售额＝（6.3＋3.6）÷（1＋3%）＝9.61（万元）

应纳增值税税额＝9.61×3%＝0.288（万元）

12.5.2 进项税额的确定

增值税一般纳税人适用一般计税方法的，用当期销项税额抵扣当期进项税额后的余额为当期应纳税额。

进项税额是指纳税人购进货物、加工修理修配劳务、服务、无形资产或者不动产，支付或者负担的增值税额。当期销项税额小于当期进项税额不足抵扣时，其不足部分可以结转下期继续抵扣。

按照“财税〔2016〕36 号文”规定，下列进项税额准予从销项税额中抵扣：

1 •从销售方取得的增值税专用发票上注明的增值税额

2 •从海关取得的海关进口增值税专用缴款书上注明的增值税额

3 •购进农产品，除取得增值税专用发票或者海关进口增值税专用缴款书外，按照农产品收购发票或者销售发票上注明的农产品买价和13%的扣除率计算的进项税额

4 •从境外单位或者个人购进服务、无形资产或者不动产，自税务机关或者扣缴义务人取得的解缴税款的完税凭证上注明的增值税额

进项税额抵扣有认证抵扣和计算抵扣两种方式，实务企业一般在日常办公管理、职工福利、生产经营过程会产生大量的增值税专用发票，符合政策规定抵扣范围内的经济管理事项，需要抵扣凭证以及相应票据的支持。

12.5.3 销项税额确定的一般方法

销售额，是指纳税人发生应税行为取得的全部价款和价外费用，财政部和国家税务总局另有规定的除外，销售额包括收取的全部价款和价外费用。

有关增值税销售额的确认，注意以下几点。

（1）销售额是不含税销售额，销售额中不含增值税额本身。含税销售额按照以下公式换算：

销售额＝含税销售额÷（1＋税率或者征收率）

（2）价外费用，是指价外收取的各种性质的收费，但不包括以下项目：

①代为收取并符合本办法第十条规定的政府性基金或者行政事业性收费。

②以委托方名义开具发票代委托方收取的款项。

（3）外币销售额的折算。纳税人按照人民币以外的货币结算销售额的，应当折合成人民币计算，折合率可以选择销售额发生的当天或者当月 1 日的人民币汇率中间价。纳税人应当在事先确定采用何种折合率，确定后 12 个月内不得变更。

（4）折扣销售的处理。

根据《国家税务总局关于折扣额抵减增值税应税销售额问题通知》国税函〔2010〕56 号文件规定，折扣销售，是指销售方在销售货物或应税劳务、发生应税行为时，因购买方购买数量较大等原因而给予购买方的价格优惠。在同一张发票“金额”栏注明折扣额的，可按折扣后金额作为销售额，与现行规定一致。未在“金额”栏注明折扣额的，而仅在发票的“备注”栏注明折扣额的，折扣额不得从价款中减除，应该按折扣前金额作为销售额。

采取折扣方式销售服务、无形资产或者不动产的，处理原则与销售货物基本一致。

例如：纳税人提供应税服务的价款为100元、折扣额为10元，如果将价款和折扣额在同一张发票上分别注明的，以90元为销售额；如果未在同一张发票上分别注明的，以100元为销售额。

（5）发生销售折让、中止或者退回的销售处理。

纳税人发生应税行为因销售折让、中止或者退回的，应扣减当期的销项税额（一般计税方法）或销售额（简易计税方法）。

12.5.4 兼营与混合销售的销售额确定

1. 兼营业务

试点纳税人销售货物、加工修理修配劳务、服务、无形资产或者不动产适用不同税率或者征收率的，应当分别核算适用不同税率或者征收率的销售额，未分别核算销售额的，按照以下方法适用税率或者征收率。

（1）兼有不同税率的销售货物、加工修理修配劳务、服务、无形资产或者不动产，从高适用税率。

（2）兼有不同征收率的销售货物、加工修理修配劳务、服务、无形资产或者不动产，从高适用征收率。

（3）兼有不同税率和征收率的销售货物、加工修理修配劳务、服务、无形资产或者不动产，从高适用税率。

（4）纳税人兼营免税、减税项目的，应当分别核算免税、减税项目的销售额；未分别核算的，不得免税、减税。

2. 混合销售

一项销售行为如果既涉及服务又涉及货物，为混合销售。例如，A公司向B公司销售货物的同时也为B公司送货到家提供运输服务，那么此时A公司的销售与运输行为属于混合销售。

从事货物的生产、批发或者零售的单位和个体工商户的混合销售行为，按照销售货物缴纳增值税，其中，包括以从事货物的生产、批发或者零售为主，并兼营销售服务的单位和个体工商户在内。

其他单位和个体工商户的混合销售行为，按照销售服务缴纳增值税。

混合销售行为成立的行为标准有两点，一是其销售行为必须是一项，即一笔经济业务、一个合同标的、一个合同价格，往往参考企业主营业务判断。二是该项行为必须即涉及服务又涉及货物，其“货物”是指增值税条例中规定的有形动产，包括电力、热力和气体；服务是指属于改征范围的交通运输服务、建筑服务、金融保险服务、邮政服务、电信服务、现代服务、生活服务等，上述两点必须是同时存在。

混合销售其实把内容界定到“服务”和“货物”的混合，而全面“营改增”以后“服务”的范围扩大了，比如建筑服务、转让无形资产、不动产等都叫做“服务”。实际上也扩大了混合销售的适用范围。

12.5.5 视同销售情形下销售额的确定

根据财税〔2016〕36号文件规定，纳税人发生应税行为价格明显偏低或者偏高且不具有合理商业目的，或者发生本办法第十四条所列“视同销售服务、无形资产或者不动产”而无销售额的，主管税务机关有权按照下列顺序确定销售额。

(1) 按照纳税人最近时期销售同类服务、无形资产或者不动产的平均价格确定。

(2) 按照其他纳税人最近时期销售同类服务、无形资产或者不动产的平均价格确定。

(3) 按照组成计税价格确定。组成计税价格的公式为：

组成计税价格＝成本×（1＋成本利润率）

成本利润率由国家税务总局确定，目前可参考依据一般为10%，具体比例由主管税务机关确定。

不具有合理商业目的，是指以谋取税收利益为主要目的，通过人为安排，减少、免除、推迟缴纳增值税税款，或者增加退还增值税税款。

12.5.6 差额计税方法销售额的确定

差额扣除政策可以说是“营改增”过程中变化最大最频繁的政策，因为增值税的抵扣制度在很大程度上可以代替营业税的差额扣除政策，纳税人对此更要密切关注。

虽然全行业纳入了增值税的征收范围，但是目前仍然有无法通过抵扣机制避免重复征税的情况存在，因此引入了差额征税的办法，解决部分行业税收负担增加问题。以下属于差额确定销售额的项目。

1. 金融商品转让

金融商品转让，是指转让外汇、有价证券、非货物期货和其他金融商品所有权的业务活动。

其他金融商品转让，包括基金、信托、理财产品等各类资产管理产品和各种金融衍生品的转让。

金融商品的范围非常宽泛，除股权投资之外的其他投资类产品，购买之后的转让几乎都在征税范围。

根据“财税〔2016〕36号文”规定，金融商品转让按照卖出价扣除买入价后的余额为销售额。转让金融商品出现的正负差，按盈亏相抵后的余额为销售额。若相抵后出现负差，可结转下一纳税期与下期转让金融商品销售额相抵，但年末时仍出现负差的，不得转入下一个会计年度。

销项税额的计算公式如下：

销项税额＝销售额÷（1＋6％）×6％

2. 经纪代理服务

经纪代理服务，是指各类经纪、中介、代理服务。包括金融代理、知识产权代理、货物运输代理、代理报关、法律代理、房地产中介、职业中介、婚姻中介、代理记账、拍卖等。

（1）销售额的确定。

根据“财税〔2016〕36号文”规定，经纪代理服务以取得的全部价款和价外费用，扣除向委托方收取并代为支付的政府性基金或者行政事业性收费后的余额为销售额。

销项税额＝（含税的全部价款＋价外费用－代为支付的政府性基金或者行政事业性收费后的余额）÷（1＋6％）×6％

需要注意的是，计算纳税人提供经纪代理服务的销售额时，可扣除的项目为委托方收取并代为支付的政府性基金或者行政事业性收费，并非所有向委托方收取的费用均能扣除。另外，向委托方收取的并代为支付的政府性基金或者行政事业性收费为代收代付性质，不得开具增值税专用发票，可以开具增值税普通发票。

（2）人力资源外包服务的差额征税。

纳税人提供人力资源外包服务，按照经纪代理服务缴纳增值税，其销售额不包括受客户单位委托代为向客户单位员工发放的工资和代理缴纳的社会保险、住房公积金（注意此处不能扣除向员工发放的福利费）。向委托方收取并代为发放的工资和代理缴纳的社会保险、住房公积金，不得开具增值税专用发票，可以开具普通发票。

一般纳税人提供人力资源外包服务，可以选择适用简易计税方法，按照5%的征收率计算缴纳增值税。

销项税额＝（含税的全部价款＋价外费用－受客户单位委托代为向客户单位委托代为向客户单位员工发放的工资和代理缴纳的社会保险、住房公积金后）÷（1＋6%）×6%

注意：

人力资源外包服务计算销售额时工资可以扣除，但不能扣除支付的福利费。

3. 融资租赁和融资性售后回租业务

（1）融资租赁销售额的确认。

经人民银行、银监会或者商务部批准从事融资租赁业务的试点纳税人，提供融资租赁服务，以取得的全部价款和价外费用，扣除支付的借款利息（包括外汇借款和人民币借款利息）、发行债券利息和车辆购置税后的余额为销售额。

（2）融资性售后回租服务。

经人民银行、银监会或者商务部批准从事融资租赁业务的试点纳税人，提供融资性售后回租服务，以取得的全部价款和价外费用（不含本金），扣除对外支付的借款利息（包括外汇借款和人民币借款利息）、发行债券利息后的余额作为销售额。

4. 航空运输服务

航空运输企业的销售额，不包括代收的机场建设费和代售其他航空运输企业客票而代收转付的价款。

销项税额＝(含税的销售额－机场建设费后的余额) ÷ (1＋11％) ×11％

需要注意的是：

(1) 旅客运输服务不得开具增值税专用发票，理论上，按照“发票管理办法”的要求，应该开具增值税普通发票。但是实务中往往只提供行程单，不单独注明税款，企业也用行程单做入账处理。

(2) 货物运输服务可以开具增值税专用发票，发票可以采取差额开票功能，税额显示上面计算的销项税额。

5. 客运场站服务

试点纳税人中的一般纳税人（以下称一般纳税人）提供客运场站服务，以其取得的全部价款和价外费用，扣除支付给承运方运费后的余额为销售额。

销项税额＝(含税的全部价款＋价外费用－支付给承运方运费后的余额) ÷ (1＋6％) ×6％

6. 旅游服务

试点纳税人提供旅游服务，可以选择以取得的全部价款和价外费用，扣除向旅游服务购买方收取并支付给其他单位或者个人的住宿费、餐饮费、交通费、签证费、门票费和支付给其他接团旅游企业的旅游费用后的余额为销售额。

销项税额＝(含税的全部价款＋价外费用－支付给其他单位或个人的住宿费、餐饮费、交通费、签证费、门票费和支付给其他接团旅游企业的旅游费) ÷ (1＋6％) ×6％

选择上述办法计算销售额的试点纳税人，向旅游服务购买方收取并支付的上述费用，不得开具增值税专用发票，可以开具普通发票。余额可以开具专用发票，税额＝余额部分÷ (1＋6％) ×6％。

7. 建筑服务及不动产销售服务

(1) 建筑服务老项目。

试点纳税人提供建筑服务适用简易计税方法的，以取得的全部价款和价外费用扣除支付的分包款后的余额为销售额。

销项税额＝ (含税的全部价款＋价外费用－支付分包款) ÷ (1＋3％) ×3％

(2) 销售房地产开发新项目。

房地产开发企业中的一般纳税人销售其开发的房地产项目（选择简易计税方法的房地产老项目除外），以取得的全部价款和价外费用，扣除受让土地时向政府部门支付的土地价款后的余额为销售额。

销项税额＝（含税的全部价款＋价外费用－受让土地使用权时向政府支付的土地价款）÷（1＋11％）×11％

（3）销售不动产老项目。

一般纳税人销售其 2016 年 4 月 30 日前取得（不含自建）的不动产，可以选择适用简易计税方法，以取得的全部价款和价外费用减去该项不动产购置原价或者取得不动产时的作价后的余额为销售额。

小规模纳税人销售其取得（不含自建）的不动产（不含个体工商户销售购买的住房和其他个人销售不动产），应以取得的全部价款和价外费用减去该项不动产购置原价或者取得不动产时的作价后的余额为销售额。

销项税额＝（含税的全部价款＋价外费用－不动产原价或取得不动产时的作价）÷（1＋5％）×5％

8. 劳务派遣

一般纳税人提供劳务派遣服务，可以按照《财政部 国家税务总局关于全面推开营业税改征增值税试点的通知》（财税〔2016〕36 号）的有关规定，以取得的全部价款和价外费用为销售额，按照一般计税方法计算缴纳增值税；也可以选择差额纳税，以取得的全部价款和价外费用，扣除代用工单位支付给劳务派遣员工的工资、福利和为其办理社会保险及住房公积金后的余额为销售额，按照简易计税方法依 5％的征收率计算缴纳增值税。

小规模纳税人提供劳务派遣服务，可以按照《财政部 国家税务总局关于全面推开营业税改征增值税试点的通知》（财税〔2016〕36 号）的有关规定，以取得的全部价款和价外费用为销售额，按照简易计税方法依 3％的征收率计算缴纳增值税；也可以选择差额纳税，以取得的全部价款和价外费用，扣除代用工单位支付给劳务派遣员工的工资、福利和为其办理社会保险及住房公积金后的余额为销售额，按照简易计税方法依 5％的征收率计算缴纳增值税。

销项税额＝（含税的全部价款＋价外费用－代用工单位支付给劳务派遣员工的工资、福利和为其办理社会保险及住房公积金后的余额）÷（1＋5％）×5％

12.6 “营改增”操作攻略

12.6.1 房地产开发与销售业务会计处理

房地产开发企业会计处理需要重点关注的点有：一般计税方法下土地出让金的账务处理、房地产老项目增值税业务核算、房地产行业预缴税款的核算等。

1. 一般计税方法下土地出让金的账务处理

根据《房地产开发企业销售自行开发的房地产项目增值税征收管理暂行办法》（国家税务总局公告2016年第18号）第四条规定，房地产开发企业中的一般纳税人销售自行开发的房地产项目，适用一般计税方法计税，按照取得的全部价款和价外费用，扣除当期销售房地产项目对应的土地价款后的余额计算销售额。

一般计税方法下土地出让金的账务处理，如图12-4所示。

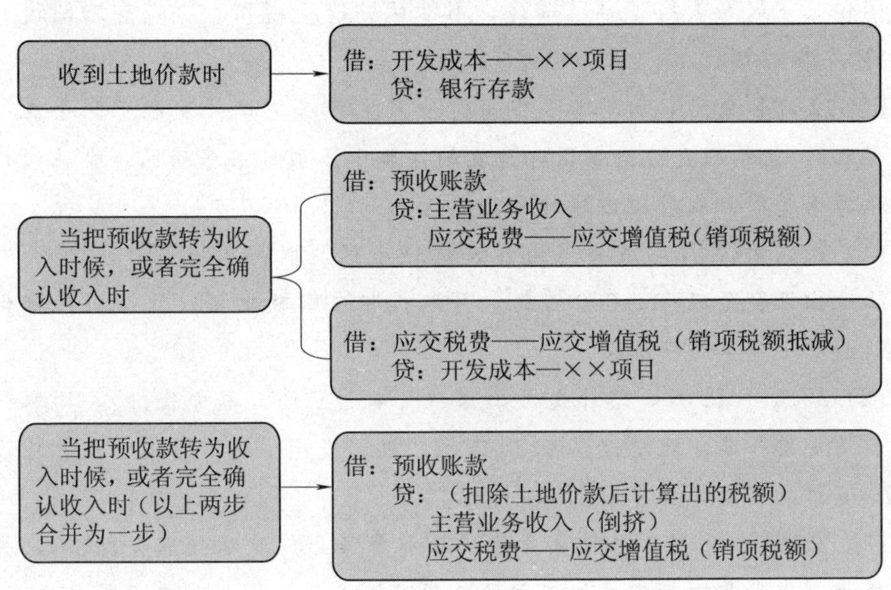

图12-4 一般计税方法下土地出让金的账务处理

2. 房地产行业预缴税款的核算

根据“财税〔2016〕36号文”以及国家税务总局2016年18号公告，从纳税义务发生时间的角度，房地产企业在全面“营改增”时有一个重大利好就是在收到预收款时候，不确认纳税义务，但是一般纳税人应在取得预收款的次月纳税申报期向主管国税机关预缴3%的税款。账务处理如图12-5所示。

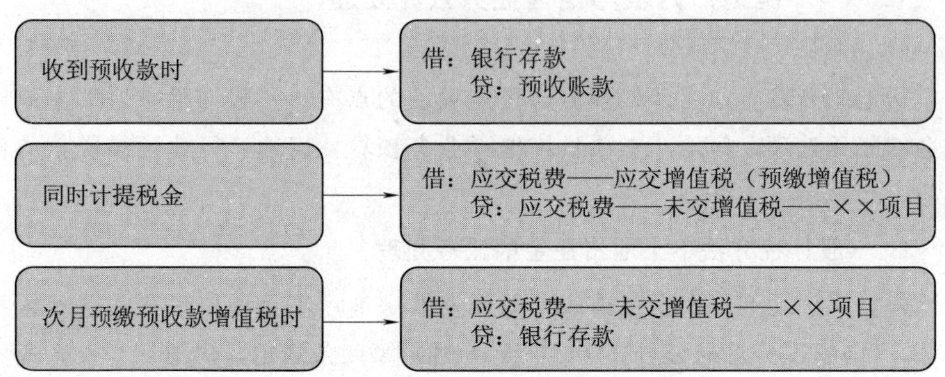

图12-5 房地产行业预缴税款的账务处理

需要注意的是，一般纳税人的简易计税方法以及小规模纳税人的计税方法，在确认预收、确认收入等环节涉及增值税时，要采用“应交税费——未交增值税——××项目”科目核算，不使用“应交税费——应交增值税（销项税额）”科目核算。

【例12-18】房天下地产有限公司是一家主营房地产开发经营的企业（一般纳税人），机构所在地圣水区，开发的江城小区项目在房城区，企业对江城小区项目选择了一般计税方法计税。

(1) 2016年7月，该公司为开发江城小区，取得土地250 000平方米，支付土地出让金金额325 000万元，并取得相应财政票据；江城小区可供销售建筑面积100 000平方米。

(2) 2016年11月，总计支付工程款2 400万元（不含税价），均取得增值税专用发票。其中地质勘察费30万元，规划设计、施工图设计及其他设计费570万元，其他工程费用1 800万元。

(3) 2016年12月，总计发生建安工程费4 200万元（不含税价），并取得增值税专用发票。其中主体工程承包费2 800万元，水暖工程费200万元，工程监理费200万元，其他工程费1 000万元。

(4) 2017年2月，房天下地产有限公司除江城小区项目外，在同一地块，同时配建政府公租房田园公寓，建筑面积为20 000平方米。当月共计发生人力资源外包支付 4 200 万元，劳务派遣公司开具增值税专用发票不含税金额 1 400 万元，增值税普通发票 2 800 万元。该笔人工费用江城小区、田园公寓项目无法合理划分。

(5) 2017 年 8 月，江城小区项目主体封顶，并取得预售许可证。当月取得预收房款 555 000 万元，并开具统一收据。

(6) 2018 年 11 月，江城小区项目预售部分开始交房，并结转预收收入 555 000 万元。已知交房面积为 80 000 平方米，开具预收款发票。

(7) 2018 年 12 月，实现剩余现房销售 157 620 万元（含税），给业主开具全额房款发票。

根据上述资料，编制会计分录如下。

①支付土地价款。

借：开发成本——江城小区土地出让金　　3 250 000 000

　　贷：银行存款　　3 250 000 000

②支付前期工程款。

进项税额＝（30＋570）×6％＋1 800×11％＝36＋198＝234（万元）

借：开发成本——江城小区勘察设计费　　300 000

　　　　　　——江城小区规划设计费　　5 700 000

　　　　　　——江城小区其他工程费　　18 000 000

　　应交税费——应交增值税（进项税额）　　2 340 000

　　贷：银行存款　　26 340 000

③支付建安工程款。

进项税额＝200×6％＋（2 800＋200＋1 000）×11％＝12＋440＝452（万元）

借：开发成本——江城小区建安工程费　　42 000 000

　　应交税费——应交增值税（进项税额）　　4 520 000

　　贷：银行存款　　46 520 000

④支付外包人力成本。

由于公租房为免征增值税项目，江城小区、田园公寓项目无法划分进项税额；同时劳务派遣公司采取差额纳税计算方法。

不得抵扣的进项税额＝当期无法划分的全部进项税额×（简易计税、免税房地产项目建设规模÷房地产项目总建设规模）＝1 400×5％×20 000÷

(20 000＋80 000)＝14（万元）

借：开发成本——人力成本　　41 440 000

　　应交税费——应交增值税（进项税额）　　560 000

　　贷：银行存款　　42 000 000

⑤2017 年 8 月预收房款。

预收款预交税金＝555 000÷（1＋11％）×3％＝15 000（万元）

借：银行存款　　5 550 000 000

　　贷：预收账款　　5 550 000 000

借：应交税费——应交增值税（预缴增值税）　　150 000 000

　　贷：应交税费——未交增值税——江城小区项目预收增值税

150 000 000

2017 年 9 月（暂不考虑 8 月份其他进项税额）：

借：应交税费——未交增值税—　江城小区项目 150 000 000

　　贷：银行存款　　150 000 000

⑥结转预收款收入。

土地价款抵减的销项税额＝支付的土地价款不含税金额×11％×（当期销售房地产项目建筑面积÷房地产项目可供销售建筑面积）＝325 000÷（1＋11％）×11％×（80 000÷100 000）＝25 765.77（万元）

预收款实现的销项税额＝555 000÷（1＋11％）×11％＝55 000（万元）

冲减开发成本：

借：应交税费——应交增值税（销项税额抵减） 257 657 700

　　贷：开发成本——江城小区项目土地出让金　　257 657 700

预收款合计确认的销项税额＝55 000－25 765.77＝29 234.23（万元）

借：预收账款　　5 550 000 000

　　贷：应交税费——应交增值税（销项税额）　　292 342 300

　　　　主营业务收入　　5 257 657 700

⑦现房销售时，直接确认收入实现。

土地价款抵减的销项税额＝325 000÷（1＋11％）×11％×（20 000÷80 000）＝8 051.80（万元）

现房款合计确认的销项税额＝157620÷（1＋11％）×11％＝15 620（万元）

冲减开发成本：

借：应交税费——应交增值税（销项税额抵减）　80 518 000

　　贷：开发成本——甲项目土地出让金　80 518 000

借：银行存款　1 576 200 000

　　贷：应交税费——应交增值税（销项税额）　156 200 000

　　　　主营业务收入　1 420 000 000

12.6.2 建筑服务业会计处理

全面“营改增”之后，建筑工程服务不仅要按照《企业会计准则第15号——建造合同》进行会计处理，还要按照增值税税务会计相关规定核算。一般纳税人建筑工程服务业税务会计的重点难点在于：跨区经营项目预缴增值税核算、支付的分包款项的扣减核算。另外，在科目设置上，各企业可以根据实际情况设置不用的明细科目。

1. 跨县（市）区预缴增值税的核算

一般纳税人跨县（市）提供建筑服务，适用一般计税方法计税的，应以取得的全部价款和价外费用为销售额计算应纳税额。纳税人应以取得的全部价款和价外费用扣除支付的分包款后的余额，按照2%的预征率在建筑服务发生地预缴税款后，向机构所在地主管税务机关进行纳税申报。

(1) 收到预付款项时，产生纳税义务：

应交增值税（销项税额）＝［（全部价款＋价外费用）÷（1＋11%）×11%］

借：银行存款

　　贷：预收账款

　　　　应交税费——应交增值税（销项税额）

(2) 考虑跨县（市）提供建筑服务要在项目所在地进行预交，并取得完税凭证，作为机构所在地抵扣税款依据。

计算预缴税金＝（全部价款和价外费用－支付并取得发票的分包款）÷（1＋11%）×2%，收到预收款当月产生纳税义务，当月预缴增值税分录。

借：应交税费——预缴增值税

　　贷：银行存款

注意：采取简易计税方法的纳税人，可以直接通过“应交税费——未交增值税（预缴税金）”科目核算，按照3%的征收率计算应预缴税款。

【例 12-19】品尚建筑有限公司属于一般纳税人，有两个建筑项目均采用一般计税方法，统一核算，2016 年 10 月，品尚建筑有限公司发生以下业务：

注册地甲项目：与工程发包方办理验工计价 478.24 万元，合同约定实际付款为结算金额的 80%，应收款 382.592 万元，已开具发票，未收款。接受小规模纳税人第一建筑公司提供的清运服务 92.7 万元，款项已支付，取得税务机关代开的增值税专用发票。

异地乙项目：按照施工合同，进场时收业主开工预付款不含税 450 万元，未开具发票；预付专业分包亚诚建筑公司款含税金额 233.1 万元，未取得增值税专用发票；预付专业分包鑫源建筑公司款含税金额 146.52 万元，取得增值税专用发票。

问题：不考虑其他因素，甲企业如何进行账务处理（会计分录单位为万元)?

1. 所属甲项目 8 月份账务处理

(1) 验工计价，确认工程结算：

借：应收账款　　3 825 920

　　贷：工程结算　　3 446 774.77

　　应交税费——应交增值税（销项税额）〔甲项目〕 379 145.23

(2) 外购服务

借：工程施工——第一建筑公司　　900 000

　　应交税费——应交增值税（进项税额）　　27 000

　　贷：银行存款　　927 000

2. 所属乙项目 10 月份账务处理

(1) 收到预付款时

借：银行存款　　4 500 000

　　贷：预收账款　　4 500 000

借：预收账款　　4 995 000

　　贷：工程结算　　4 500 000

　　　　应交税费——应交增值税（销项税额）〔乙项目〕

　　　　495 000

（2）支付专业分包款

借：预付账款——亚诚建筑公司　　2 331 000

　　预付账款——鑫源建筑公司　　1 465 200

　　贷：银行存款　　3 796 200

借：工程施工——合同成本（专业分包成本）　　3 651 000

　　应交税费——应交增值税（进项税额）

　　　　［1 465 200/（1＋11%）×11%］145 200

　　贷：预付账款　　3 796 200

（3）计提预收款预交增值税

借：应交税费——预交增值税　　6 996

　　贷：应交增值税——未交增值税（乙项目）　　6 996

注意：

（1）扣除的分包款应当取得分包方开具给总包方的增值税发票〔普通发票或专用发票〕。

（2）纳税人取得的全部价款和价外费用扣除支付的分包款后的余额为负数的，可结转下次预缴税款时继续扣除。

（3）纳税人应按照工程项目分别计算应预缴税款，分别预缴。

（4）纳税人预缴的税款可以在当期增值税应纳税额中抵减，抵减不完的，结转下期继续抵扣。以预缴税款抵减应纳税额，应以完税凭证作为合法有效凭证。

（5）由于支付给丙企业的预付分包款没有取得扣税凭证，因此不作为预交增值税的扣减项目。所以乙项目异地预交增值税额＝4 500 000×11%×2%－1 465 200÷（1＋11%）×11%×2%＝9 900－2 904＝6 996（元）。另外，下月B项目要在项目所在地预交增值税：

借：应交增值税——未交增值税（乙项目）　　6 996

　　贷：银行存款　　6 996

3. 品尚建筑有限公司11月份汇总应纳税额

销项税额＝379 145.23＋495 000＝874 145.23（元）

进项税额＝27 000＋145 200＝172 200（元）

已交税金＝6 996万元

当月应纳税增值税额＝销项税额－进项税额－预缴税金

＝874 145.23－172 200－6 996＝694 949.23元

借：应交税费——应交增值税（转出未交增值税）

694 949.23

贷：应交税费——未交增值税 694 949.23

2. 简易计税方法下分包款的扣除

简易计税项目按照总包扣除分包后的差额作为销售额时，按照应抵减的增值税可以记入“销项税额抵减”处理，当然也可以在计提增值税税金时直接抵减：

借：应交税费——应交增值税（销项税额抵减）

贷：主营业务成本

（1）结算工程价款时开具增值税发票

借：应收账款

贷：工程结算

应交税费——应交增值税（销项税额）

（2）计提预缴增值税款的附加税

该部分发生在计提预缴增值税分录之后，每月按照计提的增值税同时计提附加税，可以设置明细科目，与正常增值税金的附加税分开。

借：税金及附加

贷：应交税费——应交城市维护建设税（预缴税金）

——应交教育费附加（预缴税金）

——应交地方教育附加（预缴税金）

【例 12-20】房建一公司为一般纳税人，承包 C 建筑工程项目，采用简易计税方法核算。2017 年 1 月按建筑承包合同约定的日期收到预收工程款 28 000元，接受采用简易征收方式计税的 D 公司提供的建筑服务，价值 14 000元，款项已支付，取得普通发票。

（1）收到预付款：

借：银行存款 28 000

贷：应交税费——简易计税［28 000÷（1+3%）×3%］

815.53

工程结算（或预收账款） 27 184.47

（2）支付分包款：

借：工程施工 14 000÷（1+3%） 13 592.23

应交税费——简易计税　　　　　　　　　　407.76

贷：银行存款　　　　　　　　　　　　　　　　14 000

（3）次月缴纳交增值税。

借：应交税费——简易计税　　　　　　　　　407.76

贷：银行存款　　　　　　　　　　　　　　　　407.76

注意：按照建筑业营改增要求，一般纳税人采用简易计税方法的，要按照全部价款及价位费用减去分包款后的余额作为销售额，即：

应纳税额＝(以取得的全部价款＋价外费用－分包款后的余额）÷（1＋3％）×3％

另外，对于增值税小规模纳税人提供建筑服务，由于“应交税费——应交增值税”下不设专栏，按规定扣减销售额而减少的应交增值税应直接冲减“应交税费——应交增值税”科目，其他处理与一般纳税人的简易计税项目基本相同。

12.6.3　金融服务业会计处理

金融业中的贷款服务，需要注意的是贷款服务不仅指银行或金融机构提供的贷款，也指企业间的贷款服务。按规定贷款服务以提供贷款服务取得的全部利息及利息性质的收入为销售额，所以该企业销售额为收到还款金额中的利息收入。

（1）金融业中的贷款服务，银行、财务公司、信托投资公司、信用社等财政部和国家税务总局规定的其他纳税人的纳税申报期限是按季申报，并且按规定金融同业往来收入利息收入免征增值税。

（2）直接收费金融服务，以提供直接收费金融服务收取的手续费、佣金、酬金、管理费、服务费、经手费、开户费、过户费、结算费、转托管费等各类费用为销售额，财务公司申报纳税期限也为按季申报。

（3）金融商品转让，是指转让外汇、有价证券、非货物期货和其他金融商品所有权的业务活动。纳税人转让金融商品，按照卖出价扣除买入价后的余额为销售额。转让金融商品出现的正负差，按盈亏相抵后的余额为销售额。若相抵后出现负差，可结转下一纳税期与下期转让金融商品销售额相抵，但年末时仍出现负差的，不得转入下一个会计年度。

另外，纳税人接受贷款服务向贷款方支付的与该笔贷款直接相关的投融资顾问费、手续费、咨询费等费用，其进项税额不得从销项税额中抵扣。这一条针对金融机构而言，相关业务不得开具增值税专用发票。

【例 12-21】某金融机构 A（按月申报）为增值税一般纳税人。2017 年 1 月发生如下业务。

(1) 与一般纳税人甲签订贷款合同，为甲企业提供贷款 2 000 万元，合同约定按月结息。2017 年 3 月 1 日，A 公司收到甲公司支付的利息收入 212 万元，开具普通发票，发票注明金额 200 万元，税额 12 万元；4 月 18 日金融机构 A 收到同业往来利息收入 340 万元（不含税）并开具普通发票。

(2) 向某银行贷款 1 000 万元，并支付与之直接相关的咨询费 106 万元（含税），取得增值税专用发票。

(3) 为乙企业提供账户管理服务，收取管理费用 250 万元（不含税），并开具增值税专用发票。

(4) 取得保费收入 402.8 万元（含税）并开具增值税专用发票。

(5) 租入办公大楼，当月支付租金 150 万元（不含税），取得增值税专用发票，税率为 5%。

上述取得的专票当月均已认证通过。

①业务一（贷款业务）：该项业务为金融业中的贷款服务，不含税销售额＝212÷（1＋6%）＝200（万元）

销项税额＝200×6%＝12（万元）

按规定金融同业往来利息收入免征增值税，即 340 万元利息收入属于免税收入。

②业务二（获取贷款业务）：向某银行贷款并支付与之直接相关的咨询费，虽然取得增值税专用发票，但是根据政策，是不允许抵扣的，认证之后应该做进项税额转出的。

③业务三（取得直接收费）：为乙企业提供账户管理服务，如果企业需要可以开具增值税专用发票。

取得250万元增值税专用发票，则进项税额＝250×6％＝15（万元）。

④业务四（保费收入）：该项业务为保险服务，纳税人提供保险服务，以取得的全部价款和价外费用为销售额。

不含税销售额＝402.8÷（1＋6％）＝380（万元）

销项税额＝380×6％＝22.8（万元）

⑤租用办公大楼属于正常的购进服务，可以作为增值税进项税抵扣。

进项税额＝150×5％＝7.5（万元）。

12.6.4 小规模纳税人会计处理

1. 小规模纳税人应纳税额的计算

小规模纳税人销售货物或提供应税劳务，其应纳税额的计算不适用扣税法，而是实行按照销售额和征收率计算应纳税额的简易办法，并不得抵扣进项税额。

其计算公式为：

应纳税额＝销售额×征收率

销售额，不包括收取的增值税销项税额，即为不含税销售额。

对销售货物或提供应税劳务采取销售额和增值税销项税额合并定价方法的，要分离出不含税销售额，

其计算公式为：

销售额＝含税销售额÷（1＋征收率）

小规模纳税人销售自己使用过的固定资产和旧货，按下列公式确定销售额和应纳税额：

销售额＝含税销售额÷（1＋3％）

应纳税额＝销售额×2％

2. 小规模纳税人的账务处理

小规模纳税人只需设置“应交增值税”明细科目，不需要在“应交增值税”明细科目中设置其他专栏。

小规模纳税人增值税会计处理，见表12-31。

表 12-31　　小规模纳税人增值税会计处理

财务情景	账务处理
购入货物或接受应税劳务的会计处理	借：材料采购（原材料、制造费用、管理费用、销售费用、其他业务成本等科目） 贷：银行存款（应付账款、应付票据等科目）
销售货物或提供应税劳务的会计处理	借：银行存款（“应收账款”“应收票据”等科目） 贷：主营业务收入（其他业务收入等） 应交税费——应交增值税 注：发生的销货退回，做相反的会计分录
缴纳增值税款的会计处理	借：应交税费——应交增值税 贷：银行存款等科目 收到退回多缴的增值税时，做相反的会计分录。

【例 12-22】联众公司为小规模纳税人，当月购进原材料一批，价款26 500元，增值税 4 505 元。款项用银行存款支付。

另外，该企业当月销售产品一批，全部价款为 63 860 元，款项收到，存入银行。

不含税销售额＝63 860 ÷（1＋3％）＝62 000（元）

应纳税额＝62 000×3％＝1860（元）

（1）购买原材料：

借：原材料　　31 005

　　贷：银行存款　　31 005

（2）销售产品：

借：银行存款　　63 860

　　贷：主营业务收入　　62 000

　　　　应交税费——应交增值税　　1 860

购入货物时即能认定其进项税额不能抵扣的，其增值税专用发票上注明的增值税额，计入购入货物及接受劳务的成本。

【例 12-23】捷普兰公司为增值税一般纳税人，从小规模纳税人处购入原材料，价税合计 56 800 元，未取得增值税专用发票。

借：原材料　　56 800

　　贷：银行存款　　56 800

12.7　城市维护建设税

城市维护建设税（简称城建税），是国家对缴纳增值税、消费税的单位和个人就其实际缴纳的税额为计税依据而征收的一种税。

城市建设税采用地区差别比例税率，纳税人所在地区不同，适用税率的档次也不通过。具体规定见表12-32。

表 12-32　城市维护建设税税率

城建税纳税人所在地	税　率
市区的	7%
县城、建制镇	5%
不在市区、县城或者建制镇	1%

1. 计税依据

(1) 纳税人违反“两税”有关规定而加收的滞纳金和罚款，不作为城建税的计税依据。

(2) 纳税人违反“两税”有关规定，被查补“两税”和被处以罚款时，也要对其未缴的城建税进行补税和罚款。

(3) 企业得到减征或免征优惠，城建税也要同时减免征。

需要注意的是，城建税进口不征、出口不退：进口环节海关代征增值税、消费税的，不随之征收城建税；出口退还增值税、消费税的，不退还已缴纳的城建税。

2. 城建税计算及会计处理

应纳税额=(实际缴纳的增值税税额+实际缴纳消费税税额)×适用税率

12.8 教育费附加

教育费附加是对缴纳增值税、消费税的单位和个人，就其实际缴纳的税额为计税依据征收的一种附加费。见表12-33。

表 12-33　教育费附加税率

征收范围	征收比率	计税依据	计算公式
缴纳增值税、消费税的单位和个人	3%	实际缴纳的增值税、消费税税额为计税依据，与“两税”同时缴纳	应纳教育费附加=实际缴纳的“两税”税额×3%

(1) 教育费附加出口不退，进口不征。

（2）对由于减免增值税、消费税而发生的退税，可同时退还已征收的教育费附加。

通过“税金及附加”账户核算。企业按规定计算应缴的教育费附加时，借记“税金及附加”科目，贷记“应交税费——应交教育费附加”科目。

【例 12-24】 汇通天下制造有限公司 2017 年 1 月份实际缴纳增值税 415 000 元，缴纳消费税 387 000 元。计算该企业应纳的城建税税额。城市维护建设税税率 7%，教育费附加 3%。见表 12-34。

应纳城建税税额＝（415 000＋387 000）×7%＝56 140（元）

应纳教育费附加＝（415 000＋387 000）×3%＝24 060（元）

（1）计提城建税和教育费附加：

借：税金及附加　　80 200

　贷：应交税费——应交城市维护建设税　　56 140

　　　　　　——应交教育费附加　　24 060

（2）缴纳城建税：

借：应交税费——应交城市维护建设税　　56 140

　　　　　——应交教育费附加　　24 060

　　　　　——应交增值税　　415 000

　　　　　——应交消费税　　387 000

　贷：银行存款　　882 200

表 12-34　　**××银行电子缴税付款凭证**

转账日期：2017 年 2 月 10 日　　凭证字号：0023095729371

付款人全称	汇通天下制造有限公司	征收机关名称	地方税务局
付款人账号	0200001909234213213	收款国库名称	平安中心支库
付款人开户银行	工商银行深圳北安支行	小写（合计）金额	882 200
缴款书交易流水号	023642-834	大写（合计）金额	捌拾捌万贰仟贰佰元整

税（费）种名称	所属日期	实缴金额
增值税	2017 年 1 月 1 日至 2017 年 1 月 31 日	415 000
消费税	2017 年 1 月 1 日至 2017 年 1 月 31 日	387 000
城市维护建设税	2017 年 1 月 1 日至 2017 年 1 月 31 日	56 140
教育费附加	2017 年 1 月 1 日至 2017 年 1 月 31 日	24 060

12.9 土地增值税

土地增值税是对有偿转让国有土地使用权及地上建筑物和其他附着物产权，并取得增值性收入的单位和个人所征收的一种税。

1. 纳税义务人

土地增值税的纳税义务人为转让国有土地使用权、地上的建筑及其附着物（以下简称转让房地产）并取得收入的单位和个人。

单位包括各类企业、事业单位、国家机关和社会团体及其他组织。个人包括个体经营者。

2. 税率

土地增值税实行四级超率累进税率，见表 12-35。

表 12-35　土地增值税实行四级超率累进税率

级别	增值额与扣除项目金额的比率	税率	速算扣除系数（%）
1	增值额未超过扣除项目金额 50%的部分	30%	0
2	增值额超过扣除项目金额 50%、未超过扣除项目金额 100%的部分	40%	5
3	增值额超过扣除项目金额 100%、未超过扣除项目金额 200%的部分	50%	15
4	增值额超过扣除项目金额 200%的部分	60%	35

3. 应纳税额的计算

土地增值额＝转让收入－法定扣除项目

土地增值税应纳税额的计算，见表 12-36。

表 12-36　土地增值税应纳税额的计算

计算步骤	各项目核算内容	
计算应税收入	转让房地产取得的应税收入	货币收入 实物收入 其他收入

续上表

<table>
<tr><th>计算步骤</th><th colspan="3">各项目核算内容</th></tr>
<tr><td rowspan="8">计算扣除项目金额</td><td rowspan="6">房地产开发企业</td><td>①取得土地使用权所支付的金额</td><td>◆以出让方式取得土地使用权的，为支付的土地出让金
◆以行政划拨方式取得土地使用权的，为转让土地使用权时按规定补缴的出让金
◆以转让方式取得土地使用权的，为支付的土地价款</td></tr>
<tr><td colspan="2">②房地产开发成本</td></tr>
<tr><td rowspan="2">③房地产开发费用</td><td>能够按转让房地产项目计算分摊利息支出，并能提供金融机构的贷款证明
开发费用＝利息＋（①＋②）×5％以内</td></tr>
<tr><td>不能按转让房地产项目计算分摊利息支出或不能提供金融机构贷款证明的：
开发费用＝（①＋②）×10％以内</td></tr>
<tr><td>④与转让房地产有关的税金</td><td>城建税、教育费附加</td></tr>
<tr><td>⑤加计扣除</td><td>（①②）×20％以内</td></tr>
<tr><td>非房地产开发企业</td><td colspan="2">①取得土地使用权所支付的金额
②房地产开发成本
③房地产开发费用
④与转让房地产有关的税金</td></tr>
<tr><td>转让旧房</td><td colspan="2">①取得土地使用权所支付的金额
②与转让房地产有关的税金</td></tr>
</table>

4. 应纳税额的计算

土地增值税计算的基本原理：

①以出售房地产的总收入减除扣除项目金额，求得增值额；

②再以增值额同扣除项目相比，其比值即为土地增值率；

③根据土地增值率的高低确定适用税率，用增值额和适用税率相乘，求得应纳税额。

（1）计算增值额。

增值额＝房地产转让收入－扣除项目金额

（2）计算增值率。

增值率＝增值额÷扣除项目金额×100％

(3) 确定适用税率。

依据计算的增值率，按其税率表确定适用税率。

(4) 依据适用税率计算应纳税额。

应纳税额＝增值额×适用税率－扣除项目金额×速算扣除系数

【例 12-25】中恒绿洲房地产开发公司出售一幢写字楼，收入总额为 124 000 000元。开发该写字楼有关支出为：支付土地价款及各种费用 16 590 000元；房地产开发成本 34 000 000 元；财务费用中的利息支出为 5 900 000元（可按转让项目计算分摊并提供金融机构证明），但其中有 620 000元属于加罚的利息；转让环节缴纳的有关税费共计为 5 540 000 元；该单位所在地政府规定的其他房地产开发费用计算扣除比例为 5%。试计算该房地产开发公司应纳的土地增值税。

(1) 取得土地使用权支付的土地价款及有关费用为 16 590 000 元。

(2) 房地产开发成本为 34 000 000 元。

(3) 房地产开发费用＝5 900 000－620 000＋（16 590 000＋34 000 000）×5%

＝5 280 000＋2 529 500

＝7 809 500（元）

(4) 允许扣除的税费为 5 540 000 元。

(5) 从事房地产开发的纳税人加计扣除 20%。

加计扣除额＝（16 590 000＋34 000 000）×20%＝10 118 000（元）

(6) 允许扣除的项目金额合计＝16 590 000＋34 000 000＋7 809 500＋5 540 000＋10 118 000＝74 057 500（元）

(7) 增值额＝124 000 000－74 057 500＝49 942 500（元）

(8) 增值率＝49 942 500÷74 057 500×100%＝67.44%

(9) 应纳税额＝49 942 500×40%－74 057 500×5%

＝19 977 000－3 702 875

＝16 274 125（元）

12.10 房产税

房产税是以房屋为征税对象，以房屋的计税余值或租金收入为计税依据，向房屋产权所有人征收的一种财产税。

1. 征税范围

《房产税暂行条例》规定，房产税在城市、县城、建制镇和工矿区征收。

2. 房产税的纳税人

房产税以在征税范围内的房屋产权所有人为纳税人。

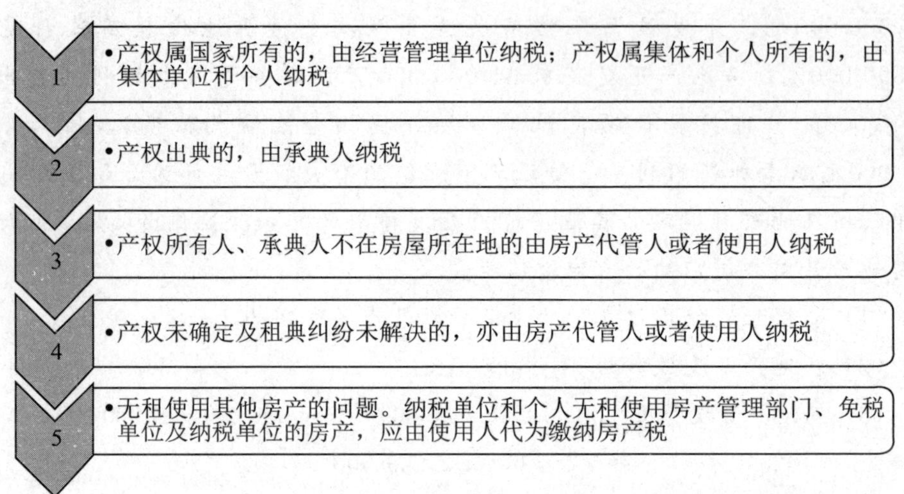

3. 适用税率

依据房产计税余值计税的，税率为1.2%；依据房产租金收入计税的，税率为12%。

2008年3月1日起，对个人出租住房，不区分用途，按4%的税率征收房产税。

对企事业单位、社会团体以及其他组织按市场价格向个人出租用于居住的住房，减按4%的税率征收房产税。

4. 应纳税额的计算

(1) 对经营自用的房屋，以房产的计税余值作为计税依据。

所谓计税余值，是指依照税法规定按房产原值一次减除10%至30%的损耗价值以后的余额。

应纳税额＝应税房产原值×（1－原值减除比例）×1.2%

(2) 对于出租的房屋，以租金收入为计税依据。

应纳税额＝租金收入×12%（或4%）

【例12-26】松涛有限公司的经营用房原值为51 290 000元，按照当地规定允许减除30%后余值计税，适用税率为1.2%。计算其应纳房产税税额。

应纳税额＝51 290 000×（1－30%）×1.2%＝430 836（元）

借：税金及附加　　　　　　　　　　　　　　430 836

　　贷：应交税费——应交房产税　　　　　　　　　430 836

登记会计凭证，见表12-37。

表12-37

记账凭证

2017年1月5日　　　　　　字第　号

摘要	会计科目	借方金额										贷方金额										记账
		千	百	十	万	千	百	十	元	角	分	千	百	十	万	千	百	十	元	角	分	
计提房产税	税金及附加			4	3	0	8	3	6	0	0											
	应交税费——应交房产税													4	3	0	8	3	6	0	0	
合　计			¥	4	3	0	8	3	6	0	0		¥	4	3	0	8	3	6	0	0	

会计主管：旷果　　记账：沙芳芳　　审核：夏春雪　　制单：王欣

12.11　城镇土地使用税

城镇土地使用税是以开征范围的土地为征税对象，以实际占用的土地面积为计税标准，按规定税额对拥有土地使用权的单位和个人征收的一种税。

1. 征税范围

城镇土地使用税的征税范围为城市、县城、建制镇和工矿区。不论是属于国家所有的土地，还是集体所有的土地，都属于城镇土地使用税的征税范围。

（1）征税范围不包括农村的土地

（2）建立在城市、县城、建制镇和工矿区以外的工矿企业则不需要缴纳城镇土地使用税。

（3）自2009年1月1日起，公园、名胜古迹内的索道公司经营用地，应按规定缴纳城镇土地使用税。

2. 城镇土地使用税纳税人

凡在城市、县城、建制镇、工矿区范围内使用土地的单位和个人，为城镇土地使用税的纳税义务人。城镇土地使用税的纳税人通常包括以下几类。

1. •拥有土地使用权的单位或个人缴纳纳税
2. •拥有土地使用权的单位和个人不在土地所在地的，其土地的实际使用人和代管人外纳税人
3. •土地使用权未确定或权属纠纷未解决的，起始实际使用人为纳税人
4. •土地使用权共有的，共有方都是纳税人，由共各方分别纳税

土地使用权共有的，以共有各方实际使用土地的面积占总面积的比例，分别计算缴纳城镇土地使用税。

3. 适用税额

城镇土地使用税采用定额税率，即采用有幅度的差别税额。

城镇土地使用税实行分级幅度税额。每平方米土地年税额规定如下：

1. •大城市1.5元至30元
2. •中等城市1.2元至24元
3. •小城市0.9元至18元
4. •县城、建制镇、工矿区0.6元至12元

（注：人口在50万以上的为大城市；人口在20万～50万为中等城市；人口在20万以下为小城市）

4. 计税依据

城镇土地使用税以纳税人实际占用的土地面积（平方米）为计税依据。

纳税人实际占用的土地面积，以房地产管理部门核发的土地使用证书与确认的土地面积为准；尚未核发土地使用证书的，应由纳税人据实申报土地面积，据以纳税，待核发土地使用证以后再做调整。

5. 应纳税额的计算

城镇土地使用税的应纳税额依据纳税人实际占用的土地面积和适用单位税额计算。

年应纳税额＝计税土地面积（平方米）×适用税额

【例 12-27】设在某城市的一家企业使用土地面积为 34 000 平方米，经税务机关核定，该土地为应税土地，每平方米年税额为 4.8 元。请计算其全年应纳的土地使用税税额。

年应纳土地使用税税额＝34 000 ×4.8＝163 200（元）

借：税金及附加　　　　　　　　　　　　163 200

　　贷：应交税费——应交城镇土地使用税　　　　　163 200

登记会计凭证，见表 12-38。

表 12-38

记账凭证

2017 年 1 月 5 日　　　　　　字第　号

摘要	会计科目	借方金额										贷方金额										记账
		千	百	十	万	千	百	十	元	角	分	千	百	十	万	千	百	十	元	角	分	
计提城镇土地使用税	税金及附加			1	6	3	2	0	0	0	0											
	应交税费——应交城镇土地使用税													1	6	3	2	0	0	0	0	
合　计			¥	1	6	3	2	0	0	0	0		¥	1	6	3	2	0	0	0	0	

会计主管：赵晓芳　　记账：陈力　　审核：张可　　制单：李丽

12.12 耕地占用税

耕地占用税是对占用耕地建房或从事其他非农业建设的单位和个人，就其实际占用的耕地面积征收的一种税，它属于对特定土地资源占用课税。

1. 纳税义务人

耕地占用税的纳税义务人，是占用耕地建房或从事非农业建设的单位和个人。

2. 征税范围

耕地占用税的征税范围包括纳税人为建房或从事其他非农业建设而占用的国家所有和集体所有的耕地。

3. 适用税率

耕地占用税实行定额税率如下：

1 •人均耕地不超过1亩的地区（以县级行政区域为单元，下同），每平方米为10~50元

2 •人均耕地超过1亩但不超过2亩的地区，每平方米为8~40元

3 •人均耕地超过2亩但不超过3亩的地区，每平方米6~30元

4 •人均耕地超过3亩以上的地区，每平方米5~25元

经济特区、经济技术开发区和经济发达、人均耕地特别少的地区，适用税额可以适当提高，但最多不得超过上述规定税额的50%。

4. 应纳税额计算

耕地占用税以纳税人实际占用的耕地面积为计税依据，以每平方米土地为计税单位，按适用的定额税率计税。

应纳税额＝实际占用耕地面积（平方米）×适用定额税率

【例12-28】假设某市一家企业新占用32 500平方米耕地用于工业建设，所占耕地适用的定额税率为15元/平方米。计算该企业应纳的耕地占用税。

应纳税额＝32 500×15＝487 500（元）

借：在建工程　　487 500

　　贷：银行存款　　487 500

12.13　车辆购置税

车辆购置税是以在中国境内购置规定的车辆为课税对象，在特定的环节向车辆购置者征收的一种税。

其中购置是指购买使用行为、进口使用行为、受赠使用行为、自产自用行为、获奖使用行为以及以拍卖、抵债、走私、罚没等方式取得并使用的行为。

1. 车辆购置税的纳税义务人

车辆购置税的纳税义务人是指在我国境内购置应税车辆的单位和个人。

车辆购置税应税行为如下。

1 •购买使用行为。包括购买使用国产应税车辆和购买使用进口应税车辆

2 •进口使用行为。指直接进口使用应税车辆的行为

3 •受赠使用行为。受赠是指接受他人馈赠

4 •自产自用行为。自产自用是指纳税人将自己生产的应税车辆作为最终消费品用于自己消费使用，其消费行为已构成了应税行为

5 •获奖使用行为。包括从各种奖励形式中取得并使用应税车辆的行为

6 •其他使用行为。指除上述以外其他方式取得并使用应税车辆的行为，如拍卖、抵债、走私、罚没等方式取得并自用的应税车辆

2. 车辆购置税的征税对象

车辆购置税以列举产品（商品）为征税对象。所谓“列举产品”，即指《中华人民共和国车辆购置税暂行条例》规定的应税车辆。

3. 车辆购置税的征税范围

车辆购置税的征收范围包括汽车、摩托车、电车、挂车、农用运输车。具体范围按《车辆购置税征收范围表》执行。

4. 车辆购置税的税率

我国车辆购置税实行统一比例税率（指一个税种只设计一个比例的税率），税率为10%。

5. 应纳税额的计算

$$应纳税额=计税价格\times 税率$$

计税价格的确定，见表12-39。

表12-39　　应纳税额的计算

计税标准	内　容
购买自用应税车辆计税依据的确定	纳税人购买应税车辆而支付给销售者的全部价款和价外费用（不包括增值税税款）
进口自用应税车辆计税依据的确定	进口自用应税车辆计税依据的确定

续上表

计税标准	内容
纳税人自产、受赠、获奖和以其他方式取得并自用的应税车辆的计税价格	按购置该型号车辆的价格确认不能取得购置价格的，由主管税务机关参照国家税务总局规定的相同类型应税车辆的最低计税价格核定
购买自用或者进口自用应税车辆，申报的计税价格低于同类型应税车辆的最低计税价格，又无正当理由的	按照最低计税价格征收车辆购置税

【例 12-29】某外贸进出口公司 2017 年 3 月从国外进口 10 辆宝马公司生产的某型号小轿车。该公司报关进口这批小轿车时，经报关地海关对有关报关资料的审查，确定关税完税价格为每辆 348 000 元，海关按关税政策规定每辆征收关税 243 200 元，并按消费税、增值税有关规定代征了每辆小轿车的进口消费税 19 600 元和增值税 93 245 元。由于联系业务需要，该公司将一辆小轿车留在本单位使用。根据以上资料，计算应纳车辆购置税。

（1）计税依据＝348 000＋243 200＋19 600＝610 800（元）

（2）应纳税额＝610 800×10％＝61 080（元）

12.14 印花税

印花税是对经济活动和经济交往中书立、领受、使用的应税经济凭证的单位和个人所征收的一种税。因纳税人主要是通过在应税凭证上粘贴印花税票来完成纳税义务，故名印花税。

1. 征税范围

现行印花税采取正列举的形式，只对《印花税暂行条例》列举的凭证征收，没有列举的凭证不征税。

具体征税范围，见表 12-40。

表 12-40　　印花税征税范围

类型	具体内容
合同类	购销合同、加工承揽合同、建设工程勘察设计合同、建筑安装工程承包合同、财产租赁合同、货物运输合同、仓储保管合同、借款合同、财产保险合同、技术合同

续上表

类　型	具体内容
产权转移书据	·土地使用权出让合同、土地使用权转让合同、商品房销售合同
营业账簿	·日记账簿和其他明细分类账簿
权利、许可证照	·房屋产权证、工商营业执照、商标注册证、专利证、土地使用证

2. 纳税人

凡在我国境内书立、领受、使用应税凭证的单位和个人，都是印花税的纳税人。包括各类企业、事业、机关、团体、部队，以及中外合资经营企业、合作经营企业、外资企业、外国公司企业和其他经济组织及其在华机构等单位和个人。

3. 计税依据

印花税根据不同征税项目，分别实行从价计征和从量计征两种征收方法。见表 12-41。

表 12-41　　　　印花税的征收方法

计征方法	合同形式	计税依据
从价计征	各类经济合同	以合同上所记载的金额、收入或费用为计税依据
	产权转移书	以书据中所载的金额为计税依据
	记载资金的营业账簿	以实收资本和资本公积的两项合计金额为计税依据
从量计征	无法确定计税金额的合同	可在签订时先按定额 5 元贴花，以后结算时再按实际金额计税，补贴印花
	购销合同	采用以货换货方式进行商品交易签订的合同，以合同所载购、销售金额合计数计税贴花。合同未列明金额的，应按合同所载购、销数量，依照国家牌价或市场价格计算应纳税额
	加工承揽合同	①委托方提供主要材料或原料，受托方只提供辅助材料的加工合同，以辅助材料与加工费的合计数按加工承揽合同计税，委托方提供的主要材料或原料金额不计税。 ②受托方提供原料的加工、定做合同，凡合同中分别记载加工费金额和原材料金额的，分别按“加工承揽合同”“购销合同”计税，两项税额合计为合同应贴印花；未分别记载的，应就全部金额按“加工承揽合同”计税

续上表

计征方法	合同形式	计税依据
从量计征	货物运输合同	为取得的运输费金额（即运费收入），不包括所运货物的金额、装卸费和保险费等
	对国内各种形式的货物联运	①凡在起运地统一结算全程运费的，应以全程运费作为计税依据，由起运地运费结算双方缴纳印花税 ②凡分程结算运费的，应以分程的运费作为计税依据，分别由办理运费结算的各方缴纳印花税
	借款合同	①凡一项信贷业务既签订借款合同又一次或分次填开借据的，只就借款合同按所载借款金额计税贴花 ②凡只填开借据并作为合同使用的，应按照借据所载借款金额计税，在借据上贴花
	签订流动资金周转借款合同	应按合同规定的最高借款限额计税贴花。在限额内随借随还，不再签新合同的，不另贴印花
	借款方以财产作抵押，与贷款方签订的抵押借款合同	按“借款合同”计税贴花。因借款方无力偿还借款而将抵押财产转移给贷款方，应就双方书立的产权转移书据，按“产权转移书据”计税贴花
	银行及其他金融机构的融资租赁业务签订的融资租赁合同	据合同所载的租金总额暂按“借款合同”计税贴花
	借款方与银团“多头”签订借款合同的	借款方与贷款银团各方应分别在所执合同正本上按各自的借贷金额计税贴花
	按年度用款计划分年签订借款分合同	最后一年按总概算签订借款总合同，总合同的借款金额中包括各分合同的借款金额。对这类基建借款合同，应按分合同分别贴花，最后签订的总合同，只就借款总额扣除分合同借款金额后的余额计税贴花

4. 印花税税率

现行印花税采用比例税率和定额税率两种税率。

（1）比例税率。按比例税率征收的项目包括：各种合同及具有合同性质的凭证、记载资金的账簿和产权转移书据等。

适用比例税率的合同，见表12-42。

表12-42　　比例税率表

合同类型	税率
财产租赁合同、仓储保管合同、财产保险合同	1‰
加工承揽合同、建设工程勘察设计合同、货物运输合同、产权转移书据、记载资金的账簿	0.5‰

续上表

合同类型	税率
购销合同、建筑安装工程承包合同、技术合同	0.3 ‰
借款合同	0.05 ‰
股票买卖、继承、赠与	1‰

注意：各省市不定时调整印花税率。

（2）定额税率。

为了简化征管手续，对无法计算金额的凭证，或虽载有金额，但作为计税依据不理的凭证，采用定额税率。其他营业账簿、权利许可证照采取按件规定固定税额。每件5元。权利、许可证、营业账簿中的其他账簿，均为按件贴花，单位税额为每件5元。

5. 印花税应纳税额的计算

（1）按比例税率计算。

应纳税额＝应税凭证计税金额×适用税率

（2）按定额税率计算。

应纳税额＝应税凭证件数×定额税率

（3）营业账簿中记载资金的账簿，印花税应纳税额的计算公式。

应纳税额＝（实收资本＋资本公积）×0.5‰

（4）其他账簿按件贴花，每件5元。

【例12-30】某企业2017年2月开业，领受房产权证、工商营业执照、土地使用证各一份，与其他企业订立转移专用技术使用权书据一份，所载金额1 240 000元；订立产品购销合同两件，所载金额2 580 000元；订立借款合同一份，所载金额569 000元。此外，企业的营业账簿中，“实收资本”载有资金11 000 000元，其他营业账簿20本。2016年12月该企业“实收资本”所载资金增加为9 000 000元。计算该企业2017年2月应纳的印花税和12月应补缴的印花税。

（1）企业领受权利许可证照应纳税额＝3×5＝15（元）

（2）企业订立产权转移书据应纳税额＝1 240 000×0.5‰＝620（元）

（3）企业订立购销合同应纳税额＝2 580 000×0.3‰＝774（元）

（4）企业订立借款合同应纳税额＝569 000×0.05‰＝28.45（元）

（5）企业营业账簿中“实收资本”所载资金应纳税额＝11 000 000 ×0.5‰＝5 500（元）

(6) 企业其他营业账簿应纳税额＝20×5＝100（元）

(7) 2月份应纳印花税＝15＋620＋774＋28.45＋5 500＋100＝7 037.45（元）

(8) 12月资金账簿应补印花税＝（11 000 000－9 000 000）×0.5‰＝1 000（元）

12.15 企业所得税

企业所得税，又称公司所得税或法人所得税，是国家对企业生产经营所得和其他所得征收的一种所得税。

12.15.1 企业所得税要素

企业所得税的纳税人又分别是哪些人呢，税法规定，在中华人民共和国境内，企业和其他取得收入的组织（以下统称企业）为企业所得税的纳税人，依照企业所得税法的规定缴纳企业所得税。但个人独资企业、合伙企业不交企业所得税。

企业所得税的纳税人分为居民企业和非居民企业，各自承担不同的纳税义务。

1. 企业所得税的税率

企业所得税的税率分为以下几种。

税率	适用范围
25%	•适用于居民企业取得的各项所得；非居民企业在中国境内设立机构、场所取得的来源于中国境内的所得，以及发生在中国境外但与其所设机构、场所有实际联系的所得
20%	•适用于非居民企业在中国境内未设立机构、场所的，或者虽设立机构、场所但取得与其所设机构、场所没有实际联系的所得。但企业所得税法实施条例中同时规定，该所得实际征收过程中减按10%税率征收或有事项和资产负债表日后事项
20%	•符合条件的小型微利企业，减按20%的所得税率征收
15%	•国家需要重点扶持的高新技术企业，减按15%的所得税率征收

2. 企业所得税的应纳税所得额

企业所得税的计税依据是应纳税所得额，即指企业每一纳税年度的收入总额，减除不征税收入、免税收入、各项扣除以及允许弥补的以前年度亏损后的余额。如果计算出的数额小于零，为亏损。

12.15.2 收入的确定

1. 销售货物收入

除法律法规另有规定外，企业销售收入的确认，必须遵循权责发生制和实质重于形式原则。销售货物收入确认的时间，见表12-43。

表 12-43　销售货物收入时间的确认

销售方式	确认收入的时间
托收承付	办妥托收手续时确认收入
预收款	在发出商品时确认收入
销售商品需要安装和检验	在购买方接受商品以及安装和检验完毕时确认收入。如果安装程序比较简单，可在发出商品时确认收入
以支付手续费方式委托代销	在收到代销清单时确认收入
售后回购	销售的商品按售价确认收入，回购的商品作为购进商品处理
以旧换新	销售商品应当按照销售商品收入确认条件确认收入，回收的商品作为购进商品处理
商业折扣	应当按照扣除商业折扣后的金额确定销售货物收入金额
销售折让	应当在发生时冲减当期销售货物收入
销售退回	应当在发生时冲减当期销售货物收入
有合同或协议价款的	购货方已收或应收的确定销售货物收入金额
现金折扣	应当按照扣除现金折扣前的金额确定销售货物收入金额。现金折扣在实际发生时计入当期损益

2. 提供劳务所得

提供劳务所得是指企业从事建筑安装、修理修配、交通运输、仓储租赁、金融保险、邮电通信、咨询经纪、文化体育、科学研究、技术服务、教育培训、餐饮住宿、中介代理、卫生保健、社区服务、旅游、娱乐、加工以及其他劳务服务活动取得的所得。

企业同时满足下列条件时，应确认提供劳务收入的实现。

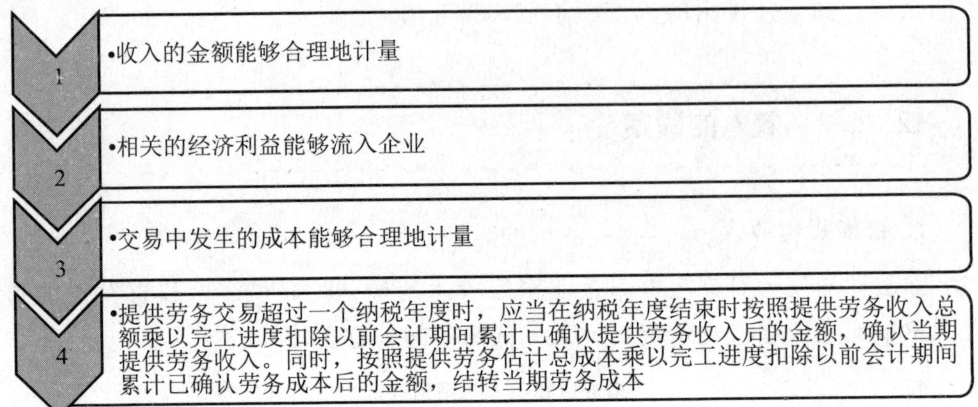

提供劳务收入确认的方法，见表 12-44。

表 12-44　　劳务收入的确认

项　　目	劳务收入的确认
安装费	应根据安装完工进度确认收入。安装工作是商品销售附带条件的，安装费在确认商品销售实现时确认收入
宣传媒介的收费	应在相关广告或商业行为出现于公众面前时确认收入。广告的制作费，应根据制作广告的完工进度确认收入
软件费	为特定客户开发软件的收费，应根据开发的完工进度确认收入
服务费	包含在商品售价内可区分的服务费，在提供服务的期间分期确认收入
艺术表演、招待宴会和其他特殊活动	在相关活动发生时确认收入，收费涉及几项活动的，预收的款项应合理分配给每项活动，分别确认收入
会员费	申请入会或加入会员，只允许取得会籍，所有其他服务或商品要另行收费的，在取得会员费时确认收入。申请入会或加入会员后，会员在会员期内不再付费就可得到各种服务或商品，或者以低于非会员的价格销售商品或提供服务的，该会员费应在整个受益期内分期确认收入
特许权费	属于提供设备和其他有形资产的特许权费，在交付资产或转移资产所有权时确认收入；属于提供初始及后续服务的特许权费，在提供服务时确认收入
劳务费	长期为客户提供重复的劳务收取的劳务费，在相关劳务活动发生时确认收入

让渡资产使用权收入确认的方法，见表12-45。

表12-45　　让渡资产使用权收入的确认

项　　目	让渡资产使用权收入的确认
转让财产收入	是指企业转让固定资产、投资性房地产、生物资产、无形资产、股权、债权等所取得的收入
股息、红利等权益性投资收益	指企业因权益性投资从被投资方取得的所得，除国务院财政、税务主管部门另有规定外，按照被投资方作出利润分配决定的日期确认收入的实现
利息收入	是指企业将资金提供他人使用但不构成权益性投资或因他人占用本企业资金所取得的利息收入，包括存款利息、贷款利息、债券利息、欠款利息等收入。 利息收入，按照合同约定的债务人应付利息的日期确认收入的实现
租金收入	是指企业提供固定资产、包装物或者其他资产的使用权取得的所得。 租金收入，按照合同约定的承租人应付租金的日期确认收入的实现
特许权使用费收入	是指企业提供专利权、非专利技术、商标权、著作权以及其他特许权的使用权取得的所得。特许权使用费收入，按照合同约定的特许权使用人应付特许权使用费的日期确认收入的实现
接受捐赠收入	是指企业接受的来自其他企业、组织或者个人无偿给予的货币性资产、非货币性资产。 接受捐赠收入，按照实际收到捐赠资产的日期确认收入的实现
其他收入	包括企业资产溢余收入、逾期未退包装物没收的押金、确实无法偿付的应付款项、企业已作坏账损失处理后又收回的应收账款、债务重组收入、补贴收入、教育费附加返还款、违约金收入、汇兑收益等

3. 不征税收入

不征税收入，是指从性质和根源上不属于企业营利性活动带来的经济利益、不负有纳税义务并不作为应税所得额组成部分的收入。见表12-46。

表12-46　　不征税收入

财政拨款	是指各级政府对纳入预算管理的事业单位、社会团体等组织拨付的财政资金，但国务院和国务院财政、税务主管部门另有规定的除外
依法收取并纳入财政管理的行政事业性收费和政府性基金	行政事业性收费
	政府性基金

12.15.3 准予扣除的项目

企业实际发生的与取得收入有关的、合理的支出，包括成本、费用、税金、损失和其他支出，准予在计算应纳税所得额时扣除。

税前扣除的确认原则：权责发生制原则；配比原则；相关性原则；确定性原则；合理性原则；资本性支出与收益性支出原则。见表 12-47。

表 12-47 准予扣除的项目

合理支出	内　容
成本	是指企业在生产经营活动中发生的成本、业务支出以及其他耗费
费用	是指企业在生产经营活动中发生的销售费用、管理费用和财务费用，已经计入成本的有关费用除外
税金	是指企业发生的除企业所得税和允许抵扣的增值税以外的各项税金及其附加
损失	①企业发生的损失，减除责任人赔偿和保险赔款后的余额，依照国务院财政、税务主管部门的规定扣除。 ②企业已经作为损失处理的资产，在以后纳税年度又全部收回或者部分收回时，应当计入当期收入
捐赠	①只有公益性捐赠才能在企业所得税前扣除。 ②非公益性捐赠不能在企业所得税前扣除。 企业当期实际发生的公益性捐赠支出在年度利润总额 12%以内（含）的，准予扣除
工资	①企业实际发生的合理的职工工资薪金，准予在税前扣除。包括基本工资、奖金、津贴、补贴、年终加薪、加班工资，以及与任职或者受雇有关的其他支出。 ②企业按照国务院有关主管部门或省级人民政府规定的范围和标准为职工缴纳的基本医疗保险费、基本养老保险费、失业保险费、工伤保险费、生育保险费等基本社会保险费和住房公积金，准予税前扣除。 ③企业提取的年金，在国务院财政、税务主管部门规定的标准范围内，准予扣除。 ④企业为其投资者或雇员个人向商业保险机构投保的人寿保险、财产保险等商业保险，不得扣除。 ⑤企业按国家规定为特殊工种职工支付的法定人身安全保险费，准予扣除
职工福利费	企业发生的满足职工共同需要的集体生活、文化、体育等方面的职工福利费支出，不超过工资薪金总额 14% 的部分，准予扣除

续上表

合理支出	内　容
工会经费	企业拨缴的工会经费，不超过工资薪金总额2%的部分，准予扣除
教育费附加	除国务院财政、税务主管部门另有规定外，企业实际发生的职工教育经费支出，在职工工资总额2.5%（含）以内的，准予据实扣除。超过部分，准予在以后纳税年度结转扣除
业务招待费	企业实际发生的与经营活动有关的业务招待费，按实际发生额的60%扣除，但最高不得超过当年销售（营业）收入额的0.5%
广告费和业务宣传费	企业每一纳税年度实际发生的符合条件的广告支出，不超过当年销售（营业）收入15%（含）的部分准予扣除，超过部分准予在以后年度结转扣除
利息支出	①企业为购置、建造固定资产、无形资产和经过12个月以上的建造才能达到预定可销售状态的存货而发生的借款，在有关资产购建期间发生的借款费用，应作为资本性支出计入有关资产的成本；有关资产竣工结算并交付使用后或达到预定可销售状态后发生的借款费用，可在发生当期扣除。 ②企业发生的不需要资本化的借款费用，符合税法和本条例对利息水平限定条件的，准予扣除
环保等专项基金及费用的扣除	①专项资金支出 ②两类特别保险支出

税前不得扣除的项目如下。

- 向投资者支付的股息、红利等权益性投资收益款项
- 企业所得税税款
- 税收滞纳金
- 罚金、罚款和被没收财务的损失
- 不符合规定的捐赠支出
- 赞助支出
- 未经核定的准备金支出
- 与取得收入无关的其他支出

12.15.4 企业所得税的计算

我国计算企业所得税时，一般采用资产负债债务法。利润表中的所得税费用由两部分组成：当期所得税和递延所得税费用（或收益）。

1. 当期所得税

当期所得税应当以适用的税收法规为基础计算确定。

应交所得税＝应纳税所得额×所得税税率

应纳税所得额＝会计利润＋纳税调整增加额－纳税调整减少额＋境外应税所得弥补境内亏损－弥补以前年度亏损

当期所得税＝当期应交所得税＝应纳税所得额×适用税额－减免税额－抵免税额

2. 居民企业应纳税额的计算

（1）直接计算法。

应纳税所得额＝收入总额－不征税收入－免税收入－各项扣除金额－弥补亏损

（2）间接计算法。

应纳税所得额＝会计利润总额±纳税调整项目金额

【例 12-31】山城有限公司为居民企业，2016 年发生经营业务如下。

（1）取得产品销售收入 42 800 000 元。

（2）发生产品销售成本 25 400 000 元。

（3）发生销售费用 8 140 000 元（其中广告费 7 800 000 元）；管理费用 1 850 000元（其中业务招待费 800 000 元）；财务费用 675 000 元。

（4）销售税金 1 760 000 元（含增值税 1 000 000 元）。

（5）营业外收入 690 000 元，营业外支出 420 000 元（含通过公益性社会团体向贫困山区捐款 280 000 元，支付税收滞纳金 74 000 元）。

（6）甲固定资产账面价值 354 000 元，计税基础为 260 000 元，产生可抵扣暂时性差异 94 000 元。

(7) 计入成本、费用中的实发工资总额 2 400 000 元、拨缴职工工会经费 84 000 元、发生职工福利费 390 000 元、发生职工教育经费 65 000 元。

根据以上业务，先计算企业会计利润总额，然后按照的税法的要求，调增或调减各项费用。最后根据企业适用所得税税率，计算 2014 年度实际应纳的企业所得税。

①会计利润总额＝42 800 000＋690 000－25 400 000－8 140 000－1 850 000－675 000－（1 760 000－1 000 000）－420 000＝6 245 000（元）

②广告费和业务宣传费调增所得额＝7 800 000－42 800 000×15％＝1 380 000（元）

③企业发生的与生产经营活动有关的业务招待费支出，按照发生额的 60％扣除，但最高不得超过当年销售（营业）收入的 0.5％。即 42 800 000×0.5％＝214 000（元）

业务招待费发生额为 800 000 元，800 000×60％＝480 000（元）

业务招待费调增所得额＝800 000－214 000＝586 000（元）

④捐赠支出允许扣除限额＝6 245 000×12％＝749 400（元）

749 400 元大于捐赠支出 280 000 元，故全额扣除。

⑤工会经费应调增所得额＝84 000－2 400 000×2％＝36 000（元）

⑥职工福利费应调增所得额＝390 000－2 400 000×14％＝54 000（元）

⑦职工教育经费应调增所得额＝65 000－2 400 000×2.5％＝5 000（元）

⑧支付税收滞纳金 74 000 元不得扣除，应调回

⑨应纳税所得额＝6 245 000＋1 380 000＋586 000＋36 000＋54 000＋5 000＋74 000＝8 380 000（元）

⑩2016 年应缴企业所得税＝8 380 000×25％＝2 095 000（元）

a. 固定资产递延所得税收益＝94 000×25％＝23 500（元）

确认所得税费用＝2 095 000－23 500＝2 071 500（元）

借：所得税费用　　2 071 500

　　递延所得税资产　　23 500

　　贷：应交税费——应交所得税　　2 095 000

登记会计凭证，见表 12-48。

表 12-48

记账凭证

2016 年 12 月 31 日　　　　字第××号

摘要	会计科目	借方金额										贷方金额										记账
		千	百	十	万	千	百	十	元	角	分	千	百	十	万	千	百	十	元	角	分	
计提 12 月应交所得税	所得税费用		2	0	7	1	5	0	0	0	0											
	递延所得税资产				2	3	5	0	0	0	0											
	应交税费——应交所得税												2	0	9	5	0	0	0	0	0	
合　计		¥	2	0	9	5	0	0	0	0	0	¥	2	0	9	5	0	0	0	0	0	

会计主管：陈丽　　记账：董明纯　　审核：李汀　　制单：宋桐

12.16 个人所得税

企业个人所得税涉及员工的工资、薪金所得，个体工商户的生产、经营所得，对企业、事业单位的承包经营、承租经营所得，劳务报酬所得，稿酬所得，特许权使用费所得，利息、股息、红利所得，财产租赁所得，财产转让所得，偶然所得，国务院财政部门确定征税的其他所得等。

本节只介绍员工的工资、薪酬所得。

工资、薪金所得，是指个人因任职或者受雇而取得的工资、薪金、奖金、年终加薪、劳动分红、津贴、补贴以及与任职或者受雇有关的其他所得。

工资、薪金所得七级超额累计税率，见表 12-49。

表 12-49　　工资、薪金所得个人所得税税率表

级数	每次应纳税所得额	税率（%）	速算扣除数（元）
1	不超过 1 500 元部分	3	0
2	超过 1 500～4 500 元	10	105
3	超过 4 500～9 000 元	20	555

续上表

级数	每次应纳税所得额	税率（%）	速算扣除数（元）
4	超过 9 000～35 000 元	25	1 005
5	超过 35 000～55 000 元	30	2 755
6	超过 55 000～80 000 元	35	5 505
7	超过 80 000 元部分	45	13 505

【例 12-32】张先生 9 月收入 10 400 元，扣除“五险一金”后，实发工资 8 400元。税率为 20%，速算扣除数为 555 元，那么张先生应缴纳个人所得税是多少呢？

每月应纳税额＝（8 400－3 500）×20%－555＝430（元）

CHAPTER THIRTEEN

第13章 期间费用的核算

期间费用是企业日常活动发生的不能计入特定核算对象的成本，而应计入发生当期损益的费用。

期间费用包含以下两种情况。

(1) 企业发生的支出不产生经济利益，或者即使产生经济利益但不符合或者不再符合资产确认条件的，应当在发生时确认为费用，计入当期损益。

(2) 企业发生的交易或者事项导致其承担了一项负债，而又不确认为一项资产的，应当在发生时确认为费用，计入当期损益。

期间费用包括销售费用、管理费用和财务费用。本章介绍期间费用科目设置及账务处理。

13.1 销售费用

销售费用是企业销售商品和材料、提供劳务的过程中发生的各种费用，包括保险费、包装费、展览费和广告费、商品维修费、预计产品质量保证损失、运输费、装卸费等以及为销售本企业商品而专设的销售机构（含销售网点、售后服务网点等）的职工薪酬、业务费、折旧费等经营费用。企业发生的与专设销售机构相关的固定资产修理费用等后续支出属于销售费用。

销售费用是与企业销售商品活动有关的费用，但不包括销售商品本身的成本和劳务成本。销售的产品的成本属于“主营业务成本”，提供劳务所发生的成本属于“劳务成本”。

企业发生的与专设销售机构相关的固定资产日常修理费用等后续支出，应在发生时计入销售费用。生产车间发生的固定资产日常修理费计入制造同用，企业除生产车间外的生产部门、管理部门的日常修理费计入管理费用。

本科目可按费用项目进行明细核算。期末，应将本科目余额转入“本年利润”科目，结转后本科目无余额。见表13-1。

表13-1　　销售费用会计科目编码的设置

科目代码	总分类科目（一级科目）	明细分类科目			是否辅助核算	辅助核算类别
		二级明细科目	三级明细科目	四级明细科目		
6601	销售费用					
660101	销售费用	职工薪酬				
66010101	销售费用	职工薪酬	基本工资			部门

续上表

科目代码	总分类科目（一级科目）	明细分类科目			是否辅助核算	辅助核算类别
		二级明细科目	三级明细科目	四级明细科目		
66010102	销售费用	职工薪酬	劳务费			部门
66010103	销售费用	职工薪酬	工会经费			部门
66010104	销售费用	职工薪酬	职工教育经费			部门
66010105	销售费用	职工薪酬	社会保险费			部门
6601010501	销售费用	职工薪酬	社会保险费	养老保险	部门	
6601010502	销售费用	职工薪酬	社会保险费	工伤保险	部门	
6601010503	销售费用	职工薪酬	社会保险费	失业保险	部门	
6601010504	销售费用	职工薪酬	社会保险费	医疗保险	部门	
6601010505	销售费用	职工薪酬	社会保险费	计划生育保险	部门	
66010106	销售费用	职工薪酬	住房公积金			部门
66010107	销售费用	职工薪酬	职工福利			部门
66010108	销售费用	职工薪酬	辞退费用			部门
660102	销售费用	折旧费				部门
660103	销售费用	长期待摊费用				部门
660104	销售费用	无形资产摊销				部门
660105	销售费用	费用摊销				部门
660106	销售费用	办公费用				部门
66010601	销售费用	办公费用	电费			部门
66010602	销售费用	办公费用	燃料费用			部门
66010603	销售费用	办公费用	水费			部门
660107	销售费用	车辆费用				
66010701	销售费用	车辆费用	修理费			部门
66010702	销售费用	车辆费用	燃油费			部门
66010703	销售费用	车辆费用	保险费			部门
66010704	销售费用	车辆费用	其他			部门
660108	销售费用	印刷费				部门
660109	销售费用	邮政费				部门
660110	销售费用	业务招待费				部门

续上表

科目代码	总分类科目（一级科目）	明细分类科目			是否辅助核算	辅助核算类别
		二级明细科目	三级明细科目	四级明细科目		
660111	销售费用	会议费				部门
660112	销售费用	接待费				部门
660113	销售费用	劳动保护费				部门
660114	销售费用	广告宣传费				部门
660115	销售费用	业务推广费				部门
660116	销售费用	包装费				部门
660117	销售费用	差旅费				部门
660118	销售费用	培训费				部门
660119	销售费用	快递费				部门
660120	销售费用	财产保险费				部门
660121	销售费用	租赁费				部门
660122	销售费用	盘亏损失				部门
660123	销售费用	技术开发费				部门
660124	销售费用	董事会费				部门
660125	销售费用	退休人员补贴				部门

企业应通过“销售费用”科目，核算销售费用的发生和结转情况。账务处理如图 13-1 所示。

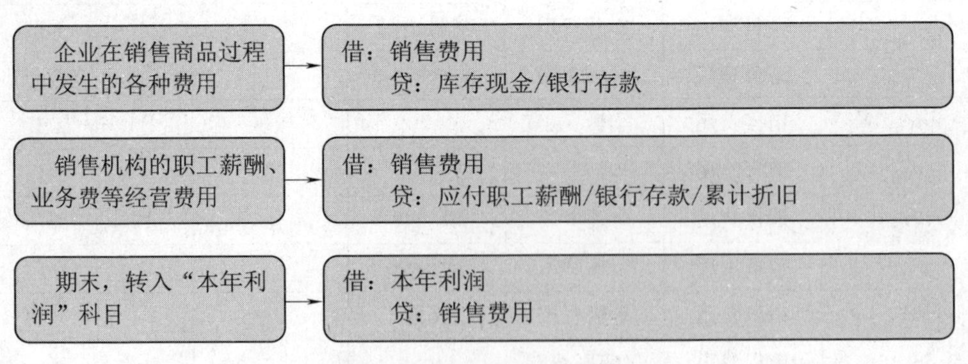

图 13-1　销售费用的账务处理

【例 13-1】2017 年 1 月 18 日，慧文公司支付商品的运杂费，以银行存款

2 489元支付，做会计分录如下。

借：销售费用　　　　　　　　　　　　　　　　　　2 489

　　贷：银行存款　　　　　　　　　　　　　　　　　　2 489

登记会计凭证，见表13-2。

表 13-2

记账凭证

2017 年 1 月 18 日　　　　　　　　　　字第××号

摘要	会计科目	借方金额										贷方金额										记账
		千	百	十	万	千	百	十	元	角	分	千	百	十	万	千	百	十	元	角	分	
以银行存款支付运杂费，支票号 2134	销售费用					2	4	8	9	0	0											
	银行存款															2	4	8	9	0	0	
合　计					¥	2	4	8	9	0	0				¥	2	4	8	9	0	0	

会计主管：兰香　　　记账：李莴　　　审核：杨扬　　　制单：尹玉

期末结转销售费用时，公司所做会计处理如下。

借：本年利润　　　　　　　　　　　　　　　　　　2 489

　　贷：销售费用　　　　　　　　　　　　　　　　　　2 489

登记会计凭证，见表13-3。

表 13-3

记账凭证

2017 年 1 月 31 日　　　　　　　　　　字第××号

摘要	会计科目	借方金额										贷方金额										记账
		千	百	十	万	千	百	十	元	角	分	千	百	十	万	千	百	十	元	角	分	
结转本年利润	本年利润					2	4	8	9	0	0											
	销售费用															2	4	8	9	0	0	
合　计					¥	2	4	8	9	0	0				¥	2	4	8	9	0	0	

会计主管：兰香　　　记账：李莴　　　审核：杨扬　　　制单：尹玉

13.2 管理费用

管理费用是企业为组织和管理企业生产经营过程中发生的各种费用，包括企业董事会和行政管理部门发生的，或者应由企业统一负担的公司经费(包括行政管理部门职工工资、修理费、物料消耗、低值易耗品摊销、办公费和差旅费等)、工会经费、待业保险费、劳动保险费、董事会会费（包括董事会成员津贴、会议费和差旅费等)、聘请中介机构费、咨询费（含顾问费)、诉讼费、业务招待费、技术转让费、矿产资源补偿费、研究费用、排污费以及除企业生产车间外的生产部门和行政管理部门发生的固定资产日常修理费用等。

生产车间发生的固定资产修理费用等后续支出应计入“制造费用”，其他生产部门和行政管理部门等发生的固定资产修理费用等计入“管理费用”。企业发生的与专设销售机构相关的固定资产日常修理费用等后续支出，应在发生时计入销售费用。

商品流通企业管理费用不多的，可不设本科目，本科目的核算内容可并入“销售费用”科目核算。

本科目可按费用项目进行明细核算。期末，应将本科目的余额转入“本年利润”科目，结转后本科目无余额。见表13-4。

表13-4　　管理费用会计科目编码的设置

科目代码	总分类科目（一级科目）	明细分类科目		是否辅助核算	辅助核算类别
		二级明细科目	三级明细科目		
6602	管理费用				
660201	管理费用	职工薪酬		是	
66020101	管理费用	职工薪酬	基本工资	是	部门
66010102	管理费用	职工薪酬	劳务费	是	部门
660210103	管理费用	职工薪酬	工会经费	是	部门
66020104	管理费用	职工薪酬	职工教育经费	是	部门
66020105	管理费用	职工薪酬	社会保险费	是	部门
66020106	管理费用	职工薪酬	养老保险	是	部门
66020107	管理费用	职工薪酬	工伤保险	是	部门

续上表

科目代码	总分类科目（一级科目）	明细分类科目		是否辅助核算	辅助核算类别
		二级明细科目	三级明细科目		
66020108	管理费用	职工薪酬	失业保险	是	部门
66020109	管理费用	职工薪酬	医疗保险	是	部门
66020110	管理费用	职工薪酬	计划生育保险	是	部门
66020111	管理费用	职工薪酬	住房公积金	是	部门
66020112	管理费用	职工薪酬	职工福利	是	部门
66020113	管理费用	职工薪酬	辞退费用	是	部门
660202	管理费用	折旧费		是	部门
660203	管理费用	长期待摊费用		是	部门
660204	管理费用	无形资产摊销		是	部门
660205	管理费用	费用摊销		是	部门
660206	管理费用	办公费用		是	
66020601	管理费用	办公费用	电费	是	部门
66020602	管理费用	办公费用	燃料费用	是	部门
66020603	管理费用	办公费用	水费	是	部门
660207	管理费用	车辆费用		是	
66020701	管理费用	车辆费用	修理费	是	部门
66020702	管理费用	车辆费用	燃油费	是	部门
66020703	管理费用	车辆费用	保险费	是	部门
66020704	管理费用	车辆费用	其他	是	部门
660208	管理费用	印刷费		是	部门
660209	管理费用	邮政费		是	部门
660210	管理费用	业务招待费		是	部门
660211	管理费用	会议费		是	部门
660212	管理费用	接待费		是	部门
660213	管理费用	劳动保护费		是	部门
660214	管理费用	广告宣传费		是	部门
660215	管理费用	业务推广费		是	部门
660216	管理费用	包装费		是	部门

续上表

科目代码	总分类科目（一级科目）	明细分类科目		是否辅助核算	辅助核算类别
		二级明细科目	三级明细科目		
660217	管理费用	差旅费		是	部门
660218	管理费用	培训费		是	部门
660219	管理费用	快递费		是	部门
660220	管理费用	财产保险费		是	部门
660221	管理费用	租赁费		是	部门
660222	管理费用	盘亏损失		是	部门
660223	管理费用	技术开发费		是	部门
660224	管理费用	董事会费		是	部门
660225	管理费用	退休人员补贴		是	部门

企业应通过“管理费用”科目，核算管理费用的发生和结转情况。该科目借方登记企业发生的各项管理费用，贷方登记期末转入“本年利润”科目的管理费用，结转后该科目应无余额。该科目按管理费用的费用项目进行明细核算。账务处理如图 13-2 所示。

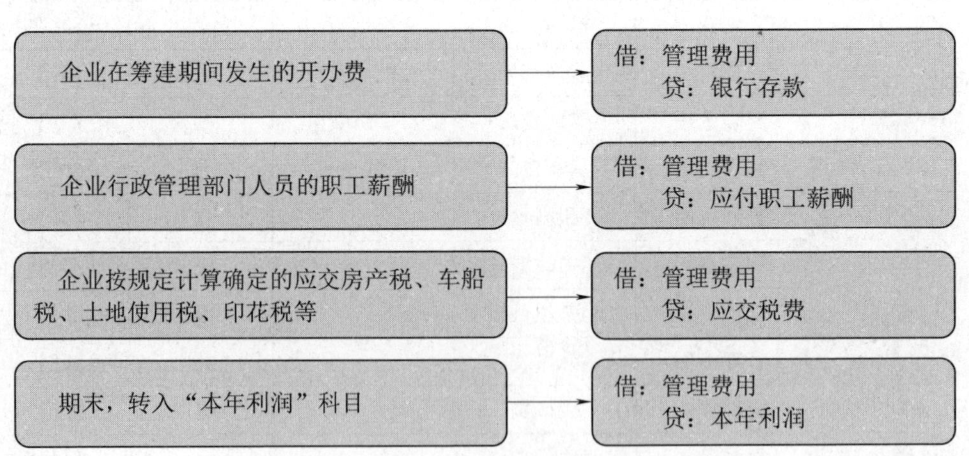

图 13-2　管理费用账务处理

【例 13-2】2017 年 1 月 5 日，汇通天下制造有限公司从绿洲超市购买办公用品，开出一张转账支票，金额为 3 800 元。见表 13-5。

借：管理费用　　　　　　　　　　　　　　　　　　　　3 800

　　贷：银行存款　　　　　　　　　　　　　　　　　　　　3 800

表 13-5

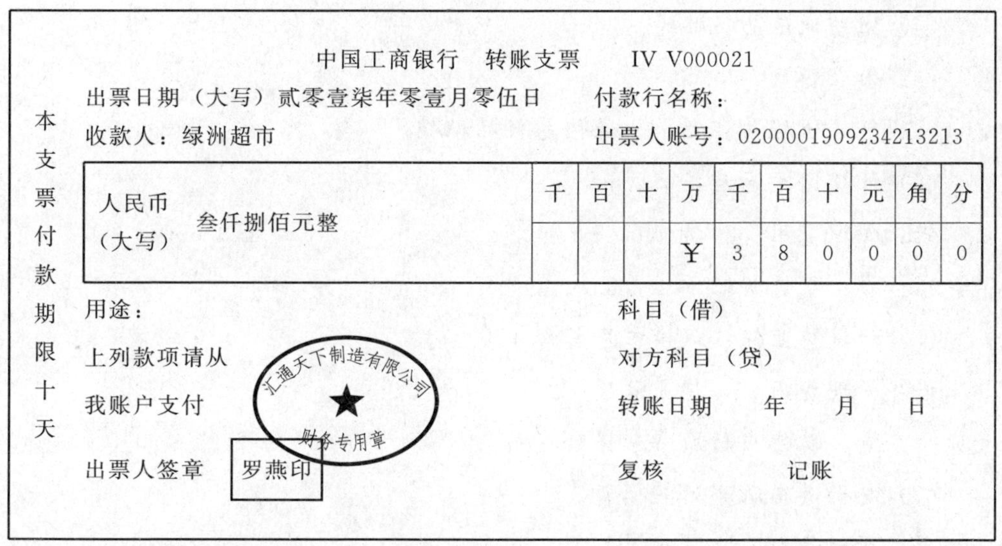

中国工商银行　转账支票　　IV V000021

本支票付款期限十天

出票日期（大写）贰零壹柒年零壹月零伍日　　付款行名称：

收款人：绿洲超市　　出票人账号：020001909234213213

人民币（大写）	叁仟捌佰元整	千	百	十	万	千	百	十	元	角	分
					¥	3	8	0	0	0	0

用途：　　科目（借）

上列款项请从　　对方科目（贷）

我账户支付　　转账日期　年　月　日

出票人签章　罗燕印　　复核　　记账

汇通天下制造有限公司 财务专用章

【**例 13-3**】2017 年 2 月 16 日，东方公司发放职工工资合计 64 000 元，其中管理人员 24 000 元，车间人员 25 000 元，销售人员 15 000 元，按工资总额的 14%提福利费。另本月发生印花税 345 元，管理用低值易耗品摊销 3 800 元，计提固定资产折旧 1 850 元，按工资总额 1%计提待业保险。支付汽车队事故赔偿费3 230元。上述费用支出根据“工资汇总表”和有关付款凭证，做会计分录如下。

（1）分配职工工资时。

借：管理费用——工资　　　　　　　　　　　　　　　24 000

　　主营业务成本——工资　　　　　　　　　　　　　40 000

　　贷：应付职工薪酬——工资　　　　　　　　　　　　　64 000

（2）提取福利费（按工资总额的 14%）时。

借：管理费用——福利费　　　　　　　　　　　　　　3 360

　　主营业务成本——福利费　　　　　　　　　　　　5 600

　　贷：应付职工薪酬——福利费　　　　　　　　　　　　8 960

(3) 支付印花税时。

借：管理费用——印花税　345

　贷：银行存款　345

(4) 摊销低值易耗品时。

借：管理费用　3 800

　贷：低值易耗品——低值易耗品摊销　3 800

(5) 计提固定资产折旧。

借：管理费用——折旧　1 850

　贷：累计折旧　1 850

(6) 计提待业保险（按工资总额1%）时。

借：管理费用——待业保险　640

　贷：其他应付款——保险公司　640

(7) 支付汽车队事故赔偿费。

借：管理费用　3 230

　贷：银行存款　3 230

(8) 月末将管理费用结转时。

借：本年利润　37 225

　贷：管理费用　37 225

13.3 财务费用

财务费用是企业为筹集生产经营所需资金等而发生的筹资费用，包括利息支出（减利息收入）、汇兑损益以及相关的手续费、企业发生或收到的现金折扣等。利息资本化的支出除外（利息资本化的支出计入在建工程）。

企业发生财务费用时，借记“财务费用”账户，贷记“银行存款”等账户；发生冲减财务费用的利息收入、汇兑损益等，借记“银行存款”等账户，贷记“财务费用”账户；期末将账户余额转入“本年利润”账户，结转后账户无余额。见表13-6。

表 13-6　　　　　　　　财务费用会计科目编码的设置

科目代码	总分类科目（一级科目）	明细分类科目	
		二级明细科目	三级明细科目
6603			
660301	财务费用	利息收入	项目
660302	财务费用	汇兑损失	项目
660303	财务费用	汇兑收益	项目
660304	财务费用	手续费	项目
660305	财务费用	利息支出	项目
660306	财务费用	往来折现	项目
660307	财务费用	其他	项目

企业应通过“财务费用”科目，核算财务费用的发生和结转情况。如图 13-3所示。

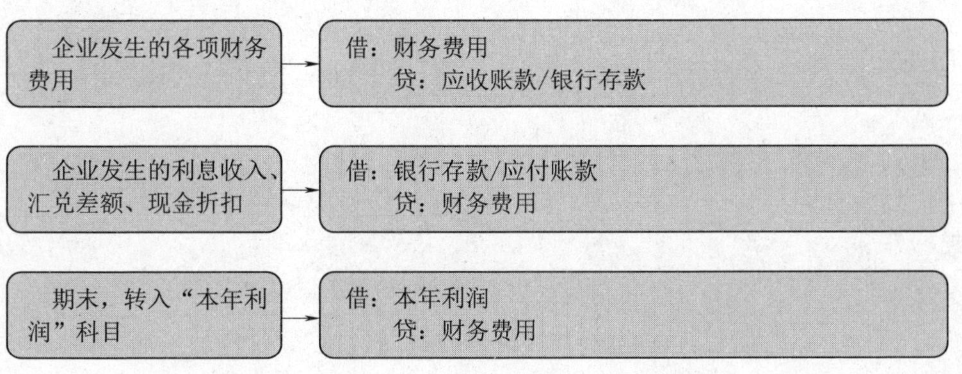

图 13-3　财务费用账务处理

【例 13-4】2017 年 1 月 27 日，汇通天下制造有限公司用现汇 186 000 美元对外付汇，支付当日银行市场汇价为 1 美元＝6.95 元人民币，原应付外汇账款入账时的记账汇率为 1 美元＝6.90 元人民币。账务处理如下。见表 13-7。

表 13-7 外汇会计账簿（结售汇、套汇）

机构号码：091076535　　　日期：2017 年 1 月 27 日

<table>
<tr><td colspan="2">业务编号</td><td colspan="2"></td><td>业务类型</td><td colspan="2">套汇</td><td>起息日</td><td></td></tr>
<tr><td rowspan="4">借方或付款单位</td><td>名　　称</td><td colspan="2">汇通天下制造有限公司</td><td></td><td rowspan="4">贷方或收款单位</td><td>名　　称</td><td colspan="2">汇出汇款</td></tr>
<tr><td>账　　号</td><td colspan="3">04322568712</td><td>账　　号</td><td colspan="2"></td></tr>
<tr><td>币种与金额</td><td colspan="3">USD186 000</td><td>币种与金额</td><td colspan="2">USD 186 000</td></tr>
<tr><td>汇率/利率</td><td>6.95</td><td>开户行</td><td></td><td>汇率/利率</td><td colspan="2">6.95</td></tr>
<tr><td colspan="2">收汇金额</td><td></td><td>发票号</td><td></td><td colspan="2">挂销单号</td><td colspan="2"></td></tr>
<tr><td colspan="2">交易摘要</td><td colspan="5">从其美元账户支取 USD 186 000，支付货款。</td><td colspan="2">工商银行深圳北安支行
2015.1.27
业务清讫</td></tr>
</table>

交易代码　　　　　授权　　　　　复核　叶丽　　　　　经办　安明明

借：应付账款——应付外汇账款（186 000×6.90）1 283 400

　　财务费用——汇兑损益　　　　　　　　　　9 300

　　贷：银行存款——美元户　　　　　　　　　　1 292 700

CHAPTER

FOURTEEN

第14章 收入的核算

企业经营的根本目标就是以最少的成本争取最大的收益。企业财务收益是以企业收入抵补成本以后所得的结果。当收入大于成本时公司盈利，反之则为亏损。

本章主要介绍商品销售收入、提供劳务收入、让渡资产使用权取得的收入。其中，商品销售收入包括一般销售商品收入、委托代销、商品销售并提供安装、检验等服务等账务处理。

14.1 收入的确认

收入是指企业在日常活动中形成的、会导致所有者权益增加的、与所有者投入资本无关的经济利益的总流入。

14.1.1 收入的分类

1. 按活动性质分类

收入按企业从事日常活动的性质不同，可以分为三类，见表 14-1。

表 14-1　　收入分类的说明

分类	说　明
销售商品的收入	指取得货币资产方式的商品销售。商品主要包括企业为销售而生产或购进的商品。企业销售的其他存货如原材料、包装物等也视同商品。但企业以商品进行投资、捐赠、抵偿债务及自用等，会计上不作销售商品处理，不确认商品销售收入，按成本结转
提供劳务的收入	主要指提供旅游、运输、饮食、广告、理发、照相、洗染、咨询、代理、培训、产品安装等所取得的收入
让渡资产使用权取得的收入	指企业将资产让渡给他人使用所取得的收入，如出租固定资产的租金收入；让渡现金使用权取得的利息收入；让渡专利权、商标权专营权、版权、计算机软件等无形资产的使用权而收取的使用费收入；进行股权投资而收取的股利收入

2. 按经营业务的主次分类

收入按企业经营业务的主次分为两类，即主营业务收入和其他业务收入。主营业务收入和其他业务收入的说明，见表14-2。

表14-2　　主营业务收入和其他业务收入的说明

分类	说　明
主营业务收入	指企业营业执照上注明的主营业务所取得的收入。不同行业的主营业务收入包含的内容不同，工业企业主要包括销售商品、自制半成品、代制品、代修品，提供工业性劳务等取得的收入；商品流通企业主要包括销售商品取得的收入
其他业务收入	指企业营业执照上注明的兼营业务所取得的收入。不同企业的其他业务收入包含的内容也不同，如工业企业主要包括材料销售收入、包装物出租收入、固定资产出租收入、无形资产出租收入（转让其使用权取得的使用费收入）、提供非工业性劳务收入等

14.1.2　收入的确认

收入同时满足下列五个条件时，才能予以确认。

1. •企业已将商品所有权上的主要风险和报酬转移给购货方
2. •相关的经济利益很可能流入企业
3. •商品所有权上的主要风险和报酬已经转移给购货方
4. •相关的已发生或将发生的成本能够可靠地计量
5. •相关的已发生或将发生的成本能够可靠地计量

14.2　收入的账务处理

14.2.1　一般销售商品收入

1. 一般销售商品业务收入的处理

在进行销售商品的会计处理时，首先要考虑销售商品收入是否符合收入确认条件。符合所规定的五个确认条件的，企业应及时确认收入，并结转相关销售成本。企业判断销售商品收入满足确认条件的，应当提供确凿的证据。

（1）销售商品采用托收承付方式的，以办妥托收手续时确认收入。

（2）交款提货销售商品的，以开出发票账单收到货款时确认收入。

（3）采用商业汇票销售商品的，收到已承兑汇票，开出发票时确认收入。

2. 一般销售商品的账务处理

一般销售商品的账务处理，如图 14-1 所示。

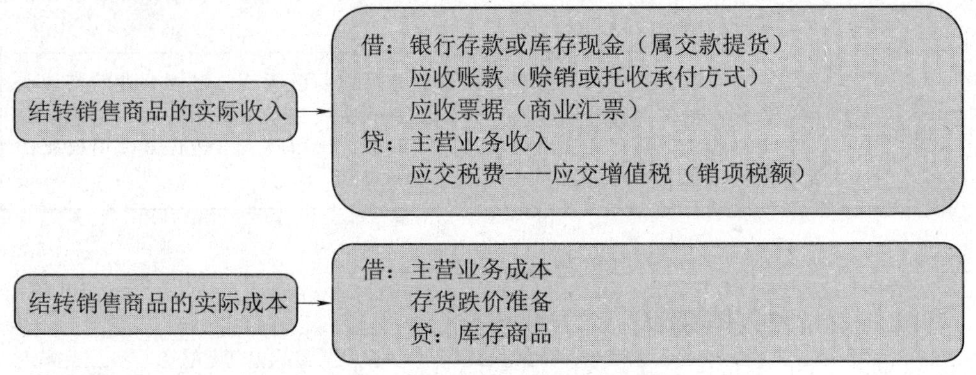

图 14-1　一般销售商品的账务处理

主营业务收入一般不设置二级明细科目。如果设置二级明细科目，可以根据自己单位核算需要来设置，二级科目设置没有规定要求。期末，应将本科目的余额转入“本年利润”科目，结转后本科目应无余额。具体设置见表 14-3。

表 14-3　主营业务收入会计科目编码的设置

科目代码	总分类科目（一级科目）	明细分类科目		是否辅助核算	辅助核算类别
		二级明细科目	三级明细科目		
6001	主营业务收入				
600101	主营业务收入	销售货物	类别	是	客户
600102	主营业务收入	提供劳务	类别	是	客户
600103	主营业务收入	让渡资产使用权	类别	是	客户
600104	主营业务收入	建造合同	类别	是	客户
600105	主营业务收入	其他	类别	是	客户

【例 14-1】汇通天下制造有限公司销售一批商品，增值税专用发票上注明售价为 68 900 元，增值税额为 11 713 元。货款已入账。该批产品适用的消费税税率为 5%，生产成本为 58 000 元。见表 14-4、表 14-5。

根据上述业务作会计分录如下：

借：银行存款　　　　80 613

　　贷：主营业务收入　　　　68 900

　　　　应交税费——应交增值税（销项税额）　　　　11 713

借：税金及附加　　　　3 445

　　贷：应交税费——应交消费税　　　　3 445

同时结转成本：

借：主营业务成本　　　　58 000

　　贷：库存商品　　　　58 000

表 14-4

442017240　　　　No：01093455

深圳增值税专用发票

记　账　联

开票日期：2017 年 3 月 9 日

购货单位	名　　　　称：亿晨有限公司 统一社会信用代码：4330101400321812 地　址　、电　话：深圳福田区樱花大道 44 号　68790843 开 户 行 及 账 号：深圳工商银行樱花支行营业室　6200004309234216419					密码区	略
货物或应税劳务名称	规格型号	单位	数量	单价	金额	税率（%）	税额
轴承		箱	100	819	￥68 900	17%	￥11 713
价税合计（大写）	捌万零陆佰壹拾叁元整						（小写）￥80 613
销货单位	名　　　　称：汇通天下制造有限公司 统一社会信用代码：340101400354321 地　址　、电　话：深圳市龙岗区坂田街道 38 号　68573287 开 户 行 及 账 号：工商银行深圳北安支行　3427001909234216590					备注	（印章：汇通天下制造有限公司 340101400354321 发票专用章）

收款人：叶兰　　复核：杨漫　　开票人：李恋星　　销货单位：

表 14-5 中国银行进账单（回单或收账通知）

进账日期：2017 年 3 月 11 日　　第　号

<table>
<tr><td rowspan="3">收款人</td><td>全　称</td><td colspan="2">汇通天下制造有限公司</td><td rowspan="3">付款人</td><td>全　称</td><td>深圳顺星有限公司</td></tr>
<tr><td>账　号</td><td colspan="2">342700190923421 6590</td><td>账　号</td><td>6200004309234216419</td></tr>
<tr><td>开户银行</td><td colspan="2">工商银行深圳北安支行</td><td>开户银行</td><td>深圳工商银行樱花支行营业室</td></tr>
<tr><td colspan="5">人民币（大写）：⊗捌万零陆仟壹佰叁拾元整</td><td colspan="2">千 百 十 万 千 百 十 元 角 分
¥ 8 0 6 1 3 0 0</td></tr>
<tr><td colspan="2">票据种类</td><td>1</td><td colspan="4" rowspan="3">工行深圳龙华支行
2017.02.02
业务
清讫
收款人开户银行盖章</td></tr>
<tr><td colspan="2">票据张数</td><td>转账支票</td></tr>
<tr><td colspan="3">主管　会计　复核　记账</td></tr>
</table>

此联给收款人的收账通知

14.2.2 商业折扣、现金折扣和销售折让的处理

企业销售商品收入的金额通常按照从购货方已收或应收的合同或协议价款确定。

确认销售商品收入时，不应考虑预计可能发生的现金折扣和销售折让，但应考虑商业折扣的净额。即有现金折扣或销售折让的收入，按总价确认；有商业折扣的收入，按扣除商业折扣的净额，按净额确认收入。

1. 商业折扣

商业折扣是企业为促进商品销售而在商品标价上给予的价格扣除。商业折扣在销售时即已发生，企业销售商品涉及商业折扣的，应当按照扣除商业折扣后的金额确定销售商品收入金额。

【例 14-2】2016 年 8 月 15 日，汇通天下制造有限公司向乙公司销售商品一批，货款 440 000 元，增值税税率 17%，垫付包装费、运杂费 4 200 元，已办理了委托银行收款手续。经双方协商，给予乙公司 10%的商业折扣，销售额与折扣额在同一张发票上注明。

借：应收账款——乙公司　　467 520

　　贷：主营业务收入［440 000×（1－10%）］　　396 000

　　　　应交税费——应交增值税（销项税额）　　67 320

　　　　银行存款　　4 200

登记会计凭证，见表14-6。

表 14-6

记账凭证

2017年1月5日 字第××号

摘要	会计科目	借方金额										贷方金额										记账
		千	百	十	万	千	百	十	元	角	分	千	百	十	万	千	百	十	元	角	分	
向乙公司销售商品519 000元，款未收，垫付运杂费4 200元	应收账款			4	6	7	5	2	0	0	0											
	主营业务收入													3	9	6	0	0	0	0	0	
	应交税费——应交增值税（销项税额）														6	7	3	2	0	0	0	
	银行存款															4	2	0	0	0	0	
合　　计			￥	4	6	7	5	2	0	0	0		￥	5	1	9	0	0	0	0	0	

会计主管：单春明　　记账：陈熠　　审核：张燕　　制单：王晓

2. 现金折扣

现金折扣是债权人为鼓励债务人在规定的期限内付款而向债务人提供的债务扣除。现金折扣一般用符号“折扣率/付款期限”表示。

例如，“2/10，1/20，n/30”表示：销货方允许客户最长的付款期限为30天，如果客户在10天内付款，销货方可按商品售价给予客户2%的折扣，如果客户在20天内付款，销货方可按商品售价给予客户1%的折扣，如果客户在21天至30天内付款，将不能享受现金折扣。

现金折扣发生在企业销售商品之后，现金折扣在销售时按总价（即按照扣除现金折扣前的金额）入账。在收款时，要区分是否在折扣期限内收到款项。如果在折扣期限内收到款项，少收的部分要记入财务费用。即现金折扣在实际发生时计入当期财务费用。

【例14-3】汇通天下制造有限公司为一般纳税人企业，在2017年5月1日向鑫发医药公司销售一批设备，开出的增值税专用发票上注明的销售价格为49 800元，增值税额为8 466元。为及早收回货款，汇通天下制造有限公司和鑫发医药公司约定的现金折扣条件为：2/10，1/20，n/30。假定计算现金折扣时不考虑增值税额税额及其他因素。汇通天下制造有限公司的账务处理如下。

(1) 5月1日，销售实现时，按销售总价确认收入。

借：应收账款　　58 266

　贷：主营业务收入　　49 800

　　应交税费——应交增值税（销项税额）　　8 466

(2) 如果汇通天下制造有限公司在5月9日付清货款，则按销售总价49 800元的2%享受现金折扣996（49 800×2%）元，实际付款57 270（58 266－996）元。

借：银行存款　　57 270

　财务费用　　996

　贷：应收账款　　58 266

(3) 如果汇通天下制造有限公司在5月18日付清货款，则按销售总价49 800元的1%享受现金折扣498（49 800×1%）元，实际付款57 768（58 266－498）元。

借：银行存款　　57 768

　财务费用　　498

　贷：应收账款　　58 266

(4) 如果汇通天下制造有限公司在5月底才付清货款，则按全额付款。

借：银行存款　　58 266

　贷：应收账款　　58 266

3. 销售折让

销售折让是企业因售出商品的质量不合格等原因而在售价上给予的减让。销售折让如发生在确认销售收入之前，则应在确认销售收入时直接按扣除销售折让后的金额确认，已确认销售收入的售出商品发生销售折让，且不属于资产负债表日后事项的，应在发生时冲减当期销售商品收入，如按规定允许扣减增值税税额的，还应冲减已确认的应交增值税销项税额。如图14-2所示。

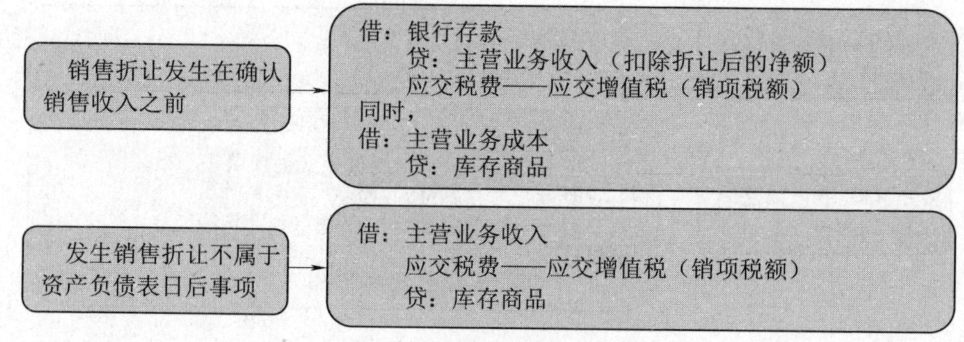

图 14-2 销售折让的账务处理

【例 14-4】2017 年 1 月，汇通天下制造有限公司向方圆公司销售一批商品，开出的增值税专用发票上注明的销售价格为 84 500 元，增值税额为 14 365元。方圆公司在验收过程中发现商品质量不合格，要求在价格上给予 5%的折让。假定汇通天下制造有限公司已确认销售收入，款项尚未收到，发生的销售折让允许扣减当期增值税额，不考虑其他因素。汇通天下制造有限公司的账务处理如下。

（1）公司销售实现时：

	借方	贷方
借：应收账款	98 865	
贷：主营业务收入		84 500
应交税费——应交增值税（销项税额）		14 365

（2）公司发生销售折让时：

	借方	贷方
借：主营业务收入（84 500×5%）	4 225.00	
应交税费——应交增值税（销项税额）	718.25	
贷：应收账款		4 943.25

（3）公司实际收到款项时：

	借方	贷方
借：银行存款	93 921.75	
贷：应收账款		93 921.75

14.2.3 销售退回的处理

企业售出的商品由于质量、品种不符合要求等原因而发生的销售退回，应分别不同情况进行会计处理，如图 14-3 所示。

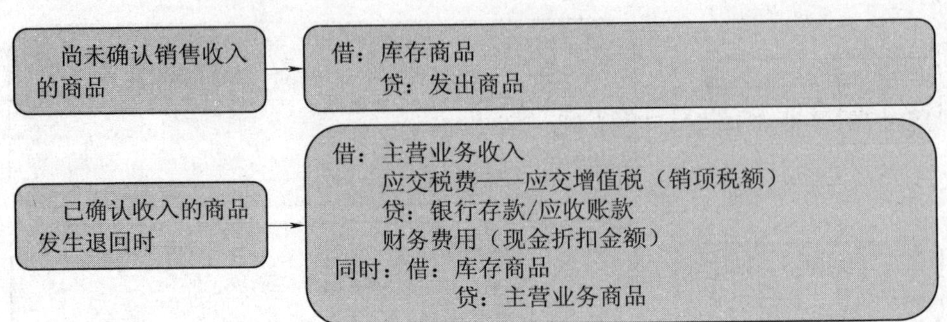

图 14-3　销售退回的处理的账务处理

【例 14-5】2017 年 3 月 16 日，汇通天下制造有限公司销售商品一批，售价为 144 000 元，增值税为 24 480 元，成本为 128 000 元。2017 年 9 月 6 日，该批商品因质量严重不合格被退回，贷款以银行存款退还给购货方。汇通天下制造有限公司作会计分录如下：

借：主营业务收入　　144 000

　　应交税费——应交增值税（销项税额）　　24 480

　　贷：银行存款　　168 480

登记会计凭证，见表 14-7。

表 14-7

记 账 凭 证

2017 年 9 月 6 日　　　　字第　　号

摘要	会计科目	借方金额										贷方金额										记账
		千	百	十	万	千	百	十	元	角	分	千	百	十	万	千	百	十	元	角	分	
转销退回商品收入及应交增值税	主营业务收入			1	4	4	0	0	0	0	0											
	应交税费——应交增值税（销项税额）				2	4	4	8	0	0	0											
	银行存款													1	6	8	4	8	0	0	0	
合　计			¥	1	6	8	4	8	0	0	0		¥	1	6	8	4	8	0	0	0	

会计主管：单春明　　记账：陈熠　　审核：张燕　　制单：王晓

同时结转成本，登记会计凭证，见表 14-8。

借：库存商品　　128 000

　　贷：主营业务成本　　128 000

表 14-8

记 账 凭 证

2017 年 9 月 6 日　　　　　　　　　　　　　　字第　　号

摘要	会计科目	借方金额										贷方金额										记账
		千	百	十	万	千	百	十	元	角	分	千	百	十	万	千	百	十	元	角	分	
结转该批退回商品成本	库存商品			1	2	8	0	0	0	0	0											
	主营业务成本													1	2	8	0	0	0	0	0	
合　计			¥	1	2	8	0	0	0	0	0		¥	1	2	8	0	0	0	0	0	

会计主管：单春明　　　　记账：陈熠　　　　审核：张燕　　　　制单：王晓

登记入账时，“应交税费——应交增值税（销项税额）”用红字在贷方专栏中反映。

14.2.4 采用预收款方式销售商品的处理

预收款销售商品是购买方在商品尚未收到前按合同或协议约定分期付款，销售方在收到最后一笔款项时才交货的销售方式。预收款销售方式下，销售方直到收到最后一笔款项才将商品交付购货方，表明商品所有权上的主要风险和报酬只有在收到最后一笔款项时才转移给购货方，销售方通常应在发出商品时确认收入，在此之前预收的货款应确认为预收账款。

采用预收款方式销售商品，在发出商品时确认收入。

采用预收款方式销售商品的会计分录，如图 14-4 所示。

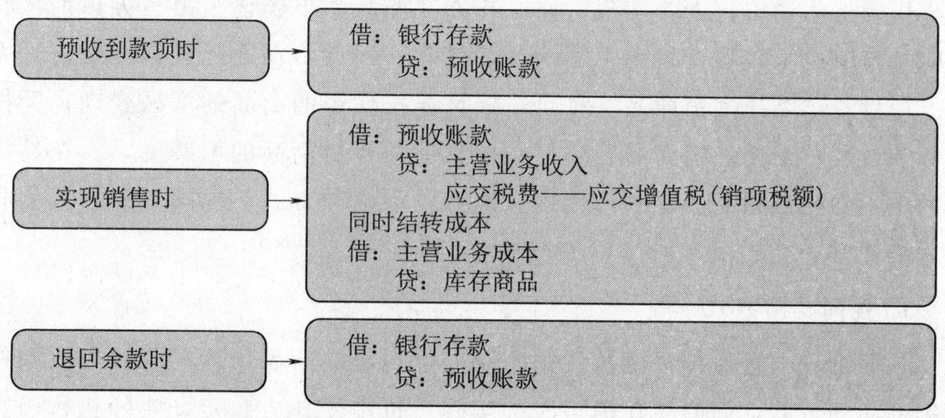

图 14-4　采用预收款方式销售商品的账务处理

【例 14-6】维坊工业公司与乙公司签订协议，采用分期预收款方式向乙公司销售一批商品。该批商品实际成本为 1 790 000 元。协议约定，该批商品销售价格为 2 350 000 元，增值税税额为 399 500 元；乙公司应在协议签订时预付 50％的货款（按销售价格计算），剩余货款于 2 个月后支付。假定不考虑其他因素，甲工业公司的账务处理如下。

(1) 收到 50％的货款时：

借：银行存款　　　　　　　　　　　　　　1 175 000

　　贷：预收账款　　　　　　　　　　　　　　1 175 000

(2) 收到剩余货款及增值税税额时：

借：预收账款　　　　　　　　　　　　　　1 175 000

　　银行存款　　　　　　　　　　　　　　1 574 500

　　贷：主营业务收入　　　　　　　　　　　　2 350 000

　　　　应交税费——应交增值税（销项税额）　　399 500

借：主营业务成本　　　　　　　　　　　　1 790 000

　　贷：库存商品　　　　　　　　　　　　　　1 790 000

14.2.5 委托代销

在委托代销的方式下，一般纳税人企业虽然发出代销商品，但商品的所有权仍归企业所有，其风险和报酬并未转移，不符合收入实现的基本条件，故不应确认为销售收入的实现；而受托方在商品尚未销售给第三方以前，其风险和报酬也未转移，故也不能确认为销售。因此，在委托代销方式下，委托方应设置“委托代销商品”科目，核算委托代销的商品的增减变动；受托方必须设置“受托代销商品”科目，核算受托代销商品的增减变动。在具体实务中，委托方和受托方签订代销合同有以下两种方式：视同买断方式和收取手续费方式。

1. 视同买断方式

一般纳税人企业按“委托代销合同”中规定的商品价款向受托方收取所代销商品的货款，而商品在销售时的实际售价由受托方自定，实际售价与合同价之间的差额则归受托方所有。一般纳税人企业把商品交给受托方时，由于商品所有权上的风险和报酬并未转移给受托方，这种销售方式从本质上来说仍然属于代销。因此，企业在交付商品时不确认收入，受托方也不作为购进商品处理。在这销售方式下，受托方是在把商品销售出去以后，按实际售价来确认其收入；而企业则以受托方开出的代销清单为依据来确认其收入。视同买断方式下的具体账务处理，见表14-9。

表14-9　　视同买断方式下的账务处理

业务情景	账务处理
企业发出商品时	借：委托代销商品 　　贷：库存商品
受托单位交来代销清单时	借：应收账款、银行存款等科目 　　贷：主营业务收入 　　　　应交税费——应交增值税（销项税额）等

【例14-7】汇通天下制造有限公司委托乙企业销售商品2 800件，合同价为11元/件，该商品的成本为7元/件，增值税率为17%。汇通天下制造有限公司收到乙企业开来的代销商品清单时开具增值税发票，发票上注明价款为30 000元、增值税额为5 100元。

（1）把商品交付给乙企业时：

借：委托代销商品（2 800×7）　　19 600

　　贷：库存商品　　19 600

（2）收到乙企业开来的代销清单时：

借：应收账款——乙企业　　35 100

　　贷：主营业务收入　　30 000

　　　　应交税费——应交增值税（销项税额）　　5 100

同时结转该批委托代销商品的成本：

借：主营业务成本　　19 600

　　贷：委托代销商品　　19 600

（3）收到乙企业转来的代销商品款时：

借：银行存款　　35 100

　　贷：应收账款——乙企业　　35 100

2. 收取手续费方式

在这种代销方式下，一般纳税人企业在受托方把商品销售出去以后，并收到受托方开来的代销清单时确认其收入。受托方则是在把商品销售出去以后，按代销合同的规定收取的手续费并以此确认其收入。

在收取手续费的方式下，即受托方根据所代销商品的数额收取手续费，对受托方而言，代销的手续费实际上是一种劳务收入。此种代销方式的主要特点是：受托方必须根据企业（委托方）确定的售价对外销售，受托方不能随意改变商品的价格，在这种销售方式下，企业在受托方将商品销售后并向其开具代销清单时，确认销售收入。收取手续费方式下的账务处理，见表 14-10。

表 14-10　　收取手续费方式下的账务处理

业务情景	账务处理
按照成本价发出商品时	借：委托代销商品 　　贷：库存商品
收到代销清单时	借：应收账款 　　贷：主营业务收入 　　　　应交税费——应交增值税（销项税额）
结转成本时	借：主营业务成本 　　贷：委托代销商品 借：销售费用（结算的代销手续费） 　　贷：应收账款
收到受托方交来的代销商品款时	借：银行存款 　　贷：应收账款

【例 14-8】甲公司委托乙企业销售商品 3 200 件，该商品的成本为 7 元/件，增值税率为 17%。乙企业按 16 元/件销售，并向甲公司开具了增值税发票，发票上注明了商品的售价为 51 200 元、增值税款 8 704 元。甲公司收到乙企业开具的代销清单时，向乙企业开具了一张金额相同的增值税发票，并按售价的 10%向乙企业支付手续费。甲商贸公司的账务处理如下。

(1) 把商品交给乙企业时：

借：委托代销商品（3 200×7）　　22 400

　　贷：库存商品　　22 400

(2) 收到乙企业开具的代销清单时：

借：应收账款——乙企业　　59 904

　　贷：主营业务收入　　51 200

应交税费——应交增值税（销项税）　　8 704

同时结转该批委托代销商品的成本：

借：主营业务成本　　22 400

　　贷：委托代销商品　　22 400

（3）计算出应该支付乙企业的代销手续费时：

代销手续费：51 200×10%＝5 120（元）

借：销售费用——代销手续费　　5 120

　　贷：应收账款——乙企业　　5 120

（4）收到乙企业汇来的代销商品货款：

借：银行存款（59 904－5 120）　　54 784

　　贷：应收账款——乙企业　　54 784

14.2.6 分期收款

分期收款方式下，企业应设置“分期收款发出商品”账户核算已经发出但尚未结转的商品成本。分期收款发出商品的账务处理，如图 14-5 所示。

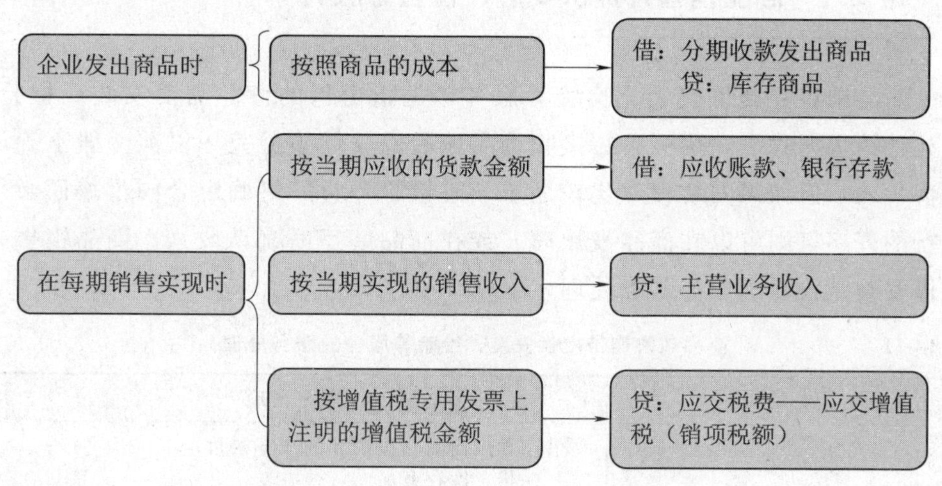

图 14-5　分期收款发出商品的账务处理

同时，按商品全部销售成本与全部销售收入的比率计算当期应结转的销售成本，借记“主营业务成本”账户，贷记“分期收款发出商品”账户。

【例 14-9】2017 年 3 月 15 日，汇通天下制造有限公司采用分期收款方式向华润公司销售产品一批，售价为 285 000 元，合同约定分 5 次等额付款。该产品成本为 187 000 元，增值税税率为 17%，该企业为增值税一般纳税企业。根据经济业务，汇通天下制造有限公司所作会计处理如下：

①发出产品时。

借：分期收款发出商品　　187 000

　　贷：库存商品　　187 000

②按合同规定收到第一期应收的货款时。

借：银行存款　　66 690

　　贷：主营业务收入（285 000÷5）　　57 000

　　　　应交税费——应交增值税（销项税额）

　　　　（285 000×17%）　　9 690

③结转销售成本时。

借：主营业务成本（187 000÷285 000×57 000）　　37 400

　　贷：分期收款发出商品　　37 400

14.2.7 商品销售并提供安装、检验等服务

商品销售并提供安装、检验等服务，是指出售的商品需要安装或检验，在此种销售方式下，购买方在接收商品以后及安装检验完毕以前一般不确认销售收入，但如果安装程序比较简单，或检验是为最终确定合同价格而必须进行的程序，则可以在商品发出时，或在商品装运时确认收入。商品销售并提供安装、检验等服务账务处理，见表 14-11。

表 14-11　　商品销售连带提供安装、检验等服务的账务处理

业务情景	账务处理
发出商品时	借：发出商品（按商品的成本科目） 　　贷：库存商品
如果开具增值税专用发票	借：应收账款（按其增值税额） 　　贷：应交税费——应交增值税（销项税额）
待商品安装或者检验完毕时	借：应收账款（按其售价） 　　贷：主营业务收入

【例 14-10】东芝公司系增值税一般纳税人企业，2017 年 2 月 5 日，向丙公司销售 3 部电梯，合同规定，丙公司在 2017 年 2 月 25 日前应将 70%的货款予以支付，其余 30%的货款连同安装费待电梯安装完毕并检验合格后以银行存款支付，电梯总价款 5 850 000 元，安装费 1 170 00 元（含税）。电梯已于 2017 年 2 月 10 日运达丙公司，该批电梯的成本为 4 500 000 元，在 2017 年 3 月 15 日安装完毕。有关会计处理如下。

（1）东芝公司发出电梯时。

借：发出商品　　4 500 000

　　贷：库存商品　　4 500 000

（2）收到 70%的货款时。

借：银行存款（5 850 000×70%）　　4 095 000

　　贷：预收账款　　4 095 000

（3）计算增值税销项税额并转账时。

借：应收账款［5 850 000÷（1+17%）×17%］　　850 000

　　贷：应交税费——应交增值税（销项税额）　　850 000

（4）电梯安装完毕，收到其余的款项及增值税，并结转销售收入时。

借：银行存款　　2 925 000

　　预收账款　　4 095 000

　　贷：主营业务收入（5 000 000+1 000 000）　　6 000 000

　　　　应交税费——应交增值税（销项税额）　　170 000

　　　　应收账款　　850 000

①处收到的安装费系价外费用，是含税收入，必须将含税收入折算为不含税收入，其折算方法为：含税收入÷（1+增值税税率）=1 170 000÷1.17=1 000 000（元）。

②销项税额=1 000 000×17%=170 000（元）。

（5）结转成本时，应编制会计分录如下。

借：主营业务成本　　4 500 000

　　贷：发出商品　　4 500 000

14.2.8 销售材料等存货的处理

企业在日常活动中还可能发生对外销售不需用的原材料、随同商品对外销售单独计价的包装物等业务。企业销售原材料、包装物等存货也视同商品销售，其收入确认和计量原则比照商品销售处理。

1. 销售材料等存货的处理

企业销售原材料、包装物等存货实现的收入以及结转的相关成本，通过“其他业务收入”“其他业务成本”科目核算。

其他业务收入是指企业确认的除主营业务活动以外的其他经营活动实现的收入。企业应设置“其他业务收入”科目，本科目核算企业确认的除主营业务活动以外的其他经营活动实现的收入，包括出租固定资产、出租无形资产、出租包装物和商品、销售材料、用材料进行非货币性交换（非货币性资产交换具有商业实质且公允价值能够可靠计量）或债务重组等实现的收入。

本科目可按其他业务收入种类进行明细核算。期末结转时，本科目无余额。见表 14-12。

表 14-12　　其他业务收入会计科目编码的设置

科目代码	总分类科目（一级科目）	明细分类科目		是否辅助核算	辅助核算类别
		二级明细科目	三级明细科目		
6501	其他业务收入				
650101	其他业务收入	材料及包装物的销售	项目	是	部门
650102	其他业务收入	代销商品款	项目	是	部门
650103	其他业务收入	包装物出租	项目	是	部门
650104	其他业务收入	无形资产转让	项目	是	部门
650105	其他业务收入	固定资产出租	项目	是	部门
650106	其他业务收入	其他	项目	是	部门

销售材料等存货的处理，如图 14-6 所示。

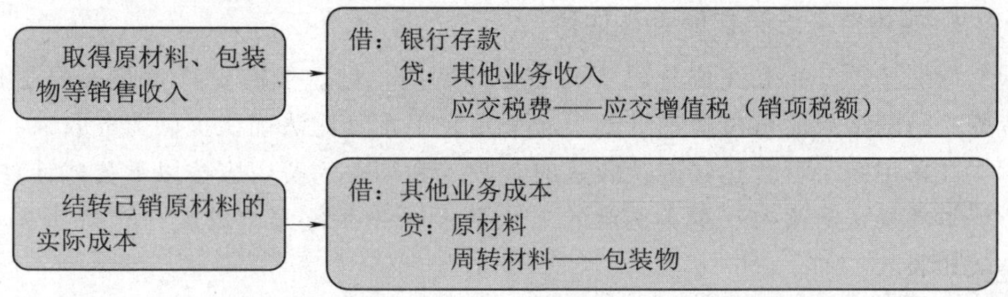

图 14-6 销售材料等存货的账务处理

2. 已经发出但不符合销售商品收入确认条件的商品的处理

如果企业售出商品不符合销售商品收入确认的五个条件，不应确认收入。

为了单独反映已经发出但尚未确认销售收入的商品成本，企业应增设“发出商品”科目。

“发出商品”科目核算一般销售方式下已经发出但尚未确认销售收入的商品成本，如图 14-7 所示。

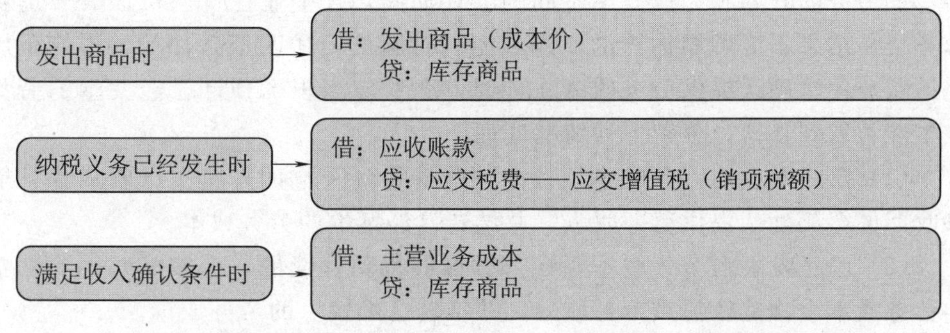

图 14-7 已经发出但不符合销售商品收入确认条件的商品的账务处理

14.3 提供劳务收入

企业对外提供劳务所实现的收入以及结转的相关成本，如属于企业的主营业务，应通过“主营业务收入”“主营业务成本”等科目核算；如属于主营业务以外的其他经营活动，应通过“其他业务收入”“其他业务成本”等科目核算。企业对外提供劳务发生的支出一般先通过“劳务成本”科目给予归集，待确认为费用时，再由“劳务成本”科目转入“主营业务成本”或“其他业务成本”科目。

1. 提供劳务结果能够可靠估计

如劳务的开始和完成分属不同的会计期间，且企业在资产负债表日提供劳务交易的结果能够可靠估计的，应采用完工百分比法确认提供劳务收入。

在采用完工百分比法确认收入时，收入和相关的费用应按以下公式计算：

本年确认的收入＝劳务总收入×本年末止劳务的完工进度－以前年度已确认的收入

本年确认的费用＝劳务总成本×本年末止劳务的完工进度－以前年度已确认的费用

同时满足下列条件的，提供劳务交易的结果能够可靠估计。

（1）收入的金额能够可靠地计量。

（2）相关的经济利益很可能流入企业。

（3）交易的完工进度能够可靠地确定。

（4）交易中已发生和将发生的成本能够可靠地计量。

2. 提供劳务交易结果不能可靠估计

如劳务的开始和完成分属不同的会计期间，且企业在资产负债表日提供劳务交易结果不能可靠估计的，即不能同时满足上述四个条件的，不能采用完工百分比法确认提供劳务收入。此时，企业应当正确预计已经发生的劳务成本能否得到补偿，分别下列情况处理。

（1）已经发生的劳务成本预计全部能够得到补偿的，应按已收或预计能够收回的金额确认提供劳务收入，并结转已经发生的劳务成本。

（2）已经发生的劳务成本预计部分能够得到补偿的，应按能够得到补偿的劳务成本金额确认提供劳务收入，并结转已经发生的劳务成本。

（3）已经发生的劳务成本预计全部不能得到补偿的，应将已经发生的劳务成本计入当期损益（主营业务成本或其他业务成本），不确认提供劳务收入。

劳务收入的具体账务处理，见表 14-13。

表 14-13　　劳务收入的账务处理

业务情景		账务处理	
不跨年度劳务	一次就能完成的劳务	劳务完成时	借：应收账款 银行存款等（按所确定的收入金额） 贷：主营业务收入/其他业务收入 应交税费——应交增值税（销项税额）
		对于发生的有关支出	借：主营业务成本/其他业务成本 贷：银行存款等

续上表

<table>
<tr><th colspan="2">业务情景</th><th colspan="2">账务处理</th></tr>
<tr><td rowspan="2">不跨年度劳务</td><td rowspan="2">需要持续一段时间的劳务</td><td>劳务完成时</td><td>借：银行存款
应收账款等（按已收或应收的金额）
贷：主营业务收入/其他业务收入（按实现的劳务服务收入）
应交税费——应交增值税（销项税额）</td></tr>
<tr><td>提供劳务过程中发生的劳务成本，应在确认收入的同时确认为当期费用</td><td>借：主营业务成本/其他业务成本
贷：生产成本等</td></tr>
<tr><td rowspan="3">跨年度劳务</td><td>企业平时预收的款项</td><td colspan="2">借：银行存款
贷：预收账款（如果没有设置“预收账款”科目，则贷记“应收账款”科目）</td></tr>
<tr><td>企业平时发生的有关成本费用支出</td><td colspan="2">借：劳务成本
贷：银行存款等</td></tr>
<tr><td>期末，按完工程度确认劳务收入时</td><td colspan="2">借：预收账款
应收账款
银行存款（按实际收到或应收的款项）
贷：主营业务收入</td></tr>
</table>

【例 14-11】 2017 年 3 月 15 日，天通安装公司于接受一项工程安装任务，该安装任务可在年内完成，合同总收入 896 000 元，实际发生成本 640 000 元，其会计处理如下。

①确认所提供的劳务收入时。

借：银行存款　　896 000

　　贷：主营业务收入　　896 000

②发生并确认成本费用时。

借：主营业务成本　　640 000

　　贷：银行存款　　640 000

14.4 让渡资产使用权收入

让渡资产使用权是指一般纳税人企业出租包装物、固定资产、无形资产等业务收入。该收入应按有关合同协议规定的收费时间和方法确认。不同的使用费收入，其收费时间和收费方法各不相同，分为一次收回一笔固定的金额；在协议规定的有效期内分期等额收回的；分期不等额收回的。

企业让渡资产使用权的收入，一般通过“其他业务收入”科目核算；所让渡资产计提的摊销额等，一般通过“其他业务成本”科目核算。如图 14-8 所示。

企业确认让渡资产使用权的使用费时	借：银行存款 贷：其他业务收入 应交税费——应交增值税（销项税额）
每月计提摊销额	借：其他业务成本 贷：累计摊销

图 14-8　让渡资产使用权收入的账务处理

【例 14-12】 紫光公司向大华企业转让某项软件的使用权，一次性收费 712 000元，不提供后续服务。紫光公司向恒信企业转让某项专利权的使用权，转让期为 4 年，每年收取使用费 72 000 元。会计处理如下。

(1) 紫光与大华的交易实质上是出售软件，应视同销售进行处理。

借：银行存款　　712 000

　　贷：主营业务收入　　712 000

(2) 紫光转让专利收取费用时。

借：应收账款（或银行存款）　　720 00

　　贷：其他业务收入　　720 00

如果合同、协议规定使用费一次支付，且不提供后期服务的，应视同该项资产的销售一次确认收入；如提供后期服务的，应在合同、协议规定的有效期内分期确认收入。如合同规定分期支付使用费的，应按合同规定的收款时间和金额或合同规定的收费方法计算的金额分期确认收入。

CHAPTER

FIFTEEN

第15章 一般纳税人产品成本核算

在财务会计中，成本是指取得资产或劳务的支出。成本计算通常是指存货成本的计算，因此“成本”通常是指存货的成本。对企业而言，一般可设置“直接材料”“燃料及动力”“直接人工”“制造费用”等项目。其中，直接费用根据实际发生数进行核算，并按照成本核算对象进行归集，根据原始凭证或原始凭证汇总表直接计入成本。“制造费用”项目不能根据原始凭证或原始凭证汇总直接计入成本，需要按一定标准分配计入成本核算对象。制造费用不能明确受益对象，但是又是为生产产品和提供劳务而发生的费用，需要按照一定标准归集分配计入成本核算对象。

15.1 一般纳税人企业成本的分类与核算程序

15.1.1 成本的分类

1. 按经济用途分类

成本按经济用途所作的分类，称之为“成本项目”，一般有下四种。

1 •直接材料。是指直接用于产品生产、构成产品实体的原料、主要材料和有助于产品形成的辅助材料

2 •直接人工。是指参加产品生产的工人工资、奖金、津贴和补贴、职工福利费、工会经费、职工教育经费、社会保险费等

3 •其他直接支出。包括直接用于产品生产的其他支出

4 •制造费用。是指企业各生产单位为组织和管理生产所发生的各项费用，包括生产单位管理人员的工资、福利费、生产单位房屋、机器设备的折旧费、修理费、办公费、劳动保护费等

企业发生的各项成本，根据其性质可以按照不同标准进行分类。

2. 按转为费用的方式分类

成本按转为费用的方式，可分为产品成本和期间成本。

产品成本是指可计入存货价值的成本，包括按特定目的分配给一项产品的成本总和。

期间成本是指不能经济合理地归属于特定产品，因此只能在发生当期立

即转为费用的“不可储存成本”，也称为期间费用。

3. 按计入成本对象的方式分类如下

直接成本	•企业为生产某种产品发生的直接人工费、材料费等。直接费用可根据原始凭证直接计入该种产品成本
间接成本	•企业为生产多种产品而发生的各种费用，生产车间的制造费用就是间接费用，应按一定的标准进行分配记入各种产品成本

15.1.2 成本核算的一般程序

1. 成本核算的一般程序

（1）确定成本项目。企业计算产品生产成本，一般应当设置直接材料、直接人工、制造费用等成本项目。

（2）设置有关成本和费用明细账。如生产成本明细账、制造费用明细账、产成品、自制半成品明细账等。

（3）收集确定各种产品的生产量、入库量、在产品盘存量以及材料、工时、动力消耗等，并对所有已发生费用进行审核。

（4）归集所发生的全部费用，并按照确定的成本计算对象予以分配，按成本项目计算各种产品的在产品成本、产成品成本和单位成本。

（5）结转产品销售成本。为了进行成本核算，企业一般应设置“生产成本”“制造费用”“销售费用”“管理费用”“财务费用”等科目。如果需要单独核算废品损失和停工损失，还应设置“废品损失”和“停工损失”科目。

费用是一般纳税人企业在生产经营过程中发生的各项支出，为了反映和监督企业在生产经营过程中发生的各项费用，正确计算营业成本，就需要设置相应的账户，进行成本费用的总分类核算和明细分类核算。

2. 成本核算对象的确定

一般情况下，对工业企业而言：

（1）生产一种或几种产品的，以产品品种为成本核算对象。

（2）分批、单件生产的产品，以每批或每件产品为成本核算对象。

（3）多步骤连续加工的产品，以每种产品及各生产步骤为成本核算对象。

（4）产品规格繁多的，可将产品结构、耗用原材料和工艺过程基本相同的各种产品，适当合并作为成本核算对象。

成本核算对象确定后，一般不应当中途变更。

15.2 成本核算的账户设置

通常情况下，工业企业中常按准则中的会计科目表，设置一级科目“生产成本”，将“基本生产成本”和“辅助生产成本”作为“生产成本”的二级科目进行设置。

生产成本科目可按照基本生产成本和辅助生产成本进行明细核算。本科目期末借方余额，反映企业尚未加工完成的在产品成本。生产成本科目的具体设置，见表 15-1。

表 15-1　　生产成本会计科目编码的设置

科目代码	总分类科目（一级科目）	明细分类科目	
		二级明细科目	三级明细科目
5001	生产成本		
500101	生产成本	基本生产成本	品种、类别、订单、批别、生产阶段
500102	生产成本	辅助生产成本	品种和规格

1.“基本生产成本”科目

基本生产是指企业为完成主要生产目的而进行的商品产品生产。“基本生产成本”明细科目是为了归集基本生产车间制造产品过程中所发生的全部耗费，计算完工产品成本而设置的账户。该科目结构如图 15-1 所示。

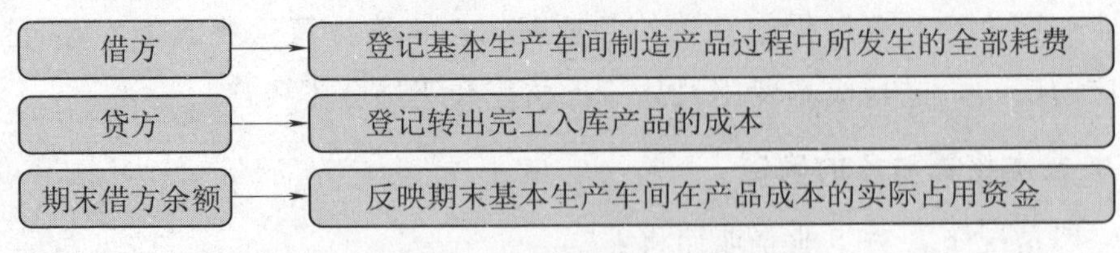

图 15-1　“基本生产成本”科目结构

2. “辅助生产成本”科目

辅助生产是指为整个企业服务而进行的产品生产和劳务供应。“辅助生产成本”是为了归集辅助生产车间制造产品过程中所发生的全部耗费，计算辅助生产所提供的产品成本而设置的科目。该科目如图 15-2 所示。

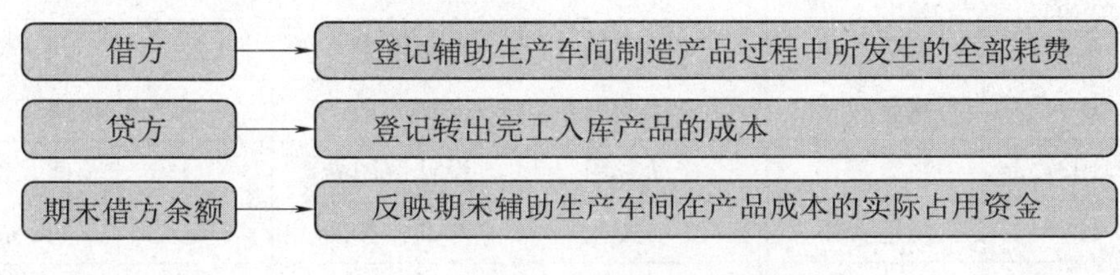

图 15-2 “辅助生产成本”科目结构

3. “制造费用”科目

制造费用是工业企业为生产产品（或提供劳务）而发生的，应计入产品成本但没有专设成本项目的各项生产费用。“制造费用”科目用于归集分配间接费用。期末，将共同负担的制造费用按照一定的分配标准分配计入各成本核算对象，除季节性生产外，本科目期末应无余额。

制造费用科目的具体设置，见表 15-2。

表 15-2　　制造费用会计科目编码的设置

科目代码	总分类科目（一级科目）	明细分类科目		是否辅助核算	辅助核算类别
		二级明细科目	三级明细科目		
5101	制造费用				
510101	制造费用	固定费用			
51010101	制造费用	固定费用	工资	是	车间、部门
51010102	制造费用	固定费用	折旧费	是	车间、部门
51010103	制造费用	固定费用	照明费	是	车间、部门
51010104	制造费用	固定费用	水费	是	车间、部门
51010105	制造费用	固定费用	差旅费	是	车间、部门
51010106	制造费用	固定费用	周转材料摊销	是	车间、部门
51010107	制造费用	固定费用	修理费	是	车间、部门
51010108	制造费用	固定费用	租赁费	是	车间、部门
51010109	制造费用	固定费用	保险费	是	车间、部门

续上表

科目代码	总分类科目（一级科目）	明细分类科目		是否辅助核算	辅助核算类别
		二级明细科目	三级明细科目		
51010110	制造费用	固定费用	办公费	是	车间、部门
510102	制造费用	变动费用		是	车间、部门
51010201	制造费用	变动费用	水电费	是	车间、部门
51010202	制造费用	变动费用	加工费	是	车间、部门
51010203	制造费用	变动费用	设计制图费	是	车间、部门
51010204	制造费用	变动费用	劳动保护费	是	车间、部门
51010205	制造费用	变动费用	职工教育经费	是	车间、部门
51010206	制造费用	变动费用	水电费	是	车间、部门
51010207	制造费用	变动费用	工会经费	是	车间、部门

4. “废品损失”科目

企业如果需要单独核算废品损失，就应设置“废品损失”科目。该科目借方登记不可修复废品的生产成本和可修复废品的修复费用；贷方登记收回的废品残料的价值，应收赔款及转出的废品净损失；月末应无余额。

15.3 辅助生产费用的分配方法

辅助生产费用的归集是通过辅助生产成本总账及明细账进行。一般按车间及产品和劳务设立明细账。辅助生产的分配应通过辅助生产费用分配表进行。

辅助生产费用的归集和分配，是通过“生产成本——辅助生产成本”科目进行的。辅助生产费用一般有两种归集方式：

先计入“制造费用”科目及所属明细账的借方进行归集，然后再从其贷方直接转入或分配转入“生产成本——辅助生产成本”科目及所属明细账的借方（用于辅助生产费用复杂的企业）。

不通过“制造费用”科目核算，直接计入“生产成本——辅助生产成本”科目和所属明细账的借方（用于辅助生产费用简单的企业）。

辅助生产费用的分配方法很多，通常采用直接分配法、交互分配法、计划成本分配法、顺序分配法和代数分配法等，详情见表 15-3。

表 15-3　　辅助生产费用的分配方法

分配方法	特　点	计算公式
直接分配法	不考虑各辅助生产车间之间相互提供劳务或产品的情况，而是将各种辅助生产费用直接分配给辅助生产以外的各受益单位	辅助生产的单位成本＝辅助生产费用总额/辅助生产的产品或劳务总量（不包括辅助生产车间相互提供的产品或劳务） 各受益车间、产品或各部门应分配的费用＝辅助生产的单位成本×该车间、产品或部门的耗用量
交互分配法	辅助生产费用通过两次分配完成。首先，在辅助生产车间进行交互分配；然后，将各辅助生产车间交互分配后的实际费用在辅助生产车间以外的各受益单位之间进行分配	对内交互分配率＝辅助生产费用总额/辅助生产提供的总产品或劳务总量 对外分配率＝（交互分配前的成本费用＋交互分配转入的成本费用－交互分配转出的成本费用）/对辅助生产车间以外的其他部门提供的产品或劳务总量
计划成本分配法	辅助生产为各受益单位提供的劳务，都按劳务的计划单位成本进行分配，辅助生产车间实际发生的费用（包括辅助生产内部交互分配转入的费用）与按计划单位成本分配转出的费用之间的差额采用简化计算方法全部计入管理费用	实际成本＝辅助生产成本归集的费用＋按计划分配率分配转入的费用 成本差异＝实际成本－按计划分配率分配转出的费用

下面以【例 15-1】说明这三种分配方法的计算。

【例 15-1】甲公司设有运输和修理两个辅助生产车间，运输车间的成本按运输公里的比例分配，修理车间的成本按修理工时比例分配。该公司 2017 年 1 月有关辅助生产成本资料如下：

（1）运输车间本月共发生成本 22 500 元，提供运输劳务 5 000 公里；修理车间本月共发生成本 240 000 元，提供修理劳务 640 工时。

（2）运输车间耗用修理车间劳务 40 工时，修理车间耗用运输车间劳务 500 公里。

（3）基本生产车间耗用运输车间劳务 2 550 公里，耗用修理车间劳务 320 工时。

（4）行政管理车间耗用运输车间劳务 1 950 公里，耗用修理车间劳务 280 工时。

1. 直接分配法，见表 15-4。

表 15-4　　　　　　　　　　　　直接分配法　　　　　　　　　　　　金额单位：元

辅助生产车间名称		运输	修理	合计
待分配成本		22 500	240 000	262 500
对外提供劳务数量		4 500 公里	600 工时	—
单位成本		5	400	—
基本生产车间	耗用数量	2 550 公里	320 工时	—
	分配金额	12 750	128 000	140 750
行政管理部门	耗用数量	1 950 公里	280 工时	—
	分配金额	9750	112 000	121 750
合　计		22 500	240 000	262 500

借：制造费用　　　　　　　　　　　　　　　　140 750

　　管理费用　　　　　　　　　　　　　　　　121 750

　　贷：生产成本——辅助生产成本——运输车间　　　　22 500

　　　　　　　　　　　　　　　——修理车间　　　　240 000

登记会计凭证，见表 15-5。

表 15-5

记 账 凭 证

2017 年 1 月 31 日　　　　　　　　　　　　字第××号

摘要	会计科目	借方金额										贷方金额										记账
		千	百	十	万	千	百	十	元	角	分	千	百	十	万	千	百	十	元	角	分	
采用直接分配法，结转成本	制造费用			1	4	0	7	5	0	0	0											
	管理费用			1	2	1	7	5	0	0	0											
	生产成本——辅助生产成本——运输														2	2	5	0	0	0	0	
	生产成本——辅助生产成本——修理													2	4	0	0	0	0	0	0	
合　计			¥	2	6	2	5	0	0	0	0		¥	2	6	2	5	0	0	0	0	

会计主管：单春明　　　　记账：陈熠　　　　审核：张燕　　　　制单：王晓

2. 交互分配法，见表15-6。

表15-6 **交互分配法** 金额单位：元

项目			对内分配		对外分配		合计
辅助生产车间名称			运输	修理	运输	修理	
待分配成本			22 500	240 000	22 500＋15 000－2 250＝35 250	240 000＋2 250－15 000＝227 250	—
提供劳务数量			5 000公里	640工时	5 000－500＝4 500公里	640－40＝600工时	—
单位成本			4.5	375	7.833 33	378.75	—
辅助生产车间	运输	耗用数量		40工时			
		分配金额		15 000			
	修理	耗用数量	500公里				
		分配金额	2 250				
基本生产车间		耗用数量			2 550公里	320工时	
		分配金额			19 975	121 200	141 175
行政管理部门		耗用数量			1 950公里	280工时	—
		分配金额			15 275	106 050	121 325
合计					35 250	227 250	262 500

(1) 交互分配：

借：生产成本——辅助生产成本——运输车间 15 000

——修理车间 2 250

贷：生产成本——辅助生产成本——运输车间 2 250

——修理车间 15 000

登记会计凭证，见表15-7。

(2) 对外分配：

借：制造费用 141 175

管理费用 121 325

贷：生产成本——辅助生产成本——运输车间 35 250

——修理车间 227 250

登记会计凭证，见表15-8。

表 15-7

记账凭证

2017 年 1 月 31 日　　　　字第××号

摘要	会计科目	借方金额										贷方金额										记账
		千	百	十	万	千	百	十	元	角	分	千	百	十	万	千	百	十	元	角	分	
采用交互分配法，对内结转成本	生产成本——辅助生产成本——运输车间				1	5	0	0	0	0	0											
	生产成本——辅助生产成本——修理车间					2	2	5	0	0	0											
	生产成本——辅助生产成本——运输车间															2	2	5	0	0	0	
	生产成本——辅助生产成本——修理车间														1	5	0	0	0	0	0	
合　计				¥	1	7	2	5	0	0	0			¥	1	7	2	5	0	0	0	

会计主管：单春明　　记账：陈熠　　审核：张燕　　制单：王晓

表 15-8

记账凭证

2017 年 1 月 31 日　　　　字第××号

摘要	会计科目	借方金额										贷方金额										记账
		千	百	十	万	千	百	十	元	角	分	千	百	十	万	千	百	十	元	角	分	
采用交互分配法，对外结转成本	制造费用			1	4	1	1	7	5	0	0											
	管理费用			1	2	1	3	2	5	0	0											
	生产成本——辅助生产成本——运输														3	5	2	5	0	0	0	
	生产成本——辅助生产成本——修理													2	2	7	2	5	0	0	0	
合　计			¥	2	6	2	5	0	0	0	0		¥	2	6	2	5	0	0	0	0	

会计主管：单春明　　记账：陈熠　　审核：张燕　　制单：王晓

3. 计划分配法，见表 15-9。

假设运输服务计划分配率为 5 元/公里，修理服务的计划分配率为 350 元/小时。

表 15-9 **计划分配法**

<table>
<tr><th colspan="3">辅助生产车间名称</th><th>运输</th><th>修理</th><th>合计</th></tr>
<tr><td colspan="3">待分配成本</td><td>22 500</td><td>240 000</td><td>262 500</td></tr>
<tr><td colspan="3">提供劳务数量</td><td>5 000 公里</td><td>640 工时</td><td>—</td></tr>
<tr><td colspan="3">计划单位成本</td><td>5</td><td>350</td><td>—</td></tr>
<tr><td rowspan="4">辅助生产车间</td><td rowspan="2">运输</td><td>耗用数量</td><td></td><td>40 工时</td><td>—</td></tr>
<tr><td>分配金额</td><td></td><td>14 000</td><td>14 000</td></tr>
<tr><td rowspan="2">修理</td><td>耗用数量</td><td>500 公里</td><td></td><td>—</td></tr>
<tr><td>分配金额</td><td>2 500</td><td></td><td>2 500</td></tr>
<tr><td colspan="2" rowspan="2">辅助生产车间</td><td>耗用数量</td><td>2 550 公里</td><td>320 工时</td><td>—</td></tr>
<tr><td>分配金额</td><td>12 750</td><td>112 000</td><td>124 750</td></tr>
<tr><td colspan="2" rowspan="2">行政管理部门</td><td>耗用数量</td><td>1 950 公里</td><td>280 工时</td><td>—</td></tr>
<tr><td>分配金额</td><td>9750</td><td>98 000</td><td>107 750</td></tr>
<tr><td colspan="3">按计划成本分配金额合计</td><td>25 000</td><td>224 000</td><td>249 000</td></tr>
<tr><td colspan="3">辅助生产实际成本</td><td>36 500</td><td>242 500</td><td>279 000</td></tr>
<tr><td colspan="3">辅助生产成本差异</td><td>11 500</td><td>18 500</td><td>30 000</td></tr>
</table>

（1）按计划分配辅助生产成本。登记会计凭证，见表 15-10。

借：生产成本——辅助生产成本——运输车间　　14 000
　　　　　　　　　　　　　　——修理车间　　2 500
　　制造费用　　124 750
　　管理费用　　107 750
　　贷：生产成本——辅助生产成本——运输车间　　25 000
　　　　　　　　　　　　　　　　——修理车间　　224 000

登记会计凭证，见表 15-11。

（2）结转辅助生产成本差异。

借：管理费用　　30 000
　　贷：生产成本——辅助生产成本——运输车间　　11 500
　　　　　　　　　　　　　　　　——修理车间　　18 500

表 15-10

记 账 凭 证

2017 年 1 月 31 日　　　　字第××号

摘要	会计科目	借方金额										贷方金额										记账
		千	百	十	万	千	百	十	元	角	分	千	百	十	万	千	百	十	元	角	分	
采用计划分配法，结转成本	生产成本——辅助生产成本——运输车间				1	4	0	0	0	0	0											
	生产成本——辅助生产成本——修理车间					2	5	0	0	0	0											
	制造费用			1	2	4	7	5	0	0	0											
	管理费用			1	0	7	7	5	0	0	0											
	生产成本——辅助生产成本——运输车间														2	5	0	0	0	0	0	
	生产成本——辅助生产成本——修理车间													2	2	4	0	0	0	0	0	
合　　计			¥	2	4	9	0	0	0	0	0		¥	2	4	9	0	0	0	0	0	

会计主管：单春明　　记账：陈熠　　审核：张燕　　制单：王晓

表 15-11

记 账 凭 证

2017 年 1 月 31 日　　　　字第××号

摘要	会计科目	借方金额										贷方金额										记账
		千	百	十	万	千	百	十	元	角	分	千	百	十	万	千	百	十	元	角	分	
采用交互分配法，结转成本	管理费用				3	0	0	0	0	0	0											
	生产成本——辅助生产成本——运输														1	1	5	0	0	0	0	
	生产成本——辅助生产成本——修理														1	8	5	0	0	0	0	
合　　计				¥	3	0	0	0	0	0	0			¥	3	0	0	0	0	0	0	

会计主管：单春明　　记账：陈熠　　审核：张燕　　制单：王晓

15.4 材料、燃料、动力的归集和分配

无论是外购的，还是自制的，发生材料、燃料和动力等各项要素费用时，对于直接用于产品生产、构成产品实体的材料、燃料和动力，一般能分清哪种产品领用的，应根据领退料凭证直接计入相应产品成本的“直接材料”项目。对于不能分清哪种产品领用的，需要采用适当的分配方法，分配计入各相关产品成本的“直接材料”成本项目。

在消耗定额比较准确的情况下，原材料、燃料也可按照产品的材料定额消耗量比例或材料定额费用比例进行分配。

分配标准：可用产品重量、消耗定额、生产工时等作为分配标准，计算公式如下：

材料、燃料、动力费用分配率＝材料、燃料、动力消耗总额/分配标准（如产品重量、耗用的原材料、生产工时等）

某种产品应负担的材料、燃料、动力费用＝该产品的重量、耗用的原材料、生产工时等×材料、燃料、动力费用分配率

【例 15-2】甲企业生产 A、B、C 三种产品，2017 年 1 月，三种产品的投入量分别为：600 件、700 件和 1 200 件，三种产品的消耗定额分别为：5 千克、6 千克和 8 千克，甲、乙、丙三种产品本月共耗原材料 12 000 千克，材料单位为每千克 5 元，材料费用共计 84 000 元。

按材料定额消耗量比例法计算三种产品应负担的材料费用分配率。

材料费用分配率＝84 000÷（600×5＋700×6＋1 200×8）＝5（元/千克·件）。

A 产品应分配的材料费用＝600×5×5＝15 000（元）

B 产品应分配的材料费用＝700×6×5＝21 000（元）

C 产品应分配的材料费用＝1 200×5×8＝48 000（元）

借：生产成本——基本生产成本——原材料　　84 000

　贷：原材料——A 产品　　15 000

　　　　——B 产品　　21 000

　　　　——C 产品　　48 000

15.5 职工薪酬的归集和分配

能直接进行产品生产的生产工人的职工薪酬，直接计入产品成本的“直接人工”成本项目；不能直接计入产品成本的职工薪酬，按工时、产品产量、产值比例等方式进行合理分配，计入各有关产品成本的“直接人工”项目。

生产工资费用分配率＝各种产品生产工资总额÷各种产品生产工时之和

某种产品应分配的生产工资＝该种产品生产工时×生产工资费用分配率

如果取得各种产品的实际生产工时数据比较困难，而各种产品的单件工时定额比较准确，也可按产品的定额工时比例分配职工薪酬。

某种产品耗用的定额工时＝该种产品投产量×单位产品工时定额

生产工资费用分配率＝各种产品生产工资总额÷各种产品定额工时之和

某种产品应分配的生产工资＝该种产品定额工时×生产工资费用分配率

直接进行产品生产的生产工人的职工薪酬，直接计入产品成本的“直接人工”成本项目。账务处理如图 15-3 所示。

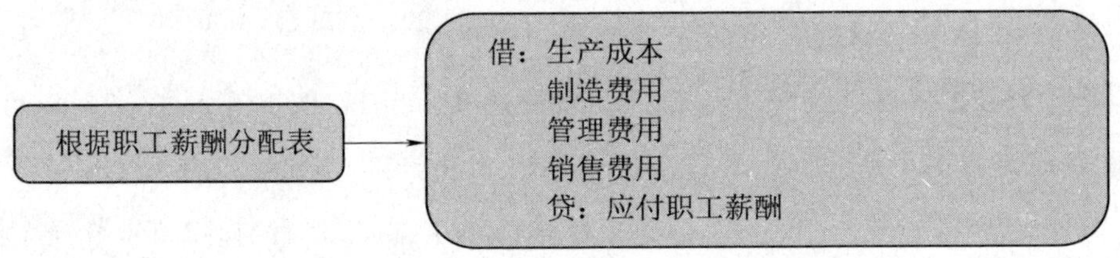

图 15-3　职工薪酬的归集和分配账务处理

【例 15-3】某企业生产 A、B 两种产品，2017 年 1 月共发生生产工人工资 85 000 元，福利费 15 000 元。上述人工费按生产工时比例在 A、B 产品之间分配，其中 A 产品的生产工时为 1 500 小时，B 产品的生产工时为 500 小时。

该企业生产甲产品应分配的人工费＝（85 000＋15 000）×［1 500÷(1 500＋500)］＝75 000（元）。

A 产品应分配的人工费＝（85 000＋15 000）×［500÷（1 500＋500)］＝25 000（元）。

借：生产成本——基本生产成本（A 产品）　　75 000

　　　　　　——基本生产成本（B 产品）　　25 000

　贷：应付职工薪酬——工资　　100 000

15.6 制造费用的归集

制造费用属于应计入产品成本但不专设成本项目的各项成本。

制造费用应通过“制造费用”账户进行归集，月末按照一定的方法从贷方分配转入有关成本计算对象。

1. 制造费用分配的标准

制造费用的归集和分配应当通过“制造费用”科目进行核算。企业应当根据制造费用的性质，合理选择制造费用分配方法。

制造费用应当按照车间分别进行，不应将各车间的制造费用汇总，在企业范围内统一分配。制造费用的分配方法很多，通常采用生产工人工时比例法（或生产工时比例法）、生产工人工资比例法（或生产工资比例法）、机器工时比例法和按年度计划分配率分配法等。

制造费用分配率＝制造费用总额/各产品分配标准之和

该产品应分配的制造费用＝该产品所耗用的分配标准×制造费用分配率

2. 制造费用的核算

制造费用的归集和分配应当通过“制造费用”科目进行核算。

企业应当根据制造费用的性质，合理选择制造费用分配方法。分配制造费用的方法很多，通常采用的方法有：生产工人工时比例法、生产工人工资比例法、机器工时比例法、耗用原材料的数量或成本比例法、直接成本（材料、生产工人工资等职工薪酬之和）比例法和产成品产量比例法等。分配方法一经确认，不得随意变更。如需变更，应当在财务报表附注中予以说明。

【例 15-4】某企业为一般纳税人企业，2017 年 1 月份共发生制造费用 30 000元，按生产工时分配该月的制造费用，具体见表 15-12。

表 15-12 制造费用分配表

分配对象		生产工时	分配率	分配金额
生产成本	甲产品	20 000	0.6	12 000
	乙产品	30 000		18 000
合计		50 000		30 000

制造费用分配率＝制造费用总额/各产品分配标准之和

制造费用分配率＝30 000/50 000＝0.6

甲产品应分配的制造费用金额＝0.6×20 000＝12 000（元）

乙产品应分配的制造费用金额＝0.6×30 000＝18 000（元）

根据上述经济业务，该企业做如下账务处理。

借：生产成本——基本生产成本——甲产品　　　　12 000

　　　　　　——基本生产成本——乙产品　　　　18 000

　贷：制造费用　　　　　　　　　　　　　　　　　30 000

15.7　完工产品和在产品之间费用的分配

完工产品和在产品费用之间的关系如下：

本月完工产品成本＝月初在产品成本＋本月发生成本－月末在产品成本

常用方法主要有图 15-4 几种方法。

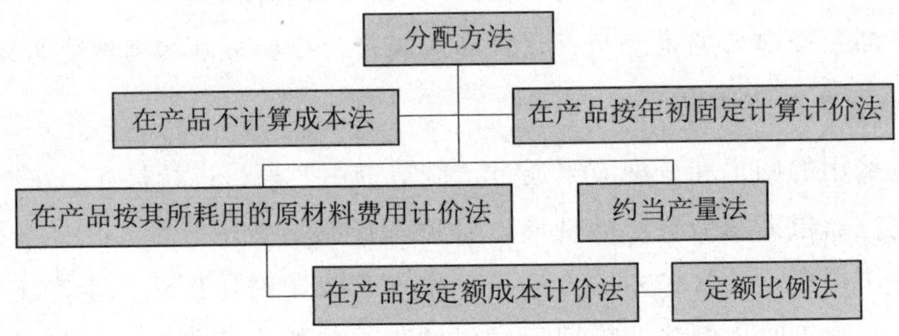

图 15-4　完工产品和月末在产品费用分配方法

完工产品和在产品之间费用的分配，见表 15-13。

表 15-13　　完工产品和在产品之间费用的分配

方　法	范　围	计算公式
不计算在产品成本法	适用于月末在产品数量很小的产品	月末在产品成本＝0 本月完工产品成本＝本月发生的产品生产费用
在产品按固定成本计价法	适用于月末在产品数量较多，但各月变化不大的产品或月末在产品数量很小的产品	月末在产品成本＝年初固定数 本月完工产品成本＝本月发生的产品生产费用

续上表

方　　法	范　　围	计算公式
在产品按所耗用直接材料成本计价法	适用于各月末在产品数量较大、各月在产品数量变化也较大，以及直接材料在产品成本中所占比重也较大的产品	月末在产品成本＝月末在产品数量×在产品单位定额成本 本月完工产品成本＝（月初在产品成本＋本月发生的产品生产费用）－月末在产品成本
约当产量比例法	适用于月末在产品数量较大，各月末在产品数量变化也较大，产品成本中直接材料成本和人工成本及制造费用的比重相差不大的产品	在产品约当产量＝在产品数量×完工程度 单位成本＝（月初在产品成本＋本月发生生产成本）÷（完工产品产量＋在产品约当产量） 完工产品成本＝完工产品产量×单位成本 在产品成本＝在产品约当产量×单位成本
在产品按定额成本计价法	适用于各项消耗定额或费用定额比较准确、稳定，各月末在产品数量变化不大的产品	月末在产品成本＝月末在产品数量×在产品单位定额成本 完工产品总成本＝（月初在产品成本＋本月发生生产成本）－月末在产品成本 完工成品单位成本＝完工产品总成本÷产成品产量
定额比例法	适用于各项消耗定额或成本定额比较准确、稳定，但各月末在产品数量变动较大的产品	直接材料分配率＝（月初在产品实际材料成本＋本月投入实际材料成本）÷（完工产品定额材料成本＋月末在产品定额材料成本） 完工产品应负担的直接材料成本＝完工产品定额材料成本×直接材料成本分配率 月末在产品应负担的直接材料成本＝月末在产品定额材料成本×直接材料成本分配率 直接人工分配率＝（月初在产品实际人工成本＋本月投入的实际人工成本）/（完工产品定额工时＋月末在产品定额工时） 完工产品应负担的直接人工成本＝完工产品定额工时×直接人工成本分配率 月末在产品应负担的直接人工成本＝月末在产品定额工时×直接人工成本分配率

【例 15-5】某企业基本生产车间生产甲产品，本月完工 100 件，月末在产品 20 件，甲产品月初在产品成本和本期生产费用总额为 420 000 元，其中直接材料 220 000 元，直接人工 100 000 元；制造费用为 100 000 元。原材料在开工时一次投入，月末在产品完工程度为 50%。按约当产量比例法计算分配如下。

(1) 计算在产品约当产量。

约当产量＝20×50％＝10（件）

(2) 分配直接材料。

由于原材料在开工时一次投入，所以应按在产品和产成品的数量平均分配，而不用计算在产品约当产量。

直接材料分配率＝220 000÷（100＋20）＝1 833.33（元/件）

在产品应负担的直接材料＝20×1 833.33＝36 666.67（元）

完工产品应负担的直接材料＝100×1 833.33＝183 333（元）

(3) 分配直接人工费用。

直接人工分配率：100 000÷（100＋10）＝909.09（元/件）

在产品应负担的直接人工＝10×909.09＝9 090.9（元）

完工产品应负担的直接人工＝100×909.09＝90 909（元）

(4) 分配制造费用。

制造费用分配率＝100 000÷（100＋10）＝909.09（元/件）

在产品应负担的制造费用＝10×909.09＝9 090.9（元）

完工产品应负担的制造费用＝100×909.09＝90 909（元）

(5) 分配完工产品成本和在产品成本。

月末在产品总成本＝36 666.67＋9 090.9＋9 090.9＝54 848.67（元）

完工产品总成本＝183 333＋90 909＋90 909＝365 151（元）

【例 15-6】某种产品的月初在产品的直接材料费用为 100 000 元，直接人工费用为 30 000 元，制造费用为 80 000 元；本月内发生的直接材料费用为 250 000 元，直接人工费用为 100 000 元，制造费用为 160 000 元。本月完工产品 300 件，每件产品的材料定额消耗量为 4 公斤。工时定额为 8 小时：月末在产品材料消耗定额量共计为 400 公斤，月末在产品定额工时共计为 800 小时。按定额比例法计算分配如下。

(1) 分配直接材料费用。

直接材料费用分配率＝（100 000＋250 000）÷（300×4＋400）＝218.75（元/公斤）

在产品应负担的直接材料费用＝400×218.75＝87 500（元）

完工产品应负担的直接材料费用＝300×4×218.75＝262 500（元）

（2）分配直接人工费用。

直接人工费用分配率＝（30 000＋100 000）÷（300×8＋800）＝40.625（元/小时）

在产品应负担的直接人工费用＝800×40.625＝32 500（元）

完工产品应负担的直接人工费用＝300×8×40.63＝97 500（元）

（3）分配制造费用。

制造费用分配率＝（80 000＋160 000）÷（300×8＋800）＝75（元/小时）

在产品应负担的制造费用＝800×75＝60 000（元）

完工产品应负担的制造费用＝300×8×75＝180 000（元）

（4）分配完工产品成本和月末在产品成本。

在产品总成本＝60 000＋32 500＋87 500＝180 000（元）

完工产品总成本＝262 500＋97 500＋180 000＝540 000（元）

（5）结转完工产品成本。

企业已经生产完成并已验收入库的产成品，应于月度终了，按实际成本，借记"库存商品"科目，贷记"生产成本——基本生产成本"科目。

【例 15-7】某企业 7 月生产甲、乙两种产品。根据"产品成本计算单"，完工入库甲产品的实际成本为 4 800 000 元，完工入库乙产品的实际成本为 3 100 000元。根据上述经济业务，企业应做如下账务处理。

借：库存商品——甲产品　　4 800 000

　　　　　　——乙产品　　3 100 000

　贷：生产成本——基本生产成本——甲产品　　4 800 000

　　　　　　　——基本生产成本——乙产品　　3 100 000

15.8 废品损失的核算

企业生产中的废品，是指不符合规定的技术标准，不能按照原定用途使用，或者需要返工修理后才能使用的在产品、半成品和产成品。

1. 废品损失核算内容

企业生产过程中产出的废品可分为两种，一种是可修复废品，另一种是不可修复废品。废品损失核算的内容见表 15-14。

表 15-14　废品损失核算内容

废品分类	释　义	核算内容
可修复废品	经过修理后可以作为合格产品销售，且用来修理废品的费用在经济上划算的废品	修复废品时发生的修复费用，如耗用的原材料、工资费用等
不可修复废品	已经没有修理价值或虽然可以修理但所花得修理费用不划算的废品	废品的生产成本扣除回收的废料价值后的净损失

但下列废品损失不能列入废品损失的核算范围。

1. •可以通过降价出售的不合格品，降价损失应作为销售损失处理
2. •产品入库后，由于保管不当而造成的变质损失由管理费用负担
3. •应由过失人赔偿的废品损失
4. •实行“三包”的产品在出售后发现的废品损失，也应由管理费用负担

2. 废品损失计算

在废品损失的归集与分配过程中，不可修复废品成本的计算是关键。不可修复废品成本通常是从该种产品的实际生产费用中区分成本项目计算确定的。按成本项目分别计算不可修复废品的实际成本的公式如下：

废品应负担的材料费用＝某产品直接材料成本总额÷（合格品数量＋废品约当量）×废品约当量

废品应负担的工资费用＝某产品直接人工成本总额÷（合格品数量＋废品约当量）×废品约当量

废品应负担的制造费用＝某产品制造费用总额÷（合格品数量＋废品约当量）×废品约当量

在计算不可修复废品成本时，应注意到，不可修复废品是发生在制造过程的中途，还是最后阶段，这对废品数量的确定及其费用分配都有着直接的关系。

3. 废品损失账务处理

为了核算生产过程中发生的废品损失，可在“生产成本——基本生产成本”账户下设置“废品损失”明细账户组织核算。该账户的借方登记不可修复废品的生产成本和可修复废品的修复费用；贷方登记应从废品成本中扣除

的回收废料的价值。该账户借贷金额相抵后的差额就是企业的全部废品净损失。其中对应由过失人负担的部分，则从其贷方转入“其他应收款”账户的借方；其余废品净损失，应该全部归由本期完工的同种产品成本负担，应从“生产成本——基本生产成本——废品损失”账户的贷方转入“生产成本——基本生产成本——××产品”账户的借方。“生产成本——基本生产成本——废品损失”账户应无期末余额。如图 15-5 所示。

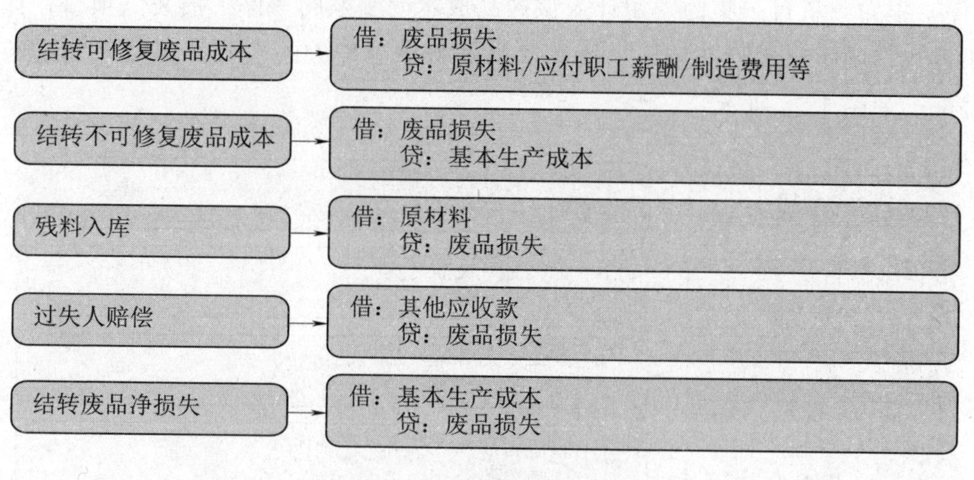

图 15-5　废品损失的账务处理

【例 15-8】某企业 2017 年 6 月份修复乙产品 100 件，共耗用原材料 32 250 元，支付生产人员工资 11 250 元，制造费用 34 600 元。

借：生产成本——基本生产成本（乙产品）　　78 100

　贷：原材料　　32 250

　　应付职工薪酬　　11 250

　　制造费用　　34 600

如果是不可修复的废品，那只能当作废料处理，应把其原来的生产成本从各成本账户中一一转入，转到该产品的“废品损失”账户。收回的残余价值应从“废品损失”账户中转入“废料”账户。

15.9　停工损失的核算

停工损失是生产车间或车间内某个班组在停工期间发生的各项费用，包括停工期间发生的原材料费用、人工费用和制造费用等。

应由过失单位或保险公司负担的赔款，应从停工损失中扣除。

不满一个工作日的停工，一般不计算停工损失。

停工损失可单独核算，也可直接反映在“制造费用”和“营业外支出”等科目中。辅助生产一般不单独核算停工损失。

对于应计入产品成本的停工损失，如果停工车间只生产一种产品，应将“停工损失”科目归集的费用计入该产品成本明细账的“停工损失”项目；如果停工车间生产多种产品，一般按照制造费用分配方法在各种产品之间进行分配。如图 15-6 所示。

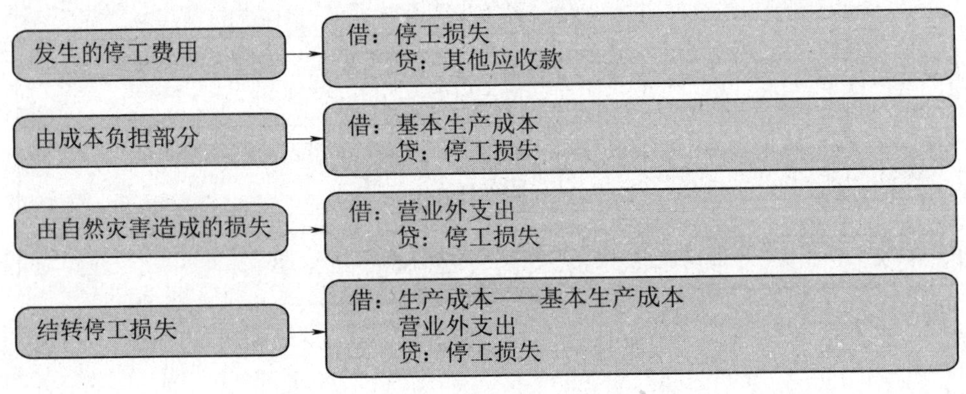

图 15-6　停工损失的账务核算

【例 15-9】某工业企业甲产品在生产过程中发现一批不可修复废品，该批废品的成本构成为：直接材料 45 00 元，直接人工 2 800 元，制造费用 2 100 元。废品残料计价 600 元已回收入库，应收过失人赔偿款 1 600 元。

废品损失是在生产过程中发生的和入库后发现的不可修复废品的生产成本，以及可修复废品的修复费用，扣除回收的废品残料价值和应收赔款以后的损失。所以该批废品的净损失＝4 500＋2 800＋2 100－600－1 600＝7 200（元）。

CHAPTER
SIXTEEN

第16章 产品成本计算方法

产品成本计算方法主要包括：品种法、分批法和分步法。本章主要介绍这三种方法的特点、核算程序及应用。

16.1 品种法

品种法，是指以产品品种作为成本核算对象，归集和分配生产成本，计算产品成本的一种方法。

16.1.1 品种法的特点与核算程序

1. 品种法的特点

品种法的主要特点是：成本核算对象是产品品种；一般定期（每月月末）计算产品成本；如果企业月末有在产品，要将生产成本在完工产品和在产品之间进行分配。

2. 品种法成本核算的一般程序

品种法成本核算的一般程序包括以下几点。

（1）按产品品种设立成本明细账，根据各项费用的原始凭证及相关资料编制有关记账凭证并登记有关明细账，并编制各种费用分配表分配各种要素费用。

（2）根据上述各种费用分配表和其他相关资料，登记辅助生产明细账、基本生产明细账、制造费用明细账等。

（3）根据辅助生产明细账编制辅助生产成本分配表，分配辅助生产成本。

（4）根据制造费用明细账编制制造费用分配表，在各种产品之间分配制造费用，并据以登记基本生产成本明细账。

（5）根据各产品基本生产明细账编制产品成品计算单，分配完工产品成本和在产品成本。

（6）汇编产成品的成本汇总表，结转产成品成本。

16.1.2 品种法下产品成本计算

1. 单一品种的计算

如果企业生产的产品是单一品种，可直接根据有关原始凭证及费用汇总表登记生产成本明细账，编制产品成本计算单即可计算该产品的总成本和单位成本。

【例 16-1】中恒制造厂为单步骤生产企业，只生产一种甲产品，月初月末在产品比较稳定，计算甲产品成本时可不予考虑。2017 年 1 月，甲产品共计发生生产费用 550 万元，完工 5 000 件，有关生产成本明细账见表 16-1。

表 16-1 **生产成本明细账**

甲产品 2017 年 1 月 单位：万元

直接材料	直接人工	制造费用	合 计
250	200	100	550

根据表 16-2 编制甲产品成本计算单，见表 16-2。

表 16-2 **生产成本计算表**

项 目	总成本（万元）	单位成本（万元/件）
直接材料	250	0.05
直接人工	200	0.04
制造费用	100	0.02
合计	550	0.11

直接材料单位成本＝250/5 000＝0.05（万元/件）

直接人工单位成本＝200/5 000＝0.04（万元/件）

制造费用单位成本＝100/500＝0.02（万元/件）

2. 多品种生产下的品种法

如果企业同时生产两种或两种以上的产品，应按照品种法成本核算的一般程序设置生产成本明细账，将直接费用直接计入该产品生产成本明细账中，将间接费用按照恰当的分配方法编制各种费用分配表分配各种要素费用。

【例 16-2】晨光机械有限公司为单步骤生产企业，设有一个基本生产车间，生产轮胎和轴承两种产品。根据生产特点和管理要求，确定采用品种法计算产品成本。该企业还设有动力和电力两个辅助生产车间。根据生产特点和管理要求，轮胎和轴承两种产品采用品种法计算产品成本。该公司 2017 年 1 月的成本资料如下。

1. 产品产量资料，见表 16-3

表 16-3 **产品产量表**

2017 年 1 月　　单位：吨

产品名称	月初在产品	本月投入	本月完工产品	月末在产品
轮胎	200	500	650	50
轴承	100	400	450	50

轮胎实际生产工时 10 000 小时；轴承实际生产工时 5 000 小时。轮胎、轴承两种产品的原材料都在生产开始时一次投入，加工费发生比较均衡，月末在产品完工程度为 50%，完工产品和在产品按约当产量比例法分配；辅助生产费用按计划成本分配。

2. 本月发生的生产费用

（1）本月发出材料汇总表，见表 16-4。

表 16-4 **发出材料汇总表**　　单位：元

领料部门和用途	原材料	辅助材料	合计
基本生产车间			
轮胎耗用	80 000		80 000
轴承耗用	70 000		70 000
两种产品共同耗用		5 000	5 000
合计	150 000	5 000	155 000
基本生产车间管理部门耗用		4 000	4 000
动力车间耗用	1 000	500	1 500

续上表

领料部门和用途	原材料	辅助材料	合计
供电车间耗用	2 000	400	2 400
厂部管理部门耗用		600	600
合计	153 000	10 500	163 500

（2）本月职工薪酬结算汇总表，见表16-5。

表16-5 **职工薪酬汇总表**

2017年1月 单位：元

人员类别	应付职工薪酬
基本生产车间	
产品生产工人	300 000
车间管理人员	100 000
动力车间	90 000
供电车间	50 000
厂部管理人员	30 000
合　计	570 000

（3）本月应计提固定资产折旧费20 000元，其中基本生产车间10 000元，动力车间2 000元，供电车间5 000元，厂部3 000元。

（4）本月应分摊财产保险费5 000元，其中基本生产车间2 500元，动力车间1 000元，供电车间1 200元，厂部管理部门300元。

（5）本月以银行存款支付的费用为25 000元，其中基本生产车间办公费2 800元，水费1 500元；动力车间水费9 800元；供电车间办公费3 500元；厂部管理部门办公费5 000元，水费2 400元。

3. 编制各项要素费用分配表

（1）分配材料费用，轮胎、轴承产品共同负担材料按当月投入产品数量比例分配，见表16-6。

其中，轮胎共同负担材料费用$=5\ 000\times\frac{500}{(500+400)}=2\ 778$（元）

轴承共同负担材料费用$=5\ 000\times\frac{400}{(500+400)}=2\ 222$（元）

表 16-6　　　　　　　　　　**材料费用分配表**

2017 年 1 月　　　　　　　　　　单位：元

应借科目			直接计入	分配金额（分配率）	合　计
总账科目	明细科目	成本项目			
基本生产成本	轮胎	直接材料	80 000	2 778	82 778
	轴承	直接材料	70 000	2 222	72 222
	小　计		150 000	5 000	155 000
辅助生产成本	动力车间	直接材料	1 500		1 500
	供电车间	直接材料	2 400		2 400
	小　计		3 900		3 900
制造费用	基本生产车间	直接材料	4 000		4 000
管理费用	修理费	直接材料	600		600
	合　计				163 500

根据表 16-6 编制会计分录：

借：基本生产成本　　155 000

　　辅助生产成本　　3 900

　　制造费用——基本生产车间　　4 000

　　管理费用　　600

　　贷：原材料　　163 500

（2）按轮胎、轴承两种产品的实际生产工时比例分配薪酬费用，见表 16-7。

表 16-7　　　　　　　　　　**职工薪酬费用分配表**

2017 年 1 月　　　　　　　　　　单位：元

应借科目		成本项目	生产工人工资		管理人员工资	合计
总账科目	明细科目		生产工时	分配金额（分配率 20）		
基本生产成本	轮胎	直接人工	10 000	200 000		200 000
	轴承	直接人工	5 000	100 000		100 000
	小计		15 000	300 000		300 000
辅助生产成本	动力车间			90 000		90 000
	供电车间			50 000		50 000
	小计			140 000		140 000

续上表

应借科目		成本项目	生产工人工资		管理人员工资	合计
总账科目	明细科目		生产工时	分配金额（分配率 20）		
制造费用	基本生产车间	直接人工			100 000	100 000
管理费用		直接人工			30 000	30 000
合计				440 000	130 000	570 000

根据表 16-7 编制会计分录：

借：基本生产成本　　300 000

　　辅助生产成本　　140 000

　　制造费用　　100 000

　　管理费用　　30 000

　　贷：应付职工薪酬　　570 000

（3）分配固定资产折旧费用，见表 16-8。

表 16-8　　固定资产折旧费用分配表

2017 年 1 月　　单位：元

车间、部门	会计科目	明细科目	分配金额
基本生产车间	制造费用	基本生产车间	10 000
动力车间	辅助生产成本	动力车间	2 000
供电车间	辅助生产成本	供电车间	5 000
厂部管理部门	管理费用		3 000
合计			20 000

根据表 16-8 编制会计分录：

借：制造费用　　10 000

　　生产成本——辅助生产成本　　7 000

　　管理费用　　3 000

　　贷：累计折旧　　20 000

（4）分配财产保险费，见表 16-9。

表 16-9 财产保险分配表

2017 年 1 月 单位：元

车间、部门	会计科目	明细科目	分配金额
基本生产车间	制造费用	基本生产车间	2 500
动力车间	辅助生产成本	动力车间	1 000
供电车间	辅助生产成本	供电车间	1 200
厂部管理部门	管理费用		300
合计			5 000

根据表 16-9 编制如下会计分录：

借：制造费用 2 500

辅助生产成本 2 200

管理费用 300

贷：预付账款 5 000

（5）其他费用分配，见表 16-10。

表 16-10 其他费用分配表

2017 年 1 月 单位：元

车间、部门	会计科目	明细科目	分配金额
基本生产车间	制造费用	基本生产车间	4 300
动力车间	辅助生产成本	动力车间	9 800
供电车间	辅助生产成本	供电车间	3 500
厂部管理部门	管理费用		7 400
合计			25 000

根据表 16-10 编制如下会计分录：

借：制造费用 4 300

生产成本——辅助生产成本 13 300

管理费用 7 400

贷：银行存款 25 000

表 16-11 辅助生产费用分配表

（按计划成本分配法） 数量单位：度、小时

晨光机械有限公司 2017 年 1 月 金额单位：元

<table>
<tr><th colspan="3">辅助生产车间名称</th><th>机修车间</th><th>供电车间</th><th>合计</th></tr>
<tr><td colspan="3">待分配辅助生产费用</td><td>12 430</td><td>22 100</td><td>166 400</td></tr>
<tr><td colspan="3">供应劳务数量</td><td>5 000</td><td>40 000</td><td></td></tr>
<tr><td colspan="3">计划单位成本</td><td>2.0</td><td>0.57</td><td></td></tr>
<tr><td rowspan="5">辅助生产车间耗用</td><td rowspan="2">动力车间</td><td>耗用量</td><td></td><td>3 500</td><td></td></tr>
<tr><td>分配金额</td><td></td><td>1 750</td><td></td></tr>
<tr><td rowspan="2">供电车间</td><td>耗用量</td><td>340</td><td></td><td></td></tr>
<tr><td>分配金额</td><td>680</td><td></td><td></td></tr>
<tr><td colspan="2">分配金额小计</td><td>680</td><td>1 750</td><td>2 430</td></tr>
<tr><td rowspan="2">基本生产耗用（记入“制造费用”）</td><td colspan="2">耗用量</td><td>4 100</td><td>35 000</td><td></td></tr>
<tr><td colspan="2">分配金额</td><td>8 200</td><td>17 500</td><td>25 700</td></tr>
<tr><td rowspan="2">行政部门耗用（记入“管理费用”）</td><td colspan="2">耗用量</td><td>1 240</td><td>1 500</td><td></td></tr>
<tr><td colspan="2">分配金额</td><td>2 480</td><td>750</td><td>3 230</td></tr>
<tr><td colspan="3">按计划成本分配金额合计</td><td>9 610</td><td>19 320</td><td>28 930</td></tr>
<tr><td colspan="3">辅助生产实际成本</td><td>12 430</td><td>22 100</td><td>34 530</td></tr>
<tr><td colspan="3">辅助生产成本差异</td><td>＋2 820</td><td>＋2 780</td><td>3 170</td></tr>
</table>

按计划成本分配辅助生产费用，见表 16-11，编制会计分录。

辅助生产成本——动力车间费用＝680＋8 200＋2 480＝11 360（元）

辅助生产成本——供电车间＝1 750＋17 500＋750＝20 000（元）

借：辅助生产成本——动力车间 1 750

　　　　　　　　——供电车间 680

　　制造费用 25 700

　　管理费用 3 230

　　贷：辅助生产成本——动力车间 11 360

　　　　　　　　　　——供电车间 20 000

辅助生产成本——动力车间应分配的费用＝680＋8 200＋2 480－1 750＝9 610（元）

辅助生产成本——供电车间应分配的费用＝1 750＋17 500＋750－680＝19 320（元）

借：制造费用　　25 700

　　管理费用　　3 230

　　贷：辅助生产成本——动力车间　　9 610

　　　　　　　　　　——供电车间　　19 320

辅助生产成本差异计入管理费用，编制会计分录：

借：管理费用　　5 600

　　贷：辅助生产成本——动力车间　　2 820

　　　　　　　　　　——供电车间　　2 780

基本生产车间制造费用，见表16-12。

表 16-12　　基本生产车间制造费用分配

2017年1月　　单位：元

应借科目		实际生产工时（小时）	分配金额（分配率）
总账科目	明细科目		
基本生产成本	轮胎	10 000	97 666.67
	轴承	5 000	48 833.33
合计		15 000	146 500

制造费用合计＝4 000＋100 000＋10 000＋2 500＋4 300＋25 700＝146 500（元）

其中，轮胎应分配的制造费用$=146\ 500\times\frac{10\ 000}{15\ 000}=97\ 666.67$（元）

轴承应分配的制造费用$=146\ 500\times\frac{5\ 000}{15\ 000}=48\ 833.33$（元）

根据表16-3至表16-12，编制产品成品计算单，见表16-13、表16-14。

表 16-13　　产品成本计算单

产品名称：轮胎　　2017年1月　　单位：元

月	日	摘　　要	产量（件）	直接材料	直接人工	制造费用	合计
1	31	在产品费用	200	24 000	50 000	24 233.33	98 233.33
1	31	根据表16-6		82 778			82 778
1	31	根据表16-7			200 000		200 000

续上表

月	日	摘　　要		产量（件）	直接材料	直接人工	制造费用	合计
1	31	根据表 16-12					97 666.67	97 666.67
1	31	本月生产费用小计			82 778	200 000	97 666.67	380 444.67
1	31	生产费用累计			106 778	250 000	121 900	478 678
1	31	本月投入		500				
1	31	产成品成本	单位成本	650	158.19	370.37	180.60	
1	31		总成本		102 823.5	240 740.5	117 390	460 954
1	31	月末在产品数量		50				
1	31	月末在产品约当量		25	3 954.75	9 259.25	4 515	17 729

完工产品数量按月末在产品约当产量和产成品数量计算，即完工产品（轮胎）＝650＋50×50％＝675（件）

直接材料单位成本＝（24 000＋82 778）÷（650＋25）＝158.19（元）

直接人工单位成本＝（50 000＋200 000）÷（650＋25）＝370.37（元）

制造费用单位成本＝（24 233.33＋97 666.67）÷（650＋25）＝180.60（元）

表 16-14　　　　产品成本计算单

产品名称：轴承　　　　2017 年 1 月　　　　单位：元

月	日	摘要		产量（件）	直接材料	直接人工	制造费用	合计
1	31	在产品费用		100	18 450	28 600	11 067.67	
1	31	根据表 16-6			72 222			72 222
1	31	根据表 16-7				100 000		100 000
1	31	根据表 16-12					48 833.33	48 833.33
1	31	本月生产费用小计			72 222	100 000	48 833.33	221 055.33
1	31	生产费用累计			90 672	128 600	59 901	279 173
1	31	本月投入		400				
1	31	产成品成本	单位成本	450	190.89	270.74	126.11	
1	31		总成本		85 900.5	121 833	56 749.5	264 483
1	31	月末在产品数量		50				
1	31	月末在产品约当量		25	4 772.25	6 768.5	3 152.75	14 693.5

完工产品数量按月末在产品约当产量和产成品数量计算如下：

即完工产品数量＝450＋50×50％＝475（件）

直接材料单位成本＝（18 450＋72 222）÷475＝190.89（元）

直接人工单位成本＝（28 600＋100 000）÷475＝270.74（元）

制造费用单位成本＝（11 067.67＋48 833.33）÷475＝126.11（元）

根据表16-13、表16-14编制会计分录。

借：库存商品——轮胎　460 954

　　　　　——轴承　264 483

　贷：基本生产成本——轮胎　460 954

　　　　　　　　——轴承　264 483

16.2 分批法

分批法，是指以产品的批别或订单作为产品成本核算对象，归集和分配生产成本，计算产品成本的一种方法。这种方法主要适用于单件、小批生产的企业，如造船、重型机器制造、精密仪器制造等，也可用于一般企业中的新产品试制或试验的生产、在建工程以及设备修理作业等。

1. 分批法的特点

分批法计算成本的主要特点如下。

（1）成本核算对象是产品的批别。由于产品的批别大多是根据销货订单确定的，因此，这种方法又称订单法。

（2）产品成本的计算是与生产任务通知单的签发和结束紧密结合的，因此产品成本计算是不定期的。成本计算期与产品生产周期基本一致，但与财务报告不一致。

（3）由于成本计算期与产品的生产周期基本一致，因此在计算月末在产品成本时，一般不存在在完工产品和在产品之间分配成本的问题。

2. 分批法成本核算的一般程序

分批法条件下，月末完工产品与在产品之间的费用分配有以下几种情况。

（1）如果是单件生产，产品完工以前，产品成本明细账所记载的生产费用都是在产品成本；产品完工时，产品成本明细账所记载的生产费用，就是完工产品成本，因而在月末计算成本时，不存在完工产品与在产品之间分配费用的问题。

（2）如果是小批生产，批内产品一般都能同时完工，在月末计算成本时，或是全部已经完工，或是全部没有完工，因而一般也不存在完工产品与在产品之间分配费用的问题。

（3）如果批内产品跨月陆续完工，这时就要在完工产品与在产品之间分配费用。具体可以采取简化的方法处理：如按计划单位成本、定额单位成本、最近一期相同产品的实际单位成本计算完工产品成本；从产品成本明细账中转出完工产品成本后。各项费用余额之和即为在产品成本。也可根据具体条件采用前述的分配方法。

【例 16-3】新都有限公司按照购货单位的要求，小批生产甲产品和乙产品，采用分批法计算产品成本。该公司 1 月投产甲产品 50 件，批号 101，2 月份全部完工；2 月投产乙产品 30 件，批号为 201，当月完工 20 件，并已交货，还有 10 件尚未完工。101 批和 201 批产品成本计算单，见表 16-15、表 16-16。

表 16-15　　　　产品成本计算单

批号 101　产品名称：甲产品　　　　投产日期：1 月 5 日

委托单位：批量 50 件　　　　完工日期：2 月 20 日

项　　目	直接材料成本	直接人工成本	制造费用	合计
1 月末成本余额	48 000	5 600	18 000	71 600
2 月发生生产成本				
据材料成本分配表	25 000			25 000
据工资成本分配表		8 400		8 400
据制造费用分配表			35 000	35 000
合计	73 000	14 000	53 000	140 000
结转产成品 50 件成本	73 000	14 000	53 000	140 000
单位成本	1 460	280	1 060	2 800

表 16-16　　产品成本计算单

批号 201　产品名称：乙产品　　投产日期：1 月 5 日

委托单位：批量 30 件　　完工日期：2 月 20 日

项　　目	直接材料成本	直接人工成本	制造费用	合计
2 月发生生产成本				
据材料成本分配表	54 000			54 000
据工资成本分配表		36 000		36 000
据制造费用分配表			84 000	84 000
合计	54 000	36 000	84 000	174 000
结转产成品 20 件成本	36 000	28 800	67 200	123 000
单位成本	1 350	1 440	3 360	6 150
月末在产品成本	18 000	7 200	16 800	42 000

（1）乙产品材料成本按完工产品产量和在产品数量作为比例进行分配。

完工产品应负担的材料成本＝54 000÷（20＋10）×20＝36 000（元）

在产品应负担的材料成本＝54 000÷（20＋10）×10＝18 000（元）

（2）其他生产成本按约当产量比例进行分配。

计算 201 批乙产品在产品约当产量，见表 16-17。

表 16-17　　乙产品约当产量计算表

工序	完工程度	在产品（件）		完工产品（件）	产量合计（件）
	①	②	③＝①×②	④	⑤＝③＋④
1	15%	2	0.3		
2	25%	2	0.5		
3	75%	6	4.2		
合计	—	10	5	20	25

直接人工成本按约当产量分配：

完工产品应负担的直接人工成本＝36 000÷（20＋5）×20＝28 800（元）

在产品应负担的直接人工成本＝36 000÷（20＋5）×5＝7 200（元）

制造费用按约当产量法分配：

完工产品应负担的制造费用＝84 000÷（20＋5）×20＝67 200（元）

在产品应负担的制造费用＝84 000÷（20＋5）×5＝16 800（元）

16.3 分步法

1. 分步法的特点

分步法，是指按照生产过程中各个加工步骤（分品种）为成本核算对象，归集和分配生产成本，计算各步骤半成品和最后产成品成本的一种方法。此方法的适用条件和特点，见表16-18。

表16-18　分步法的特点

分步法的适用条件	适用于大量大批的多步骤生产，如冶金（炼铁、炼钢和轧钢）、纺织（清花、梳棉、并条，粗纺等）、机械制造等。在这类企业中，产品生产可以分为若干个生产步骤的成本管理，通常不仅要求按照产品品种计算成本，而且还要求按照生产步骤计算成本，便于考核和分析各种产品及各生产步骤的成本计划的执行情况提供资料
成本核算对象是各种产品的生产特点	成本核算对象是各种产品的生产步骤
	月末为计算完工产品成本，还需要将归集在生产成本明细账中的生产成本在完工产品和在产品之间进行分配
	成本计算期是固定的，与产品的生产周期不一致

2. 分步法成本核算的一般程序

各生产步骤成本的计算和结转，一般采用逐步结转和平行结转两种方法，称为逐步结转分步法和平行结转分步法。

（1）逐步结转分步法。

逐步结转分步法是为了分步计算半成品成本而采用的一种分步法，也称计算半成品成本分步法。它是按照产品加工的顺序，逐步计算并结转半成品成本，直到最后加工步骤完成才能计算产成品成本的一种方法。

（2）平行结转分步法。

在计算各步骤成本时，不计算各步骤所产半成品成本，也不计算各步骤所耗上一步骤的半成品成本，而只计算本步骤发生的各项其他成本，以及这些成本中应计入产成品的份额，将相同产品的各步骤成本明细账中的这些份额平行结转、汇总，即可计算出该种产品的产成品成本。

【例16-4】雅康公司甲产品的生产在两个生产车间内进行，第一生产车间为第二生产车间提供半成品，半成品收发通过半成品库进行。两个生产车间的月末在产品均按定额成本计价。成本计算程序如下：

(1) 根据各种成本分配表、半成品产量月报和每个车间在产品定额成本资料，登记甲产品第一车间（半成品）成本计算单，见表 16-19。

表 16-19　　甲产品（半成品）成本计算单

第一车间　　2017 年 1 月　　单位：元

项　　目	产量（件）	直接材料成本	直接人工成本	制造费用	合计
在产品成本（定额成本）		200 000	24 000	22 800	246800
本月生产成本		350 000	52 000	50 000	452 000
合计		550 000	76 000	72 800	698 800
完工半成品转出	200	420 000	60 000	62 000	542 000
月末在产品定额成本		130 000	16 000	10 800	156 800

根据第一车间甲产品（半成品）成本计算单和半成品入库单，编制会计分录。

借：自制半成品——甲半成品　　542 000

　　贷：基本生产成本——第一车间——甲产品　　542 000

(2) 根据第一生产车间甲产品（半成品）成本计算单、半成品入库单，以及第二车间领用半成品的领用单，登记半成品明细账，见表 16-20。

表 16-20　　甲半成品明细账

数量单位：件　　金额单位：元

月份	月初余额		本月增加		累　　计			本月减少	
	数量	实际成本	数量	实际成本	数量	实际成本	单位成本	数量	实际成本
1	200	285 000	200	542 000	400	827 000	2 067.5	250	516 875
2	200	520 000							

根据半成品明细账所列半成品单位成本资料和第二车间半成品领用单，编制会计分录。

借：基本生产成本——第二车间——甲半成品　　516 875

　　贷：自制半成品——甲半成品　　516 875

(3) 根据各种成本明细费用分配表、半成品领用单、产成品产量月报，以及第二车间在产品定额成本资料，登记第二车间甲产品（产成品）成本计算单，见表 16-21。

表 16-21　　　　　　甲产品（产成品）成本计算单

第二车间　　　　　　　　2017 年 1 月　　　　　　　　单位：元

摘　　要	产量（件）	直接材料	直接人工	制造费用	成本合计
在产品成本（定额成本）		149 400	32 000	24 000	205 400
本月生产成本		425 000	64 500	53 000	542 500
合计		574 400	96 500	77 000	747 900
产成品转出	275	485 000	82 400	61 800	629 200
单位成本		1 763.64	299.64	224.73	2 288.01
月末在产品（定额成本）		89 400	14 100	15 200	118 700

CHAPTER SEVENTEEN

第17章 所有者权益

所有者权益，是指企业资产扣除负债后，由所有者享有的剩余权益。(股份）公司的所有者权益又称为股东权益。

所有者权益的来源包括：①所有者投入的资本；②直接计入所有者权益的利得和损失；③留存收益等，通常由股本（实收资本)、资本公积（含股本溢价或资本溢价、其他资本公积)、盈余公积和未分配利润等构成。

17.1 实收资本

实收资本是企业按照章程规定或合同、协议约定，接受投资者投入企业的资本。实收资本的构成比例或股东的股权比例，是确定所有者在企业所有者权益中份额的基础，也是企业进行利润或股利分配的主要依据。

17.1.1 实收资本的科目设置

一般企业应设置“实收资本”科目，核算投资者投入资本的增减变动情况。股份有限公司应设置“股本”科目核算公司实际发行股票的面值总额。

该科目的贷方登记实收资本的增加数额，借方登记实收资本的减少数额，期末贷方余额反映企业期末实收资本实有数额。

实际投入企业的资本明细科目应按照出资人名称设置，实收资本科目代码为4001，见表17-1。

表17-1　实收资本会计科目编码的设置

科目代码	总分类科目（一级科目）	明细分类科目	
		二级明细科目	三级明细科目
4001	实收资本		
400101	实收资本	国家资本	按股东名称设置
400102	实收资本	法人资本	按股东名称设置
400103	实收资本	集体资本	按股东名称设置
400104	实收资本	个人资本	按股东名称设置

17.1.2 实收资本的账务处理

1. 接受现金资产投资

接受现金资产投资的账务处理，如图 17-1 所示。

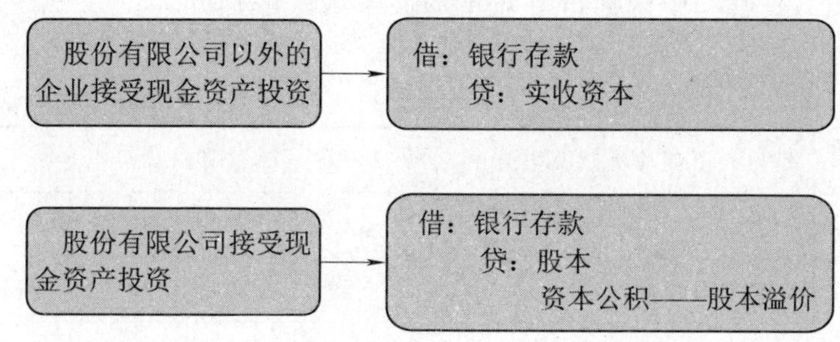

图 17-1 接受现金资产投资的账务处理

2. 接受非现金资产投资

企业接受固定资产、无形资产等非现金资产投资时，应按投资合同或协议约定的价值（不公允的除外）作为固定资产、无形资产的入账价值，按投资合同或协议约定的投资者在企业注册资本或股本中所占份额的部分作为实收资本或股本入账，投资合同或协议约定的价值（不公允的除外）超过投资者在企业注册资本或股本中所占份额的部分，计入资本公积。如图 17-2 所示。

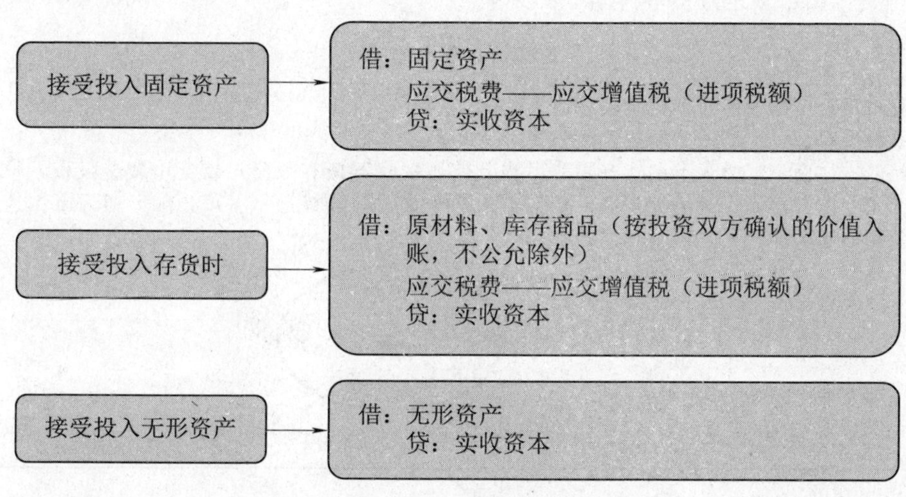

图 17-2 接受非现金资产投资账务处理

【例 17-1】汇通天下制造有限公司注册资本为 2 000 000 元，2017 年 3 月 11 日，为了扩大经营，先后接受雅信有限公司的货币投资 576 000 元和伟业医疗器械有限公司货币投资 120 000 美元。见表17-2、表 17-3。

（1）收到雅信有限公司 576 000 元。

表 17-2

中国银行进账单（回单或收账通知）

进账日期：2017 年 3 月 11 日

第××号

收款人	全　称	汇通天下制造有限公司	付款人	全　称	雅信有限公司
	账　号	3427001909234216590		账　号	6200004309234216654
	开户银行	工商银行深圳北安支行		开户银行	深圳工商银行福田支行营业室

人民币（大写）：⊗伍拾柒万陆仟元整	千	百	拾	万	千	百	十	元	角	分
		¥	5	7	6	0	0	0	0	0

票据种类	1	工行深圳龙华支行 2017.02.02 业务清讫 收款人开户银行盖章
票据张数	转账支票	
主管　会计　复核　记账		

此联给收款人的收账通知

借：银行存款　　576 000

　　贷：实收资本——国家投资　　5760 000

表 17-3

投资协议书（摘要）

投资单位：伟业医疗器械有限公司（德国）

被投资单位：汇通天下制造有限公司

经双方协商，汇通天下制造有限公司按受伟业医疗器械有限公司以货币资金投资，投资额为 120 000 美元，享有汇通天下制造有限公司 10%的股权，每年可分配汇通天下制造有限公司的净利润

投资人：马克维尔　　被投资人：牛宏涛

汇通天下制造有限公司 ★ 财务专用章

伟业医疗器械有限公司

2017 年 3 月 11 日　　2017 年 3 月 11 日

（2）收到伟业医疗器械有限公司作为联营投资资金 120 000 美元，存入

银行，联营双方合同约定的折合比例为1∶6.98。

借：银行存款——美元户（120 000×6.98） 837 600

贷：实收资本——伟业医疗器械有限公司 837 600

3. 实收资本（或股本）变动

一般企业增加投资主要有三个途径，接受投资者追加投资、资本公积转增资本和盈余公积转增资本。

（1）实收资本或股本增加时，如图17-3所示。

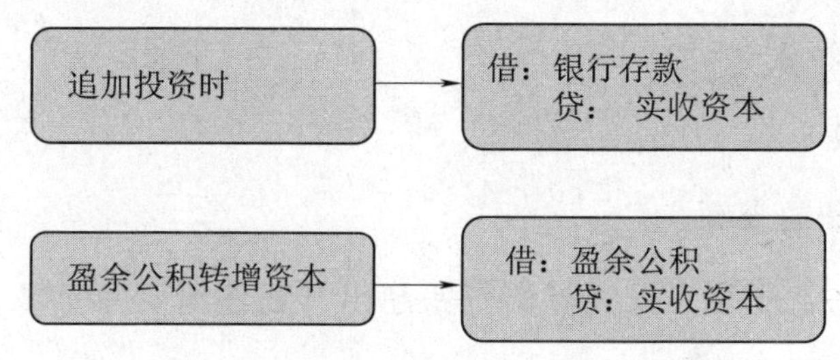

图17-3 实收资本或股本增加的账务处理

（2）实收资本或股本减少，如图17-4所示。

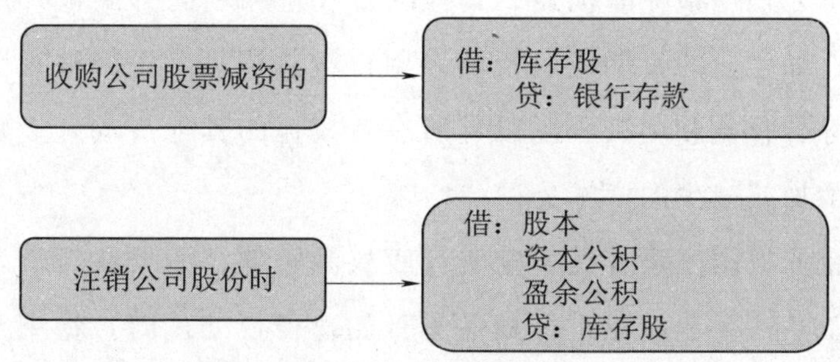

图17-4 实收资本或股本减少的账务处理

如果购回股票支付的价款低于面值总额的，应按股票面值总额，借记“股本”科目，按所注销的库存股账面余额，贷记“库存股”科目，按其差额，贷记“资本公积——股本溢价”科目。

【例17-2】A股份有限公司截至2016年12月31日共发行股票3 600 000股，股票面值为1元。经股东大会批准，A公司以现金回购本公司股票3 600 000股并注销。假定A公司按照每股2元回购股票，不考虑其他因素。

编制相关会计分录为：

库存股的成本＝3 600 000×2＝7 200 000（元）

借：库存股　　7 200 000

　　贷：银行存款　　7 200 000

借：股本　　3 600 000

　　资本公积——股本溢价　　3 600 000

　　贷：库存股　　7 200 000

17.2 资本公积

1. 资本公积的来源

资本公积是企业收到投资者出资额超出其在注册资本（或股本）中所占份额的部分，以及其他资本公积。

形成资本溢价（或股本溢价）的原因有溢价发行股票、投资者超额缴入资本等。

其他资本公积是指除净损益、其他综合收益和利润分配以外所有者权益的其他变动。如企业的长期股权投资采用权益法核算时，因被投资单位除净损益、其他综合收益和利润分配以外所有者权益的其他变动，投资企业按应享有份额而增加或减少的资本公积。

此外，企业根据国家有关规定实行股权激励的，如果在等待期内取消了授予的权益工具，企业应在进行权益工具加速行权处理时，将剩余等待期内应确认的金额立即计入当期损益，并同时确认资本公积。

2. 资本公积的账务处理

企业应通过“资本公积”科目核算资本公积的增减变动情况，分别在“资本溢价（股本溢价）”“其他资本公积”两个二级科目进行明细核算。

股份公司设置的两个二级科目为“股本溢价”“其他资本公积”；除股份公司外的其他公司设“资本溢价”“其他资本公积”两个二级科目。

资本公积科目代码为4002，见表17-4。

表 17-4　　资本公积会计科目编码的设置

科目代码	总分类科目（一级科目）	明细分类科目	
		二级明细科目	三级明细科目
4002	资本公积		
400201	资本公积	资本溢价	
400202	资本公积	股本溢价	
400203	资本公积	其他资本公积	接受捐赠
400204	资本公积	资产评估增值	

（1）资本溢价。

除股份公司外的其他类型的企业，投资者缴付的出资额大于注册资本产生的差额计入资本公积，如图 17-5 所示。

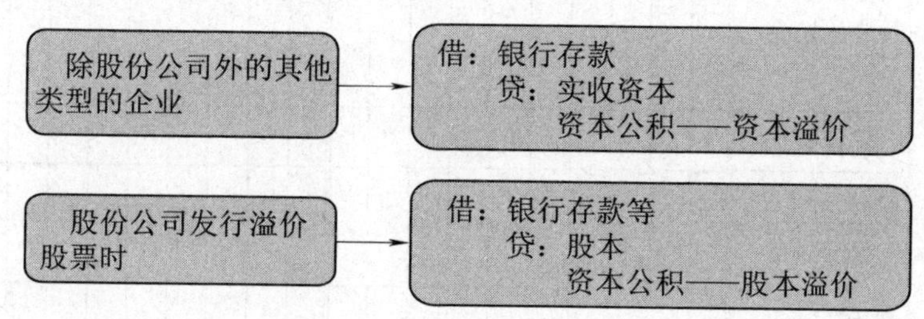

图 17-5　资本溢价的账务处理

（2）其他资本公积。

因被投资单位除净损益、其他综合收益和利润分配以外的所有者权益的其他变动相关的资本公积核算，如图 17-6 所示。

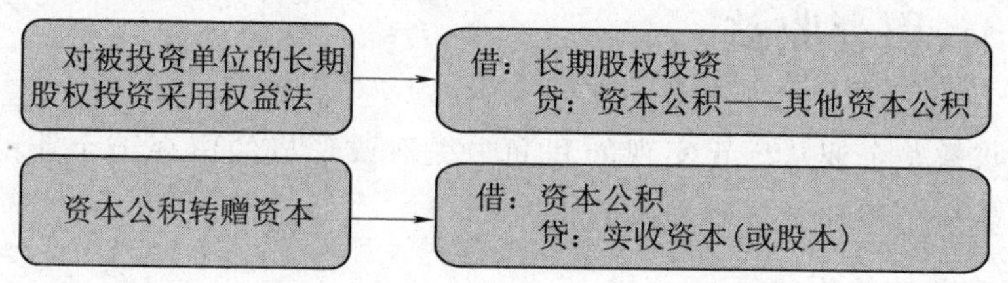

图 17-6　其他资本公积的账务处理

【例 17-3】某一般纳税人企业向甲公司投资转出一套设备，账面原值 98 000元，累计折旧 21 000 元，重新评估确认的价值 84 000 元。企业转出固定资产时应编制如下会计分录。

借：长期股权投资——其他投资　　84 000

　　累计折旧　　21 000

　　贷：固定资产——防盗设备　　98 000

　　　　资本公积——法定资产重估增值　　7 000

登记会计凭证，见表17-5。

表 17-5 **记账凭证**

2017年1月31日　　字第××号

摘　要	会计科目	借方金额										贷方金额										记账
		千	百	十	万	千	百	十	元	角	分	千	百	十	万	千	百	十	元	角	分	
以防盗设备投资公司，作价84 000元，转出固定资产	长期股权投资——其他投资				8	4	0	0	0	0	0											
	累计折旧				2	1	0	0	0	0	0											
	固定资产——防盗设备														9	8	0	0	0	0	0	
	资本公积——法定资产重估增值															7	0	0	0	0	0	
合计			¥	1	0	5	0	0	0	0	0		¥	1	0	5	0	0	0	0	0	

会计主管：艾明　　记账：陈染　　审核：林兰兰　　制单：王一行

17.3 留存收益

留存收益是企业从历年实现的利润中提取或形成的留存于企业的内部积累，包括盈余公积和未分配利润两类。

1. 留存收益的组成

留存收益的内容包含：盈余公积和未分配利润。因盈余公积包括法定盈余公积和任意盈余公积，因此留存收益的内容也即是由法定盈余公积、任意盈余公积和未分配利润组成。主要内容见表17-6。

表 17-6　　　　留存收益的组成

盈余公积	法定盈余公积	是企业按照规定的比例从净利润中提取的盈余公积
	任意盈余公积	任意盈余公积是企业按照股东会或股东大会决议提取的盈余公积，企业提取的盈余公积可用于弥补亏损、扩大生产经营、转增资本或派送新股、分配股利等
未分配利润	是企业实现的净利润经过弥补亏损、提取盈余公积和向投资者分配利润后留存在企业的、历年结存的利润	

2. 留存收益的账务处理

（1）利润分配。

利润分配是企业根据国家有关规定和企业章程、投资者协议等，对企业当年可供分配的利润所进行的分配。

可供分配的利润＝企业当年实现的净利润（或净亏损）＋年初未分配利润（或－年初未弥补亏损）＋其他转入

可供分配的利润，按下列顺序分配：①提取法定盈余公积；②提取任意盈余公积；③向投资者分配利润，如图 17-7 所示。

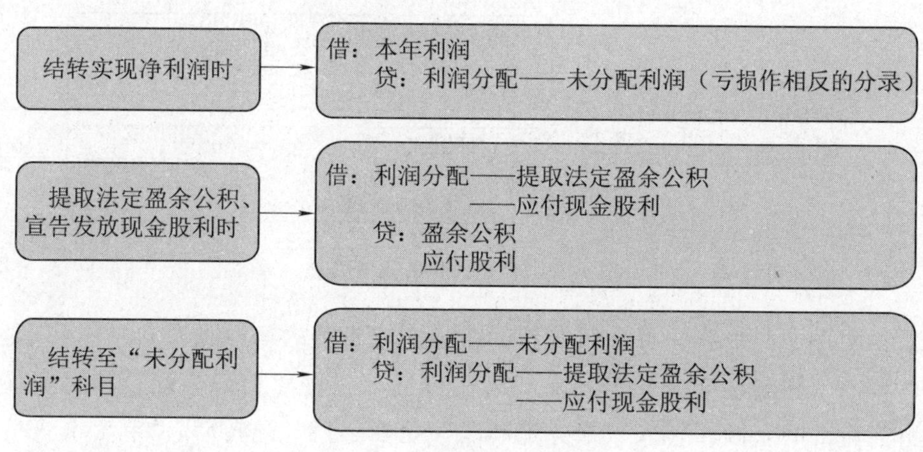

图 17-7　利润分配的账务处理

（2）盈余公积。

盈余公积科目的设置，见表 17-7。

表 17-7 盈余公积会计科目编码的设置

科目代码	总分类科目（一级科目）	明细分类科目	
		二级明细科目	三级明细科目
4101	盈余公积		
410101	盈余公积	法定公积金	弥补亏损
410102	盈余公积	任意公积金	转增资本
410103	盈余公积	任意公积金	归还利润
410104	盈余公积	任意公积金	分配股利

企业应通过“盈余公积”科目，核算盈余公积提取、使用等情况，并分别在“法定盈余公积”“任意盈余公积”进行明细核算，如图 17-8 所示。

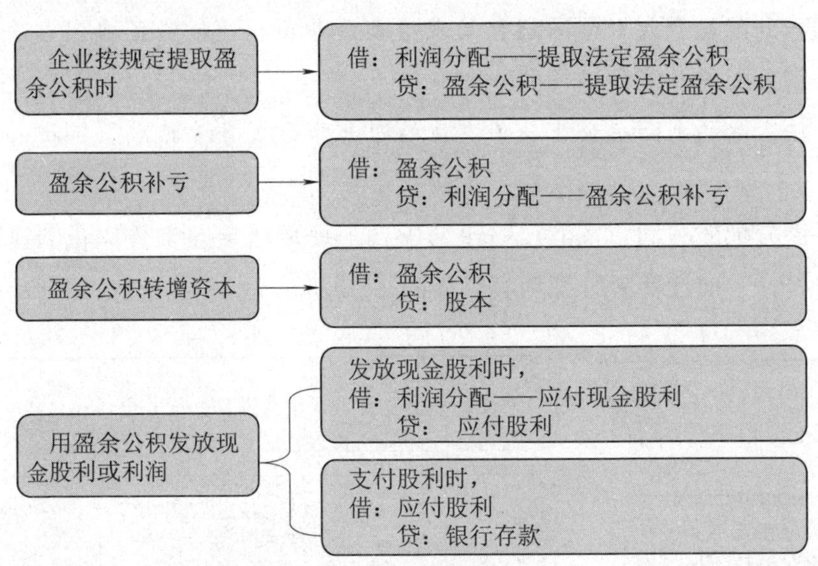

图 17-8 盈余公积的账务处理

年度终了，企业应将全年实现的净利润或发生的净亏损，自“本年利润”科目转入“利润分配——未分配利润”科目，并将“利润分配”科目所属其他明细科目的余额，转入“未分配利润”明细科目。结转后，“利润分配——未分配利润”科目如为贷方余额，表示累积未分配的利润数额；如为借方余额，则表示累积未弥补的亏损数额。

【例 17-4】某一般纳税人企业 2016 年度的税后利润为 7 000 000 元，按规定 10%的比率提取盈余公积金，按 5%的比率提取法定公益金，并根据股东大会决议按2%的比率提取任意公积金。会计分录如下：

借：利润分配——提取盈余公积　　1 190 000

　贷：盈余公积——法定盈余　　700 000

　　　　　　——法定公益金　　350 000

　　　　　　——任意盈余公积　　140 000

17.4 利润结转与分配

利润是企业在一定会计期间的经营成果。利润包括收入减去费用后的净额、直接计入当期利润的利得和损失等。

未计入当期利润的利得和损失扣除所得税影响后的净额计入其他综合收益项目。净利润与其他综合收益的合计金额为综合收益总额。

企业期（月）末结转利润时，应将各损益类科目的金额转入本年利润，结平各损益类科目。结转后本科目的贷方余额为当期实现的净利润；借方余额为当期发生的净亏损。本年利润科目的具体设置，见表17-8。

表17-8　本年利润会计科目编码的设置

科目代码	总分类科目（一级科目）	明细分类科目	
		二级明细科目	三级明细科目
4103	本年利润		
410301	本年利润	主营业务收入	项目
410302	本年利润	其他业务收入	项目
410303	本年利润	主营业务成本	项目
410304	本年利润	其他业务成本	项目
410305	本年利润	税金及附加	项目
410306	本年利润	销售费用	项目
410307	本年利润	管理费用	项目
410308	本年利润	财务费用	项目
410309	本年利润	资产减值损失	项目
410310	本年利润	公允价值变动收益	项目
410311	本年利润	投资收益	项目

续上表

科目代码	总分类科目（一级科目）	明细分类科目	
		二级明细科目	三级明细科目
410312	本年利润	营业外收入	项目
410313	本年利润	营业外支出	项目
410314	本年利润	所得税费用	项目

期末本年利润的结转，本年利润的会计分录有四个步骤，相关会计分录如图 17-9 所示。

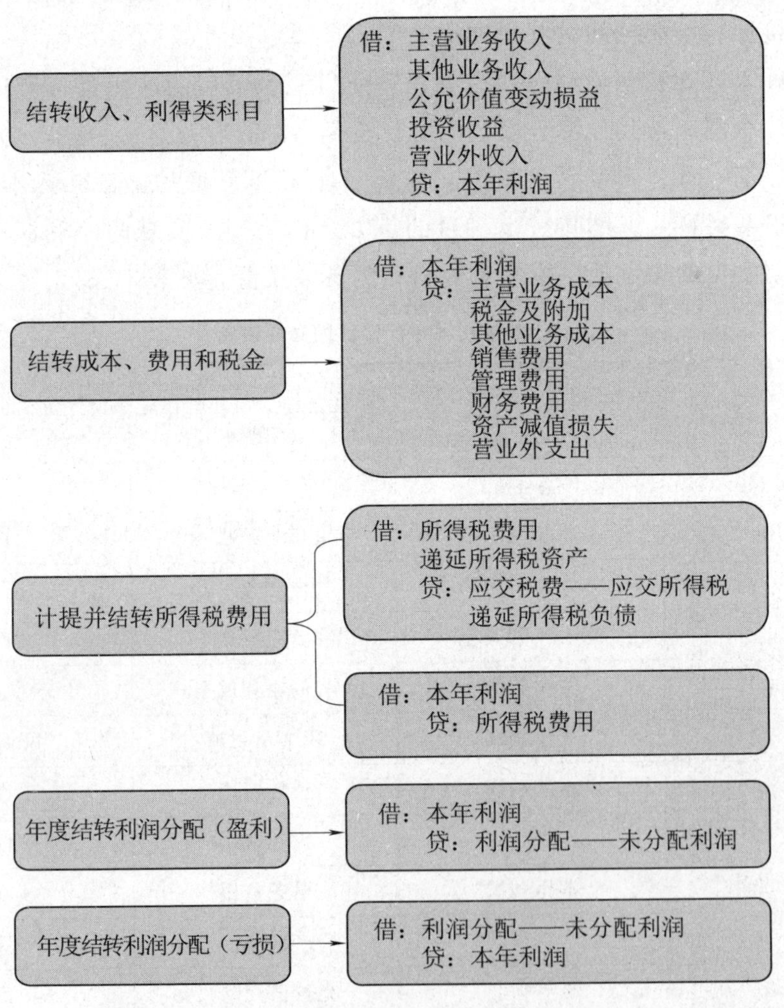

图 17-9　期末本年利润结转的会计处理

【例 17-5】2016 年 12 月 31 日，各损益类账户余额见表 17-9。

表 17-9　　　　　　　　　　　　　　损益类账户余额表

科目名称	余额方向	期末余额	科目名称	余额方向	期末余额
主营业务收入	贷	1 850 000	销售费用	借	24 620
主营业务成本	借	904 500	管理费用	借	33 790
税金及附加	借	22 450	财务费用	借	12 120

(1) 结转收入：

借：主营业务收入　　　　　　　　　　　　1 850 000

　　贷：本年利润　　　　　　　　　　　　　　1 850 000

(2) 结转成本费用：

借：本年利润　　　　　　　　　　　　　　997 480

　　贷：主营业务成本　　　　　　　　　　　　904 500

　　　　税金及附加　　　　　　　　　　　　　22 450

　　　　销售费用　　　　　　　　　　　　　　24 620

　　　　管理费用　　　　　　　　　　　　　　33 790

　　　　财务费用　　　　　　　　　　　　　　12 120

(3) 转入利润分配：

借：本年利润　　　　　　　　　　　　　　852 520

　　贷：利润分配——未分配利润　　　　　　　852 520

(4) 按 10%提取法定盈余公积：

借：利润分配——提取法定盈余公积　　　　85 252

　　贷：盈余公积——法定盈余公积　　　　　　85 252

(5) 转“未分配利润”账户：

借：利润分配——未分配利润　　　　　　　767 268

　　贷：利润分配——提取法定盈余公积　　　　767 268

CHAPTER
EIGHTEEN

第18章 财务报表的编制

财务报告是企业对外提供的反映企业某一特定日期的财务状况和某一会计期间的经营成果、现金流量等会计信息的文件。财务报告包括财务报表和其他应当在财务报告中披露的相关信息和资料。

一套完整的财务报表至少应当包括资产负债表、利润表、现金流量表、所有者权益（或股东权益）变动表以及附注。资产负债表、利润表和现金流量表分别从不同角度反映企业的财务状况、经营成果和现金流量。

18.1 资产负债表

资产负债表是反映企业在某一特定时期的财务状况的报表。资产负债表主要反映资产、负债和所有者权益三方面的内容，并满足“资产＝负债＋所有者权益”平衡式。

18.1.1 资产负债表概述

通过资产负债表，可以反映企业在某一特定日期所拥有或控制的经济资源、所承担的现时义务和所有者对净资产的要求权，帮助财务报表使用者全面了解企业的财务状况、分析企业的偿债能力等情况，从而为其做出经济决策提供依据。

资产负债表主要反映三个方面的内容，见表 18-1。

表 18-1　　资产负债表项目

项目		内容
资产	流动资产	包括货币资金、交易性金融资产、应收票据、应收账款、预付款项、应收利息、应收股利、其他应收款、存货和一年内到期的非流动资产等
	非流动资产	包括长期股权投资、固定资产、在建工程、工程物资、固定资产清理、无形资产、开发支出、长期待摊费用以及其他非流动资产等
负债	流动负债	包括短期借款、应付票据、应付账款、预收款项、应付职工薪酬、应交税费、应付利息、应付股利、其他应付款、一年内到期的非流动负债等
	非流动负债	非流动负债是流动负债以外的负债，包括长期借款、应付债券和其他非流动负债等
所有者权益		一般按照实收资本、资本公积、其他综合收益、盈余公积和未分配利润分项列示

我国企业的资产负债表采用账户式结构。账户式资产负债表中的资产各项目的合计等于负债和所有者权益各项目的合计，即资产负债表左方和右方平衡。因此，通过账户式资产负债表，可以反映资产、负债、所有者权益之间的内在关系，即“资产＝负债＋所有者权益”。

18.1.2 资产负债表的编制方法

资产负债表的各项目均需填列“年初余额”和“期末余额”两栏。

资产负债表“年初余额”栏内各项数字，应根据上年年末资产负债表的“期末余额”栏内所列数字填列。如果上年度资产负债表规定的各个项目的名称和内容与本年度不一致，应对上年年末资产负债表各项目的名称和数字按照本年度的规定进行调整，填入本表“年初余额”栏内。

资产负债表的“期末余额”栏内各项数字，其填列方法如下。

1. 根据总账科目的余额填列

资产负债表中的有些项目，可直接根据有关总账科目的余额填列，如“交易性金融资产”“短期借款”“应付票据”“应付职工薪酬”等项目；有些项目，则需根据几个总账科目的余额计算填列，如“货币资金”项目，需根据“库存现金”“银行存款”“其他货币资金”三个总账科目余额合计填列。

【例 18-1】2017 年 1 月 31 日，汇通天下制造有限公司科目余额表见表 18-2。

表 18-2 **科目余额表**

账户名称	期末借方余额（元）	账户名称	期末贷方余额（元）
库存现金	8 400	存货跌价准备	24 000
银行存款	6 500 000	累计折旧	168 000
其他货币资金	120 000	固定资产减值准备	32 000
原材料	450 000	累计摊销	42 000
周转材料	20 000	利润分配	150 000
固定资产	6 400 000	本年利润	3 400 000
无形资产	200 000		

根据表中资料，计算资产负债表时“期末余额”栏按下列数值填列。

货币资金＝8 400＋6 500 000＋120 000＝6 628 400（元）

2. 根据有关明细科目的余额计算填列

资产负债表中的有些项目，需要根据明细科目余额填列，如“应付账款”项目，需要分别根据“应付账款”和“预付账款”两科目所属明细科目的期末贷方余额计算填列。

【例 18-2】2017 年 1 月 31 日，汇通天下制造有限公司有关科目所属明细余额，见表 18-3。

表 18-3　　明细账户余额表

账户名称	明细账户	借方余额（元）	贷方余额（元）
应收账款			
	春城药店	1 200 000	
	达成医药公司	3 500 000	
	康捷第一医院		180 000
预付账款			
	大宇机械设备公司	580 000	
	辽西钢材加工厂	210 000	
应付账款			
	沈星农贸公司	436 000	
	兰城钢材收购公司		789 000
预收账款			
	卓美食品添加剂公司		740 000
坏账准备			
	应收账款		32 000
	其他应收款		12 000

2017 年 1 月末资产负债表中相关项目金额：

“应收账款”项目金额＝1 200 000＋3 500 000－32 000＝4 668 000（元）

“预收账款”项目金额＝180 000＋740 000＝920 000（元）

“预付账款”项目金额＝210 000＋580 000＋436 000＝1 226 000（元）

“应付账款”项目金额＝789 000（元）

3. 根据总账科目和明细账科目的余额分析计算填列

资产负债表的有些项目，需要依据总账科目和明细科目两者的余额分析填列，如“长期借款”项目，应根据“长期借款”总账科目余额扣除“长期借款”科目所属的明细科目中将在资产负债表日起一年内到期，且企业不能自主地将清偿义务展期的长期借款后的金额填列。“长期待摊费用”项目需要根据“长期待摊费用”总账科目余额扣除将在一年内摊销完毕的长期待摊费用后的金额计算填列。关于“未分配利润”项目，如果是在年末应该根据“利润分配——未分配利润”科目余额填列；如果是在非年末，则要根据“利润分配——未分配利润”和“本年利润”科目余额计算填列。

4. 根据有关科目余额减去其备抵科目余额后的净额填列

如资产负债表中的“应收账款”“长期股权投资”等项目，应根据“应收账款”“长期股权投资”等科目的期末余额减去“坏账准备”“长期股权投资减值准备”等科目余额后的净额填列：“固定资产”项目，应根据“固定资产”科目期末余额减去“累计折旧”“固定资产减值准备”科目余额后的净额填列：“无形资产”项目，应根据“无形资产”科目期末余额减去“累计摊销”“无形资产减值准备”科目余额后的净额填列。根据【例 18-1】：

固定资产＝6 400 000－168 000－32 000＝6 200 000（元）

无形资产＝200 000－42 000＝158 000（元）

5. 综合运用上述填列方法分析填列

如资产负债表中的“存货”项目，需根据“原材料”“库存商品”“委托加工物资”“周转材料”“材料采购”“在途物资”“发出商品”“材料成本差异”等总账科目期末余额的分析汇总数，再减去“存货跌价准备”备抵科目余额后的金额填列。根据【例 18-1】：

存货＝450 000＋20 000－24 000＝446 000（元）

18.1.3 资产负债表的填列说明

1. 资产项目

资产项目的填列说明，见表 18-4。

表 18-4　　　　资产项目的填列说明

项目	填列说明
货币资金	本项目应根据“库存现金”“银行存款”“其他货币资金”科目期末余额的合计数填列
以公允价值计量且变动计入当期损益的金融资产	本项目应当根据“交易性金融资产”科目和在初始确认时指定为以公允价值计量且其变动计入当期损益的金融资产科目的期末余额填列
应收票据	本项目应根据“应收票据”科目的期末余额，减去“坏账准备”科目中有关应收票据计提的坏账准备期末余额后的净额填列
应收账款	本项目应根据“应收账款”和“预收账款”科目所属各明细科目的期末借方余额合计减去“坏账准备”科目中有关应收账款计提的坏账准备期末余额后的金额填列。如“应收账款”科目所属明细科目期末有贷方余额的，应在本表“预收款项”项目内填列
预付款项	本项目应根据“预付账款”和“应付账款”科目所属各明细科目的期末借方余额合计数，减去“坏账准备”科目中有关预付款项计提的坏账准备期末余额后的净额填列。如“预付账款”科目所属各明细科目期末有贷方余额的，应在资产负债表“应付账款”项目内填列
应收利息	本项目应根据“应收利息”科目的期末余额，减去“坏账准备”科目中有关应收利息计提的坏账准备期末余额后的净额填列
应收股利	本项目应根据“应收股利”科目的期末余额，减去“坏账准备”科目中有关应收股利计提的坏账准备期末余额后的净额填列
其他应收款	本项目应根据“其他应收款”科目的期末余额，减去“坏账准备”科目中有关其他应收款计提的坏账准备期末余额后的净额填列
存货	本项目应根据“材料采购”“原材料”“低值易耗品”“库存商品”“周转材料”“委托加工物资”“委托代销商品”“生产成本”等科目的期末余额合计，减去“代销商品款”“存货跌价准备”科目期末余额后的净额填列。材料采用计划成本核算，以及库存商品采用计划成本核算或售价核算的企业，还应按加上或减去材料成本差异、商品进销差价后的金额填列
一年内到期的非流动资产	本项目应根据有关科目的期末余额分析填列
长期股权投资	本项目应根据“长期股权投资”科目的期末余额，减去“长期股权投资减值准备”科目的期末余额后的净额填列
固定资产	本项目应根据“固定资产”科目的期末余额，减去“累计折旧”和“固定资产减值准备”科目期末余额后的净额填列
在建工程	本项目应根据“在建工程”科目的期末余额，减去“在建工程减值准备”科目期末余额后的净额填列

续上表

项目	填列说明
工程物资	本项目应根据“工程物资”科目的期末余额填列
固定资产清理	本项目应根据“固定资产清理”科目的期末借方余额填列，如“固定资产清理”科目期末为贷方余额，以“－”号填列
无形资产	本项目应根据“无形资产”的期末余额，减去“累计摊销”和“无形资产减值准备”科目期末余额后的金额填列
开发支出	本项目应当根据“研发支出”科目中所属的“资本化支出”明细科目期末余额填列
长期待摊费用	本项目应根据“长期待摊费用”科目的期末余额减去将于一年内（含一年）摊销的数额后的金额分析填列
其他非流动资产	本项目应根据有关科目的期末余额填列

2. 负债项目

负债项目的填列说明如下。

（1）“短期借款”项目，反映企业向银行或其他金融机构等借入的期限在1年以下（含1年）的各种借款。本项目应根据“短期借款”科目的期末余额填列。

（2）“应付票据”项目，反映企业购买材料、商品和接受劳务供应等而开出、承兑的商业汇票，包括银行承兑汇票和商业承兑汇票。本项目应根据“应付票据”科目的期末余额填列。

（3）“应付账款”项目，反映企业因购买材料、商品和接受劳务供应等经营活动应支付的款项。本项目应根据“应付账款”和“预付账款”科目所属各明细科目的期末贷方余额合计数填列。如“应付账款”科目所属明细科目期末有借方余额的，应在资产负债表“预付款项”项目内填列。

（4）“预收款项”项目，反映企业按照销货合同规定预收供应单位的款项。本项目应根据“预收账款”和“应收账款”科目所属各明细科目的期末贷方余额合计数填列。如“预收账款”科目所属各明细科目期末有借方余额，应在资产负债表“应收账款”项目内填列。

（5）“应付职工薪酬”项目，反映企业根据有关规定应付给职工的工资、职工福利、社会保险费、住房公积金、工会经费、职工教育经费、非货币性福利、辞退福利等各种薪酬。外商投资企业按规定从净利润中提取的职工奖励及福利基金，也在本项目列示。

(6)“应交税费”项目，反映企业按照税法规定计算应交纳的各种税费，包括增值税、消费税、所得税、资源税、土地增值税、城市维护建设税、房产税、土地使用税、印花税、耕地占用税、车船税、教育费附加、矿产资源补偿费等。本项目应根据“应交税费”科目的期末贷方余额填列；如“应交税费”科目期末为借方余额，应以“－”号填列。

(7)“应付利息”项目，反映企业按照规定应当支付的利息，包括分期付息到期还本的长期借款应支付的利息、企业发行的企业债券应支付的利息等。本项目应当根据“应付利息”科目的期末余额填列。

(8)“应付股利”项目，反映企业应付的现金股利或利润，企业分配的股票股利，不通过本项目列示。本项目应根据“应付股利”科目的期末余额填列。

(9)“其他应付款”项目，反映企业除应付票据、应付账款、预收款项、应付职工薪酬、应付股利、应付利息、应交税费等经营活动以外的其他各项应付、暂收的款项。本项目应根据“其他应付款”科目的期末余额填列。

(10)“一年内到期的非流动负债”项目，反映企业非流动负债中将于资产负债表日后一年内到期部分的金额，如将于一年内偿还的长期借款。本项目应根据有关科目的期末余额分析填列。

(11)“长期借款”项目，反映企业向银行或其他金融机构借入的期限在1年以上（不含1年）的各项借款。本项目应根据“长期借款”科目的期末余额填列。

(12)“应付债券”项目，反映企业为筹集长期资金而发行的债券本金（和利息）。本项目应根据“应付债券”科目的期末余额填列。

(13)“其他非流动负债”项目，反映企业除长期借款、应付债券等项目以外的其他非流动负债。本项目应根据有关科目的期末余额填列。其他非流动负债项目应根据有关科目期末余额减去将于1年内（含1年）到期偿还数后的余额分析填列。非流动负债各项目中将于1年内（含1年）到期的非流动负债，应在“一年内到期的非流动负债”项目内反映。

3. 所有者权益项目的填列说明

(1)“实收资本（或股本）”项目，反映企业各投资者实际投入的资本

（或股本）总额。本项目应根据“实收资本”（或“股本”）科目的期末余额填列。

（2）“资本公积”项目，反映企业资本公积的期末余额。本项目应根据“资本公积”科目的期末余额填列。

（3）“盈余公积”项目，反映企业盈余公积的期末余额。本项目应根据“盈余公积”科目的期末余额填列。

（4）“未分配利润”项目，反映企业尚未分配的利润。本项目应根据“本年利润”科目和“利润分配”科目的余额计算填列。未弥补的亏损在本项目内以“—”号填列。

【例 18-3】汇通天下制造有限公司 2017 年 1 月 31 日总账及明细余额，见表 18-5。

表 18-5　　总账及明细账期末余额表

资产账户	总账及明细账期末余额		负债及权益账户	总账及明细账期末余额	
	借方余额	贷方余额		借方余额	贷方余额
库存现金	6 400		短期借款		3 400 000
银行存款	4 736 000		应付票据		1 580 000
工商银行	3 450 000		应付账款		353 000
中国银行	1 286 000		沈星农贸公司	436 000	
其他货币资金	1 790 000		兰城钢材收购公司		789 000
银行汇票	540 000		预收账款		740 000
信用证存款	1 250 000		卓美食品添加剂公司		740 000
应收票据	340 000		应付职工薪酬		2 185 000
应收账款 春城药店 达成医药公司	4 520 000		应交税费		1 849 000
			应付利息		39 000
			其他应付款		11 800
	1 200 000		长期借款		
			长期应付款		840 000
	3 500 000		工程结算		9 865 300
康捷第一医院		180 000	实收资本		10 000 000

续上表

资产账户	总账及明细账期末余额		负债及权益账户	总账及明细账期末余额	
	借方余额	贷方余额		借方余额	贷方余额
预付账款	790 000		盈余公积		2 984 500
大宇机械设备公司	580 000		利润分配		8 329 700
辽西钢材加工厂	210 000				
坏账准备		32 000			
其他应收款	23 800				
		12 000			
工程施工	12 342 500				
原材料	942 300				
库存商品					
周转材料	245 800				
长期应收款	584 500				
固定资产	9 246 190				
累计折旧		3 295 000			
在建工程	459 700				
工程物资	1 792 389				
无形资产	486 532				
累计摊销		217 800			
开发支出	689 300				
商誉	1 498 389				

(1) 分析计算填列的项目如下：

“货币资金”项目期末金额＝6 400＋4 736 000＋1 790 000＝6 532 400（元）

“存货”项目期末金额＝942 300＋245 800＋（12 342 500－9 865 300）＝3 665 300（元）

“固定资产”项目期末金额＝9 246190－3 295 000＝5 951 190（元）

“无形资产”项目期末金额＝486 532－217 800＝268 732（元）

“应收账款”项目金额＝1 200 000＋3 500 000－32 000＝4 668 000（元）

“预收账款”项目金额＝180 000＋740 000＝920 000（元）

“预付账款”项目金额＝210 000＋580 000＋436 000＝1 226 000（元）

“应付账款”项目金额＝789 000（元）

“其他应收款”项目期末金额＝23 800－12 000＝11 800（元）

（2）其他项目根据总账余额直接填列。

根据上述资料，编制资产负债表。见表 18-6。

表 18-6 **资产负债表**

编制单位：汇通天下制造有限公司　　2017 年 1 月 31 日　　单位：元

资　产	期末余额	年初余额	负债和所有者权益（或股东权益）	期末余额	年初余额
流动资产：			流动负债：		
货币资金	6 532 400	543 000	短期借款	3 400 000	4 000 000
以公允价值计量且其变动计入当期损益的金融资产			以公允价值计量且其变动计入当期损益的金融负债		
应收票据	340 000	280 000	应付票据	1 580 000	1 386 000
应收账款	4 668 000	5 320 000	应付账款	789 000	942 300
预付款项	1 226 000	1 172 000	预收款项	920 000	1 020 000
应收利息			应付职工薪酬	2 185 000	3 126 000
应收股利			应交税费	1 849 000	1 235 890
其他应收款	11 800	123 000	应付利息	39 000	54 800
存货	3 665 300	4 237 900	应付股利		
一年内到期的非流动资产			其他应付款	11 800	25 700
其他流动资产			一年内到期的非流动负债		
流动资产合计	16 443 500	11 675 900	其他流动负债		
非流动资产：			流动负债合计	10 773 800	11 790 690
可供出售金融资产			非流动负债：		
持有至到期投资			长期借款	3 260 000	2 430 000
长期应收款	584 500	320 000	应付债券		

续上表

资　产	期末余额	年初余额	负债和所有者权益（或股东权益）	期末余额	年初余额
长期股权投资			长期应付款	840 000	562 800
投资性房地产			专项应付款		
固定资产	5 951 190	6 240 000	预计负债		
在建工程	5 963 222	9 386 201	递延收益		
工程物资	1 792 389	1 458 000	递延所得税负债		
固定资产清理			其他非流动负债		
生产性生物资产			非流动负债合计	4 100 000	2 992 800
油气资产			负债合计	14 873 800	14 783 490
无形资产	268 732	324 500	所有者权益（或股东权益）：		
开发支出	689 300	784 500	实收资本（或股本）	10 000 000	10 000 000
商誉	1 498 389	1 498 389	资本公积		
长期待摊费用			减：库存股		
递延所得税资产			其他综合收益		
其他非流动资产			盈余公积	2 984 500	1 250 000
非流动资产合计	16 747 722	20 011 590	未分配利润	8 329 700	5 654 000
			所有者权益（或股东权益）合计	21 314 200	16 904 000
资产总计	36 188 000	31 687 490	负债和所有者权益（或股东权益）总计	36 188 000	31 687 490

18.2 利润表

18.2.1 利润表概述

利润表是反映企业在一定会计期间的经营成果的报表。

通过利润表，可以反映企业在一定会计期间收入、费用、利润（或亏损）、其他综合收益的数额、构成情况，帮助财务报表使用者全面了解企业的经营成果，分析企业的获利能力及盈利增长趋势，从而为其做出经济决策提供依据。

1. 利润表的结构

我国企业的利润表采用多步式格式，分以下五个步骤编制。

第一步，以营业收入为基础，减去营业成本、税金及附加、销售费用、管理费用、财务费用、资产减值损失，加上公允价值变动收益（减去公允价值变动损失）和投资收益（减去投资损失），计算出营业利润。

第二步，以营业利润为基础，加上营业外收入，减去营业外支出，计算出利润总额。

第三步，以利润总额为基础，减去所得税费用，计算出净利润（或净亏损）。

2. 利润表的编制

利润表各项目均需填列“本期金额”和“上期金额”两栏。利润表“本期金额”“上期金额”栏内各项数字，应当按照相关科目的发生额分析填列。

利润表项目的填列说明，见表 18-7。

表 18-7　利润表项目填列说明

项目	填列说明
营业收入	本项目应根据“主营业务收入”和“其他业务收入”科目的发生额分析填列
营业成本	本项目应根据“主营业务成本”和“其他业务成本”科目的发生额分析填列
税金及附加	本项目应根据“税金及附加”科目的发生额分析填列
销售费用	本项目应根据“销售费用”科目的发生额分析填列
管理费用	本项目应根据“管理费用”科目的发生额分析填列
财务费用	本项目应根据“财务费用”科目的发生额分析填列
资产减值损失	本项目应根据“资产减值损失”科目发生额分析填列
公允价值变动收益	本项目应根据“公允价值变动损益”科目的发生额分析填列，如为净损失，本项目以“—”号填列
投资收益	本项目应根据“投资收益”科目的发生额分析填列。如为投资损失，本项目用“—”号填列

续上表

营业利润	反映企业实现的营业利润。如为亏损，本项目以“－”号填列
营业外收入	本项目应根据“营业外收入”科目的发生额分析填列
营业外支出	本项目应根据“营业外支出”科目的发生额分析填列
利润总额	反映企业实现的利润。如为亏损，本项目以“－”号填列
所得税费用	本项目应根据“所得税费用”科目的发生额分析填列
净利润	反映企业实现的净利润。如为亏损，本项目以“－”号填列
每股收益	包括基本每股收益和稀释每股收益两项指标，反映普通股或潜在普通股已公开交易的企业，以及正在公开发行普通股或潜在普通股过程中的企业的每股收益信息
其他综合收益	反映根据《企业会计准则》规定，未在损益中确认的各项利得和损失扣除所得税影响后的净额
综合收益总额	反映企业净利润与其他综合收益的合计金额

18.2.2 利润表编制案例

【例 18-4】汇通天下制造有限公司 2017 年 1 月 31 日损益类账户发生额，见表 18-8。

表 18-8 账户发生额

账户名称	借方发生额（元）	贷方发生额（元）
主营业务收入		74 500 000
主营业务成本	41 280 000	
其他业务收入		2 540 000
其他业务成本	1 260 000	
税金及附加	74 580	
销售费用		
管理费用	869 320	
财务费用	125 600	
投资收益		
营业外收入		32 800
营业外支出	26 540	
资产减值损失	44 000	
所得税费用	8 028 212.5	

根据上述资料，编制2017年1月利润表，见表18-9。

表18-9 **利润表**

编制单位：汇通天下制造有限公司 2017年1月 单位：元

项 目	本期金额	上期金额
一、营业收入	74 500 000	
减：营业成本		
	41 280 000	
税金及附加	74 580	
销售费用		
管理费用	869 320	
财务费用	125 600	
资产减值损失	44 000	
加：公允价值变动收益（损失以"—"号填列）		
投资收益（损失以"—"号填列）		
其中：对联营企业和合营企业的投资收益		
二、营业利润（亏损以"—"号填列）	32 106 500	
加：营业外收入	32 800	
其中：非流动资产处置损失		
减：营业外支出	26 540	
其中：非流动资产处置损失		
三、利润总额（亏损总额以"—"号填列）	32 112 760	
减：所得税费用	8 028 212.5	
四、净利润（净亏损以"—"号填列）	24 084 547.5	
五、其他综合收益的税后净额		
（一）以后不能重分类进损益的其他综合收益		
1. 重新计量设定受益计划负债或净资产的变动		
2. 权益法下在被投资单位不能重分类的其他综合收益中享有的份额		
……		
（二）以后将重分类进损益的其他综合收益		
1. 权益法下在被投资单位以后将重分类进损益的其他综合收益中享有的份额		

续上表

项　　目	本期金额	上期金额
2. 可供出售金融资产公允价值变动损益		
3. 持有至到期投资重分类为可供出售金融资产损益		
4. 现金流量套期损益的有效部分		
5. 外币财务报表折算差额		
……		
六、综合收益总额		
七、每股收益		
（一）基本每股收益		
（二）稀释每股收益		

18.3 现金流量表

现金流量表是反映企业在一定会计期间现金和现金等价物流入和流出的报表。

18.3.1 现金流量表概述

1. 现金流量表含义

现金流量是一定会计期间内企业现金和现金等价物的流入和流出。企业从银行提取现金、用现金购买短期到期的国库券等现金和现金等价物之间的转换不属于现金流量。

现金是企业库存现金以及可以随时用于支付的存款，包括库存现金、银行存款和其他货币资金（如外埠存款、银行汇票存款、银行本票存款）等。不能随时用于支付的存款不属于现金。

现金等价物是企业持有的期限短、流动性强、易于转换为已知金额现金、价值变动风险很小的投资。期限短，一般是指从购买日起三个月内到期。现金等价物通常包括三个月内到期的债券投资等。权益性投资变现的金额通常不确定，因而不属于现金等价物。企业应当根据具体情况，确定现金等价物的范围，一经确定不得随意变更。

企业产生的现金流量分为三类，主要内容见表 18-10。

表 18-10　　企业产生的三类现金流量

经营活动产生的现金流量	经营活动是企业投资活动和筹资活动以外的所有交易和事项。经营活动主要包括销售商品或提供劳务、购买商品、接受劳务、支付工资和交纳税款等流入和流出现金及现金等价物的活动或事项
投资活动产生的现金流量	投资活动是企业长期资产的购建和不包括在现金等价物范围内的投资及其处置活动。投资活动主要包括购建固定资产、处置子公司及其他营业单位等流入和流出现金及现金等价物的活动或事项
筹资活动产生的现金流量	筹资活动是导致企业资本及债务规模和构成发生变化的活动。筹资活动主要包括吸收投资、发行股票、分配利润、发行债券、偿还债务等流入和流出现金及现金等价物的活动或事项。偿付应付账款、应付票据等商业应付款等属于经营活动，不属于筹资活动

2. 现金流量表的结构

我国企业现金流量表采用报告式结构，分类反映经营活动产生的现金流量、投资活动产生的现金流量和筹资活动产生的现金流量，最后汇总反映企业某一期间现金及现金等价物的净增加额。

18.3.2　现金流量各项目计算方法

1. 经营活动产生的现金流量项目计算

经营活动产生的现金流量净额计算。经营活动产生的现金流量净额的各个子项目计算方法，具体见表 18-11。

表 18-11　　经营活动产生的现金流量净额计算

项　目	计算公式
销售商品、提供劳务收到的现金	利润表中主营业务收入×（1＋17%）＋利润表中其他业务收入＋（应收票据期初余额－应收票据期末余额）＋（应收账款期初余额－应收账款期末余额）＋（预收账款期末余额－预收账款期初余额）－计提的应收账款坏账准备期末余额
收到的税费返还	（应收补贴款期初余额－应收补贴款期末余额）＋补贴收入＋所得税本期贷方发生额累计数

续上表

项　　目	计算公式
收到的其他与经营活动有关的现金	营业外收入相关明细本期贷方发生额＋其他业务收入相关明细本期贷方发生额＋其他应收账款相关明细本期贷方发生额＋其他应付账款相关明细本期贷方发生额＋银行存款利息收入
购买商品、接受劳务支付的现金	〔利润表中主营业务成本＋（存货期末余额－存货期初余额）〕×（1＋17%）＋其他业务支出（剔除税金）＋（应付票据期初余额－应付票据期末余额）＋（应付账款期初余额－应付账款期末余额）＋（预付账款期末余额－预付账款期初余额）
支付给职工以及为职工支付的现金	“应付工资”科目本期借方发生额累计数＋“应付福利费”科目本期借方发生额累计数＋管理费用中“养老保险金”“待业保险金”“住房公积金”“医疗保险金”＋成本及制造费用明细表中的“劳动保护费”
支付的各项税费	“应交税款”各明细账户本期借方发生额累计数＋“其他应交款”各明细账户借方数＋“管理费用”中“税金”本期借方发生额累计数＋“其他业务支出”中有关税金项目
支付的其他与经营活动有关的现金	营业外支出（剔除固定资产处置损失）＋管理费用（剔除工资、福利费、劳动保险金、待业保险金、住房公积金、养老保险、医疗保险、折旧、坏账准备或坏账损失、列入的各项税金等）＋销售费用、成本及制造费用（剔除工资、福利费、劳动保险金、待业保险金、住房公积金、养老保险、医疗保险等）＋其他应收款本期借方发生额＋其他应付款本期借方发生额＋银行手续费

（1）销售商品、提供劳务收到的现金。

“销售商品、提供劳务收到的现金”项目，反映企业销售商品、提供劳务实际收到的现金（含销售收入和应向购买者收取的增值税额），包括本期销售商品、提供劳务收到的现金，以及前期销售和前期提供劳务本期收到的现金和本期预收的账款，扣除本期退回本期销售的商品和前期销售本期退回的商品支付的现金。企业销售材料和代购代销业务收到的现金，也在本项目反映。

【例 18-5】汇通天下制造有限公司 2016 年 12 月，增值税专用发票上注明的不含税金额为 1 180 000 元，劳务收入 240 000 元，应收票据期初余额为 320 000 元，期末余额为 210 000 元；应收账款期初余额为 8 950 000 元，期末余额为 4 359 000 元；本月核销坏账损失为 32 000 元。

本期销售商品提供劳务收到的现金	1 420 000（1 180 000＋240 000）
加：本期收到前期的应收票据 本期收到前期的应收账款	110 000（320 000－210 000） 4 559 000（8 950 000－4 359 000－32 000）
本期销售商品、提供劳务收到的现金	6 089 000

（2）收到的税费返回。

“收到的税费返还”项目，反映企业收到返还的各种税费，如收到的增值税、所得税、消费税、关税和教育费附加返还款等。本项目可以根据有关科目的记录分析填列。

【例 18-6】2016 年 12 月，汇通天下制造有限公司扣缴所得税 8 028 212.5 元，本月应交所得税款 6 324 390 元，月末收到所得税返还款 1 703 822.5 元，已存入银行。

本期收到的税费返还　　1 703 822.5

（3）收到的其他与经营有关的现金。

“收到的其他与经营活动有关的现金”项目，反映企业除上述各项目外，收到的其他与经营活动有关的现金，如罚款收入、经营租赁固定资产收到的现金、投资性房地产收到的租金收入、流动资产损失中由个人赔偿的现金收入、除税费返还外的其他政府补助收入等。其他现金流入如价值较大的，应单列项目反映。

本项目可以根据“库存现金”“银行存款”“营业外收入”“管理费用”“销售费用”等科目的记录分析填列。

【例 18-7】汇通天下制造有限公司收到出租设备收入 53 400 元。

收到的其他与经营活动有关的现金为 53 400 元。

（4）购买商品、接受劳务支付的现金。

“购买商品、接受劳务支付的现金”项目，反映企业购买材料、商品、接受劳务实际支付的现金，包括支付的货款以及与货款同时支付的增值税进项税额，具体包括：本期购买商品、接受劳务支付的现金，以及本期支付前期购买商品、接受劳务的未付款项和本期预付款项，减去本期发生的购货退回收到的现金。为购置存货而发生的借款利息资本化部分，应在“分配股利、利润或偿付利息支付的现金”项目中反映。企业购买材料和代购代销业务支付的现金，也在本项目反映。

本项目可以根据“库存现金”“银行存款”“应付票据”“应付账款”“预付账款”“主营业务成本”“其他业务支出”等科目的记录分析填列。

【例 18-8】汇通天下制造有限公司本期购买原料钢材，收到的专用发票上注明价款为 1250 000 元；应付账款月初余额为 640 000 元，月末余额为 780 000元；应付票据月初余额为 380 000 元，月末余额为 450 000 元；预付账款期初余额为 269 000 元，期末余额为 378 000 元；购买工程用物资 230 000元，货款已通过银行转账支付。

本期购买商品、接受劳务支付的现金计算如下：

本期购买钢材支付的价款	1250 000
加：本期支付的前期应付账款 本期支付的前期应付票据 本期预付货款	－140 000（640 000－780 000） －70 000（380 000－450 000） 109 000（378 000－269 000）
本期购买商品、接受劳务支付的现金	1 149 000

注：购买工程物资 230 000 元作为投资活动现金流出。

（5）支付给职工以及为职工支付的现金。

“支付给职工以及为职工支付的现金”项目，反映企业实际支付给职工的现金以及为职工支付的现金，包括企业为获得职工提供的服务，本期实际给予各种形式的报酬以及其他相关支出，如支付给职工的工资、奖金、各种津贴和补贴，为职工支付的医疗、养老、失业、工伤、生育等社会保险基金、补充养老保险、住房公积金，为职工交纳的商业保险金，因解除与职工劳动关系给予的补偿，现金结算的股份支付，以及支付给职工或为职工支付的其他福利费用等，不包括支付给在建工程人员的工资。支付的在建工程人员的工资，在“购建固定资产、无形资产和其他长期资产所支付的现金”项目中反映。应根据职工的工作性质和服务对象，分别在“购建固定资产、无形资产和其他长期资产所支付的现金”和“支付给职工以及为职工支付的现金”项目中反映。

本项目可以根据“库存现金”“银行存款”“应付职工薪酬”等科目的记录分析填列。

【例 18-9】汇通天下制造有限公司本期实际支付工资 840 000 元，其中制药车间工人工资 350 000 元，管理人员工资 450 000 元。本公司职工宿舍楼施工人员工资 40 000 元；按工资总额的 10%缴纳保险费；按照工资总额 1%支付误餐费。

支付给职工的工资	800 000（350 000+450 000）
加：支付的保险费 支付的误餐费用	（800 000×10%）　80 000 （800 000×1%）　8 000
支付给职工以及为职工支付的现金	888 000

（6）支付的各项税费。

"支付的各项税费"项目，反映企业按规定支付的各项税费，包括本期发生并支付的税费，以及本期支付以前各期发生的税费和预交的税金，如支付的增值税、消费税、所得税、教育费附加、印花税、房产税、土地增值税、车船使用税等。不包括本期退回的增值税、所得税。本期退回的增值税、所得税等，在"收到的税费返还"项目中反映。本项目可以根据"应交税费""库存现金""银行存款"等科目的记录分析填列。

【例 18-10】12 月，汇通天下制造有限公司支付的增值税、城建税、教育费附加、所得税、印花税、车船税等税款共计 423 400 元，本期向税务机关缴纳上月补缴所得税 76 000 元。

本期发生并缴纳的税款	423 400
前期发生本期补缴的所得税额	76 000
本期支付的各项税费	499 400

2. 投资活动产生的现金流量项目计算

投资活动产生的现金流量净额计算。投资活动产生的现金流量净额各个子项目计算方法具体见表 18-12。

表 18-12　投资活动产生的现金流量净额计算

项　目	计算公式
收回投资所收到的现金	（短期投资期初数－短期投资期末数）＋（长期股权投资期初数－长期股权投资期末数）＋（长期债权投资期初数－长期债权投资期末数）
取得投资收益所收到的现金	利润表投资收益－（应收利息期末数－应收利息期初数）－（应收股利期末数－应收股利期初数）

续上表

项　目	计算公式
处置固定资产、无形资产和其他长期资产所收回的现金净额	“固定资产清理”的贷方余额＋（无形资产期末数－无形资产期初数）＋（其他长期资产期末数－其他长期资产期初数）
收到的其他与投资活动有关的现金	如收回融资租赁设备本金等
购建固定资产、无形资产和其他长期资产所支付的现金	（在建工程期末数－在建工程期初数）（剔除利息）＋（固定资产期末数－固定资产期初数）＋（无形资产期末数－无形资产期初数）＋（其他长期资产期末数－其他长期资产期初数）
投资所支付的现金	（短期投资期末数－短期投资期初数）＋（长期股权投资期末数－长期股权投资期初数）（剔除投资收益或损失）＋（长期债权投资期末数－长期债权投资期初数）（剔除投资收益或损失）
支付的其他与投资活动有关的现金	如投资未按期到位罚款

（1）收回投资收到的现金。

“收回投资收到的现金”项目，反映企业出售、转让或到期收回除现金等价物以外的交易性金融资产、持有至到期投资、可供出售金融资产、长期股权投资等而收到的现金。不包括债权性投资收回的利息、收回的非现金资产，以及处置子公司及其他营业单位收到的现金净额。债权性投资收回的本金，在本项目反映，债权性投资收回的利息，不在本项目中反映，而在“取得投资收益所收到的现金”项目中反映。处置子公司及其他营业单位收到的现金净额单设项目反映。

本项目可以根据“交易性金融资产”“持有至到期投资”“可供出售金融资产”“长期股权投资”“库存现金”“银行存款”等科目的记录分析填列。

【例 18-11】汇通天下制造有限公司出售明珠公司的股票，收到的金额为 126 800 元；出售用过的碎石机，收到价款 43 200 元。

本期收回投资所收到的现金　　126 800

（2）取得投资收益收到的现金。

“取得投资收益收到的现金”项目，反映企业因股权性投资而分得的现金股利，因债权性投资而取得的现金利息收入。

本项目可以根据“应收股利”“应收利息”“投资收益”“库存现金”“银行存款”等科目的记录分析填列。

(3)“处置固定资产、无形资产和其他长期资产收回的现金净额”项目，反映企业出售固定资产、无形资产和其他长期资产（如投资性房地产）所取得的现金，减去为处置这些资产而支付的有关税费后的净额。

本项目可以根据“固定资产清理”“库存现金”“银行存款”等科目的记录分析填列。

(4) 购建固定资产、无形资产和其他长期资产支付的现金。

“购建固定资产、无形资产和其他长期资产支付的现金”项目，反映企业购买、建造固定资产，取得无形资产和其他长期资产（如投资性房地产）支付的现金（含增值税款），以及用现金支付的应由在建工程和无形资产负担的职工薪酬。

本项目可以根据“固定资产”“在建工程”“工程物资”“无形资产”“库存现金”“银行存款”等科目的记录分析填列。

【例 18-12】 2016 年 12 月，购入五台运输车，价款共计 1 500 000 元，货款已付。购买工程物资 450 000 元；在建工程工人工资 53 400 元。

本期购建固定资产、无形资产和其他长期资产支付的现金计算如下：

购买挖掘机支付的现金	1 500 000
加：为在建工程购买材料支付的现金 在建工程人员工资及费用	450 000 53 400
本期购建固定资产、无形资产和其他长期资产支付的现金	2 003 400

(5) 投资支付的现金。

“投资支付的现金”项目，反映企业进行权益性投资和债权性投资所支付的现金，包括企业取得的除现金等价物以外的交易性金融资产、持有至到期投资、可供出售金融资产而支付的现金，以及支付的佣金、手续费等交易费用。

本项目可根据“交易性金融资产”“持有至到期投资”“可供出售金融资产”“投资性房地产”“长期股权投资”“库存现金”“银行存款”等科目的记录分析填列。

（6）支付的其他与投资活动有关的现金。

“支付的其他与投资活动有关的现金”项目，反映企业除上述各项目外，支付的其他与投资活动有关的现金流出。其他与投资活动有关的现金，如果价值较大的，应单列项目反映。

3. 融资活动产生的现金流量有关项目的计算

融资活动产生的现金流量净额计算。融资活动产生的现金流量净额各个子项目计算方法具体见表18-13。

表18-13　　融资活动产生的现金流量净额计算

项　目	计算公式
吸收投资所收到的现金	（实收资本或股本期末数－实收资本或股本期初数）＋（应付债券期末数－应付债券期初数）
借款收到的现金	（短期借款期末数－短期借款期初数）＋（长期借款期末数－长期借款期初数）
收到的其他与融资活动有关的现金	如投资人未按期缴纳股权的罚款现金收入等
偿还债务所支付的现金	（短期借款期初数－短期借款期末数）＋（长期借款期初数－长期借款期末数）（剔除利息）＋（应付债券期初数－应付债券期末数）（剔除利息）
分配股利、利润或偿付利息所支付的现金	应付股利借方发生额＋利息支出＋长期借款利息＋在建工程利息＋应付债券利息－票据贴现利息支出
支付的其他与融资活动有关的现金	如发生融资费用所支付的现金、融资租赁所支付的现金、减少注册资本所支付的现金（收购本公司股票，退还联营单位的联营投资等）、企业以分期付款方式购建固定资产，除首期付款支付的现金以外的其他各期所支付的现金等

（1）“吸收投资收到的现金”项目，反映企业以发行股票、债券等方式筹集资金实际收到的款项净额（发行收入减去支付的佣金等发行费用后的净额）。

本项目可以根据“实收资本（或股本）”“资本公积”“库存现金”“银行存款”等科目的记录分析填列。

（2）借款收到的现金。

“取得借款收到的现金”项目，反映企业举借各种短期、长期借款而收到的现金。

本项目可以根据“短期借款”“长期借款”“交易性金融资产”“应付债券”“库存现金”“银行存款”等科目的记录分析填列。

【例 18-13】本期借入长期借款 1 580 000 元，短期借款 320 000 元。

借款收到的现金　　1 900 000

（3）“收到的其他与筹资活动有关的现金”项目，反映企业除上述各项目外，收到的其他与筹资活动有关的现金流入，如接受现金捐赠等。其他与筹资活动有关的现金，如果价值较大的，应单列项目反映。本项目可以根据有关科目的记录分析填列。

（4）“偿还债务所支付的现金”项目，反映企业以现金偿还债务的本金。

本项目可以根据“短期借款”“长期借款”“交易性金融资产”“应付债券”“库存现金”“银行存款”等科目的记录分析填列。

【例 18-14】本期偿还短期借款 350 000 元，长期借款 1 280 000 元。

偿还债务所支付的现金　　1 630 000

（5）“分配股利、利润或偿付利息所支付的现金”项目，反映企业实际支付的现金股利，支付给其他投资单位的利润或用现金支付的借款利息，债券利息。

本项目可根据“应付股利”“应付利息”“利润分配”“财务费用”“在建工程”“制造费用”“研发支出”“库存现金”“银行存款”等科目的记录分析填列。

【例 18-15】本月向投资者支付利润 689 000 元，支付利息 210 000 元，

本期分配股利、利润或偿付利息所支付的现金计算如下：

支付投资者利润	689 000
加：支付贷款利息	210 000
分配股利、利润或偿付利息所支付的现金	899 000

4. 汇率变动对现金及现金等价物的影响

企业外币现金流量折算成记账本位币时，所采用的是现金流量发生日的汇率或即期汇率的近似汇率，而现金流量表“现金及现金等价物净增加额”项目中外币现金净增加额是按资产负债表日的即期汇率折算。这两者的差额即为汇率变动对现金的影响。

根据上述资料，编制 2016 年 12 月汇通天下制造有限公司现金流量表。

见表 18-14。

表 18-14 **现金流量表**

编制单位：汇通天下制造有限公司 2016 年 12 月 单位：元

项　　目	本期金额	上期金额
一、经营活动产生的现金流量		
销售商品、提供劳务收到的现金	6 089 000	
收到的税费返还	1 703 822.5	
收到其他与经营活动有关的现金	53 400	
经营活动现金流入小计	7 846 222.5	
购买商品、接受劳务支付的现金	1 149 000	
支付给职工以及为职工支付的现金	888 000	
支付的各项税费	499 400	
支付其他与经营活动有关的现金		
经营活动现金流出小计	2 536 400	
经营活动产生的现金流量净额	5 309 822.5	
二、投资活动产生的现金流量		
收回投资收到的现金	126 800	
取得投资收益收到的现金		
处置固定资产、无形资产和其他长期资产收回的现金净额		
处置子公司及其他营业单位收到的现金净额		
收到其他与投资活动有关的现金		
投资活动现金流入小计	126 800	
购建固定资产、无形资产和其他长期资产支付的现金	2 003 400	
投资支付的现金		
取得子公司及其他营业单位支付的现金净额		
支付其他与投资活动有关的现金		
投资活动现金流出小计	2 003 400	
投资活动产生的现金流量净额	1 876 600	
三、筹资活动产生的现金流量		
吸收投资收到的现金		

续上表

项　　目	本期金额	上期金额
取得借款收到的现金	1 900 000	
收到其他与筹资活动有关的现金		
筹资活动现金流入小计	1 900 000	
偿还债务支付的现金	1 630 000	
分配股利、利润或偿付利息支付的现金	899 000	
支付其他与筹资活动有关的现金		
筹资活动现金流出小计	2 529 000	
筹资活动产生的现金流量净额		
四、汇率变动对现金及现金等价物的影响	－629 000	
五、现金及现金等价物净增加额	2 804 222.50	
加：期初现金及现金等价物余额		
六、期末现金及现金等价物余额	2 804 222.50	

18.4 所有者权益变动表

18.4.1 所有者权益变动表含义及结构

1. 所有者权益变动表的含义

所有者权益变动表是指反映构成所有者权益各组成部分当期增减变动情况的报表。

通过所有者权益变动表，既可以为报表使用者提供所有者权益总量增减变动的信息，也能为其提供所有者权益增减变动的结构性信息，特别是能够让报表使用者理解所有者权益增减变动的根源。

所有者权益变动表在一定程度上体现企业的综合收益。

综合收益＝净利润＋直接计入当期所有者权益的利得和损失

净利润＝收入－费用＋直接计入当期损益的利得和损失

2. 所有者权益变动表的结构

在所有者权益变动表上，企业至少应当单独列示反映下列信息的项目：

①综合收益总额；②会计政策变更和差错更正的累积影响金额；③所有者投入资本和向所有者分配利润等；④提取的盈余公积；⑤实收资本或资本公积、盈余公积、未分配利润的期初和期末余额及其调节情况。

所有者权益变动表以矩阵的形式列示：一方面，列示导致所有者权益变动的交易或事项，即所有者权益变动的来源对一定时期所有者权益的变动情况进行全面反映；另一方面，按照所有者权益各组成部分（即实收资本、资本公积、盈余公积、未分配利润和库存股）列示交易或事项对所有者权益各部分的影响。

我国企业所有者权益变动表的格式，见表18-15。

表 18-15　　所有者权益变动表

编制单位：　　年度　　单位：元

项目	本年金额							上年金额						
	实收资本或股本	资本公积	减：库存股	其他综合收益	盈余公积	未分配利润	所有者权益合计	实收资本或股本	资本公积	减：库存股	其他综合收益	盈余公积	未分配利润	所有者权益合计
一、上年年末余额														
加：会计政策变更														
前期差错更正														
二、本年年初余额														
三、本年增减变动金额（减少以“—”号填列）														
（一）综合收益总额														
（三）所有者投入和减少资本														
1. 所有者投入和减少资本														
2. 股份支付计入所有者权益的金额														
3. 其他														
（三）利润分配														

续上表

项目	本年金额							上年金额					
	实收资本或股本	资本公积	减：库存股	其他综合收益	盈余公积	未分配利润	所有者权益合计	实收资本或股本	资本公积	减：库存股	其他综合收益	盈余公积	未分配利润	所有者权益合计
1. 提取盈余公积														
2. 对所有者（或股东）的分配														
3. 其他														
（四）所有者权益内部结转														
1. 资本公积转增资本（或股本）														
2. 盈余公积转增资本（或股本）														
3. 盈余公积弥补亏损														
4. 其他														
四、本年年末余额														

18.4.2 所有者权益变动表的编制

所有者权益变动表各项目均需填列“本年金额”和“上年金额”两栏。

所有者权益变动表各项目的列报说明

1. “上年年末余额”项目

反映企业上年资产负债表中实收资本（或股本）、资本公积、盈余公积、未分配利润的年末余额。

2. “会计政策变更”和“前期差错更正”项目

分别反映企业采用追溯调整法处理会计政策重要的累计影响金额和采用

追溯重述法处理会计差错更正的累积影响金额。

3. “本年增减变动额”项目

(1)“综合收益总额”项目，反映净利润和其他综合收益扣除所得税影响后的净额相加后的金额。

(2)“所有者投入和减少资本”项目，反映企业接受投资者投入形成的实收资本（或股本）和资本溢价（或股本溢价）。

(3)“利润分配”项目，反映企业当年的利润分配金额。

(4)“所有者权益内部结转”下各项目，反映企业构成所有者权益各组成部分之间的增减变动情况。

其中：①“资本公积转增资本（或股本)”项目，反映企业以资本公积转增资本或股本的金额。

②“盈余公积转增资本（或股本)”项目，反映企业以盈余公积转增资本或股本的金额。

③“盈余公积弥补亏损”项目，反映企业以盈余公积弥补亏损的金额。

参考文献

[1] 张秋利．学会计，跟我学真账实操．北京：机械工业出版社，2014.3.

[2] 李岩．会计人员岗位实战一本通．北京：化学工业出版社，2016.5.

[3] 张孝友．财务会计学．北京：中国农业出版社，2007.7.

[4] 贾娜．成本会计学．北京：中国电力出版社，2009.6.

[5] 会计实务业务集萃编委会．初级会计职称考试应试辅导及考点预测．上海：立信会计出版社，2012.1.

[6] 琼慧．跟老会计学做账．上海：立信会计出版社，2012.1.

[7] 杨俊，罗峥．合法节税——新经理人税务筹划手册．北京：中国纺织出版社，2003.2.

[8] 杜晓光．会计报表分析．北京：高等教育出版社，2008.3.

[9] 朱为绎，胡萍．会计核算和纳税处理实用手册．北京：机械工业出版社，2011.10.

[10] 曲喜和，严鸿雁，徐鲲．会计学，2 版．北京：北京邮电大学出版社，2011.8.

[11] 陈菊花，陈良华．会计学，3 版．北京：科学出版社，2012.1.

[12] 陈登文．会计知识入门．北京：知识产权出版社，2011.6.

[13] 葛长银．节税筹划案例与实操指南．北京：机械工业出版社，2010.3.

[14] 梁文涛．纳税筹划实务．北京：清华大学出版社，北京交通大学出版社，2012.3.

[15] 管友桥．纳税筹划与核算．北京：中国广播电视出版社，2008.6.

[16] 李莎，金迪．纳税会计．北京：清华大学出版社，2010.10.

[17] 邢铭强．纳税实战技能即学即用纳税实务 300 个关键点．合肥：黄山书社，2011.6.

[18] 曹鸿轩．农村税收法律知识．北京：中国法制出版社，2002.1.

[19] 陈文昌．企业财务报表分析．北京：中国人民大学出版社，2011.6.

[20] 牛霞．企业会计学．北京：中国农业出版社，2004.7.

[21] 李敏．企业会计准则简明读本．上海：上海财经大学出版社，2007.1.

[22] 吴晶．企业实用税务筹划 300 问答．北京：中国纺织出版社，2007.6.

[23] 汪华亮，邢铭强，索晓辉．企业税务筹划与案例解析．上海：立信会计出版社，2011.3.

[24] 李凤荣，张小静．税法．北京：北京理工大学出版社，2011.8.

[25] 黄凤羽．税收筹划策略、方法与案例．大连：东北财经大学出版社，2011.1.

[26] 张云莺，郑建志，崔艳辉．税收筹划．北京：清华大学出版社，2010.3.

[27] 成凤艳，李岩．税务会计与税收筹划．北京：北京理工大学出版社，2011.7.

[28] 陈春洁．小企业会计核算实务．图解版．广州：广东人民出版社，2012.1.

[29] 陈梅兰．小企业会计核算实务．升级版．北京：人民邮电出版社，2011.12.
[30] 小企业会计准则研究组．小企业会计准则操作指南．大连：东北财经大学出版社，2012.3.
[31] 小企业会计准则研究组．小企业会计准则讲解．大连：东北财经大学出版社，2012.1.
[32] 文彬．新编会计入门不可不知的300个常识．北京：中国商业出版社，2011.2.
[33] 凌辉贤，何敏，李澄清．增值税纳税筹划36计．大连：东北财经大学出版社，2009.11.
[34] 刘佐著．中国涉外税收手册．北京：五洲传播出版社，2007.4.
[35] 罗绍德．中级财务会计．成都：西南财经大学出版社，2011.2.
[36] 汤湘希，王昌锐，赵彦锋．中级财务会计．武汉：武汉大学出版社，2012.1.
[37] 薛跃．中级财务会计．上海：立信会计出版社，2007.2，
[38] 周星梅，刘磊．中级财务会计．北京：清华大学出版社，2011.3.